界定公海保护区的国际法概念

Defining the High Seas Marine
Protected Areas under International Law

邢望望　著

中国社会科学出版社

图书在版编目(CIP)数据

界定公海保护区的国际法概念/邢望望著.—北京：中国社会科学出版社，2020.7
ISBN 978-7-5203-6622-9

Ⅰ.①界… Ⅱ.①邢… Ⅲ.①国际海域—边界问题—海洋法—研究 Ⅳ.①D993.5

中国版本图书馆CIP数据核字(2020)第096520号

出 版 人	赵剑英
责任编辑	梁剑琴
责任校对	王 龙
责任印制	郝美娜
出　　版	中国社会外学出版社
社　　址	北京鼓楼西大街甲158号
邮　　编	100720
网　　址	http://www.csspw.cn
发 行 部	010-84083685
门 市 部	010-84029450
经　　销	新华书店及其他书店
印　　刷	北京君升印刷有限公司
装　　订	廊坊市广阳区广增装订厂
版　　次	2020年7月第1版
印　　次	2020年7月第1次印刷
开　　本	710×1000　1/16
印　　张	27.25
字　　数	380千字
定　　价	158.00元

凡购买中国社会科学出版社图书，如有质量问题请与本社营销中心联系调换
电话：010-84083683
版权所有　侵权必究

出 版 说 明

为进一步加大对哲学社会科学领域青年人才扶持力度，促进优秀青年学者更快更好成长，国家社科基金设立博士论文出版项目，重点资助学术基础扎实、具有创新意识和发展潜力的青年学者。2019年经组织申报、专家评审、社会公示，评选出首批博士论文项目。按照"统一标识、统一封面、统一版式、统一标准"的总体要求，现予出版，以飨读者。

全国哲学社会科学工作办公室
2020年7月

悼念一只鲸鱼

2001年10月9日,一只成熟的雌性瓜头鲸(生活在热带到亚热带海域)活体搁浅于中国台湾台东县知本海边,身长238厘米,体重109千克(最大个体可达280厘米,230千克),身体非常消瘦,尽管中国台湾海洋生物博物馆的救援人员尝试给予医疗救助,仍不幸于10月14日凌晨死亡。死亡解剖时发现前胃中有一个大塑料袋阻塞住食道,头骨气腔、胆管及直肠附近的体腔内严重感染多种寄生虫。死亡原因为误食废弃塑料袋而导致消化不良,饥饿死亡。2016年7月5日,作者旅行至中国台湾海洋生物博物馆,发现这只瓜头鲸的遗骸,深为震撼。

摘 要

国家管辖范围外海域，原人力所不常及，然科技进步社会发展，人类活动的影响不断深入，公海生态环境亦开始不断退化。由于公海在国际法上的特殊地位，面临着法律治理之零散空缺的问题，传统的海洋生态环境保护方法已难以有效应对。在公海上设立管理海洋保护区的两类国际法实践开始引起国际社会的关注：南极海洋生物资源养护委员会和保护东北大西洋海洋环境委员会等区域海洋组织先后设立起了四个公海保护区；基于国际公约的授权，诸多国际组织也通过划区管理工具来履行保护海洋生态环境的职能，如国际海事组织的"特殊区域"和"特别敏感海域"工具等。通过这些实践证明，管理良好的公海保护区已被公认具有积极作用。虽然国际社会不断呼吁通过设立公海保护区来保护全球海洋，但是在法律层面，除了2004年《生物多样性公约》特设技术专家组对海洋保护区的定义外，在国际法上对海洋保护区概念并没有专门的法律界定。

考虑到公海法律与治理的零散，以及在国家管辖范围以外海洋区域生物多样性与可持续利用问题上存在的法律空缺，2004年联合国大会59/24号决议决定设立不限成员名额非正式特设工作组以研究相关问题。在工作组成果的基础上，2015年联合国大会A/RES/69/292号决议，决定设立根据《联合国海洋法公约》的规定就国家管辖范围以外区域海洋生物多样性的养护和可持续利用问题拟订一份具有法律约束力的国际文书之筹备委员会，将就包括划区管理工具和公海保护区在内的诸多问题进行讨论研究，为召开政府间会议做准备。无论是在工作组会议内，还是在筹备委员会会议中，各国代表就划区管理工具和公海保护区的法律定义、推进路径、管理措施、保护客体目标、既有国际法实践等问题进行了充分讨论和意见交换，但至今没有达成有效的共识。

在现行国际法框架内，缺少权威渊源对公海保护区这一专业术语进行法律界定，《生物多样性公约》的公海保护区定义亦非原创，而是并入了国际自然保护联盟所给定的有关海洋保护区概念体系。事实上，考虑到国际自然保护联盟最早且一直致力于推动海洋保护区实践，并作出了大量的专业研究，其给出的海洋保护区概念体系具有国际法和国内法上的广泛影响力，使得很多法律文件都直接引用了这一概念体系，比如北极理事会和南极海洋生物资源养护委员会等。通过分析海洋保护区概念的必要因素，如地理空间、保护方式、保护客体、保护目标等，可以发现虽然国际自然保护联盟的概念十分详细严谨具有可操作性，但是考虑到公海国际法治理的特殊性，有关表述和概念内容在适用到公海保护区问题上时需要进一步修正。只有通过参考具体的国际法实践将海洋保护区概念界定清晰，才可能将该概念体系的海洋保护区概念适用于国家管辖范围以外区域。

国际自然保护联盟之海洋保护区概念体系若要适用于公海区域，则必须可以用来描述已有划区管理工具和公海保护区之国际法实践。区域海洋组织设立管理公海保护区的国际法实践基本符合国际自然保护联盟之海洋保护区概念，不仅如此，还为丰富和探究公海保护区的法律概念提供了现实生动的案例资料，也进一步证实了公海保护区的现实可行性与必要性。相关国际法实践中出现的争议对国际自然保护联盟之海洋保护区概念体系也提出了挑战，更为公海保护区法律概念的完善提出了现实需求。国际组织划区管理工具能否被包含于国际自然保护联盟之海洋保护区概念体系则存在争议，由于不同国际组织的不同划区管理工具各有其特征，现有的国际组织划区管理工具与国际自然保护联盟之海洋保护区的定义分类之间存在一定概念维度的偏差，这也导致划区管理工具与公海保护区之间的协调与结合出现了不确定性。这显然不利于海洋生态环境的综合治理与保护。

公海保护区法律概念的不清晰、不明确引发了国际社会诸多担忧，比如有些国家可能借机扩张管辖权、公海保护区可能会有损公海自由等。相对于人类共同继承财产，海洋（尤其公海）生态环境的持续退化是人类共同关注的事项，划区管理工具和公海保护区的设立管理是应对这一问题的有效手段。人类共同关注事项作为条约项下有拘束力的国际法概念，为应对公海保护区国际法实践中引发的争议和担忧提供了有益的启示，公海保护区法律概念应该体现人类共同关注事项这一理念。人类共同关注事项体现了共同但有区别的责任原则，具体到公海保护区法律概念中则意义非常，即国际社会共同承担保护海洋生态环境义务时，应注意发展中国家和地理不利国等的具体区别性，在有区别的基础上谈论公海保护区国际法实践的制度化，强调经济援助、技术转移、能力建设等国际环境法和国际海洋法中的具体机制。

在公海保护区国际法实践制度化进程中，中国积极参与并就公海保护区的法律概念如何界定提出了很多有益建议，基于中国参与的划区管理工具和公海保护区国际法设立管理实践与立法实践，可以看出中国的一些基本诉求与主张。考虑到中国的发展中国家和地理不利国身份，维护中国在国家管辖范围以外海域的权益和诉求，比如远洋捕鱼需求、国际海底矿产资源权益、极地科考权益等，中国应在平衡中国公海权益维护和保护公海生态环境的基础上，在商谈制定新的具有拘束力之国际协定进程中，提出既符合中国现实权益立场又有利于保护公海生态环境之目标的划区管理工具和公海保护区法律概念方案。在总结划区管理工具和公海保护区法律概念应该或很可能会包含的要素之基础上，中国应积极推动宽泛广义的划区管理工具定义方案，积极推进对中国有利的法律要素在划区管理工具和公海保护区法律概念中得到体现。

关键词：公海保护区；国际法实践；法律概念；国家管辖范围以外；划区管理工具

Abstract

Several decades ago, human activities are limited in the areas within national jurisdiction. Recently, with the development of science and technology, the impacts of human activities within the areas beyond national jurisdictions (ABNJ) continue to deepen, and the ecological environment of high seas has begun and is continuing to decline. The status of the high seas is unique in international law, which leads to the fragmented regulations and inadequate governance, thereafter, traditional marine legal instruments are ineffective to prevent further decline. Under this circumstance, two types of international law practices of setting up High Seas Marine Protected Areas (HSMPAs) began to attract the attention of the international community. The first type is the HSMPAs established and managed by regional marine organizations, for instance, the Commission for the Conservation of Antarctic Marine Living Resources (CCAMLR) and the Commission for the Protection of the Marine Environment of the Northeast Atlantic (OSPAR), which have successively set up several HSMPAs. The other type is the Area-based Management Tools (ABMTs) by international organizations, according to some international conventions' authorizations to carry out their functions of protecting the marine environment, for instance, the "Special Areas" and "Particularly Sensitive Seas" of the International Maritime Organization. These practices have proven that well-managed HSMPAs will have a positive effect. Although the international community has repeatedly called for the protection of the global oceans through the establishment of HSMPAs, at the legal level, in addition to the only definition proposed by the *Ad Hoc* Technical Expert Group on Biodiversity COP in 2004, there is no generally-accepted definition for the HSMPAs.

Taking into consideration the fragmentation of regulations and governance in the high seas, the UN General Assembly, in its resolution 59/24 of 2004, decided to establish an *Ad Hoc* Open-ended Informal Working Group to study issues relating to the Conservation and Sustainable Use of Marine Biological Diversity of Areas Beyond National Jurisdiction (BBNJ). On the outcome of the Working Group, the UN General Assembly in its resolution 69/292 of 2015 decided to establish a Preparatory Committee for development of an International Legally Binding Instrument (ILBI) under the United Nations Convention on the Law of the Sea (UNCLOS) on BBNJ conservation and sustainable use. The resolution also indicated that negotiations will address topics as a whole in this process, namely: MGRs, including questions on benefit-sharing; measures such as EIAs and ABMTs, including MPAs; and capacity building and marine technology transfer. No matter during the Working Group or the Preparatory Committee series meetings, representatives fully discussed the legal definitions of ABMTs and HSMPAs, including the progressive approach, the management measures, the objective of protecting, the existing practices in international law, etc. However, so far no effective consensus has been reached.

In the framework of international law, there are no legal authorities on the definition of HSMPAs. The only legal source is the definition under the Convention on Biological Diversity (CBD) by incorporating the MPAs definition system from the International Union for Conservation of Nature (IUCN). Considering that IUCN is the pioneer and adherent to promoting the practices of MPAs and has conducted a large number of professional researches, its MPAs definition system is influential to both international law and domestic law. Many legal documents and institutions have a direct reference to IUCN's concept, including the Arctic Council and the Convention of CCAMLR. By analyzing the elements of IUCN MPAs definition, like defined geographical space, management tools, protection objects and objectives, we can find that this definition is very rigorous and operational. With further amendments to the relevant expressions and conceptual elements, IUCN MPAs definition has the potential to be applied in the high seas.

The precondition for IUCN MPAs definition to be applied to the high seas is whether this concept could be used to describe the existing international practices of HSMPAs and ABMTs. HSMPAs by regional marine organizations basically meet the elements required by IUCN's concept. These practices have provided vivid case materials for enriching the legal implications of HSMPAs, and further confirm the feasibility and necessity of establishing MPAs within high seas. The controversies and doubts in the practices also have posed challenges to the IUCN MPAs definition and called for the needs to further improve the concept of HSMPAs. So far no conclusion for the question whether the ABMTs of international organization could be included in the IUCN MPAs definition system. Owing to the different characteristics and purposes of various ABMTs by several international organizations, the existing ABMTs practices deviate from certain conceptual dimensions of the IUCN's definition of MPAs. The uncertainty about the coordination and combination between the ABMTs and HSMPAs is obviously not conducive to the comprehensive protection of the marine ecological environment.

The uncertainties and unclear legal meanings of the HSMPAs' legal implications have aroused many concerns from the international community, for example, some countries may take the opportunity to assert national sovereignty or jurisdiction to high seas and the HSMPAs practices may undermine the freedom of the high seas. Associating with the principle of common heritage of mankind, the continuous decline of the marine environment (especially the high seas) is a common concern of humankind (CCH). The establishment and management of ABMTs and HSMPAs are effective countermeasures to respond to the common concern. As a treaty-binding concept, CCH provides useful enlightenments to prevent the disputes and questions arising from the international practices of HSMPAs. Therefore, the legal implications of the HSMPAs shall reflect the legal concept of CCH and an underlain principle of common but differentiated responsibilities. The legal implications of CCH is of great significance for assigning the obligations of protecting the high seas marine ecological environment to members of the international community, and attentions should be paid to the differences of developing countries, especially, the land-locked states and geographically disadvantaged states. On the basis of common but differentiated responsibilities illustrated in the international law of the sea and environment law, the legal implications of HSMPAs shall emphasize the specific mechanisms of financial assistance, technology transfer and capacity-building.

In the process of the systematization of international practices on the HSMPAs, China has actively participated in and formulated many useful suggestions on how to define the HSMPAs. Based on China's participation in the establishment and legislation practices of the HSMPAs and ABMTs, some of basic demands and ideas of China could be seen. Taking into account China's identity of being developing country and geographically disadvantaged country, China should balance the differentiated obligation to protect the high seas ecological environment and national interests in ABNJ, like the demand for offshore fishing, the rights to international seabed mining and the rights of scientific research in the polar regions, etc. In the process of developing a new ILBI, China shall promote a broad conceptual proposal of ABMTs (including HSMPAs) on the basis of summarizing the legal elements of the existing international practices, and actively promote the legal elements that are beneficial to China's interests in ABNJ to be stated or reflected in the legal implications of ABMTs (including HSMPAs).

Keywords: High Seas Marine Protected Areas, International Law Practices, Legal Definition, Areas Beyond National Jurisdiction, Area-based Management Tools

目　录

绪　论 …………………………………………………………（1）
　一　研究问题的提出 ………………………………………（1）
　二　国内外研究现状 ………………………………………（7）
　三　研究意义与方法思路 …………………………………（21）

第一章　规制公海保护区的现有国际法框架评析…………（31）
　第一节　全球公海法律与治理体系的零散空缺……………（31）
　　一　国家管辖范围以外海域的国际法体系………………（32）
　　二　公海全球治理体系的重叠与零散……………………（37）
　　三　公海全球法律与治理体系的空缺……………………（43）
　第二节　现有公海保护区国际法缺乏针对性与可操作性…（44）
　　一　规制公海保护区之国际法体系………………………（45）
　　二　缺少专门性的国际条约………………………………（48）
　　三　散见之相关条款缺乏可操作性………………………（53）
　　四　相关"软法"缺乏国际法拘束力 ……………………（61）

第二章　国际自然保护联盟建议之公海保护区法律概念……（68）
　第一节　IUCN与海洋保护区的法律概念体系 ……………（70）
　　一　海洋保护区概念的发展………………………………（70）
　　二　海洋保护区的法律内涵………………………………（74）
　　三　海洋保护区的分类标准………………………………（80）

第二节　从海洋保护区到公海保护区的法律概念……………（85）
　　一　IUCN海洋保护区概念的拘束力 ……………………（86）
　　二　海洋保护区概念之适用到公海………………………（89）
第三节　IUCN的公海保护区法律思考 ……………………（94）
　　一　公海保护区的科学标准与实际考量…………………（94）
　　二　公海保护区的设立管理程序…………………………（96）

第三章　区域海洋治理实践中的公海保护区法律概念 ………（100）
第一节　区域海洋组织设立管理公海保护区的发展与
　　　　法律 ………………………………………………（100）
　　一　区域海洋治理所存在之零散与空缺 ………………（100）
　　二　区域海洋组织的法律意义与性质 …………………（105）
　　三　《联合国海洋法公约》与区域海洋组织 ……………（107）
第二节　区域海洋组织设立管理公海保护区的国际法
　　　　实践 ………………………………………………（110）
　　一　地中海派拉格斯公海保护区 ………………………（111）
　　二　东北大西洋公海保护区网络 ………………………（118）
　　三　南大洋公海保护区网络 ……………………………（126）
　　四　潜在公海保护区优选区域 …………………………（135）
第三节　区域海洋治理实践对公海保护区法律概念的
　　　　阐释 ………………………………………………（137）
　　一　区域海洋组织公海保护区的法律内涵 ……………（138）
　　二　设立管理公海保护区国际法实践的拘束力 ………（144）
　　三　区域海洋组织与国际社会加强合作协商 …………（147）

第四章　国际组织划区管理工具与公海保护区的结合 ………（151）
第一节　划区管理工具的国际法含义与类型 ………………（151）
　　一　划区管理工具与海洋空间规划 ……………………（151）
　　二　主要公海划区管理工具的类型 ……………………（153）

第二节　现有国际组织框架内的划区管理工具 …………（157）
　　一　国际海事组织与航运 ………………………………（158）
　　二　国际海底管理局与海底采矿 ………………………（164）
　　三　联合国粮农组织（区域渔管组织）与公海捕鱼 …（169）
　　四　联合国教科文组织与世界遗产 ……………………（176）
　　五　国际捕鲸委员会与捕鲸 ……………………………（180）
第三节　现有划区管理工具与公海保护区的互动 ………（181）
　　一　国际组织之划区管理工具与公海保护区的联系 …（181）
　　二　国际组织之划区管理工具与公海保护区的结合 …（187）

第五章　公海保护区法律概念所表达的共同义务 …………（192）
第一节　共同利益视角下的公海保护区国际法实践 ……（193）
　　一　公海保护区国际法实践引发的担忧 ………………（193）
　　二　人类共同利益视角的缺失 …………………………（200）
第二节　人类共同关注事项的国际法适用和内涵 ………（205）
　　一　人类共同关注事项之国际法适用 …………………（206）
　　二　不同"共同"理论间的联系与区别 ………………（214）
　　三　人类共同关注事项的法律内涵 ……………………（219）
第三节　公海生态环境保护是人类共同关注事项 ………（224）
　　一　持续退化的公海环境及应对 ………………………（224）
　　二　公海环境保护与人类共同关注事项 ………………（228）
　　三　公海保护区与人类共同关注事项 …………………（236）

第六章　公海保护区法律概念所体现的区别责任 …………（241）
第一节　发展中国家的区别责任和权益 …………………（241）
　　一　环境法上的发展中国家区别责任 …………………（241）
　　二　海洋法上的发展中国家区别责任 …………………（249）
第二节　海洋地理不利国的区别责任 ……………………（258）
　　一　海洋地理不利国概念的起源发展与确立 …………（259）

二　海洋地理不利国的标准 …………………………………………（264）
　　三　地理不利国的有关特殊权益与区别责任 ………………………（268）
第三节　公海保护区法律概念中的区别责任 …………………………（271）
　　一　公海保护区之区别责任的具体形式 ………………………………（271）
　　二　公海保护区之区别责任的具体内容 ………………………………（276）

第七章　公海保护区法律概念界定之中国立场 …………………（284）
第一节　中国参与的公海保护区国际法实践 …………………………（284）
　　一　联合国有关国家管辖范围以外区域海洋生物多样性的养护和可持续利用问题的不限成员名额非正式特设工作组（BBNJ Working Group） …………（284）
　　二　根据《联合国海洋法公约》的规定就国家管辖范围以外区域海洋生物多样性的养护和可持续利用问题拟订一份具有法律约束力的国际文书之筹备委员会（BBNJ PrepCom） ……………………………（287）
　　三　根据《联合国海洋法公约》的规定就国家管辖范围以外区域海洋生物多样性的养护和可持续利用问题拟订一份具有法律约束力的国际文书之政府间会议（BBNJ IGC） …………………………（293）
　　四　参与南极海洋生物资源养护委员会之设立管理公海保护区的国际法实践 ………………………………（303）
第二节　中国的国际海洋法相关权益点分析 …………………………（322）
　　一　作为发展中国家和地理不利国的中国 ……………………………（322）
　　二　中国周边的海洋区域治理状况分析 ………………………………（325）
　　三　中国在国家管辖范围以外区域的权益分析 ………………………（328）
第三节　符合中国权益的公海保护区法律概念之提出 ……（334）
　　一　中国需要考量的几个问题 …………………………………………（334）
　　二　中国方案之公海保护区概念的尝试提出 …………………………（337）

结　论 …………………………………………………（343）

缩略语列表 ……………………………………………（349）

规范文件翻译对应列表 ………………………………（355）

参考文献 ………………………………………………（362）

索　引 …………………………………………………（396）

后　记 …………………………………………………（405）

Contents

Introduction ··· (1)
  1. Background and the Question ······················· (1)
  2. Literature Review ································· (7)
  3. Significance & Methodology ························ (21)

Chapter 1 The Existing International Law on HSMPAs ································· (31)
  Section 1 Regulatory and Governance Gaps in the International Regime for the Areas beyond National Jurisdiction ············ (31)
    1.1 International Law on Areas beyond National Jurisdiction ····························· (32)
    1.2 Overlap and Fragmentation of the High Seas Governance ····························· (37)
    1.3 Gaps in the High Seas Regulation and Governance ····························· (43)
  Section 2 Pertinence and Operability of Existing International Law on HSMPAs ·································· (44)
    2.1 International Law on Regulating HSMPAs ··············· (45)
    2.2 Global Conventions ···························· (48)
    2.3 Relevant Provisions ···························· (53)

2.4　Non-binding Soft Laws ……………………………（61）

Chapter 2　HSMPAs Suggested by the IUCN ……………（68）
　Section 1　IUCN's Legal Concept of MPAs ………………（70）
　　1.1　Development of the MPAs under International
　　　　　Law ………………………………………………（70）
　　1.2　Legal Connotation of MPAs ……………………（74）
　　1.3　Classification of MPAs …………………………（80）
　Section 2　Legal Concept from MPAs to HSMPAs …………（85）
　　2.1　Binding Forces of the IUCN's Concept of
　　　　　MPAs ……………………………………………（86）
　　2.2　Applying the Concept of MPAs to the High Seas ………（89）
　Section 3　Legal Argumetations of IUCN's HSMPAs …………（94）
　　3.1　Scientific Standards and Practical Considerations of
　　　　　HSMPAs …………………………………………（94）
　　3.2　Procedures for the Establishment and Management of
　　　　　HSMPAs …………………………………………（96）

Chapter 3　HSMPAs Established by the Regional
　　　　　　Organizations ……………………………（100）
　Section 1　Law of Regional Practices on Establishing
　　　　　　HSMPAs ………………………………………（100）
　　1.1　Gaps in Regional Ocean Governance ……………（100）
　　1.2　Significance and Nature of the Regional Marine
　　　　　Organizations ……………………………………（105）
　　1.3　UNCLOS and the Regional Marine
　　　　　Organizations ……………………………………（107）

Section 2 Practices of Regional Marine Organizations on
         Establishing HSMPAs ……………………………… (110)
  2.1 Mediterranean Sanctuary for Marine Mammals ……… (111)
  2.2 OSPAR Network of MPAs ………………………………… (118)
  2.3 CCAMLR MPAs ……………………………………………… (126)
  2.4 Potential HSMPAs ………………………………………… (135)
Section 3 Concept of HSMPAs within Regional Practices …… (137)
  3.1 Legal Connotation of HSMPAs at Regional
       Level ………………………………………………………… (138)
  3.2 Binding Force of the Established HSMPAs ………… (144)
  3.3 Cooperation between the Regional Level and the
       Global Level ……………………………………………… (147)

Chapter 4 ABMTs Proposed by the International
            Organizations ……………………………………… (151)

Section 1 ABMTs under International Law …………………… (151)
  1.1 ABMTs and Marine Spatial Planning ………………… (151)
  1.2 Types of ABMTs for High Seas ……………………… (153)
Section 2 Existing ABMTs Established by the International
         Organizations ……………………………………………… (157)
  2.1 IMO and Shipping ………………………………………… (158)
  2.2 ISA and Deep-sea Mining ……………………………… (164)
  2.3 FAO (RFBs) and High Seas Fishing ………………… (169)
  2.4 UNESCO and World Heritage …………………………… (176)
  2.5 IWC and Whaling ………………………………………… (180)
Section 3 Interaction between Existing ABMTs and
         HSMPAs ……………………………………………………… (181)
  3.1 Coupling Relationship between ABMTs and HSMPAs …… (181)

3.2　Combination of ABMTs and HSMPAs ………………（187）

Chapter 5　Common Obligations Expressed in the Concept of HSMPAs ……………………………………（192）

　Section 1　International Practices of HSMPAs as for Common Interests ………………………………………（193）
　　1.1　Concerns Raised by the International Practices of HSMPAs ………………………………………（193）
　　1.2　Perspectives on Common Interest of Humankind ………………………………………（200）
　Section 2　Common Concern of Humankind ……………（205）
　　2.1　Common Concern of Human in International Law ……………………………………………（206）
　　2.2　Comparison among Different "Commons" ………（214）
　　2.3　Connotations of Common Concern of Humankind ………………………………………（219）
　Section 3　Protection of High Seas Is Common Concern of Humankind ………………………………………（224）
　　3.1　The Continuously Decline of High Seas Environment ……………………………………（224）
　　3.2　Common Concern of Humankind and High Seas Protection ……………………………………（228）
　　3.3　Common Concern of Humankind and HSMPAs ………（236）

Chapter 6　Differentiated Responsibilities Implied in the Concept of HSMPAs ……………………………（241）

　Section 1　Differentiated Responsibilities of Developing Countries ………………………………………（241）

  1.1 Under Environmental Law ……………………… (241)
  1.2 Under the Law of the Sea ……………………… (249)
 Section 2 Differentiated Responsibilities of Geographically
      Disadvantaged States ………………………… (258)
  2.1 Origin, Development and Establishment of the
    Idea ……………………………………………… (259)
  2.2 Criteria of Geographically Disadvantaged States ……… (264)
  2.3 Privileges and Differentiated Responsibilities ………… (268)
 Section 3 Differentiated Responsibilities Implied in
      HSMPAs ……………………………………… (271)
  3.1 International Practices ………………………… (271)
  3.2 Legal Context …………………………………… (276)

Chapter 7 China's Position towards HSMPAs ……………… (284)
 Section 1 China's International Practices of HSMPAs ……… (284)
  1.1 BBNJ Working Group …………………………… (284)
  1.2 BBNJ PrepCom …………………………………… (287)
  1.3 BBNJ IGC ………………………………………… (293)
  1.4 CCAMLR MPAs …………………………………… (303)
 Section 2 Analysis of China's Interests in International Law
      of the Sea …………………………………… (322)
  2.1 China as A Developing Country and Geographically
    Disadvantaged State ……………………………… (322)
  2.2 Governance of Regional Seas around China ………… (325)
  2.3 China's Interests in Areas Beyond National
    Jurisdiction ……………………………………… (328)
 Section 3 Proposal of A Legal Concept of HSMPAs for
      China …………………………………………… (334)

3.1　Several Questions for Consideration …………… (334)
3.2　China's Concept of HSMPAs ………………… (337)

Tentative Conclusion ……………………………… (343)

Abbreviations ……………………………………… (349)

Authorities ………………………………………… (355)

Bibliographies ……………………………………… (362)

Index ………………………………………………… (396)

Acknowledgements ………………………………… (405)

绪　　论

一　研究问题的提出

公海，是指除国家的专属经济区、领海或内水或群岛国的群岛水域以外的全部海域。[①] 公海，是地球上最大的公共区域以及最大的单一生态系统，[②] 占全球海洋面积的62%—64%。[③] 随着科学技术的进步，人类社会经济的发展，公海生态环境持续退化，生物多样性持续减少，引发人们的关注和担忧。2016年7月14日联合国政府间海洋学委员会（Intergovernmental Oceanographic Commission）[④] 就世界深海和大型海洋生态系统的状况发布调查报告指出，不断加剧的气候变化和人类活动所造成的综合影响正在使世界超过一半的珊瑚礁受到威胁，海洋重要的渔业资源正受到过度捕捞。[⑤]

公海生态环境保护对全球海洋治理至关重要，关系到全人类的生存和可持续发展。面对公海生态环境持续退化，传统的海洋生态

[①] 《联合国海洋法公约》第86条。

[②] Global Ocean Commission, *From Decline to Recovery: A Rescue Package for the Global Ocean*, Oxford, UK, 2014.

[③] UNDP/CBD/WG-PA/1/INF/1, p. 2.

[④] 联合国政府间海洋学委员会是联合国教科文组织的下属的一个促进各国开展海洋科学调查研究和合作活动的国际性政府间组织。

[⑤] IOC-UNESCO and UNEP, *Large Marine Ecosystems: State and Trends, Summary for Policymakers*, TWAP, Nairobi, Kenya, 2016.

环境保护方法显然已无法有效应对，因此在公海上设立数量更多、规模更大的海洋保护区成为未来的方向。由于公海与"区域"① 共同构成国家管辖范围以外的海洋区域，② 对应的国际法律治理模式与国家管辖范围以内的空间不同，设立公海保护区面临国际法上的不确定性。公海保护区的国际法实践与法律制度构建，已经成为目前国际海洋法领域的重点关注问题，其中有关公海保护区国际法概念的争论更是关键点之一。

（一）公海保护区的国际法实践

1982 年《联合国海洋法公约》（UNCLOS）③ 强调海洋生态环境保护，虽然该公约并没有使用"海洋保护区"这一概念，④ 但至少其为缔约国设置了明确的保护和保全海洋生态环境之义务，⑤ 并强调了为保护和保全稀有或脆弱的生态系统，以及衰竭、受威胁或有灭绝危险的物种和其他形式的海洋生物的生存环境应采取必要的措施。⑥ 早在 1994 年第 19 届成员国大会上，国际自然保护联盟（IUCN）⑦ 第 19.46 号决议便意识到，随着《联合国海洋法公约》的生效，将可能为国家管辖范围以外海洋区域的保护带来新的管理机制，其中就包括公海保护区。⑧ 在随后的国际法实践中，公海保护区的议

---

① "区域"是指国家管辖范围以外的海床和洋底及其底土。

② 《联合国海洋法公约》第 1 条第 1 款。

③ 联合国海洋法会议 1982 年 12 月 10 日通过并开放给各国签字、批准和加入，于 1994 年 11 月 16 日生效。

④ Frank, Veronica, *The European Community and Marine Environmental Protection in the International Law of the Sea: Implementing Global Obligations at the Regional Level*, Brill, 2007, p. 334.

⑤ 《联合国海洋法公约》第 192 条。

⑥ 《联合国海洋法公约》第 194 条第 5 款。

⑦ International Union for Conservation of Nature，简称 IUCN，又译为世界自然保护联盟，是世界上规模最大、历史最悠久的全球性非营利环保机构，也是自然环境保护与可持续发展领域唯一作为联合国大会永久观察员的国际组织。

⑧ IUCN, *Marine and Coastal Area Conservation*, GA 1994 REC 046, Buenos Aires, 1994, p. 1.

题不断被提起,在2002年的约翰内斯堡可持续发展问题世界首脑会议上,各国商定要在2012年年底①前建立起连贯的海洋保护区网络,其中就包括国家管辖范围以外的海域。② 1992年《生物多样性公约》第7次缔约方大会指出国家管辖范围以外海域的生物多样性正受到严峻威胁,而现有沿海和近海海洋保护区却远无法有效地防止这一威胁。③ 该次会议进一步呼吁加强对国家管辖范围以外海域生物多样性的保护,通过国际合作建立公海保护区。④

公海保护区之设立实践在现实中却不尽人意。2002年世界可持续发展峰会中各国政府和国家首脑承诺会在2012年之前建立海洋保护区代表网络,但是直到2012年"里约+20"联合国可持续发展大会时,这一目标远未实现。在无明确国际法律规范的前提下,国际社会实际上采取了鼓励试点的态度,即鼓励沿海国政府间、区域海洋组织和国际组织等国际机构先行试点设立公海保护区。至今,国际社会先行设立起了四个公海保护区,分别是:南极罗斯海海洋保护区(2016)、东北大西洋海洋保护区(2010)、南奥克尼群岛南大陆架海洋保护区(2009)、地中海派拉格斯海洋保护区(2002),海洋保护区仅占不到1%的公海区域。许多人认为国际组织所采用的各种划区管理工具也属于海洋保护区,但是国际组织通过划区管理工具保护海洋生态环境的国际法实践本身也存在诸多法律障碍与争议。

公海保护区设立受阻,使得公海养护与可持续发展问题引起了国际社会的普遍关注,国际组织、沿海国、主要利益集团以及部分内陆国均给予高度重视,在联合国大会上进行了讨论和磋商。2015年联合国大会 A/RES/69/292 号决议,决定根据《联合国海洋法公约》的规定就国家管辖范围以外区域海洋生物多样性的养护和可持

---

① 此处《可持续发展问题世界首脑会议的执行计划》中文版为"2010年年底"。
② 《可持续发展问题世界首脑会议的执行计划》A/CONF.199/L.7,第32(c)条。
③ UNEP/CBD/COP/DEC/VII/5, para.29, 13 April 2004.
④ Ibid.

续利用问题拟订一份具有法律约束力的国际文书。① 该国际协定是一项综合性的国际条约，将就包括划区管理工具与公海保护区在内的一系列问题进行立法规范。② 2017 年联合国大会 A/RES/72/249 号决议，决定在联合国主持下召开四次政府间会议对国际文书的案文内容进行讨论和审议。③ 公海保护区国际法实践制度化仍面临很多争议，充满阻碍，从联合国工作组到政府间谈判，再到最终国际协议文本达成与生效执行，漫漫长路仍未可知。

（二）公海保护区的国际法概念

国际社会不断呼吁设立公海保护区来保护全球海洋，但在国际法上，只有 1992 年《生物多样性公约》④ 特设技术专家组在 2004 年曾尝试对海洋保护区进行定义，⑤ 除此之外，国际社会对海洋保护区的概念并无专门的法律界定。无论国际法还是国内法，有关海洋保护与生物多样性的法律规范卷帙浩繁，但大多只是涉及海洋保护区的某一方面或某一项管理活动，没有对海洋保护区全面且专门的法律定义。⑥ 在学术界关于公海保护区的法律概念也没有一致观点，有

---

① 决议标题的英文原文为：Development of an international legally-binding instrument under the United Nations Convention on the Law of the Sea on the conservation and sustainable use of marine biological diversity of areas beyond national jurisdiction。

② 联合国大会 A/RES/69/292 号决议，第 3 页第 2 条。

③ 四次会议分别在 2018 年、2019 年和 2020 年上半年召开。

④ 联合国环境和发展大会 1992 年 6 月 5 日通过并开放给各国签字、批准和加入，于 1993 年 12 月 29 日生效。

⑤ Gjerde, Kristina M., *High Seas Marine Protected Areas and Deep-Sea Fishing*, FAO Fisheries Reports 838 (2007).

⑥ FAO & Japan Government, *Expert Workshop on Marine Protected Areas and Fisheries Management: Review of Issues and Considerations*, FAO Fisheries Report, No. 825, Rome, Italy, 12-14 June 2006, p. 53.

Martin, Kirsten, et al., *Experiences in the Use of Marine Protected Areas with Fisheries Management Objectives—A Review of Case Studies*, FAO Expert Workshop on Marine Protected Areas and Fisheries Management: Review of Issues and Considerations, FAO Fisheries Report, No. 825 (2007).

着不同的分类形式和具体内容，这也导致了关于公海保护区法律概念的争辩。

有关划区管理工具与公海保护区的法律概念问题，在联合国相关会议上多次被提起讨论。在根据《联合国海洋法公约》的规定就国家管辖范围以外区域海洋生物多样性的养护和可持续利用问题拟订一份具有法律约束力的国际文书的筹备委员会第二次会议上，各国代表就划区管理工具与公海保护区的法律概念问题表达了诸多观点："77国集团"和中国要求将全球、区域和部门性的划区管理工具（ABMTs）定义适用于国家管辖范围以外海域，以及要求界定海洋保护区（MPAs）和海洋空间规划（MSP）的概念；中国提出要列举划区管理工具的要素，包括保护和可持续利用海洋生物多样性，地理范围和管理方法；新西兰指出，海洋保护区的目标是长期保护生物多样性和生态系统，而其他的划区管理工具可以有其他目的，如资源管理；澳大利亚强调了战略环境评估的重要性，以确定实施划区管理工具的地点和情况。[①] 相关的争论主要集中在划区管理工具与公海保护区的法律概念中的要素、地理区间、保护客体目标、与既有国际法的关系等。

关于公海保护区概念的争辩已经影响到国际法实践的推进，在南极海洋生物资源养护委员会（CCAMLR）[②] 2008年会议上，日本代表提醒委员会需要依据养护南极海洋生物资源的目的，谨慎清晰地定义海洋保护区之概念，以平衡保护和合理利用之间的关系。[③] 鉴于此，该委员会认可海洋保护区作为一个专业术语，并没有专门单一的概念，与此同时有一系列的海洋划区管理公具可以用来维护海

---

① IISD, *Summary of the Second Session of the Preparatory Committee on Marine Biodiversity beyond Areas of National Jurisdiction*, USA, 26 August-9 September 2016, p. 6.

② 南极海洋生物资源养护委员会，是根据《南极海洋生物资源养护公约》设立的南极海域管理生物资源的多边机构，2007年10月2日，中国正式成为该委员会成员。

③ CCAMLR, *Report of the Twenty Seventh Meeting of the Commission*, CCAMLR-XXVII, Australia, 2008, para. 7. 13.

洋生物多样性；该委员会还认可海洋保护区可以根据不同区域的不同特性和保护标准而设置为不同形式。① 国际社会就在《南极海洋生物资源养护公约》下建立南极罗斯海海洋保护区进行协商谈判时，有关海洋保护区和公海保护区的概念再一次被提出。在 2013 年南极海洋生物资源养护委员会的第二次特别会议上，俄罗斯代表就曾提出海洋保护区的概念存在争议，至今并没有一个清晰的南极海洋生物资源养护海洋保护区的概念，从而引出南极海洋生物资源养护委员是否有权建立海洋保护区，建立怎样的海洋保护区，以及依何种程序建立南极海洋保护区的疑问。② 俄罗斯认为这个问题至关重要，甚至还指出如果这个问题不解决，其将拒绝继续进行谈判。③ 在 2014 年的会议上，法国代表也认可现在的国际法体系并未就海洋保护区提供一个广泛接受的定义，而 1992 年《生物多样性公约》的第 6 条也只具有参考意义。④

在 2015 年联合国大会 A/RES/69/292 号决议中，公海保护区是与划区管理工具被放置在一起而进行考量的。根据 2007 年联合国秘书长有关海洋和海洋法的报告，现行各种划区管理工具有若干名称，其中包括"海洋保护区"，"特别保护区"，渔业中的"禁渔区和禁渔期"，航运中的"特殊区域"和"特别敏感海域"，"禁捕区"和"保留区"，"世界遗产保护区"，"特别环境利益区"等。⑤ 在学界的诸多研究中，划区管理工具、公海保护区等词汇往往被混杂在一起使用，而缺少必要的分析和梳理，在此情况下不利于有关公海保

---

① CCAMLR, *Report of the Twenty Seventh Meeting of the Commission*, CCAMLR-XXVII, Australia, 2008, para. 7.16.

② CCAMLR, *Report of the Second Special Meeting of the Commission*, Bremerhaven, Germany, 15 and 16 July 2013, para. 3.18.

③ 唐建业：《南极海洋保护区建设及法律政治争论》，《极地研究》2016 年第 3 期。

④ CCAMLR, *Report of Thirty-Third Meeting of the Commission*, CCAMLR-XXXIII, Australia, 2014, para. 7.57.

⑤ 联合国秘书长 2007 年报告，A/62/66/Add.2，第 117 段。

护区法律制度研究的推进。学界对公海保护区的认识与理解亦没有解决公海保护区与划区管理工具的关系,公海保护区的不同分类标准等一系列涉及法律概念的问题,使得公海保护区的法律研究陷于杂乱且缺少秩序的状态。

二 国内外研究现状

(一) 国内研究现状综述

公海保护区国际法构建与谈判问题是国际海洋法领域的热点,国内多家单位均有关注和研究,外交部条法司代表中国政府参与国家管辖范围以外海洋区域生物多样性与可持续发展国际协定的前期磋商与交流,国家海洋局国家海洋信息中心等多家海洋单位重点关注了现有公海保护区机制和中国应采取的政策和态度,武汉大学、北京大学、厦门大学等国内多家科研院所的学者也承担了一些有关公海保护区研究的课题。

在教材和专著领域,大多书籍仅在涉及海洋生物资源养护问题时简单介绍海洋保护区制度,很少涉及公海保护区,即便涉及也少有深入分析,例如:(1) 国家海洋局海洋发展战略研究所课题组(2017) 所编的《中国海洋发展报告》,第一章第三节介绍海洋生物资源开发和养护,在该节末尾部分提到了国家管辖范围以外区域海洋生物多样性养护规划;[1] (2) 朱建庚(2013) 所著的《海洋环境保护的国际法》,第七章第四节介绍了海洋生物多样性的保护,在该节第二部分介绍了国家管辖范围以外海洋生物多样性的保护,其中涉及南极南奥克尼群岛南大陆架海洋保护区(2009) 的一些管理规范。[2]

范晓婷(2015) 所编的《公海保护区的法律与实践》重点关注

---

[1] 国家海洋局海洋发展战略研究所课题组编:《中国海洋发展报告》,海洋出版社2017年版。

[2] 朱建庚:《海洋环境保护的国际法》,中国政法大学出版社2013年版。

公海保护区问题，其中涉及的法律问题包括：(1) 公海保护区的产生及理论基础；(2) 公海保护区的国际法制度；(3) 公海保护区的国际实践；(4) 建立公海保护区对公海活动的影响等。除此之外还涉及建立公海保护区的战略利益分析与各国（国际组织）对海洋保护区的管理与实践。针对公海保护区法律概念问题，该书第一章第一节认可了国际自然保护联盟的海洋保护区定义可以作为一项国际标准，而公海保护区是"公海"和"海洋保护区"结合在一起，是指为了保护公海上某些特定区域的海洋生态系统以及海洋资源，在公海的水域内设立的若干由相关各国共同建设、规划和管理的具有特殊地理条件、生态系统、生物或非生物资源以及海洋开发利用的特殊需要和突出的自然与社会价值的区域。① 这一定义显然具有局限性：(1) 空间界限上公海保护区还可以垂直涉及相应空域和国际海底区域，而不只限于公海水域，而自相矛盾的是该书第九章第二节将国际海底管理局的划区管理工具列入了建立公海保护区的潜在优选区；② (2) 保护目标上并没有表明设立公海保护区的目标效果，即是否需要实现长期有效的保护；(3) 由于国家管辖范围以外区域国际治理和法律的特殊性，"公海"和"海洋保护区"结合显然会面临很多国际法问题，需要深入剖析，不能直接和生硬地结合。该书作为中国在公海保护区问题上难得的编著，具有很强的学术和实践价值，对界定公海保护区法律概念亦提供了重要的思路和素材。

在期刊论文方面，值得关注的有：

桂静和国家海洋信息中心的诸位研究人员写就了多篇论文，主要有：(1) 公衍芬、范晓婷、桂静、王琦、姜丽 (2003) 的《欧盟公海保护的立场和实践及对我国的启示》；③ (2) 桂静、范晓婷、公

---

① 范晓婷编：《公海保护区的法律与实践》，海洋出版社2015年版，第19页。
② 同上书，第154页。
③ 公衍芬、范晓婷、桂静、王琦、姜丽：《欧盟公海保护的立场和实践及对我国的启示》，《环境与可持续发展》2003年第5期。

衍芬、姜丽（2003）的《国际现有公海保护区及其管理机制概览》；①（3）桂静、范晓婷、王琦（2011）的《国家管辖以外海洋保护区的现状及对策分析》；②（4）王琦、桂静、公衍芬等（2013）的《法国公海保护的管理和实践及其对我国的借鉴意义》；③（5）王琦、万芳芳、黄南艳等（2013）的《英国公海保护的政策措施研究及设立公海保护区的利弊分析》；④（6）姜丽、桂静、罗婷婷、王群（2013）的《公海保护区问题初探》；⑤（7）桂静（2014）的《公海保护区的国际法基本原则辨析》；⑥（8）桂静（2015）的《不同维度下公海保护区现状及其趋势研究——以南极海洋保护区为视角》⑦等。这些论文体现出国家海洋信息中心的诸位研究人员长期关注公海保护区国际法实践发展，为国内相关研究提供了有益的基础素材。

刘惠荣、韩洋（2009）的《特别保护区：公海生物多样性保护的新视域》一文较早地关注到公海特别保护区全球性公约所面临的法律挑战，认为由相关利益国家共同建设、开发与管理的公海特别保护区模式（地中海公海保护区模式或区域海洋组织模式）在当时

---

① 桂静、范晓婷、公衍芬、姜丽：《国际现有公海保护区及其管理机制概览》，《环境与可持续发展》2003年第5期。
② 桂静、范晓婷、王琦：《国家管辖以外海洋保护区的现状及对策分析》，《中国海洋法学评论》2011年第1期。
③ 王琦、桂静、公衍芬：《法国公海保护的管理和实践及其对我国的借鉴意义》，《环境科学导刊》2013年第2期。
④ 王琦、万芳芳、黄南艳等：《英国公海保护的政策措施研究及设立公海保护区的利弊分析》，《环境科学导刊》2013年第6期。
⑤ 姜丽、桂静、罗婷婷、王群：《公海保护区问题初探》，《海洋开发与管理》2013年第9期。
⑥ 桂静：《公海保护区的国际法基本原则辨析》，《江南社会学院学报》2014年第4期。
⑦ 桂静：《不同维度下公海保护区现状及其趋势研究——以南极海洋保护区为视角》，《太平洋学报》2015年第5期。

是比较合理的。① 该文较早地关注到了公海保护区设立管理的法律问题，为之后的公海保护区国际法研究提供了启发，但似乎没有注意到国际组织的有关划区管理工具国际法实践。

林新珍（2011）的《国家管辖范围以外区域海洋生物多样性的保护与管理》一文梳理了国家管辖范围以外区域海洋生物多样性所面临的威胁和管理现状，以及国际社会的各种有关行动，并提出中国应采取的积极态度，即加强公海保护区的研究和知识储备，积极参与联合国和各区域组织的相关计划和行动。② 该文及时地反映截至发稿前的国家管辖范围以外海洋生物多样性养护和可持续利用有关问题的最新进展，且当时提出的建议至今仍有积极意义。

张辉（2014）的《南海环境保护引入特别区域制度研究》一文关注到了在中国南海海域将国际海事组织的一些特别区域制度（包括特殊海域制度、特别敏感海域制度、环境高风险海域制度等）和既有海洋保护区实践相结合，从而更加有效地保护南海海洋生态环境。③ 该文涉及将海洋保护区实践和划区管理工具相结合对保护海洋生态环境的积极意义，可以为公海保护区的实践提供重要参考。

杨雷、韩紫轩、陈丹红等（2014）的《关于建立 CCAMLR 海洋保护区的总体框架有关问题分析》一文分析了南极海洋生物资源养护委员会《关于建立 CCAMLR 海洋保护区的总体框架》这一文书中存在的与国际法不相符之法律问题，并就中国的参与提出建议。④ 该文基于对 CCAMLR 海洋保护区实践的参与，所涉及的法律问题比较

---

① 刘惠荣、韩洋：《特别保护区：公海生物多样性保护的新视域》，《华东政法大学学报》2009 年第 5 期。

② 林新珍：《国家管辖范围以外区域海洋生物多样性的保护与管理》，《太平洋学报》2011 年第 10 期。

③ 张辉：《南海环境保护引入特别区域制度研究》，《海南大学学报》（人文社会科学版）2014 年第 3 期。

④ 杨雷、韩紫轩、陈丹红等：《关于建立 CCAMLR 海洋保护区的总体框架有关问题分析》，《极地研究》2014 年第 4 期。

深入严谨，可以为公海保护区法律概念研究提供有用的案例素材。

唐建业（2016）的《南极海洋保护区建设及法律政治争论》一文全面分析了南极海洋保护区建设动态进展和所面临的法律政治争论，尤其关注到了关于海洋保护区法律概念的争论，并指出缺少一个统一认可的海洋保护区的法律定义对南极海洋保护区建设造成一些困扰。[①] 该文针对南极海洋保护区法律概念争论的研究指出了对公海保护区概念进行研究的必要性，也为进一步界定公海保护区的国际法概念提供了直接相关的案例素材。

陈力（2016）的《南极海洋保护区的国际法依据辨析》一文在辨析南极海洋保护区国际法依据的基础上，还指明了南极海洋保护区的合法性、必要性与可行性等问题，并最终建议中国将谈判重心转向南极海洋保护区设立与管理的科学性和必要性，以提出中国的南极海洋保护区提案。[②] 该文在对南极保护区合法性问题进行梳理之后的建议为中国进一步参与有关实践指明了务实路线，具有很强参考意义。

银森录、郑苗壮、徐靖、刘岩、刘文静（2016）的《〈生物多样性公约〉海洋生物多样性议题的谈判焦点、影响及我国对策》一文在梳理了历次缔约方大会的谈判进程中涉及海洋保护区及具有重要生态或生物学意义的海域等有关问题。[③] 该文从《生物多样性公约》的视角审视海洋保护区问题，为公海保护区国际法概念的界定提供了《生物多样性公约》相关联的素材。

何志鹏（2016）的《在国家管辖外海域推进海洋保护区的制度反思与发展前瞻》一文分析了当前公海保护所面临的复杂局面和主要问题，并提出应当防止新的法律文件对公海自由等既定海事原则

[①] 唐建业：《南极海洋保护区建设及法律政治争论》，《极地研究》2016年第3期。

[②] 陈力：《南极海洋保护区的国际法依据辨析》，《复旦学报》（社会科学版）2016年第2期。

[③] 银森录、郑苗壮、徐靖、刘岩、刘文静：《〈生物多样性公约〉海洋生物多样性议题的谈判焦点、影响及我国对策》，《生物多样性》2016年第7期。

和国家主权造成损害,以及警惕内国法或区域文件的域外实施,防止国际公海变成地区私海。① 该文所提到的国际法共识对公海保护的重要性对公海保护区法律概念的界定有着参考意义。

白佳玉、李玲玉(2017)的《北极海域视角下公海保护区发展态势与中国因应》一文提到了北极理事会对北极海域公海保护区的探索,并因应地建议中国应积极参与泛北极海洋保护区网络下的北极公海保护区相关活动,以维护中国在北极公海的合法权益。② 该文是国内少有的涉及北极公海保护区发展态势的文章,为公海保护区法律概念的界定提供了一个潜在的案例。

张磊(2017)的《论公海自由与公海保护区的关系》一文认为公海自由与公海保护区的关系可以解读为自由秩序与全球治理的关系,习惯权利与条约义务的关系以及船旗国管辖权与沿海国管辖权的关系,从而进一步认为公海保护区从初创到完善,公海自由从片面到兼容,并最终形成新事物,应该得到人们的支持。③ 该文论理充分,哲理清晰,论证得出应对公海保护区采取积极的态度,虽未涉及公海保护区具体法律制度问题,依然有着参考意义。

马得懿(2018)的《公海元叙事与公海保护区的构建》一文认为公海保护区是海洋治理的有效区划工具之一,构建公海保护区面临的基本问题在于公海自由与公海保护区构建的冲突和协调以及由此派生出的具体问题,诸如公海保护区构建的合法性问题以及公海保护区的发展趋向。④ 该文以公海自由制度张力而展开,公海自由制度张力具有三层级张力的属性,只是对公海保护区和划区管理工具

---

① 何志鹏:《在国家管辖外海域推进海洋保护区的制度反思与发展前瞻》,《社会科学》2016年第5期。
② 白佳玉、李玲玉:《北极海域视角下公海保护区发展态势与中国因应》,《太平洋学报》2017年第4期。
③ 张磊:《论公海自由与公海保护区的关系》,《政治与法律》2017年第10期。
④ 马得懿:《公海元叙事与公海保护区的构建》,《武汉大学学报》(哲学社会科学版)2018年第3期。

之间的关系认知不够清晰，也反映出对公海保护区法律定义进行基础研究的重要性。

总结国内的已有研究成果，对公海保护区的研究中存在着不同侧重点，有的侧重于跟踪国家管辖范围以外海洋区域生物多样性与可持续发展国际协定立法进展和中国的参与实践，有的侧重于国外已有公海保护区法律制度的实践经验研究和不同国家的政策主张，有的侧重于公海保护区法律制度与其他国际法制度的交叉影响，尤其是与公海自由的关系与互动问题。由于公海保护区法律制度构建问题是新问题、热点问题，国内学界对此的关注多出于应用性的政策研究，尤其是政府部门和智库的研究更加倾向于政府参与实践的立场和策略，而缺少综合性的深入的法学研究。针对公海保护区法律概念界定这一基础性问题，虽然有学者提出需要进一步研究的必要性，但显然现有研究成果对此着墨甚少，还未出现比较全面系统的法学研究论证。

（二）国外研究现状综述

针对公海保护区法律制度问题，由于涉及国际海洋法、国际环境法发展新动向，又有国际社会为相关国际协定的磋商起草在积极准备，国外学者已有不少研究成果，在专著方面值得借鉴的有：

Frank, Veronica（2007）的 *The European Community and Marine Environmental Protection in the International Law of the Sea: Implementing Global Obligations at the Regional Level* 一书[①]第八章节关注了在国际法下和欧盟法下通过设立管理海洋保护区来保护海洋生物，该书指出国际自然保护联盟的海洋保护区概念是受到广泛接受的，但是在法律上却没有明确的海洋保护区定义，海洋保护区可以有各式各样的名称，但是核心的要素却是控制特定区域内的人类活

---

① Frank, Veronica, *The European Community and Marine Environmental Protection in the International Law of the Sea: Implementing Global Obligations at the Regional Level*, Brill, 2007.

动，这些关于海洋保护区法律概念的基本论述有着重要的参考意义。

Warner, Robin（2009）的 *Protecting the Oceans beyond National Jurisdiction: Strengthening the International Law Framework* 一书[1]全面介绍了国家管辖范围以外区域海洋保护的国际法问题，不仅关注到了基本法律原则框架，还分别审视了区域、国际组织、国际的各种不同机制，并在该书第七节介绍了联合国有关国家管辖范围以外区域海洋生物资源养护和可持续利用有关会议的进展。该书所提供的国家管辖范围以外区域海洋保护之国际法分析，可以为公海保护区法律概念界定提供重要的法律基础。

Molenaar Erik J. 和 Alex G. Oude Elferink（2010）所编的 *The International Legal Regime of Areas beyond National Jurisdiction: Current and Future Developments* 一书[2]收录了 2008 年荷兰乌德勒支大学国际法与海洋法研究所举办的一次会议论文，关注了国家管辖范围以外区域海洋治理和法律体系的基本原则与目标，以及国际组织的作用。该书是对国家管辖范围以外区域海洋法律问题的一次比较深入的探讨，可以为界定公海保护区法律概念提供有益的国际海洋法语境。

Pinto, Daniela Diz Pereira（2012）的 *Fisheries Management in Areas beyond National Jurisdiction: The Impact of Ecosystem Based Law-making* 一书[3]第三章节介绍了国家管辖范围以外区域海洋渔业实践，第六章节将公海保护区和渔业管理进行结合讨论。该书从国家管辖范围以外渔业管理和法律制定的视角将渔业划区管理工具和公海保护区相结合，重视区域海洋组织和全球机制的不同实践，具有较强

---

[1] Warner, Robin, *Protecting the Oceans beyond National Jurisdiction: Strengthening the International Law Framework*, Brill, 2009.

[2] Molenaar, Erik J., and Alex G. Oude Elferink, eds., *The International Legal Regime of Areas beyond National Jurisdiction: Current and Future Developments*, Brill, 2010.

[3] Pinto, Daniela Diz Pereira, *Fisheries Management in Areas beyond National Jurisdiction: The Impact of Ecosystem Based Law-making*, Martinus Nijhoff Publishers, 2012.

的参考意义。对于公海保护区法律概念问题,该书仅列举了《生物多样性公约》的定义和国际自然保护联盟的概念体系与分类,并没有就有关争辩进行深入分析。

Molenaar, Erik J., Alex G. Oude Elferink 和 Donald R. Rothwell (2013) 所编的 *The Law of the Sea and the Polar Regions: Interactions between Global and Regional Regimes* 一书[①]是基于对南北极治理中的区域和国际机制的互动研究,其中第五章节关注到了北极海洋保护区问题,第六章节关注南大洋海洋保护区问题,两节都从国际和区域机制互动的视角分析了有关极地海洋保护区的问题,可以为界定公海保护区法律概念中全球和区域机制的结合提供案例素材。

Jakobsen, Ingvild Ulrikke (2016) 的 *Marine Protected Areas in International Law: An Arctic Perspective* 一书[②]从北极视角比较全面地介绍了国际法下的海洋保护区问题,重点关注了海洋保护区和航运污染防治的互动与结合。关于海洋保护区的概念问题,该书涉及主要的渊源包括国际自然保护联盟、《生物多样性公约》和东北大西洋海洋环境保护委员会,但相关内容仅停留在介绍层面,亦没有结合国家管辖范围以外生物多样性养护和可持续利用国际文书谈判的最新进展。

国外学者所发表的期刊论文之研究相对较多,主要集中于以下几个研究路径:

1. 宏观地考察公海保护制度。国家管辖范围外海洋区域生态环境保护问题是一个范畴更大、范围更广的研究选题,在有关该选题研究的著作和论文中常常会涉及公海保护区法律制度的构建。比如:

[①] Molenaar, Erik J., Alex G. Oude Elferink, and Donald R. Rothwell, eds., *The Law of the Sea and the Polar Regions: Interactions between Global and Regional Regimes*, Martinus Nijhoff Publishers, 2013.

[②] Jakobsen, Ingvild Ulrikke, *Marine Protected Areas in International Law: An Arctic Perspective*, Brill, 2016.

（1）Rayfuse, Rosemary 和 Robin Warner（2008）"Securing a Sustainable Future for the Oceans beyond National Jurisdiction: The Legal Basis for an Integrated Cross-Sectoral Regime for High Seas Governance for the 21st Century"一文就强调 21 世纪国家管辖范围以外区域海洋治理的法律需要一体化;[①]（2）Ardron, Jeff A. 等（2014）的"The Sustainable Use and Conservation of Biodiversity in ABNJ: What Can Be Achieved Using Existing International Agreements?"则是希望通过考察既有国际条约来为国家管辖范围以外海洋生物多样性养护和可持续利用提供有益的经验;[②]（3）Englender, Dorota 等（2014）的"Cooperation And Compliance Control In Areas beyond National Jurisdiction"一文则重点关注了国家管辖范围以外区域海洋合作和履约问题;[③] 等等。[④] 从此路径进行的研究十分必要，考虑到公海区域法律制度的特殊性，错综复杂的公海治理国际条约和规范文件，对公海保护区法律制度的构建具有深远和全局的影响，毕竟公海保护区的设立本身也是为了保护公海生态环境。

2. 跟踪最新国际协定立法动态。由于国际社会正准备在《联合国海洋法公约》框架下制定具有法律约束力的国际协定，并将就划区管理工具与公海保护区问题放入该国际协定进行统一考虑，诸多学者和

[①] Rayfuse, Rosemary, and Robin Warner, "Securing a Sustainable Future for the Oceans beyond National Jurisdiction: The Legal Basis for an Integrated Cross-Sectoral Regime for High Seas Governance for The 21st Century", *The International Journal of Marine and coastal Law* 23.3 (2008).

[②] Ardron, Jeff A., et al., "The Sustainable Use and Conservation of Biodiversity In ABNJ: What Can Be Achieved Using Existing International Agreements?", *Marine Policy* 49 (2014).

[③] Englender, Dorota, et al., "Cooperation and Compliance Control in Areas beyond National Jurisdiction", *Marine Policy* 49 (2014).

[④] Maes, Frank, "The International Legal Framework for Marine Spatial Planning", *Marine Policy* 32.5 (2008); Freestone, David, "Problems of High Seas Governance", *The Berkeley Electronic Press* 43 (2009).

实践参与者都会在对国家管辖范围外海洋区域生物多样性和可持续利用国际协定的立法进程进行观察评论和建议的过程中涉及公海保护区问题。比如：（1）Scott，Karen N.（2012）的"Conservation on the High Seas: Developing the Concept of the High Seas Marine Protected Areas"一文就在对海洋保护区发展和联合国有关会议的分析基础上，指出现阶段缺乏公海保护区的法律概念以及这会复杂化一系列问题；①（2）Rona'n Long，Mariamalia Rodriguez Chaves（2015）的"Anatomy of a New International Instrument for Marine Biodiversity beyond National Jurisdiction: First Impressions of the Preparatory Process"一文就详细介绍了联合国有关国家管辖范围以外区域海洋资源养护和可持续利用的国际会议进展，分别讨论了海洋遗传资源、海洋保护区等具体问题。②此研究路径亦是现实所需，划区管理工具公海保护区，与公海环境评价制度、公海生物遗传资源、科学技术转让等问题息息相关，需要统一考虑。

3. 对公海保护区设立之必要性进行论证。比如 Scovazzi，Tullio（2004）的"Marine Protected Areas on the High Seas: Some Legal and Policy Considerations"一文较早开始从国际法律和政策视角思辨公海保护区问题。③ 不同国家对公海保护区的政策态度，如海洋保护派与海洋自由派的观点，在国外研究上亦得到体现。有学者积极呼吁和支持公海保护区的设立，很多从事海洋研究的科学家的呼声尤甚，从历史发展角度、从现实必要性角度、从环保角度等都存在一定研究，比如 Wells，Sue 等（2016）的"Building the Future

---

① Scott, Karen N., "Conservation on the High Seas: Developing the Concept of the High Seas Marine Protected Areas", *The International Journal of Marine and Coastal Law* 27.4 (2012).

② Rona'n Long, Mariamalia Rodriguez Chaves, "Anatomy of a New International Instrument for Marine Biodiversity beyond National Jurisdiction: First Impressions of the Preparatory Process", *Environmental Liability Law, Policy and Practice* 23.6 (2015).

③ Scovazzi, Tullio, "Marine Protected Areas on the High Seas: Some Legal and Policy Considerations", *The International Journal of Marine and Coastal Law* 19.1 (2004).

of MPAs-Lessons From History"一文就指出从海洋保护的历史发展看其产生发展的必然性，① 又比如 Carleton Ray G.（2015）的"Marine Protected Areas: Past Legacies And Future Consequences, You Can't Know Where You're Going Unless You Know Where You've Been"一文也指出了对海洋保护区历史和未来认知的重要性。② 虽然很多学者都论证了公海保护区设立对公海环境保护的有益之处，也有学者对公海保护区持批判态度，认为公海保护区无非是"Tools"或者"Toys"，③ 以及指出海洋保护区设立的巨大耗费。④

4. 分析现实困境提出现实选择。很多学者都希望在对现有国际法的分析基础上可以为公海保护区的困境提供出路，比如：（1）Aswani, Shankar 等（2012）的"The Way Forward With Ecosystem-Based Management In Tropical Contexts: Reconciling With Existing Management Systems"一文就认为要从现有的管理系统出发去推进生态系统方式的管理工具；⑤（2）Laffoley, Dan, John Baxter, Christophe Lefebvre, Marie-Aude Sévin 和 Francois Simard（2014）的"Building MPA Networks by 2020: IMPAC3 Achievements, Future Challenges and Next Steps"一文指出为了推进海洋保护区在 2020 年

---

① Wells, Sue, et al., "Building The Future of MPAs-Lessons from History", *Aquatic Conservation: Marine and Freshwater Ecosystems* 26. S2 (2016).

② Carleton Ray G., "Marine Protected Areas: Past Legacies and Future Consequences, You Can't Know Where You're Going Unless You Know Where You've Been", *Aquatic Conservation: Marine and Freshwater Ecosystems* 25.1 (2015).

③ Cochrane, Kevern L., "Marine Protected Areas as Management Measures: Tools or Toys?", *Law, Science & Ocean Management. Brill*, 11 (2007).

④ Balmford, Andrew, Pippa Gravestock, Neal Hockley, Colin J. McClean, and Callum M. Roberts, "The Worldwide Costs of Marine Protected Areas", *Proceedings of the National Academy of Sciences of the United States of America* 101, No. 26 (2004).

⑤ Aswani, Shankar, et al., "The Way Forward With Ecosystem-Based Management in Tropical Contexts: Reconciling With Existing Management Systems", *Marine Policy* 36.1 (2012).

达到预定计划需要认真分析未来的挑战并积极应对。[①] 关于设立公海保护区的呼声由来已久，但是进展缓慢，有学者深入分析了原因，认为国家间、国际组织、利益团体、区域海洋组织等利益关切点的不同，诉求不同，缺乏国际合作，缺少统一的科学标准等因素都迟滞了公海保护区的设立。在现阶段，制定统一的公海保护区国际条约存在困难，因此鼓励区域海洋组织或相关国家积极实践，不断设立新的公海保护区，也不失为现实路径选择，比如 Gjerde, Kristina M. 和 Anna Rulska-Domino（2012）的"Marine Protected Areas beyond National Jurisdiction: Some Practical Perspectives For Moving Ahead"一文就指出公海保护区的设立管理需要从一些切实可行的方面来推进。[②]

5. 关注特定区域的国际法实践。现今公海保护区的国际法设立与管理实践主要是由特定区域的区域机构与国际组织所推动，针对特定区域的特定问题，多篇期刊论文分别关注到了北极、[③] 南极、[④]

[①] Laffoley, Dan, John Baxter, Christophe Lefebvre, Marie - Aude Sévin, and Francois Simard, "Building MPA networks by 2020: IMPAC3 Achievements, Future Challenges and Next Steps", *Aquatic Conservation: Marine and Freshwater Ecosystems* 24, No. S2 (2014).

[②] Gjerde, Kristina M., and Anna Rulska-Domino, "Marine Protected Areas beyond National Jurisdiction: Some Practical Perspectives for Moving Ahead", *The International Journal of Marine and Coastal Law* 27, No. 2 (2012).

[③] Koivurova, Timo, "Governance of Protected Areas in the Arctic", *Utrecht Law Review* 5 (2009); Morris, Kathleen, and Kamrul Hossain, "Legal Instruments for Marine Sanctuary in the High Arctic", *Laws* 5, No. 2 (2016).

[④] Nicoll, Rob, and Jon C. Day. "Correct Application of the IUCN Protected Area Management Categories to the CCAMLR Convention Area", *Marine Policy* 77 (2017); Cordonnery, Laurence, Alan D. Hemmings, and Lorne Kriwoken, "Nexus and Imbroglio: CCAMLR, the Madrid protocol and Designating Antarctic Marine Protected Areas in the Southern Ocean", *The International Journal of Marine and Coastal Law* 30, No. 4 (2015); Brooks, Cassandra M, "Competing Values on the Antarctic High Seas: CCAMLR and the Challenge of Marine-Protected Areas", *The Polar Journal* 3.2 (2013).

地中海①和东北大西洋②海洋保护区的设立管理进展,针对国际组织则是国际海事组织③和国际海底管理局④的有关划区管理工具被讨论得较多。部分学者还对不同区域的海洋保护区实践进行了对比,比如 Tanaka, Y. (2012) 的 "Reflections on High Seas Marine Protected Areas: A Comparative Analysis of the Mediterranean and the North-East Atlantic Models" 一文比较分析了公海保护区的地中海模式与东北大西洋模式;⑤ 除此之外,还有学者关注到了区域海洋组织机制和国际组织划区管理工具之间的互动,比如:(1) Spadi, Fabio (2000) 的 "Navigation in Marine Protected Areas: National And International Law" 一文较早就关注到了在海洋保护区内航行的国内与国际法问题;⑥ (2) Hooker, Sascha K., Ana Cañadas, K. David Hyrenbach, Colleen Corrigan, Jeff J. Polovina 和 Randall R. Reeves (2011) 的 "Making Protected Area Networks Effective For Marine Top Predators" 一文就指出海洋保护区有助于对海洋顶级捕食者的保护,从而保持海洋渔业生态系统的稳定。⑦ 无论是已经建立起的公海保护区,还是在倡

---

① Notarbartolo-di-Sciara, Giuseppe, et al, "The Pelagos Sanctuary for Mediterranean Marine Mammals", *Aquatic Conservation: Marine and Freshwater Ecosystems* 18. 4 (2008).

② Molenaar, E. J. & Elferink, A. G. O., "Marine Protected Areas in Area beyond National Jurisdiction—The Pioneering Efforts under the OSPAR Convention", *Utrecht Law Review* 5 (2009).

③ Christina K. A. Geijer and Peter J. S. Jones, "A Network Approach to Migratory Whale Conservation: Are MPAs the Way Forward or do All Roads Lead to the IMO?", *Marine Policy* 51 (2015).

④ Gjerde, Kristina M., "High Seas Marine Protected Areas and Deep-Sea Fishing", *FAO Fisheries Reports* 838 (2007).

⑤ Tanaka, Y., "Reflections on High Seas Marine Protected Areas: A Comparative Analysis of the Mediterranean and the North - East Atlantic Models", *Nordic Journal of International Law* 81. 3 (2012).

⑥ Spadi, Fabio, "Navigation in Marine Protected Areas: National and International Law", *Ocean Development & International Law* 31, No. 3 (2000).

⑦ Hooker, Sascha K., Ana Cañadas, K. David Hyrenbach, Colleen Corrigan, Jeff J. Polovina, and Randall R. Reeves, "Making Protected Area Networks Effective for Marine Top Predators", *Endangered Species Research* 13, No. 3 (2011).

议中希望建立的公海保护区，相关问题都吸引了大量的应用性研究，这为公海保护区法律制度的构建和法律概念的确立积累了经验和资料。

必须要说的是，以上国内、国外关于公海保护区法律问题的研究都非常有必要，从某一视角而言，都具有合理性。已经有部分学者意识到了公海保护区法律概念清晰界定的重要意义，还有学者指出公海保护区法律概念的不明确使得公海保护区的实践和进展变得复杂化了，甚至使得设立管理公海保护区的国际法实践制度化本身存在巨大法律障碍和困境。可惜至今仍然没有发现有针对公海保护区法律概念深入具体分析的基础研究成果，公海保护区的法律概念问题已经成为解决应对公海保护区设立管理实践困境不可回避的问题，即在何种法律语境下讨论公海保护区国际法实践法治化问题。

三　研究意义与方法思路

（一）研究意义

无论是有关公海保护区的新国际协定之谈判起草，还是推进公海保护区的设立管理之国际法实践，都无法回避对公海保护区这一专业术语进行法律界定。在划区管理工具和公海保护区国际法实践制度化的过程中，公海保护区的法律概念如何界定必然影响到中国在国家管辖范围以外海域的权益和诉求，因此加强对公海保护区法律概念的研究，对中国的政策制定和权益维护而言，有着重要的意义。不仅如此，相关研究还体现了中国的诸多国际法理念和实践，比如反映了"人类命运共同体"的理念，[1] 契合中国的海洋强国战略和加快生态文明体制改革，关注中国的国际法治参与。

反映了"人类命运共同体"理念。国家管辖范围以外海洋区域的环境保护涉及全人类的利益，如果放任公海持续恶化，必然会导致人类赖以生存的生态环境遭到严重破坏。人类不能在未充分了解利用保

---

[1] 邹克渊、王森：《人类命运共同体理念与国际海洋法的发展》，《广西大学学报》（哲学社会科学版）2019年第4期。

护公海之前,就已将公海生态环境破坏了。公海这一人类公共区域的危机,也正体现了人类只有一个地球,各国共处一个世界,应该倡导"海洋命运共同体"意识。① 保护公海环境,公海保护区之设立是必然的选择,在此公海保护区法律制度构建受阻之时,本书分析公海保护区法律概念,从而推进公海保护区设立管理之国际法实践,恰好是应时之需,或可对现实问题之解决能有所裨益与启发。

契合中国的海洋强国战略和加快生态文明体制改革。党的十九大报告提出,坚持陆海统筹,加快建设海洋强国。不仅如此,党的十九大报告还强调人与自然是生命共同体,人类必须尊重自然、顺应自然、保护自然。当前,中国经济已发展成为高度依赖海洋的外向型经济,对海洋资源、空间的依赖程度大幅提高,管辖海域外的海洋权益也需要不断加以维护和拓展。② 一方面中国既有保护公海生态环境之使命,另一方面中国也要维护中国在公海以及国际海底区域之权益。海洋强国之战略要求中国关注海洋,关注海洋法治进程,维护中国和人类共同体的权益。③

关注中国的国际法治参与。中国是《联合国海洋法公约》的缔约国,公海保护区这一国际海洋法律制度的新前沿、新实践应当引起中国的重视。中国既是实力迅速上升的发展中大国,又是联合国安理会常任理事国;既要维护自身的主权、安全与发展权益,又要承担推进国际法治、促进国际公平正义、维护国际和平与秩序的责任。在国际法治向深海远洋延伸拓展之时,中国既要积极参与维护自身利益,又要推动促进国际公平正义。本书将着眼于中国问题中

---

① 江河:《人类命运共同体与南海安全合作——以国际法价值观的变革为视角》,《法商研究》2018 年第 3 期。

姚莹:《"海洋命运共同体"的国际法意涵:理念创新与制度构建》,《当代法学》2019 年第 5 期。

② 张海文、王芳:《海洋强国战略是国家大战略的有机组成部分》,《国际安全研究》2013 年第 6 期。

③ 贾宇:《关于海洋强国战略的思考》,《太平洋学报》2018 年第 1 期。

国视角，力求在公海保护区国际法实践制度化进程和法律概念提议这一国际法问题上，为中国参与提供有效的切入点。

除了以上，从国际法学科角度来说，公海保护区研究是国际海洋法和国际环境法领域的热点问题，[①] 由于迄今为止尚没有其他论文和专著对相同问题进行深入系统的探讨和研究，因此围绕公海保护区法律概念的国际法界定问题来进行系统深入的基础研究，有助于深化国际法领域国际海洋法和国际环境法的研究，细分相关研究对象和内容，促进国际海洋法和国际环境法在海洋环境保护法领域的结合互动，从而丰富国际法学科的理论深度。

（二）研究目标

在《元照英美法词典》中，法律概念被认为是法学家对具体规则和案例的考察，归纳抽象出来的概括性的、抽象的观念。[②] 在国际法中，公海保护区的法律概念并不是一成不变的，而是随着时间推进和法律发展不断变化的，正因为如此，公海保护区的法律概念也常常出现被草率和不确切地使用或误用的情况。公海保护区法律概念作为将具体法律问题加以重新界定并将其纳入不同范畴的基础，无论在公海保护区法律制度的构建中，还是在公海保护区设立管理的国际法实践中，已经成为一个不可回避的问题。

国际法下的具体法律概念的确定有时会变得非常困难，也难以予以界定，但大多数的法律概念还是可以通过对客观事物的观察、对制定法或判例中所下定义的总结、对相关法律制度长期演变发展的考察来予以提炼而形成一个抽象概括的概念，越抽象越概括的法律概念在法律思考和创制法律原则中越具有适用性。公海保护区法律概念的内涵关系到公海保护区本身在国际法上的性质、内容、地位等，不仅对海洋生态环境保护产生了至关重要的影响，还涉及中

---

① 黄惠康：《国际海洋法前沿值得关注的十大问题》，《边界与海洋研究》2019年第1期。

② 《元照英美法词典》，北京大学出版社2013年缩印版，第814页。

国在公海的权益主张。本书将着重探究和分析公海保护区的法律概念，通过总结已有的国际法提议，分要素地厘清公海保护区法律概念所涉及的国际法制度，给出一个能推动国际法实践稳定平衡发展的法律概念模型，力求促使该概念既可以推动海洋生态环境的保护，亦可以有效维护中国在公海的权益主张。

（三）研究内容

1. 查明现行国际法框架在公海保护区问题上的零散空缺。公海是国家管辖范围以外的海洋区域，其性质是公共区域，不被置于任何一个国家的领土主权范围以内，这就导致了公海治理的法律体系与以领土主权为基础的传统国家管辖权下国际法治有着显著区别。在现有的国际法框架下，通过查找、分析、解释、适用既存国际法规则，既可以为公海保护区法律概念的研究奠定国际法前提，还可以在找出国际法零散空缺的基础上，为从法律上界定公海保护区的概念提供国际法支撑。

2. 查明、分析、解读既有公海保护区法律概念之国际法渊源。世界自然保护联盟的报告中，已经给出了一个成体系的海洋保护区概念，该概念体系也被诸多国际法文件所引用，也体现在了有关区域海洋组织的海洋保护区实践中。与此同时，诸多国际组织规章文件中的海洋环境保护工具也被认为与公海保护区相关，甚至有可能会被扩大解释为公海保护区，也可能成为相应的国际法渊源。因此，只有厘清各种有关公海保护区的国际法渊源以及涉及的划区管理工具之间的联系区别，才可能清晰地界定公海保护区法律概念。

3. 人类共同关注事项与公海保护区的设立管理之间的关系。公海保护是为了防止出现国际"公地悲剧",[1] 公海环境生态破坏是人

---

[1] 1968年英国生态学家哈丁在《科学》杂志上发表了论文《公地悲剧》（"The tragedy of the commons"），假设牧场对所有人开放，每个人都过度放牧以获得最大利益，最后必然导致草场退化。哈丁的结论是："虽然每个人普遍克制对大家都有利，但个体受到各种刺激却常常阻碍那样的结果成真。"解决的方法有两种，一种是取消共享，变成私人化，另一种是政府管制。

类共同关注事项，是关系到人类命运共同体的事项。人类共同关注事项是国际环境法上的概念，作为一个条约基础上的法律概念，已经被引入气候变化、生物多样性、人道主义、世界遗产等领域。国际社会存在部分国家担忧公海保护区法律制度的构建会成为一些国家主张主权和管辖权的机遇，因此应该基于人类共同关注事项所具有特殊的法律内涵，来强调国家的责任和义务以及可持续发展。

4. 提出符合中国权益诉求的公海保护区法律概念。2015 年联合国大会 A/RES/69/292 号决议就国家管辖范围以外海洋区域生物多样性的养护与可持续利用问题，在《联合国海洋法公约》框架下制定具有法律约束力的国际协定。中国是世界最大的发展中国家，国际海洋法治的积极构建者与推动者，《联合国海洋法公约》的缔约国，国际海底区域的先驱投资国，还面临着诸多海洋地理不利因素，因此在公海保护区国际法实践制度化问题上，[1] 中国应该积极参与，也应提出符合中国权益诉求的公海保护区法律概念。

（四）研究方法

法学研究的方法（methodology）有很多种，[2] 笔者至今没有看到对于不同研究方法的统一归纳分类，且学界对于具体的研究方法之定义也有着不同的争论，就本书而言，主要运用法解释学的方法与比较研究的方法。对于法解释学的方法，在国际法上，近似于教义学研究（doctrinal analysis），也是法学研究的基础方法，即在众多国际法渊源中查找法律、解释法律、适用法律。对于比较研究的方法，在国际法上，与其他法律学科略有不同，即并不完全是对不同法系不同国家的国内法律制度进行比较，更多的是对不同国际法实践和不同国际法渊源进行比较。与此同时，本书的国际法研究必然亦无法脱离实证研究，即以笔者学习研究国际法的经验事实为基础来建

---

[1] 罗欢欣：《国家在国际造法进程中的角色与功能——以国际海洋法的形成与运作为例》，《法学研究》2018 年第 4 期。

[2] 梁慧星：《法学学位论文写作方法》，法律出版社 2012 年版，第 83 页。

立和检验相关命题的各种方法。除了这些基本的研究方法之外，学术论文的写作更需要具体的研究写作方法（approach）并查找到合适的研究角度，即特定的研究模式或分析方法。[1]

1. 国际法分析的方法。国际法渊源并不像国内法那么确定，有着种类繁多的各式条约以及国际习惯法、普遍法律原则和强行法、司法判例、公法学家学说、各类"软法"等。[2] 在面临国际法问题时，第一步就是需要在众多国际法渊源中查找到相关法律渊源，这便需要阅读大量的文献和资料，强调法律检索的能力；第二步是将相关法律渊源进行整理，并对不明确的条约文本进行解释，并依有关文本用语按其上下文并参照条约之目的及宗旨所具有之通常意义善意解释之，[3] 在必要情况下还需进一步考察历史文件[4]和相关"嗣后实践"；[5] 第三步即是将有关解释结论适用于去解决相关的国际法问题；总结而言，便是对国际法查找、解释、适用的国际法分析的方法。对于本书研究公海保护区法律概念的问题，则需要充分查找国际法上有关公海保护区的既有规范和文件，并在此基础上分析解释和运用这些已有规范，力求为界定公海保护区提炼出一个比较抽象概括的概念。

2. 考察分析最新的国际法实践。国际法实践包括国家实践和国际组织实践，国家实践是指国家在实践中的行为构成了习惯法的基础，这些行为可以包括从许多方面获得证明，明显的例子包括行政行为、立法、法院判决和国际舞台上的活动，如制定条约等。此外，国际组织的实践可以包括联合国大会的决议、各国政府就国际法委

---

[1] 搜狐网：《讲座侧记 | 国际法的思维方式与技能》，http：//www.sohu.com/a/159076609_777399。

[2] Buergenthal, Thomas, and Sean Murphy, *Buergenthal and Murphy's Public International Law in a Nutshell*, 5th, West Academic, 2013, p.48.

[3] 《维也纳条约法公约》第31条第1款。

[4] 《维也纳条约法公约》第32条。

[5] 《维也纳条约法公约》第31条第3款。

员会草案所作的评论、国际司法机构的决定、国际组织的一般惯例等。① 国际法上,基于《国际法院规约》第 38 条中"国际习惯,作为通例(Practices)之证明而经接受为法律者"这一表述,② 国际法实践一般是被认为与国际习惯法相关联,但是本书并不想去论述国际法实践和国际习惯法之间的复杂关系,而是在根据《联合国海洋法公约》的规定就国家管辖范围以外区域海洋生物多样性的养护和可持续利用问题拟订一份具有法律约束力的国际文书这一国际法立法背景下去讨论有关公海保护区国际法实践的制度化问题,即通过对国际法实践立法编撰的方式形成条约或国际法文书,尤其是要在错综零散的公海保护区国际法实践中,厘清和归纳出公海保护区的法律概念。虽然在诸多国际会议上,国际社会对划区管理工具和公海保护区的法律概念进行了很多讨论,但这不一定非要反映在具有法律约束力的国际文书之具体条文中,此时划区管理工具和公海保护区的法律概念亦可以继续蕴含于国际法实践中,甚至可能成为国际习惯法之共识。③

3. 政策导向的研究方法。政策导向研究方法,起源于美国冷战时发展起来的政策导向学派,即"纽黑文学派",笔者无意去触碰"什么是国际法"或"国际法的概念是什么"这一宏大且抽象的命题,④ 但政策导向学派的诸多观点与方法确可以被用来指导本书的研究,其方法论意义,即使在今天也有其理论价值。⑤ 公海保护区法律问题是一个国际政治和国际法交织的问题,在立法谈判过程中,有着渐进式决策和威权主义的影响,最终想要达成新的有拘束力之国

---

① Malcolm, N. Shaw, *International Law*, 6th edition, Cambridge University Press, 2008, p. 82.
② 《国际法院规约》第 38 条第 1 款(丑)项。
③ Rebecca M. M., Wallace, *International Law*, Sweet & Maxwell, 2002, p. 9.
④ John O'Brien, *International Law*, Cavendish, 2001, p. 28.
⑤ 吕江:《重构与启示:国际法纽黑文学派的新进展》,《华东理工大学学报》(社会科学版) 2010 年第 3 期。

际文书，必须要求各国就相关问题予以妥协。对于中国而言，中国参与相关谈判有着其特定的政策导向与利益诉求，因此需要依赖于实证主义和政策导向的研究方法来确定对中国有利的公海保护区法律概念，政策导向学派所秉持的政策导向价值与交叉学科的实证研究方法无疑会有助于本书对公海保护区的研究。对于国家管辖范围以外海域这一典型国际公域的治理问题，需要在复杂关系中制定政策，对此 2009 年诺贝尔经济学奖获得者埃莉诺·奥斯特罗姆（Elinor Ostrom）教授亦早有关注。① 2018 年诺贝尔经济学奖获得者威廉·D. 诺德豪斯（William D. Nordhaus）发展了研究全球变暖的经济学方法，为应对气候变化提供了有效途径。② 这些跨学科的知识和方法无疑会对公海保护区这一国际环境法议题的研究提供新的视角，笔者希望通过引入"全球公地"理论到海洋治理框架中，力求有效地应对全球海洋退化问题。

（五）本书结构

在根据《联合国海洋法公约》的规定就国家管辖范围以外区域海洋生物多样性的养护和可持续利用问题拟订一份具有法律约束力的国际文书的筹备委员会第二次会议上，当讨论到划区管理工具和公海保护区之法律定义时，加拿大代表就强调了新的具有法律约束力的国际文书与现有文书之间的关系的重要性。③ 事实上，任何新的有拘束力之国际法概念的提出都不能抛开既有的国际法律规范体系和已有的国际法实践，而是要厘清在国际法框架内的法律定位，以

---

① Ostrom, Elinor, et al., "Revisiting the Commons: Local Lessons, Global Challenges", *Science* 284.5412 (1999).

Ostrom, Elinor, "Polycentric Systems for Coping with Collective Action and Global Environmental Change", *Global Environmental Change* 20.4 (2010).

② Nordhaus, William D., *Managing the Global Commons: The Economics of Climate Change*, Cambridge, MA: MIT press, 1994.

③ IISD, *Summary of the Second Session of the Preparatory Committee on Marine Biodiversity beyond Areas of National Jurisdiction*, USA, 26 August–9 September 2016, p.6.

及从既有国际法实践中汲取经验，从而提出问题、分析问题、解决问题，在此思路上，本书的具体结构如下：

第一章关注于分析规制公海保护区的现有国际法框架。这是进行公海保护区法律概念研究的基础，也是促进公海保护区国际法实践制度化的基础。通过分析全球公海法律与治理体系所存在零散重叠空缺等问题，进一步查找、检视现有公海保护区国际法依据的针对性与可操作性。在此基础上，分析涉及公海保护区法律的国际法体系，分析不同国际法渊源的法律效力和规范体系，为接下来探究公海保护区法律概念奠定框架基础和指引方向。

第二章着重分析国际自然保护联盟所给定的海洋保护区概念。国际自然保护联盟是推动海洋保护区建设的先驱，其所给出的海洋保护区之概念体系具有广泛影响力。虽然国际自然保护联盟所给定的海洋保护区概念没有国际法拘束力，但基于该概念的分析，有助于理解公海保护区有关概念和分类的争议，在地理空间、保护客体、保护方式、保护区目标等具体内容上也可以为进一步分析公海保护区法律概念提供启发。

第三章主要考察区域海洋治理中的公海保护区设立管理国际法实践。现有的公海保护区设立管理国际法实践主要来源于区域海洋治理实践，现有国际法实践经验为研究公海保护区法律概念提供了现实和法律上的案例素材。通过对具体案例和实践争议的研究，可以探查出区域海洋组织公海保护区的法律内涵中涉及具体法律问题，从而可以分析出公海保护区法律概念所涉及的公海保护区国际法实践的拘束力和区域海洋组织需要与国际社会加强合作协商这两个关键要点。

第四章重点对比分析国际组织的各种划区管理工具实践与公海保护区的关系。公海保护区被认为是划区管理工具的一种，各国际组织的不同划区管理工具与公海保护区有着紧密的联系。通过分析各国际组织的不同划区管理工具的法律概念、适用范围、保护目标和客体，并与公海保护区法律概念中的有关要素进行对比，有助于厘清公海保护区法律概念的外延界限，从而更好地协调公海保护区国际法实践制度化所要求的国际合作问题。

第五章主要探究公海保护区法律概念与人类共同关注事项之间的关系。应对海洋（尤其是公海）生态环境退化是人类共同关注事项，有必要在此语境下考虑公海保护区法律概念。现有公海保护区国际法实践已经引发了一系列担忧，比如可能引发对新一轮"蓝色圈地运动"的担忧，以及对公海自由构成冲击的担心。将在生物多样性和气候变化领域的人类共同关注事项法律概念引入公海保护区法律概念中，可以为设立管理公海保护区国际法实践制度化提供启示。

第六章重点分析公海保护区法律概念中所体现的区别责任。人类共同关注事项体现了共同但有区别的责任这一原则，具体在公海保护区法律概念中的体现非常有意义。国际社会共同承担保护海洋生态环境义务时，应看到发展中国家和地理不利国等具体因素所具有的区别性，在区别性的基础上谈论公海保护区国际法实践的制度化，因此本章分析在设立管理公海保护区国际法实践中的区别责任，从而为从中国立场出发提出符合中国权益的公海保护区法律概念提供有益的探索和研究。

第七章从公海保护区国际法实践之中国参与角度切入，峰回路转回归中国视角和中国参与。本章的研究前提是中国的发展中国家和地理不利国的身份，中国周边海洋区域治理状况，中国参与相关国际组织环保实践的现状分析，中国在国家管辖范围以外区域的权益分析等。在这些实证分析的基础上，结合前文对公海保护区法律概念的探索结果，提出既符合中国现实权益和立场又有利于保护公海生态环境的公海保护区法律概念方案。

在对前面七章内容的分析研究基础上，本书将得出结论：归纳分析公海保护区国际法实践制度化进程中的法律概念要点，包括新的有拘束力之国际文书必须和很可能涉及的法律要点，以及中国应积极推动的公海保护区法律概念要点。从而力求在新的有拘束力之国际文书中得到一个既符合中国实际利益诉求，又能促进公海生态环境保护的公海保护区法律概念。

第 一 章

规制公海保护区的现有国际法框架评析

公海保护区法律概念的研究，须建立在全球公海法律与治理体系的框架之内，通过分析全球公海法律与治理体系所存在的问题，可以理解公海保护区国际法实践制度化的背景，以及公海保护区法律概念的前提。在此基础上，对公海保护区法律概念的研究还须查找国际法已经存在的或相关的法律依据，并进行解释、适用，为公海保护区法律概念的阐明提供法律依据和法律基础。本章将首先检视全球公海法律与治理的框架，再从国际法渊源中试图查找适用于公海保护区相关的法律依据。

公海保护区法律问题在地理空间上受国家管辖范围以外海域治理的国际法体系所约束，在实体问题上又属于国家管辖范围以外海域生物多样性与可持续利用问题内的一个重要内容。探讨公海保护区的法律概念，在空间上与公海法律治理和国际海底管理密不可分，在实质内容上又关联国家管辖范围以外海域生物多样性与可持续利用，因此可以说是国际海洋法与国际环境法的交叉问题。

第一节 全球公海法律与治理体系的零散空缺

《联合国海洋法公约》作为"海洋宪章"，为海洋开发治理保护提供了法律依据。① 该公约继承了1958年《日内瓦公海公约》中关于公海的诸多规则,继续认可了作为国家管辖范围以外海域的公海是全人类的共同区域,② 各国在公海享有诸多公海自由。③ 在此前提下,公海水域生物资源和国际海底区域的矿产资源之开发养护又分属不同的管理模式,公海环境治理依据船旗国管辖为主,于是形成了碎片化的公海治理模式。确定公海保护区法律概念的难点之一,便是与现行公海法律与治理体系的协调,这也是公海保护区国际法实践制度化所必须面对的问题。④

一 国家管辖范围以外海域的国际法体系

《联合国海洋法公约》为国家管辖范围以外海洋区域的生物资源和国际海底非生物资源设置了不同的法律模式:针对公海生物资源基本处于自由获取的状态,并通过区域和国际渔业组织加以规制;⑤ 针对国际海底区域的非生物资源,该公约规定"区域"及其资源是人类共同继承的财产,⑥ 一切权利属于全人类并由国际海底管理局代为行使。⑦ 公海生物资源与"区域"非生物资源所对应的两种不同的开发养护制度,使公海海洋环境保护制度变得更加复杂,⑧ 也给公海保护区国际法实践的制度化带来了影响。⑨

---

① 江河、洪宽:《专属经济区安全与航行自由的衡平——以美国"航行自由行动"为例》,《太平洋学报》2018年第2期。
② 《联合国海洋法公约》第89条。
③ 《联合国海洋法公约》第87条。
④ 范晓婷编:《公海保护区的法律与实践》,海洋出版社2015年版,第65页。
⑤ 1995年《执行1982年12月10日〈联合国海洋法公约〉有关养护和管理跨界鱼类种群和高度洄游鱼类种群的规定的协定》(1995年《联合国鱼类种群协定》)。
⑥ 《联合国海洋法公约》第136条。
⑦ 《联合国海洋法公约》第137条第2款。
⑧ Warner, Robin, *Protecting the Oceans beyond National Jurisdiction: Strengthening the International Law Framework*, Brill, 2009, p.27.
⑨ 梁西:《国际法》,武汉大学出版社2003年版,第188页。

1. 公海

公海，作为一个法律概念，一般认为最早是起源于17世纪荷兰著名国家法学者格劳秀斯的"海洋自由论"，即被陆地环绕的边缘海域属于"内海"，而之外的海域是"外海或海洋"，"外海或海洋"是"巨大的、无限的、属于天堂"且不能被"扣押或封闭"。① 格劳秀斯还进一步阐述了在"外海或海洋"的航行自由与捕鱼自由，这一思想最终在《联合国海洋法公约》第86条与第89条中得到体现。格劳秀斯的"海洋自由论"是为了对抗西欧海上列强的海域主权主张，因为当时随着海上列强殖民主义的盛行，加强对大片海域的控制与霸权成了西欧诸国的普遍共识。随着19世纪自由贸易理论的兴起，格劳秀斯的"海洋自由论"才逐渐被认可。② 在20世纪初期，多个非政府部门曾尝试将公海法律实践制度化成文化，直到1958年《日内瓦公海公约》和《公海捕鱼和生物资源保护公约》的制定，公海法律制度才正式成为国际成文立法。③ 随后《联合国海洋法公约》在继承1958年两部公约的基础上开始通过强调国际社会在公海的义务来加强公海治理，并且规定了现行公海法律体系。

对公海主权主张的无效。"任何国家不得有效地声称将公海的任何部分置于其主权之下"④ 作为公海法律体系的基本原则，源自格劳秀斯的"海洋自由论"，体现了公海应向所有国家开放，其任何部分或全部不应被置于任何国家的主权范畴内。关于公海的法律属性历来颇有争议，《联合国海洋法公约》并没有给出清晰的解答，而是

---

① Warner, Robin, *Protecting the Oceans beyond National Jurisdiction: Strengthening the International Law Framework*, Brill, 2009, p. 28.

② 王铁崖：《国际法》，法律出版社1995年版，第282页。

③ Crawford, James, *Brownlie's Principles of Public International Law*, Oxford University Press, 2012, p. 286.

④ 《联合国海洋法公约》第89条。

强调了"每个国家""所有国家"的义务，即包括禁止贩运奴隶的义务、① 合作打击海盗的义务、② 合作制止从公海从事未经许可的广播、③ 合作采取养护公海生物资源的必要措施的义务④等。由此可见，公海法律体系强调的是共享的义务和责任，相关义务的履行无论是单一国家行为还是国际合作的行为都会带来全球性的效果。这也为公海环境保护的国际合作埋下了伏笔，即要求建立国际合作机制来加强公海治理。⑤

公海自由。在格劳秀斯的"海洋自由论"中，最早的海洋自由主要包括航行自由和捕鱼自由，到《日内瓦公海公约》中则进一步补充强调了铺设海底管道的自由与飞越自由。⑥ 在国际法委员会的报告中，其认为公海自由的行使应依据国际社会的整体利益，⑦ 而相应的自由也不应仅限于《日内瓦公海公约》中规定的四种自由，还应包括其他公海行动自由，比如包括科学研究的自由、勘探和开发公海底土的自由等。⑧ 在第三次联合国海洋法立法会议上，对公海自由行使的限制被很多代表所提及，尤其在远洋捕鱼领域，对渔业的过度捕捞的管理和限制成为讨论的焦点，⑨ 公海自由与公海环境保护之间的矛盾也被提及，但并没有在《联合国海洋法公约》的最终文本

---

① 《联合国海洋法公约》第 99 条。
② 《联合国海洋法公约》第 100 条。
③ 《联合国海洋法公约》第 109 条。
④ 《联合国海洋法公约》第 117 条。
⑤ Warner, Robin, *Protecting the Oceans beyond National Jurisdiction: Strengthening the International Law Framework*, Brill, 2009, p. 31.
⑥ 1958 年《日内瓦公海公约》第 2 条。
⑦ Official Records of the General Assembly, Eleventh Session, Supplement No. 9, UN Doc A/3159, Chapter III, Part II, Article 27 commentary, para. 5.
⑧ Official Records of the General Assembly, Eleventh Session, Supplement No. 9, UN Doc A/3159, Chapter III, Part II, Article 27 commentary, para. 2.
⑨ Report of the Forty Seventh Meeting of Sub-Committee II of the Sea-Bed Committee, UN Doc. A/A. 138/SC. II/SR. 47, p. 95.

中体现出对公海环境的特殊保护。① 《联合国海洋法公约》最终在文本第 87 条中规定了公海六大自由，即在承认航行、捕鱼、飞越、科学研究的自由之外，还进一步有限制地认可了铺设海底电缆和管道的自由，以及建造国际法所容许的人工岛屿和其他设施的自由。随着国际法的发展和国际实践的推进，公海自由原则在一定程度上亦不是绝对的，而是在被不断限制。②

船旗国管辖。旗帜一直被用于界定区分特定的人群、部落、军队、城市、国家，尤其是船舶，③ 某一国家准许船舶悬挂该国国旗航行即为船旗国。④ 由于没有单一超越国家层面的组织来全权管辖公海，船旗国管辖就成为最主要的公海管辖权分配方式，⑤ 将船舶和其船旗国籍相关联起来，就会自动地在公海环境下设立其一套权利义务分配的体系。⑥ 《联合国海洋法公约》要求"国家和船舶之间必须有真正联系"⑦，那么行使船旗国管辖的国家与船舶应具有"真正联系"⑧，即每个国家应对悬挂该国旗帜的船舶有效地行使行政、技术及社会事项上的管辖和控制。⑨ 事实上，由于航运经济利益的关系，

---

① Warner, Robin, *Protecting the Oceans beyond National Jurisdiction: Strengthening the International Law Framework*, Brill, 2009, p. 34.

② Crawford, James, *Brownlie's Principles of Public International Law*, Oxford University Press, 2012, p. 306.

③ John N. K. Mansell, *Flag State Responsibility: Historical Development and Contemporary Issues*, Springer Science & Business Media, 2009, p. 13.

④ Churchill, Robin Rolf, and Alan Vaughan Lowe, *The Law of the Sea*, Manchester University Press, 1999, p, 208.

⑤ 王铁崖：《国际法》，法律出版社 1995 年版，第 286 页。

⑥ Warner, Robin, *Protecting the Oceans beyond National Jurisdiction: Strengthening the International Law Framework*, Brill, 2009, p. 35.

⑦ 《联合国海洋法公约》第 91 条第 1 款。

⑧ Nordquist M. H., Nandan S. N., and Rosenne S., *United Nations Convention on the Law of the Sea 1982: A Commentary*, Vol. III, Martinus Nijhoff Publishers, 1995, p. 104.

⑨ 《联合国海洋法公约》第 94 条第 1 款。

许多船舶悬挂着方便旗,即船东所在国和船舶登记国不一致。① 虽然国际海事组织在控制船源污染上做了很多贡献,但这并不能保证每一个国家都能对其所属船舶进行有效控制和管辖,尤其在公海之中。②

公海生物资源保护。在《联合国海洋法公约》第七部分第二节,公约特别地就公海生物资源的养护和管理问题进行了规范,通过规定总体法律制度以对公海捕鱼自由进行限制。随后 1995 年《联合国鱼类种群协定》③ 阐明了有关养护和管理跨界鱼类种群与高度洄游鱼类种群的规定,包括关于在执法、有约束力的争端解决办法和各国核可使用悬挂本国国旗的船只在公海捕鱼的权利和义务方面进行分区域和区域合作的规定。④

2. 国际海底

在 1967 年,马耳他驻联合国大使阿尔维·帕尔多(Arvid Pardo)就提出国际管辖范围以外海底区域是人类共同继承的财产,⑤ 随后在 1970 年 12 月 17 日,联合国大会建立了旨在提出国际海底管理原则的国际海底委员会,⑥ 该委员会的工作为国际海底法律体系的建立奠定了基础。《联合国海洋法公约》在其第十一部分确认国际海底区域及其资源是人类共同继承的财产,⑦ 并通过设立国际海底管理局(ISA)来控制管理"区域"内的活动。⑧ 国际海底区域环境保护

---

① Donn, Clifford B., "Flag of Convenience Registry and Industrial Relations", *Maritime Studies* 1989. 47 (1989).

② Freestone, David, "Problems of High Seas Governance", *The Berkeley Electronic Press* 43 (2009).

③ 1995 年《联合国鱼类种群协定》。

④ 第 56 届联合国大会决议总第 2 段 (A/RES/56/13)。

⑤ Lodge, Michael, "Common Heritage of Mankind", *International Journal of Marine and Coastal Law* 27.4 (2012).

⑥ UN Doc GA Res. 2749 (XXV) (17 December 1970).

⑦ 《联合国海洋法公约》136 条。

⑧ 《联合国海洋法公约》137 条第 2 款。

是国际海底管理局的重要责任。① 国际海底采矿对深海生物多样性和生态系统都有可能造成严重损害。② 在"区域"内所采取的任何行动都必须合理地考虑到相关的其他活动，如公海航行与捕鱼等。③

3. 公海海洋环境保护

《联合国海洋法公约》并未专门在第七部分"公海"中规定公海环境保护，那么第十二部分"海洋环境的保护与保全"中的权利义务将不仅仅限于国家管辖范围内的海洋区域，还应拓展到国家管辖范围以外的海域。该公约的缔约国和相关国际组织都被要求通过信息和数据的搜集，基于科学研究的标准，从而合作制定出更多详细的具体规则来防治公海污染。④ 随着《联合国海洋法公约》生效日久，且人类科技发展对海洋环境破坏力增强，国际社会已经制定出越来越多的可以适用于公海海洋环境保护的条约体系。⑤

二 公海全球治理体系的重叠与零散

现有公海治理体系在国家管辖范围以外海域海洋资源管理和生物多样性与公海环境保护问题上，有着复杂零散的体系，其中除《联合国海洋法公约》外，相应的协定可分为部门性协定和保护性协定，这些协定又可以分为全球性的和区域性的。⑥

（一）部门性协定（Sectoral Agreements）

部门性协定是指对与海洋资源勘探开发有关的海洋活动和管理

---

① 《联合国海洋法公约》第 145 条。

② Lodge, Michael, "International Seabed Authority", *International Journal of Marine and Coastal Law* 24.1 (2009).

③ Warner, Robin, *Protecting the Oceans beyond National Jurisdiction: Strengthening the International Law Framework*, Brill, 2009, p. 45.

④ Ibid., p. 51.

⑤ Lowe, Alan Vaughan, *International Law*, Oxford University Press, 2011, p. 256.

⑥ Ardron, Jeff A., et al., "The Sustainable Use and Conservation of Biodiversity in ABNJ: What Can be Achieved Using Existing International Agreements?", *Marine Policy* 49 (2014).

机构进行规定的协定，主要包括捕鱼（捕鲸）、航运（倾废和排污）、海底采矿等领域的协定。公海捕鲸问题由国际捕鲸委员会依据1946年《国际捕鲸管制公约》来进行管理。[1] 航运污染防治则主要由国际海事组织在国际和区域层面制定相应公约和协定来予以管理，其中最主要的公约为《经1978年议定书修正的1973年国际防止船舶造成污染公约》（《73/78防污公约》）。[2] 国际海底采矿则是由国际海底组织依据《联合国海洋法公约》第十一部分来进行管理。[3]

公海商业捕鱼则相对复杂，主要是由一系列分区域和区域渔业委员会进行管理，如果没有区域性管理则由渔船船旗国管理。依据《联合国鱼类种群协定》或国际粮农组织相应规范进行管理的分区域或区域渔业委员会十分繁杂。[4] 在此问题上，联合国粮农组织（FAO）出台了一系列没有约束力的指导规则，包括《负责任渔业行为守则》，四个国际行动计划，[5]《粮食安全和消除贫困背景下保障可持续小规模渔业自愿准则》。其中《关于港口国预防、制止和消除非法、不报告、不管制捕鱼的措施协定》（PSMA协定）[6] 已经具有

---

[1] 《国际捕鲸管制公约》1946年12月2日订于华盛顿，并于1948年11月10日生效。中国从1980年9月24日起成为该公约当事国。

[2] 《1973年国际防止船舶造成污染公约》于1973年11月2日订于伦敦，《关于1973年国际防止船舶造成污染公约的1978年议定书》于1978年2月17日订于伦敦，因此国际上习惯将二者统称为《经1978年议定书修正的1973年国际防止船舶造成污染公约》。中国是《73/78防污公约》的缔约国，且中国已接受了该公约的多个附则和修正案。

[3] 包括1994年7月28日通过的《关于执行〈联合国海洋法公约〉第十一部分的协定》。

[4] 张晏瑲：《国际渔业法律制度的演进与发展》，《国际法研究》2015年第5期。

[5] 四个国际行动计划是：《减少延绳钓渔业中误捕海鸟国际行动计划》；《鲨鱼养护和管理国际行动计划》；《捕捞能力管理国际行动计划》；《预防、制止和消除非法、不管制和不报告捕鱼国际行动计划》。

[6] 《港口国措施协定》的签约方是：澳大利亚、巴巴多斯、智利、哥斯达黎加、古巴、多米尼克、欧盟（作为成员组织）、加蓬、几内亚、圭亚那、冰岛、毛里求斯、莫桑比克、缅甸、新西兰、挪威、阿曼、帕劳、韩国、圣基茨和尼维斯、塞舌尔、索马里、南非、斯里兰卡、苏丹、泰国、汤加、美国、乌拉圭和瓦努阿图。该协定于2016年6月5日生效并具有法律效力。

法律拘束力。

部门性协定，尤其在捕鲸和捕鱼两个领域，有国外学者认为，缺少国际性的强制力，从而很难确保执行和履约，因为并没有全面的履约执行体系来促使国际社会加强在此两方面的整体合作。[①] 仅以分区域与区域渔业委员会为例，[②] 相应机构零散复杂，包括多个区域性渔业组织：地中海渔业委员会（GFCM）、西北大西洋渔业组织（NAFO）、东北大西洋渔业委员会（NEAFC）、北太平洋渔业委员会（NPFC）、东南大西洋渔业委员会（SEAFO）、南印度洋渔业协定（SIOFA）、南太平洋区域渔业管理组织（SPRFMO）、中西太平洋渔业委员会（WCPFC），以及四个金枪鱼养护委员会：蓝鳍金枪鱼养护委员会（CCSBT）、泛美洲金枪鱼养护委员会（IATTC）、国际大西洋金枪鱼养护委员会（ICCAT）、印度洋金枪鱼委员会（IOTC），另外还有北太平洋洄游鱼类委员会（NPAFC）。这些分区域或区域渔业组织，大多是依据旧的规则来运作而缺乏改革与变化，在保护公海生物资源的效率上存在弊端。[③]

（二）保护性协定（Conservation Agreements）

保护性协定是指对海洋生物、物种、生态系统保护进行规定的协定。国际性的保护性协定主要包括《生物多样性公约》、1973年《濒危野生动植物种国际贸易公约》、[④]《联合国鱼类种群协定》。与此同时，五个区域性海洋协定也可以被认为是保护性协定，包括

[①] Englender, Dorota, et al., "Cooperation and Compliance Control in Areas Beyond National Jurisdiction", *Marine Policy* 49 (2014). 关于履约与执行机制一直是争议的焦点，持海洋环保态度的国家和学者，认为现有履约和执行机制过于松散，希望通过强化已有机制来增强强制力或者建立新的统一机制来促进综合履约，从而促进海洋生态环境保护。

[②] 联合国粮农组织网站：Regional Fishery Bodies (RFBs)：http://www.fao.org/fishery/rfb/en。

[③] Freestone, David, "Problems of High Seas Governance", *The Berkeley Electronic Press* 43 (2009).

[④]《濒危野生动植物种国际贸易公约》，于1973年6月21日由现在的国际自然保护联盟的各会员国政府在美国首府华盛顿签署。

1976年《保护地中海免受污染公约》(《巴塞罗那公约》),[①] 1980年《南极海洋生物资源养护公约》(CCAMLR),[②] 1981年《保护东南太平洋沿海海洋环境公约》(《利马公约》),[③] 1986年《保护西南太平洋区域自然资源和环境公约》(《努美阿公约》),[④] 1992年《保护东北大西洋海洋环境公约》(OSPAR),[⑤] 另外有多个区域性公约正在着手研究可能涉及的国家管辖范围以外海域之生物多样性问题。[⑥]

相对于部门性协定,保护性协定的拘束力和履约执行力要求更高。相应的国际性保护协定并没有采取公海保护区等划区措施来达到相应管理效果,而区域保护性协定虽然已经开始实践公海保护区设立和管理,但是其并没有涉及部门性协定的权能,如捕鱼、航运、海底采矿等领域,即使这些活动也可能对区域内海洋环境造成一定的影响。[⑦] 不过南极海洋生物资源养护委员会算是一个例外,因为其

[①] 在联合国环境规划署的协调与支持下,地中海沿海国于1975年通过了"地中海行动计划",1976年,相关国家通过了框架性的《保护地中海免受污染公约》(巴塞罗那公约)。1995年,该公约的缔约方通过修正案,并将经修正后的新公约重新命名为《保护地中海海洋环境和沿海区域公约》,新公约已于2004年起生效。

[②] 澳大利亚、新西兰、美国等国于1980年5月20日签署《南极海洋生物资源养护公约》,于1982年4月7日生效,委员会秘书处设在澳大利亚塔斯马尼亚州首府霍巴特,中国于2006年10月加入。

[③] 1981年,哥伦比亚、智利、厄瓜多尔、巴拿马和秘鲁在秘鲁利马通过的《保护东南太平洋海洋环境和沿海地区公约》及其《行动计划》。

[④] 该公约于1986年11月25日签订,1990年8月22日生效。

[⑤] 《保护东北大西洋海洋环境公约》始于1972年,当年通过了防止倾倒废物及其他物质污染海洋的《奥斯陆公约》。1974年,《巴黎公约》将范围扩宽至陆上源头和海上开采业。1992年,这两个公约被合并为《保护东北大西洋海洋环境公约》(OSPAR),并进行了更新和拓展。

[⑥] 联合国环境规划署:Conservation of Biodiversity in the Areas beyond National Jurisdiction (BBNJ), http://www.unep.org/regionalseas/what-we-do/conservation-biodiversity-areas-beyond-national-jurisdiction-bbnj。

[⑦] Ardron, Jeff A., et al., "The Sustainable Use and Conservation of Biodiversity in ABNJ: What Can be Achieved Using Existing International Agreements?", *Marine Policy* 49 (2014).

既是区域保护性协定，又有着管理区域内科学研究、捕鱼和养护等权能。①

（三）公海治理的零散碎片化

公海作为国家管辖范围以外的海洋区域，不被置于任何国家主权的管辖之下，在此背景中，公海自由一方面保证了所有国家对公海享有的自由权利，另一方面使得具有公海治理权能的国际组织和区域组织的治理权限受到约束。公海的治理依据不同的领域，而被不同的治理机构所管理着，这就导致了公海治理的零散碎片化。② 众多公海治理机构存在着分工，管理着国际管辖范围以外区域的各个领域，但当面临具体综合的公海问题处理时，比如公海保护区的设立管理，公海治理机构间的协调合作就成了必要。

表 1-1　　　　与公海资源管理和生物多样性有关的治理机构

机构名称	简称	备注
联合国海洋事务和海洋法司	LOSC	
国际海底管理局	ISA	
《联合国鱼类种群协定》	FSA	没有秘书处 须船旗国执行相关协议
国际海事组织	IMO	管理超过 50 部海事公约 缔约方大会两年一次
《伦敦倾废公约》	LC/LP	秘书处设在国际海事组织
国际捕鲸委员会	IWC	
《濒危野生动植物种国际贸易公约》	CITES	秘书处由联合国环境署管理
《保护野生动物迁徙物种公约》③	CMS	秘书处由联合国环境署管理

---

① Brooks, Cassandra M., "Competing Values on the Antarctic High Seas: CCAMLR and the Challenge of Marine-Protected Areas", *The Polar Journal* 3.2 (2013).

② The PAW Charitabble Trusts 网站：Mapping Governance Gaps on the High Seas, http://www.pewtrusts.org/~/media/assets/2017/04/highseas_mapping_governance_gaps_on_the_high_seas.pdf.

③ 该公约体系中的 7 个有约束性协定中有 5 个涉及海洋生物，19 个自愿备忘录中有 6 个涉及海洋生物。

续表

机构名称	简称	备注
《生物多样性公约》	CBD	秘书处由联合国环境署管理
世界遗产中心[1]	WHC	秘书处由联合国教科文组织管理
区域渔业管理机构[2]	RFMO/As	可能在联合国粮农组织框架内
区域海洋组织[3]	RSA/Ps	区域海洋计划受联合国环境署管理
《南极海洋生物资源养护公约》	CCAMLR/ATS	被认为既有区域渔业管理机构又有区域海洋组织的特性
政府间海洋委员会	IOC	管理海洋科学研究和海洋技术转让,由联合国教科文组织管理

即便公海管理机构林林总总,但是仍然无法弥补公海治理所存在的缺失,因为没有任何机制来保证各部门、国家和国际组织之间的协调和合作。对于这点国际社会存在争议,一些国家认为现有履约和执行机制过于松散,希望通过强化已有机制来增强强制力或者建立新的统一机制来促进综合履约,而另一些国家则对此十分不适应。这就导致没有一个单一有权机构可以保证现代环境治理原则和管理工具在公海得到适用,更无法保证对公海中的人类活动予以有

---

[1] 世界遗产体系现在并不适用于国家管辖范围以外区域,但相关研究和提议正被提出。UNSECO & IUCN, *World Heritage Report 44*: *World Heritage in the High Seas*: *An Idea Whose Time Has Come*, France, 2016.

[2] 主要包括:5个金枪鱼养护机构 [蓝鳍金枪鱼养护委员会(CCSBT)、泛美洲金枪鱼养护委员会(IATTC)、国际大西洋金枪鱼养护委员会(ICCAT)、印度洋金枪鱼委员会(IOTC),另外还有北太平洋洄游鱼类委员会(NPAFC)、国际海豚保护计划(AIDCP)],9个地理分区渔业养护机构 [地中海渔业委员会(GFCM)、西北大西洋渔业组织(NAFO)、东北大西洋渔业委员会(NEAFC)、北太平洋渔业委员会(NPFC)、东南大西洋渔业委员会(SEAFO)、南印度洋渔业协定(SIOFA)、南太平洋区域渔业管理组织(SPRFMO)、中西太平洋渔业委员会(WCPFC)、《中白令海峡鳕资源养护与管理公约》(CCBSP)],2个渔业建议咨询机构 [中大西洋西部渔业委员会(WECAFC)、中大西洋东部渔业委员会(CECAF)]。

[3] 五个区域性海洋协定明确适用于公海,包括巴塞罗那公约、利马公约、努美阿公约、OSPAR公约,另外有多个区域性公约正在着手研究可能涉及的国家管辖范围以外海域之生物多样性问题。

效的监测评价评估。在没有任何一个单一有权实体可以为全人类利益而综合管理公海活动之情况下，更加无法有效地保证履约和执行机制的完善。

三 公海全球法律与治理体系的空缺

现代环境治理原则和管理工具很难有效地引入或适用于国家管辖范围以外海域的既有机制之中，无论基于生态系统方法、风险防御原则、污染者治理原则、利益相关者磋商、使用最佳可用科学信息、应用最佳实践和最佳可行技术、综合适应性管理等现代环境保护原则，还是环境影响评价、环境战略评价、累积影响评估、海洋空间规划、代表性海洋保护区网络等现代环境管理工具，在国家管辖范围以外海域的适用都存在障碍。[1] 由于缺少对包括环境影响评估、监测和报告，以及划区管理方式在内的现代保护工具的具体规范要求，缺乏规则或程序来协调发生在公海水域和沿海国外大陆架上的各种人类活动，从而国际社会无法有效监控管理协调人类在国家管辖范围以外区域的活动，更加无法有效地保证履约和执行机制的完善。与此同时，缺少对国家管辖权范围以外深海生物遗传资源的法律地位的阐明，则进一步加剧了公海治理的疑惑。

不仅如此，公海治理在全球性法律体系上还存在着诸多实质性的空缺。针对关于"区域"内海洋生物多样性或资源（除矿物和鱼类）的保护和可持续利用至今没有的详细法律规范。在国际合作保护"脆弱的海洋生态系统"问题上，在生态系统和生物系统意义上的重要领域，在具有代表性的海洋保护区网络等问题上，国际法至今没有相应的规范文件或法律规范。由于对生物资源的保护是基于对目标鱼类种群的"最大可持续产量"这一概念和对相关依赖物种

---

[1] IUCN, Kristina M. Gjerde et al., *Regulatory and Governance Gaps in the International Regime for the Conservation and Sustainable Use of Marine Biodiversity in Areas beyond National Jurisdiction*, IUCN Global Marine Program, Gland, Switzerland, 2008.

的"严重威胁再生状况"的评估，且保护性规范主要侧重于规范相应的直接资源开发活动（比如捕鱼）而不是其他活动可能产生的不利影响，对生物资源的保护就变得十分之不充分且效率低下。与此同时，缺少对包括在国际海底除采矿以外的其他活动（如铺设海底管道、海底添附物、航运、科学研究、漂浮物、海洋声呐活动、军事活动等其他新出现之公海活动）缺少具体的环境影响评价或监测法律规范，会导致对诸多公海活动缺少有效监管甚至会引发与沿海国的外大陆架上活动的相互交叉影响。

除国际法律体系本身的空缺外，对公海的治理和管理也存在一系列问题。公海治理机构的缺失，致使没有相应国际组织或机构有权将现代环境治理原则和管理工具有效引入或适用于国家管辖范围以外海域的相关既有机制之中。这也导致了无法保证在公海治理中对《联合国海洋法公约》履约和执行进行评估，无法有效地保证基于有效信息的决策机制，无法对相应国际组织和国家的行为作出有效评价，更加无法形成机制来倾听与处理来自民间团体的主张和申诉，无法保障利益攸关方的有效参与，以及难以保证除海底矿产资源外的公平之代内与代际分配。在国际法体系内没有解决的问题，虽然得到了许多区域性海洋组织的关注，但是区域体系和全球体系的法律权责划分并不明确，没有有权实体去管理区域海洋保护活动中所涉及的公海因素，除了针对个案的分析，也更加没有相应的合作检查、检测和控制程序来对区域海洋中的除渔业和航运以外的活动进行有效管理。

第二节　现有公海保护区国际法缺乏针对性与可操作性

正是在国家管辖范围以外生物多样性与可持续利用问题上，全球公海的法律与治理存在着严重的重叠、零散与空缺，才致使国际社会无法有效地应对公海环境恶化的趋势，以及遏止公海生物资源退化的问题。近年来，国际社会关于采取行动、制定新的国际协定以保护公海的呼声越来越高，2015 年联合国大会 A/RES/69/292 号决议就决定将包括划区管理工具与公海保护区在内的一系列问题进行立法规范。构建公海保护区法律制度却困难重重，在现行国际法体系内缺少具有针对性与可操作性的条款，甚至连公海保护区的法律定义都难以达成共识。

现有国际法框架内并不存在专门针对公海保护区的全球性或地区性国际条约，只有个别条约中散见关于生物多样性保护的条款可以被视为规范公海保护区的直接或间接的法律依据，这些条款对公海保护区的概念并没有进行清晰界定，才导致了存在关于公海保护区法律概念的争辩。事实上，不仅仅只是法律概念存在模糊性，缺乏专门性与针对性的法律依据，散见于条约中的法律条款也大多停留在指导和倡议的层面，可操作性不强。① 本节将尝试查找厘清有关公海保护区的国际法规范以及相关具体条款，并分析具体国际法规范文件的针对性、相关性以及具体条款的可操作性。

一　规制公海保护区之国际法体系

从法律渊源角度来说，涉及公海保护区问题之规范的法律表现形式可以是多种多样的，比如习惯、政策、宣言、权威法学学说、条约等。根据《国际法院规约》第 38 条的规定，对国际法院之裁判能产生拘束力的国际法渊源为国际协约、国际习惯、一般法律原则与司法判力及权威公法家学说。② 虽然《国际法院规约》规定了第

---

① 范晓婷编：《公海保护区的法律与实践》，海洋出版社 2015 年版，第 65 页。
② 《国际法院规约》第 38 条：
一、法院对于陈诉各项争端，应依国际法裁判之，裁判时应适用：
（子）不论普通或特别国际协约，确立诉讼当事国明白承认之规条者。
（丑）国际习惯，作为通例之证明而经接受为法律者。
（寅）一般法律原则为文明各国所承认者。
（卯）在第五十九条规定之下，司法判例及各国权威最高之公法学家学说，作为确定法律原则之补助资料者。
二、前项规定不妨碍法院经当事国同意本"公允及善良"原则裁判案件之权。

38条所述之国际法是针对国际法院审理案件而适用,而根据《联合国宪章》第93条,联合国所有会员国都是《国际法院规约》的缔约国,从而可以看出《国际法院规约》第38条所述之国际法可以被认为是反映了国际社会对国际法的理解和认识。在此笔者需要指出,关于国际法渊源,学界一直存在争议,而国际法的具体表现形式亦可以是更加丰富的。①

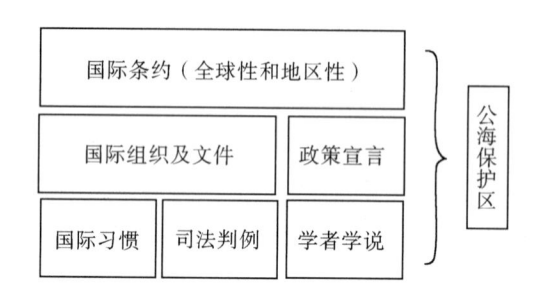

图1-1 公海保护区之国际法框架体系

国际法不同表现形式的效力和拘束力也存在着差异,具体到公海保护区的国际法规制问题,国际条约、国际习惯法分别代表了成文国际法和习惯国际法而具有国际法拘束力。按照"条约必须遵守"的国际法原则,② 条约对于缔约国具有拘束力,国家必须遵守条约。国际习惯法为公海保护区问题也提供了法律依据,即一国开发和利用人类共同的自然资源时,应当顾及其他国家的利益,使得资源得到公平合理的利用,并尽力防止海洋污染,这一国际习惯法义务并不必然要求国际社会建立公海保护区,只是对公海保护区的设立和管理提供了指导。③

在公海保护区问题上,国际组织的文件或由其主导实施的国际法对公海保护区的识别、设立、管理起到了相当程度的规范作用,

---

① Rebecca M. M. Wallace, *International Law*, Sweet & Maxwell, 2002, p. 9.
② 《维也纳条约法公约》序言。
③ 范晓婷编:《公海保护区的法律与实践》,海洋出版社2015年版,第69页。

一定程度上弥补了国际法的空白，与推动公海保护区国际法实践的制度化有着紧密的联系，即便除了特定国际组织所制定的规章和规则具有约束力，大部分国际组织的文件只是建议性的。由于公海保护区国际法实践的制度化与新的有拘束力的国际协定很难一蹴而就，可以合理地预测在一定时间内，国际组织和相关文件的作用仍将维持。

总体而言，在公海保护这一国际法较新的领域，国际习惯的发展、一般法律原则与司法判力及权威公法家学说等的作用还难以填补相应的制度空白，受公海法律与治理的碎片化影响，以国际公约和国际组织为主导体系的公海保护区问题也同样明显表现出碎片化特征。

表 1-2　　公海保护区之国际法体系

公约、组织或机构名称	法律属性	拘束力	相关性
《联合国海洋法公约》	国际公约	有	基础框架
《生物多样性公约》	国际公约	有	有直接规定
1992年《联合国气候变化框架公约》及其议定书	国际公约	有	有客观法律联系
《经1978年议定书修正的1973年国际防止船舶造成污染公约》	国际公约	有	"特殊区域"
1972年《防止倾倒废物及其他物质污染海洋的公约》及其1996年议定书	国际公约	有	海洋倾废
《濒危野生动植物种国际贸易公约》	国际公约	有	濒危海洋生物保护
联合国环境规划署区域海洋方案	国际组织方案	无	区域海洋保护
1995年《保护地中海海洋环境和沿海区域公约》	区域海洋公约	有	地中海公海保护区
《南极海洋生物资源养护公约》	区域海洋公约	有	南极公海保护区
1981年《保护东南太平洋海洋环境和沿海地区公约》	区域海洋公约	有	区域海洋保护区
1986年《保护南太平洋区域自然资源和环境公约》	区域海洋公约	有	区域海洋保护区
《保护东北大西洋海洋环境公约》	区域海洋公约	有	公海保护区网络
《关于保护、管理和开发东非区域海洋与沿海环境的公约》（内罗毕公约）	区域海洋公约	有	区域海洋保护区

续表

公约、组织或机构名称	法律属性	拘束力	相关性
《关于合作保护和开发西非与中非区域海洋与沿海环境的公约》（阿比让公约）	区域海洋公约	有	区域海洋保护区
北极理事会	政府间论坛	无	北极公海保护区
国际民用航空组织（ICAO）	国际组织	有	航空管理
国际养护大西洋金枪鱼委员会（ICCAT）	国际组织	有	大西洋金枪鱼养护
国际海洋考察理事会（ICES）	国际组织	无	有建议权能
国际海事组织（IMO）	国际组织	有	"特别敏感水域"航行标准 航线选择
国际海底管理局（ISA）	国际组织	有	国际海底采矿 "区域"环境保护
国际捕鲸委员会（IWC）	国际组织	有	捕鲸
联合国教科文组织	国际组织	有	海洋文化遗产
联合国教科文组织下属政府间海洋委员会（UNESCO-IOC）	国际组织	无	海洋科学研究和海洋技术转让
区域和分区域的渔业管理组织（RFOs）	国际组织	有	区域海洋渔业管理
国际自然保护联盟（IUCN）	国际组织	无	海洋保护区指南
联合国粮农组织（FAO）	国际组织	无	渔业

二　缺少专门性的国际条约

从目前来看，关于国家管辖范围以外海洋区域之生物多样性保护的法律框架业已形成，但最大的问题是没有一个全球性的法律框架来规范公海保护区有关活动。① 根据《维也纳条约法公约》之规定，国际条约是指国家间缔结而以国际法为准之国际书面协定，不论其载于一项单独文书或两项以上相互有关之文书内，亦不论其特定名称如何。② 1986年《关于国家和国际组织间或国际组织相互条约法的维也纳公约》之规定，一个或更多国家和一个或更多国际组织间，或国际组织间相互缔结并受国际法支配的国际协定亦为

---

① 范晓婷编：《公海保护区的法律与实践》，海洋出版社2015年版，第33页。
② 《维也纳条约法公约》第2条第1款第1项。

国际条约。① 即便依据最宽泛的国际条约之定义，亦没有针对公海保护区问题的专门国际条约。

（一）全球性条约

根据缔约国的全球性和地区性来划分，国际条约分为全球性条约和地区性条约，全球性条约作为国际法最重要的法律渊源，是对公海保护区问题进行规范的最主要和最基础之国际法基础，也是确信、推动、完善公海保护区之国际法实践制度化的重要工具。涉及公海保护区问题之国际法规范的全球性条约主要有规范国际海洋法律制度、保护生态环境等领域的基础性公约，以及相应的针对具体问题之公约，然而这些国际公约并无任何一部是专门针对公海保护区，甚至对公海保护区问题缺少直接规定。

与公海保护区问题关联最紧密的两部国际公约分别是《联合国海洋法公约》与《生物多样性公约》。《联合国海洋法公约》及后补充的两个执行协定：1994年《关于执行〈联合国海洋法公约〉第十一部分的协定》和1995年《执行〈联合国海洋法公约〉有关养护和管理跨界鱼类种群和高度洄游鱼类种群的规定的协定》，为保护和可持续开发利用国家管辖范围以外海洋区域及其资源提供了法律框架，然而该公约文本中并没有"海洋保护区"或"公海保护区"这一概念，② 针对海洋保护区的规定亦缺失，只是规定了海洋环境保护的义务以及公海与"区域"的法律地位等，可以算是海洋开发管理保护的框架性条约。《生物多样性公约》也曾尝试为国家管辖范围以外海底生物多样性的养护和可持续利用规定相关规则。③ 公约的宗旨是保护生物多样性、可持续利用生物资源、公平公正地分享利用遗

---

① 《关于国家和国际组织间或国际组织相互条约法的维也纳公约》第2条第1款(a)项。

② Frank, Veronica, *The European Community and Marine Environmental Protection in the International Law of the Sea: Implementing Global Obligations at the Regional Level*, Brill, 2007, p.334.

③ 《生物多样性公约》：List of Parties, https://www.cbd.int/information/parties.shtml。

传资源所产生的惠益。① 该公约的适用范围主要为国家管辖范围内，很难将该公约通过设立海洋保护区来保护生物多样性之国际法规定适用于公海保护区问题，然而该公约更多的是在海洋保护区的设立、管理实践上为公海保护区提供一定的参考价值。

与公海保护区问题有关联的其他全球性公约则主要是国际社会为解决人类生态环境保护之具体问题而订立的诸多全球性公约，这些公约本身便不是专门针对公海保护区而修订，其内容中对公海保护区的规定更多亦是间接性的。包括《联合国气候变化框架公约》及其协定书，1964年《国际捕鲸管制公约》和《73/78防污公约》，1972年《防止倾倒废物及其他物质污染海洋的公约》及其1996年议定书，1973年《濒危野生动植物种国际贸易公约》等。

由于国家管辖范围以外的海洋区域之管理需要借助国际组织或区域海洋组织，而许多由负有特定职能之国际组织主导、推动、管理、执行的全球性公约对公海保护区问题有着比较直接的影响。这里所说的与国际组织有关的全球性公约不同于国际组织的政策宣言、建议行动纲领之类无拘束力的国际法渊源，而是指对缔约国有拘束力的国际条约，比如由国际海底管理局已经制订的规章。② 至今国际海底管理局已经制定了有约束力之规章包括2000年《"区域"内多金属结核探矿和勘探规章》及2013年修正案、③ 2010年《"区域"内多金属硫化物探矿和勘探规章》、④ 2012年《"区域"内富钴铁锰结壳探矿和勘探规章》等。⑤ 虽然这些规章中都包含了环境保护的条款，但是作为负责国际海底矿产开发及相关事务的国际组织，国际海底管理局并不能将公海保护区作为其主要职能。与此相似的还有联合国粮

---

① 《生物多样性公约》第1条。
② 国际海底管理局大会决议附件 ISBA/6/A/18。
③ 国际海底管理局大会决议附件 ISBA/19/A/9。
④ 国际海底管理局大会决议附件 ISBA/16/A/12/Rev.1。
⑤ 国际海底管理局大会决议附件 ISBA/18/A/11。

农组织的 1993 年《促进公海捕鱼船遵守国际养护和管理措施》,① 联合国教科文组织的 1972 年《保护世界文化和自然遗产公约》② 与 2001 年《保护水下文化遗产公约》,③ 国际海事组织的 1991 年《有关特殊区域指明和特别敏感区域鉴定的指南》及 2005 年修正案④等。这些国际组织有着大量的会员国,由会员国大会一致作出的规章对会员国具有普遍的约束力,并且也是国际条约的一种类型。

(二) 区域海洋协定

联合国环境规划署于 1974 年决定引入区域海洋方案,即通过一系列分散、独立的区域公约和行动计划执行的一项全球方案。该方案最开始集中关注地中海、波斯湾、非洲中西部海域、加勒比海等

---

① 《促进公海捕鱼船遵守国际养护和管理措施》(Agreement to Promote Compliance with International Conservation and Management Measures by Fishing Vessels on the High Seas) 于 1993 年 11 月 24 日开放签署, 2003 年 4 月 24 日生效, 至 2017 年年底中国并未加入该协议。

② 《保护世界文化和自然遗产公约》(Convention Concerning the Protection of the World Cultural and Natural Heritage) 于 1972 年 11 月 16 日通过, 生效于 1975 年 12 月 17 日, 1985 年 12 月 12 日中国批准加入该公约, 1986 年 12 月 3 日对中国生效。

③ 《水下文化遗产保护公约》(Convention on the Protection of Underwater Cultural Heritage) 是世界范围内通过的第一个关于保护水下文化遗产的国际性公约, 于 2001 年 11 月 2 日通过并实行, 于 2009 年 1 月 2 日生效, 至 2017 年年底中国并未加入该协议。

④ 1991 年 11 月 9 日, 国际海事组织通过 A.720 (17) 号决议, 即《有关特殊区域指明和特别敏感区域鉴定的指南》(Guidelines for the Designation of Special Areas and the Identification of Particularly Sensitive Sea Areas); 1995 年 11 月 25 日, 国际海事组织通过 A.885 (21) 号决议, 即《识别特别敏感海域并采取相关保护措施的程序》和《对第 A.720 (17) 号决议所载准则的修改》[Procedures for the Identification of Particularly Sensitive Sea Areas and the Adoption of Associated Protective Measures and Amendments to the Guidelines Contained in Resolution A.720 (17)]; 2001 年 11 月 29 日, 国际海事组织通过 A.927 (22) 号决议, 即《关于在 MARPOL 73/78 项下指定特殊区域的指南》(Guidelines for the Designation of Special Areas under MARPOL 73/78); 2005 年 12 月 1 日, 国际海事组织通过 A.982 (24) 号决议, 即《关于特别敏感海域的确定和指定的修订准则》[Revised Guidelines for the Identification and Designation of Particularly Sensitive Sea Areas (PSSAs)]。

四个区域海洋，到1976年该区域海洋方案的第一个法律文件出现，即《巴塞罗那公约》。至今该方案包含18个全球区域海洋，其中14个区域有具有约束力的法律文件，[①] 7个由联合国环境规划署管理，[②] 4个由独立的区域海洋组织管理。[③]

联合国环境规划署区域海洋方案包含的18个全球区域海洋中，有5个涉及国家管辖范围以外海域，涉及的法律文件包括1976年《保护地中海免受污染公约》（《巴塞罗那公约》），1980年《南极海洋生物资源养护公约》（CCAMLR），1981年《保护东南太平洋沿海海洋环境公约》（《利马公约》），1986年《保护南太平洋区域自然资源和环境公约》（《努美阿公约》），1992年《保护东北大西洋海洋环境公约》（OSPAR）。与此同时，《关于保护、管理和开发东非区域海洋与沿海环境的公约》（《内罗毕公约》）与《关于合作保护和开发西非与中非区域海洋与沿海环境的公约》（《阿比让公约》）两个区域海洋所涉公约之缔约方正在着手研究可能涉及的国家管辖范围以外海域之生物多样性问题。[④]

有关区域海洋环境保护的区域性条约对有关公海保护区问题的涉及本身具有争议。一方面，区域性条约的影响力和拘束力有限，只适用于特定区域，并且不能与全球性条约之规定相违背。南极海洋生物资源养护委员会2011年通过的《建立南极海洋保护区的总体框架》中就强调了南极海洋保护区有关的保护手段须符合国际法，

[①] 至今没有区域法律协定的4个联合国环境规划署区域海洋方案之海域为：东亚海域、西北太平洋海域、南亚海域、北极海域。

[②] 由联合国环境规划署管理的7个区域海洋：大加勒比海、地中海、东亚海域、东非海域、西北太平洋、非洲中西部海域、波斯湾。

[③] 由独立的区域海洋组织管理的4个区域海洋：北极海域、南极海域、波罗的海、东北大西洋。

[④] 联合国环境规划署：Conservation of Biodiversity in the Areas beyond National Jurisdiction (BBNJ), http://www.unep.org/regionalseas/what-we-do/conservation-biodiversity-areas-beyond-national-jurisdiction-bbnj。

包括《联合国海洋法公约》之规定。① 另一方面，区域性条约之目的集中在海洋生态环境保护，亦不是针对公海保护区之专门法律规范，是否有资格设立公海保护区亦颇有争议。这就体现在关于《南极海洋生物资源养护公约》本质的争论中，即有争论认为该区域性条约仍是传统的以生物资源利用为中心的条约，只是在原则上更加强调了生态系统和预防性，② 在 2013 年南极海洋资源养护委员的第二次特别会议上，俄罗斯代表就曾提出南极海洋资源养护委员是否有权建立海洋保护区这一疑问。③

三 散见之相关条款缺乏可操作性

对于有拘束力之国际法渊源，在为数不多的涉及公海保护区问题的全球性国际条约中，很少具有专门性和针对性的条款，要么只是为公海保护区问题提供相应法律框架，要么是停留在指导和倡议的层面。在此，笔者将通过对公海保护区国际法体系内所涉散见之全球性条款进行查找、分析、解读、归类，以便清晰地了解相应条款的可操作性以及涉及的公海保护区法律定义问题。

（一）基础框架性公约之条款

有关公海保护区的国际法规制，主要依赖于《联合国海洋法公约》所奠定的国家管辖范围以外海洋区域的治理法律体系，以及《生物多样性公约》所主张的对无论国家管辖范围内外之生物多样性的保护。《联合国海洋法公约》和《生物多样性公约》为公海保护区问题设置了基本框架。

---

① CCAMLR, *General Framework for the Establishment of CCAMLR Marine Protected Areas*, Conservation Measure 91-04, Australia, 2011, p. 2.
② 唐建业：《南极海洋保护区建设及法律政治争论》，《极地研究》2016 年第 3 期。
③ CCAMLR, *Report of the Second Special Meeting of the Commission*, Bremerhaven, Germany, 15 and 16 July 2013, para. 3.18.

1. 1982 年《联合国海洋法公约》

《联合国海洋法公约》为国家管辖范围外海洋区域的法律性质、地位和环境保护与资源养护提供了框架性规定，具体而言涉及该公约第七部分之"公海"，第十一部分之"区域"，以及第十二部分之"海洋环境的保护与保全"，1994 年协定和 1995 年协定。[①] 作为有关公海之框架性公约，无论任何缔约国家、国际组织、区域组织在公海中所采取的一切活动都不得违反该公约的规定。[②] 国家管辖范围外海洋区域在《联合国海洋法公约》中表现为"公海"与"区域"两部分，"公海"是指不包括在国家中的专属经济区、领海或内水或群岛国的群岛水域内的全部海域，而"区域"是指国家管辖范围以外的海床和洋底及其底土。[③]

基于公海自由原则，《联合国海洋法公约》第 87 条规定了包括（1）航行自由；（2）飞越自由；（3）铺设海底电缆和管道的自由；（4）建造国际法所容许的人工岛屿和其他设施的自由；（5）捕鱼自由；（6）科学研究的自由"六大公海自由"。[④] 公海对所有国家开放，除非有国际条约明文规定之例外情形外，船旗国对在公海上悬挂其旗帜的船舶拥有专属管辖权。[⑤] 至于"区域"，该公约规定"区域"及其资源是人类的共同继承财产。[⑥] 国际海底管理局负责无歧视地公平分配从"区域"内活动取得的财政及其他经济利益，并承担与"区域"有关的科学研究、技术转让、环境保护、人命保护等职责。[⑦]

[①] 1994 年 7 月 28 日《关于执行 1982 年 12 月 10 日〈联合国海洋法公约〉第十一部分的协定》以及 1995 年 8 月 4 日《执行 1982 年 12 月 10 日〈联合国海洋法公约〉有关养护与管理跨界鱼类种群和高度洄游鱼类种群的规定的协定》。

[②] 《联合国海洋法公约》第 86 条。

[③] 《联合国海洋法公约》第 1 条第 1 款。

[④] 《联合国海洋法公约》第 87 条。

[⑤] 《联合国海洋法公约》第 92 条。

[⑥] 《联合国海洋法公约》第 136 条。

[⑦] 《联合国海洋法公约》第 143—146 条。

虽然《联合国海洋法公约》第 192 条明确了缔约国有保护和保全海洋环境之义务,[①] 第 194 条特别强调了对稀有或脆弱的生态系统,以及衰竭、受威胁或有灭绝危险的物种和其他形式的海洋生物的生存环境的保护,[②] 但该公约的文本中并没有 "海洋保护区" 或 "公海保护区" 这一概念。[③] 该公约为缔约国设置的保护海洋环境之义务进一步阐释为各缔约国应在适当情形下个别或联合地采取一切符合该公约的必要措施,防止、减少和控制任何来源的海洋环境污染。[④] 与此同时,该公约第 197 条规定缔约国在为保护和保全海洋环境而拟订和制定符合该公约的国际规则、标准和建议的办法及程序时,应在全球性的基础上或在区域性的基础上,直接或通过主管国际组织进行合作,同时考虑到区域的特点。[⑤]

总结而言,《联合国海洋法公约》为国家管辖范围以外海洋区域的生物多样性和可持续利用的治理提供了基础的法律框架,这也为公海保护区的设立、管理框定了基本框架,公海保护区的法律定义也应遵循该公约。可是该公约并没有对公海保护区问题提供直接的专门的规定,更没有相应的设立、管理依据,因此没有更专门的有针对性的条约解释或议定书或补充协议。

2. 1992 年《生物多样性公约》

在 1995 年的第二次缔约国大会（COP2）上,在得到许多来自国际组织、缔约国、区域组织、非政府组织的支持之后,《生物多样性公约》引入了 "关于海洋和沿海生物多样性的雅加达任务"（The Jakarta Mandate on Marine and Coastal Biological Diversity,简称雅加达

---

① 《联合国海洋法公约》第 192 条。
② 《联合国海洋法公约》第 194 条第 5 款。
③ Frank, Veronica, *The European Community and Marine Environmental Protection in the International Law of the Sea: Implementing Global Obligations at the Regional Level*, Brill, 2007, p. 334.
④ 《联合国海洋法公约》第 194 条。
⑤ 《联合国海洋法公约》第 197 条。

任务），即在 2012 年前，基于国家和区域组织体系基础上，建立起全球海洋保护区网络。① 在 2008 年的第九次缔约国大会（COP9）上，《生物多样性公约》引入了用于确定开放海洋和深海栖息地在生态或生物学上是否重要到须通过海洋保护区方式来保护的"亚速尔科学标准"。②

《生物多样性公约》体系是现行国际法体系内唯一给定海洋保护区法律定义的有拘束力的全球国际公约，在《生物多样性公约》中，"保护区"是指一个划定地理界限、为达到特定保护目标而指定或实行管制和管理的地区。③ 2004 年《生物多样性公约》特设技术专家组对海洋保护区定义进行了阐述，该解释得到了该公约第 7 次缔约国大会的认可，专家组在国际自然保护联盟的海洋保护区定义的基础中将其表述为：

> 海洋和沿海保护区是指海洋环境内或与其毗邻的任何确定区域，包括其覆盖水域及相关动植物和历史文化地物，且该区域已经受到立法或其他有效手段（包括习惯）的保护，使得海洋和/或沿海生物多样性得到更高水平的环境保护。④

---

① 银森录、郑苗壮、徐靖、刘岩、刘文静：《〈生物多样性公约〉海洋生物多样性议题的谈判焦点、影响及我国对策》，《生物多样性》2016 年第 7 期。

② UNEP, CBD, IUCN, *Azores Scientific Criteria and Guidance for Identifying Ecologically or Biologically Significant Marine Areas and Designing Representative Networks of Marine Protected Areas in Open Ocean Waters and Deep Sea Habitats*, Canada, 2009.

③ 《生物多样性公约》第 2 条："a geographically defined area which is designated or regulated and managed to achieve specific conservation objectives"。

④ UNEP/CBD/COP/DEC/VII/5, Note 11, 13 April 2004。原文为：Marine and coastal protected area' means any defined area within or adjacent to the marine environment, together with its overlying waters and associated flora, fauna and historical and cultural features, which has been reserved by legislation or other effective means, including custom, with the effect that its marine and/or coastal biodiversity enjoys a higher level of protection that is surroundings。

根据《生物多样性公约》序言所言生物多样性的保护是全人类的共同关切事项,① 同时该公约第 3 条要求缔约国确保在其管辖或控制范围内的活动,不致对其他国家的环境或国家管辖范围以外地区的环境造成损害,②《生物多样性公约》的适用范围不仅及于位于缔约国管辖范围的地区内的生物多样性组成部分,还及于在缔约国管辖或控制下开展的过程和活动(不论其影响发生在何处,可位于缔约国管辖区内也可在国家管辖区外)。③ 该公约还强调,缔约方应"在国家管辖范围以外地区"在"生物多样性的养护和可持续利用方面"进行合作,而这种合作就有可能包括建立公海保护区。

在公海保护区设立管理的问题上,《生物多样性公约》虽然表现积极,但是其更加强调了《联合国海洋法公约》和联合国大会的作用,在 2006 年的第 8 次缔约方大会上,各缔约方一直认为:

> 认识到《生物多样性公约》在支持联合国大会关于设立国家管辖范围以外海洋保护区的工作方面中所发挥的关键作用,着重于酌情提供与海洋生物有关的科学技术信息与生物多样性有关的咨询意见,以及生态系统方式的应用和预防方法,以及实现 2010 年之目标……④

由此可见,虽然《生物多样性公约》为公海保护区的设立管理提供了更加专业的科学标准,但并不表示其本身会成为设立公海保护区的框架依据,更不会成为公海保护区问题的主导者,而只是使

---

① 《生物多样性公约》序言第 3 段。
② 《生物多样性公约》第 3 条。
③ 《生物多样性公约》第 4 条。
④ CBD, COP 8, Decision VIII/24, Para. 42.

其与《联合国海洋法公约》形成互补合作关系。这也体现在联合国大会有关国家管辖范围以外海域生物多样性与可持续利用的非正式特设工作组的首要任务中，该非正式特设工作组的首要任务之一就是"探讨在符合国际法及依据科学信息的基础上合作建立国家管辖范围以外海洋保护区的选择，相关国际法包括《联合国海洋法公约》"①。《生物多样性公约》与《联合国海洋法公约》在公海保护区问题上的合作关系也再次得到2004年联合国大会59/24号决议的确认和欢迎。② 那么，由于《生物多样性公约》本身不能成为公海保护区设立管理的依据，其给定的海洋保护区概念则很难通过国际法来直接适用于公海，而仅仅能为公海保护区的法律概念确定和法律制度构建提供参考。

(二) 功能性公约之条款

在气候变化、生物多样性、海洋环境保护等国际法领域，存在着诸多具体的条约条款对公海保护区的设立管理会产生影响。这些影响大多是间接的，但却是高度关联的，然而这样的关联性难以形成可操作和可执行的针对公海保护区问题的条款。此处无法穷举相关所有功能性公约的所有条款，只选取具有代表意义和关联较强的法律文件予以分析。

1. 1992年《联合国气候变化框架公约》及其议定书

1992年《联合国气候变化框架公约》为气候变化问题的政府间工作建立了一个框架，呼吁各国作出承诺将大气中的温室气体浓度稳定在一定水平。从冰河世纪到间冰期，地球的气候一直在变化中，人类活动所排放的温室气体则成了助推气候变化的"新引擎"。海洋气候变化与全球气候变化紧密联系，一方面，海洋保护区在应对气候变化的问题上有着四两拨千斤的效果，可以有效

---

① CBD, COP 7, Decision Ⅶ/28, Para. 29 (a).

② UNGA Resolution A/RES/59/24 (4 February 2005), at Para. 71. This resolution was adopted by 141 votes to 1 with 2 abstentions on 17 November 2004.

缓解全球气候变化，[1] 另一方面，《联合国气候变化框架公约》及其议定书中关于温室气体减排的承诺若能落实，将有助于对全球海洋以及公海区域脆弱海洋生态系统和生物多样性的保护。

很难在《联合国气候变化框架公约》及其议定书中找到设立公海保护区的法律依据，虽然该框架公约明确地将沿海和海洋生态系统纳入了其可持续管理的体系中。[2] 在 2016 年《巴黎气候变化协定》的序言部分，"必须确保包括海洋在内的所有生态系统的完整性"这一表述在此被强调。[3] 由此可见，气候变化公约体系与海洋保护区制度存在着客观上的法律联系。

2.《经 1978 年议定书修正的 1973 年国际防止船舶造成污染公约》《73/78 防污公约》

《73/78 防污公约》是通过多个附则[4]来防止船舶在事故中和正常运作中排放有毒有害物质，以达到保护生物多样性的目标。《73/78 防污公约》的一个重要条款是有关"特殊区域"的概念，为了使部分区域比其他海洋区域得到更高程度的保护，可将大面积的海洋区域划定为"特殊区域"，从而实施最严格的排放标准。《73/78 防污公约》附则的一、二、五、六分别就油类物质、有毒液体、船舶垃圾、船舶气体排放等规定了特殊海域。在此之后国际海事组织制定了"划定特殊区域的指导方针"[5] 来指导缔约国如何制定和提交关于划定特殊区域的申请。

---

[1] IUCN, Simard, F., Laffoley, D. & J. M. Baxter, *Marine Protected Areas and Climate Change: Adaptation and Mitigation Synergies, Opportunities and Challenges*, IUCN, Gland, Switzerland, 2016, p. 13.

[2] 《联合国气候变化框架公约》第四条第 1（d）款。

[3] 《巴黎协定》序言第 12 段。

[4] 《73/78 防污公约》的六个附则为：（附则一）油污；（附则二）散装有毒液体物质（化学品）；（附则三）海运包装有害物质；（附则四）污水；（附则五）垃圾；（附则六）空气污染；附则一、二、三、四、五、六目前都已生效。各国必须接受附则一、二，其余的附则是任择性的。"任择性的"习惯法为 optional。

[5] 国际海事组织大会 A. 927（22）号决议。

《1973年国际防止船舶造成污染公约》将特殊区域定义为：因与其海洋和生态条件及其交通特点有关的公认技术原因，需采取特别的强制性措施酌情防止油类、有毒液体或垃圾造成海洋污染的海洋区域。① 特殊区域可包括几个国家的海洋区域甚至整个封闭或半封闭海洋区域，最早地中海、黑海、波罗的海、红海和波斯湾就被认定为需要加强海洋保护的特殊区域，② 由于特殊区域的地理界限不仅仅局限于国家管辖范围以内海域，其范围可能包括公海地区。③

3. 伦敦倾废公约及其议定书

1972年《防止倾倒废物及其他物质污染海洋的公约》（《伦敦公约》）④ 及其1996年议定书的目的是控制在海上倾倒废物和可能损害海洋生物的其他物质并采取有效步骤来防治海上倾废的污染。《伦敦公约》对废物采取了"黑清单与灰清单"办法，即根据废物对环境构成的危害，将在海上倾废的物品列入黑色清单或灰色清单。大多数废物都被列入黑色清单，而倾倒黑色清单上之废物受到禁止。对于倾倒灰色清单上的废物，则需要按照严格的管制程序得到指定的国家当局的特别许可，并必须满足某些条件，方可向海洋倾废。除黑色清单和灰色清单以外的其他所有物品或物质，均须在发放一般许可证后方可倾倒。

1996年的《伦敦公约议定书》与1972年《伦敦公约》内容相似，但在风险预防原则的采用上更进一步。该议定书于2006年3月24日生效，取代了1972年《伦敦公约》。根据议定书的"反向清单"办法，除了附件上所列物质外，不得倾倒任何物质。即使对附件上可以倾倒的物质也要进行评估，以确定其倾倒是否安全，在不

---

① 《73/78防污公约》附则一第一章第1条第10款。
② 《73/78防污公约》附则一第一章第10条。
③ 张辉：《南海环境保护引入特别区域制度研究》，《海南大学学报》（人文社会科学版）2014年第3期。
④ 《防止倾倒废物及其他物质污染海洋的伦敦公约》（《伦敦公约》）于1972年通过，1975年生效。

确定的情况下，任何物质不允许倾倒。

《伦敦公约议定书》适用于悬挂缔约国国旗的船舶在国家管辖范围之外海洋区域的活动，① 缔约方承诺将合作制定在公海上切实适用《伦敦公约议定书》的程序，因此可能会在海洋倾废方面采取措施以约束其缔约方，从而提升海洋保护区在倾废问题上的总体效能。

4.《濒危野生动植物种国际贸易公约》

1973 年《濒危野生动植物种国际贸易公约》② 旨在通过规范国际贸易防止对某些野生动植物物种的过度开发。附录中列出了保护物种：附录一（Appendix Ⅰ）囊括了受到灭绝威胁的物种，这些物种通常是禁止在国际交易，除非有特别的必要性；附录二（Appendix Ⅱ）囊括了没有立即的灭绝危机，但需要管制交易情况以避免影响到其存续的物种。如果这类物种的族群数量降低到一定程度，则会被改置入附录一进行全面的贸易限制保护；附录三（Appendix Ⅲ）包含了所有至少在某个国家或地区被列为保育生物的物种，换言之就是区域性贸易管制的物种。将这些物种列入《华盛顿公约》中，才能有效要求其他会员团体进行协助管制其贸易。被列入红皮书中的濒危野生动植物，不仅仅包含了国家管辖范围以内的动植物物种，还包括了一些生活在公海的物种。

四 相关"软法"缺乏国际法拘束力

构成公海保护区制度的法律框架中不仅只有国际公约，还有国际组织规范，以及许多无约束力的宣言与政策，但这些法律规范首先存在着国际法拘束力的问题，虽然很多时候国际组织和相应的政策宣言是公海保护区法律实践制度化的直接推动者。当将国际条约、

---

① 《伦敦公约议定书》第 10 条。
② 此公约是世界上迄今为止几个缔约单位数最高的公约之一，参与的单位并不强制要求必须是主权国家，取而代之的是以团体（Party）作为缔约单位，这些团体之中有些是主权国家，也有一些是区域性的政府组织，截至 2015 年 6 月底，缔约团体的数量高达 181 个。

政策宣言、国际组织及其文件放到一起进行归类分析之后，作为"软法"性质的政策宣言与国际组织文书的效力有限，① 但与公海保护区国际法实践有着诸多关联性，在此仅做简要归纳。

（一）政策与宣言

人类的发展伴随着对自然的改造，过度无序的改造会带来灾难。从20世纪70年代起，可持续发展与环境养护之间的平衡开始被国际社会所关注，一系列强调关于保全人类赖以生存的自然环境之政策、宣言等得以相继被推出。这些一般原则性宣言和政策，推动了国际社会为凝聚共识、保全环境而做出努力，进一步衍生出来一系列具体的法律规则与制度。这些宣言和政策包括1972年《关于人类环境的斯德哥尔摩宣言》②《世界大自然宪章》，③ 1992年《关于环境与发展的里约热内卢宣言》，④ 2002年《约翰内斯堡可持续发展宣言》，⑤ 2000年《联合国千年宣言》⑥ 等。国际社会对生态环境和可持续发展问题的关注之于海洋环境保护，又有了具体的诸多行动纲领与倡议，其中就包括1995年《保护海洋环境免受陆地活动污染全球行动纲领》、1995年《粮农组织负责任渔业行为守则》、1995年《国际珊瑚礁倡议》、2001年《雷克雅未克海洋生态系统负责任渔业行为宣言》等。⑦

这些政策宣言共同为海洋环境保护和生物资源养护提供了一般

---

① Dupuy, Pierre-Marie, and Jorge E.Viñuales, *International Environmental Law*, Cambridge University Press, 2018, p.40.

② 《斯德哥尔摩宣言》是1972年6月5日至16日在斯德哥尔摩举行的第一次联合国人类环境会议之成果。

③ 联合国大会37/7号决议的附件。

④ 《里约宣言》是1992年6月3日至14日在里约热内卢举行的第二次联合国人类环境会议之成果。

⑤ 联合国大会在其2002年12月20日第57/253号决议中对《约翰内斯堡可持续发展宣言》及可持续发展问题世界首脑会议的《执行计划》表示赞同。

⑥ 联合国大会55/2号决议。

⑦ Lowe, Alan Vaughan, *International Law*, Oxford University Press, 2011, p.256.

性规范原则和基础，但是这些政策宣言大多只是代表了国际社会对生态环境与可持续发展问题的具体看法和解释，有些具有建议的作用，有些是尝试为落实宣言而提出的行动纲领和倡议，总体而言都不具有国际法上的拘束力，往往被称为"软法"，更多是属于国际道德或政治文件的范畴。① 因此，这些政策宣言虽然具有推动公海保护区法律实践的道德与政治效果，却不是对公海保护区进行规制的有约束力之国际公约。

（二）国际组织与相关文件

作为国际社会的论坛和谈判场所、国际立法的组织者和推动者、国际事务的管理者和协调者、国际问题的咨询者和信息提供者，国际组织及其相关国际文件对于推动公海生物多样性保护法律制度和管理体系的完善、促进保护公海深海多样性的国际合作有着十分关键的作用。②

至今仍无任何一个国际组织之职能包括公海保护区的设立与管理，大部分负有特定职能的国际组织在行使其职能时会涉及公海保护问题，甚至会影响到公海保护区的设立和管理。由于公海保护区所涉及国际组织繁多，不同国际组织职能不同，负责的领域不同，并且有时国际组织与国际条约会关联重合，在此笔者只是尽力搜集具有较强联系的国际组织，并稍加分析与总结。

1. 国际民用航空组织（ICAO）

国际民用航空组织③是依据1944年《国际民用航空公约》（芝加哥）而设立，与其相关的国际和区域协议将会涉及公海保护区上空的航空安全与航空操作指南。

---

① 范晓婷编：《公海保护区的法律与实践》，海洋出版社2015年版，第38页；张磊：《论国家管辖范围以外区域海洋生物多样性治理的柔化——以融入软法因素的必然性为视角》，《复旦学报》（社会科学版）2018年第2期。

② 范晓婷编：《公海保护区的法律与实践》，第40页。

③ 国际民用航空组织：About ICAO, https://www.icao.int/about-icao/Pages/default.aspx。

2. 国际养护大西洋金枪鱼委员会（ICCAT）

国际养护大西洋金枪鱼委员会（ICCAT）① 是大西洋海域的区域性渔业管理组织，目前有 50 个缔约国和 4 个合作非缔约方。② 该组织可能会引入对缔约方有约束力的措施来增强海洋保护区内金枪鱼的保护和捕捞，也可能引入与公海捕鱼规则相异之贸易措施来对抗船旗国在公海的一些捕鱼行为。

3. 国际海洋考察理事会（ICES）

国际海洋考察理事会③作为负责协调和促进海洋科学考察的国际组织，对商业鱼群的可持续捕捞以及国家的海洋生物资源养护政策有建议权能。

4. 国际海事组织（IMO）

国际海事组织④制定的国际航运安全环保等国际规则，适用于船旗国/特别区域等的国际海事组织之标准/规则/安全守则，可能会对其缔约方有约束作用，从而提高减少船源污染在海洋保护区管理上的综合效能，为公海保护区制定特别的安全标准与航路。

5. 国际海底管理局（ISA）

国际海底管理局⑤有权制定管理污染和保护自然资源的规则，但没有管理海洋科学研究的权能。根据《联合国海洋法公约》第 169 条下的正式合作，该组织可采取不批准采矿等措施，使其缔约方受

---

① 国际养护大西洋金枪鱼委员会：Introduction, https://www.iccat.int/en/introduction.htm。

② 中国于 1996 年 10 月 24 日加入该组织，中国台湾地区为 4 个合作非缔约方之一。吕翔、黄硕琳：《大西洋蓝鳍金枪鱼资源开发与养护问题分析》，《上海海洋大学学报》2016 年第 6 期。

③ 国际海洋考察理事会：Explore US, http://www.ices.dk/explore-us/Pages/default.aspx。

④ 国际海事组织：Introduction to IMO, http://www.imo.org/en/About/Pages/Default.aspx。

⑤ 国际海底管理局：About the International Seabed Authority, https://www.isa.org.jm/authority。

到约束，从而提高海洋保护区与"区域"采矿的整体效能。

6. 国际捕鲸委员会（IWC）

根据1946年《国际规范捕鲸公约》，国际捕鲸委员会[①]可能会审查/修订有关措施，从而对其缔约方进行约束，以提高海洋保护区与捕鲸的整体效能。

7. 联合国教科文组织与政府间海洋委员会（UNESCO-IOC）

当一处文化遗产地被定为海洋保护区时，2001年《保护水下文化遗产公约》会与海洋保护区产生交集。与此同时，联合国教科文组织[②]下属的政府间海洋委员会[③]被认为是管理海洋科学研究和海洋技术转让问题的适格国际组织。

8. 区域和分区域的渔业管理组织（RFOs）

沿海国和在公海捕鱼的国家有义务建立区域和分区域的渔业管理组织（Regional Fishery Organizations, RFOs）来对跨界鱼类种群和高度洄游鱼类种群进行养护和管理，[④] 只有属于这种组织的成员或安排的参与方的国家，或同意适用这种组织或安排所订立的养护和管理措施的国家，才可以捕捞适用这些措施的渔业资源。[⑤] 因此该类型组织的相关合作或安排会影响到在区域公海捕捞特定种群鱼类，从而提高公海保护区在跨界鱼类种群或高度洄游鱼类种群养护和管理上的整体效能。

9. 国际自然保护联盟（IUCN）

国际自然保护联盟[⑥]支持科学研究，并协调管理全球范围内政府、非政府组织、联合国机构、公司以及地方社群间各项合作计划，

---

① 国际捕鲸委员会：Commission, https://iwc.int/iwcmain。

② 联合国教科文组织：World Heritage, https://whc.unesco.org/en/about/。

③ 政府间海洋委员会：Intergovernmental Oceanographic Commission, http://www.ioc-unesco.org/。

④ 《鱼类种群协定》第8条第1款。

⑤ 《鱼类种群协定》第8条第4款。

⑥ 国际自然保护联盟：About, https://www.iucn.org/about。

共同推行政策、法规和最佳的实际行动。该组织就公海生物多样性保护和公海保护区问题召开过多次研讨会，就相关议题提出过很多建议。

10. 联合国粮农组织（FAO）

在海洋渔业养护问题上，联合国粮农组织①出台了一系列没有约束力的指导规则，包括《负责任渔业行为守则》、四个国际行动计划、《公海深海渔业管理国际准则》等，② 为公海捕鱼提供指导，可以提高公海保护区在公海捕鱼问题上的总体效能。

国际自然保护联盟（IUCN）是最早提出和推动海洋保护区国际法实践的组织，它所建议给定的海洋保护区概念虽然在国际法上没有法律拘束力，但是对很多国际法实践和部分文件的起草产生了很大的影响。这种影响力也表现在它获邀派代表参加了几乎所有的涉及公海保护区议题的国际磋商、立法等会议，还参与诸多公海保护区设立管理的实践，以及发布出版了大量有关海洋保护区的研究报告。直至今日，国际自然保护联盟所建议制定的海洋保护区定义仍然有着很强的指导意义，因此本书将在第二章予以单独讨论和分析。

基于特定的海域海洋环境保护之共同利益与合作利益，区域性条约缔约国在加强区域内部国家间之国际合作上有着更少的障碍，这也是为何现有之公海保护区国际法实践主要是基于地区性条约而设立管理的。与此同时，区域性国际条约虽然为公海保护区的设立管理提供了成功的先例，并且也尝试给定相应的公海保护区的法律定义，但相关条款的解读和适用仍然充满争议，并且区域性国际条

---

① 联合国粮食和农业组织：关于粮农组织，http://www.fao.org/about/zh/。

② 《公海深海渔业管理国际准则》的编纂工作是一个参与性过程，涉及的人员包括来自各国政府、捕捞业、学术单位、非政府组织和政府间组织的渔业专家和渔业管理人员。这些准则旨在就管理要素提供指导，从适当的监管框架到良好数据收集方案的构成，而且包括确定主要管理方面的考虑和必要措施，以确保目标和非目标物种的养护，以及受影响生境的保护。这些自愿性的准则是一个参考工具，旨在帮助各国和区域渔业管理组织/安排制定并实施适当的公海深海渔业管理措施。

约不具有全球性约束力，因此相关内容将单独在本书第三章详细讨论。

　　国际海事组织、国际海底管理局、联合国粮农组织、联合国教科文组织与政府间海洋委员会等国际组织分别在其各自的领域行使着国际法所赋予的一定公海治理的职能。在其各自的职能范围内，在海洋环境保护和生物资源养护领域内，各个国际组织都曾提议或制定相关具有带有区划性质的类似海洋保护区制度的保护手段和指南。虽然这些建议指南和规章很难直接作为公海保护区设立管理的依据，但是其有可能会被扩大解释为公海保护区的某种存在形式，因此这与公海保护区的法律概念有着千丝万缕的法律联系，故而本书将在第四章重点讨论与此相关的问题。

　　综上所述，由于公海法律与治理的零散，以及在国家管辖范围以外海洋区域生物多样性与可持续利用问题上存在的法律空缺，致使针对公海保护区设立管理等问题尤其是公海保护区法律概念的国际法之现有法律依据的可操作性不强。首先，由于没有专门的国际公约对公海保护区问题予以规范，公海保护区国际法实践存在争议，也受到制约。最后，既缺少专门国际公约的规范，又难以在现行国际法体系内找到直接法律依据，散见于各国际法文件中涉及公海保护区问题的条款本身也缺少可操作性。除此之外，规范公海保护区法律制度的国际法体系零散，大多是没有约束力的"软法"，即便有涉及公海保护区问题，也是以间接关联为主，缺少直接的联系。无论如何，现行公海法律与治理的国际法框架和国家管辖范围以外海洋区域生物多样性与可持续利用的现实需求，为公海保护区法律概念的阐释奠定了国际法基础，即公海保护区的设立管理等国际法实践必须符合现行国际法框架。

第 二 章

国际自然保护联盟建议之
公海保护区法律概念

国际自然保护联盟作为在海洋保护区领域具有绝对指导作用的国际组织，早在1959年联合国经社理事会呼吁列举一份名单以建立国家公园和自然保护区时，国际自然保护联盟就与联合国教科文组织、联合国粮农组织，以及后来的联合国环境规划署一起研究制定有关保护区的法律问题。1975年，国际自然保护联盟在东京召开了有关海洋保护区的国际会议，从那以后，国际自然保护联盟作为一个独特的世界性联盟开始不断地推出自然保护区指南（guidelines）和报告来指导会员建立和管理海洋保护区。①

---

① 包括但不限于以下指南和报告：

【1】 IUCN, Rodney V. Salm & John R. Clark, *Marine and Coastal Protected Areas: A Guide for Planners and Managers*, Switzerland, 1984.

【2】 IUCN, *17th Session of the General Assembly of IUCN and 17 IUCN Technical Meeting*, San José, Costa Rica, 1–10 February 1988.

【3】 IUCN, *Marine and Coastal Area Conservation*, GA 1994 REC 046, Buenos Aires, 1994.

【4】 IUCN, Graeme Kelleher & Adrian Phillips, *Guidelines for Marine Protected Areas*, Switzerland & UK, 1999.

【5】 IUCN, WCPA, WWF, Gjerde, K. M., *Ten-year Strategy to Promote the Development of a Global Representative System of High Seas Marine Protected Area Networks*, Durban, South Africa, 8–17 September 2003. （转下页）

在 2000 年的世界自然保护大会上，国际自然保护联盟的成员缔结了一份决议要求该联盟去研究包括公海保护区在内的一系列海洋保护工具。2001 年，国际自然保护联盟和世界自然基金会、世界保

（接上页）【6】IUCN, WCPA, WWF, Gjerde, K. M., and Charlotte Breide, *Towards a Strategy for High Seas Marine Protected Areas*, Malaga, Spain, 15–17 January 2003.

【7】IUCN, *An Introduction to the African Convention on the Conservation of Nature and Natural Resources*, Switzerland & UK & Germany, 2004.

【8】IUCN, Dotinga, H. & Molenaar, E. J., *The Mid-Atlantic Ridge: A Case Study on the Conservation and Sustainable Use of Marine Biodiversity in Areas beyond National Jurisdiction*, IUCN, Switzerland, 2008.

【9】IUCN, Kristina M. Gjerde et al., *Regulatory and Governance Gaps in the International Regime for the Conservation and Sustainable Use of Marine Biodiversity in Areas beyond National Jurisdiction*, IUCN Global Marine Program, Gland, Switzerland, 2008.

【10】IUCN, Nigel Dudley ed., *Guidelines for Applying Protected Area Management Categories*, Switzerland, 2008.

【11】IUCN, Dan Laffoley, Gabriel Grimsditch, *The Management of Natural Coastal Carbon Sinks*, Switzerland, 2009.

【12】IUCN, Laffoley, D. and Langley, J., *Bahrain Action Plan for Marine World Heritage, Identifying Priorities and Enhancing the Role of the World Heritage Convention in the IUCN-WCPA Marine Global Plan of Action for MPAs in Our Oceans and Seas*, Switzerland, 2010.

【13】IUCN, *Guidelines for Applying the IUCN Protected Area Management Categories to Marine Protected Areas*, Switzerland, 2012.

【14】IUCN, Abdulla, A., Obura, D., Bertzky, B. and Shi, Y., *Marine Natural Heritage and the World Heritage List: Interpretation of World Heritage Criteria in Marine Systems, Analysis of Biogeographic Representation of Sites, and a Roadmap for Addressing Gaps*, Gland, Switzerland 2013.

【15】IUCN, *Plastic Debris in the World's Oceans*, Switzerland, 2014.

【16】IUCN, Simard, F., Laffoley, D. & J. M. Baxter, *Marine Protected Areas and Climate Change: Adaptation and Mitigation Synergies, Opportunities and Challenges*, IUCN, Gland, Switzerland, 2016.

【17】IUCN, Day, J., Dudley, N., Hockings, M., Holmes, G., Laffoley, D., Stolton, S., Wells, S. and Wenzel, L. eds., *Guidelines for Applying the IUCN Protected Area Management Categories to Marine Protected Areas*, Second edition, Switzerland, 2019.

【18】IUCN, Laffoley, D., Baxter, J. M., *Ocean Deoxygenation: Everyone's Problem*, Switzerland, 2019.

护区委员会共同起草了一份名为"公海自然资源现状"的报告，从而评估了对公海资源的威胁，审视了公海保护手段的政策和法律思考，包括在公海设立海洋保护区的问题。[①] 在此之后，国际自然保护联盟还在克里斯蒂娜博士（Kristina M. Gjerde）的带领下，举办了一系列研讨会，出版了数本报告和指南，从而为公海保护区法律问题的研究提供了比较全面的资料和体系。无论在联合国的框架活动内，还是在区域海洋组织设立管理公海保护区的实践中，以及现今正在研究讨论的在《联合国海洋法公约》框架下之国际协定，国际自然保护联盟都积极地参与并贡献建议。

虽然国际自然保护联盟的决议和建议不具有国际法上的拘束力，但是考虑到国际自然保护联盟一直积极推动海洋保护区实践的前进，且在有关公海保护区的研究非常深入并具有实践指导意义，国际自然保护区联盟所给定的有关海洋保护区概念体系具有国际法上的广泛影响力，国际社会无法否认该国际组织在海洋保护区及公海保护区议题上的作用和贡献。国际自然保护联盟的海洋保护区概念具有相当的国际影响力，很多法律文件直接引用了这一概念体系，且该概念十分详细严谨且具有可操作性，因此本章将在国际自然保护联盟的海洋保护区和公海保护区概念基础上探讨公海保护区的法律概念问题。

第一节　IUCN 与海洋保护区的法律概念体系

一　海洋保护区概念的发展

海洋保护区理念根植于原始的渔业养护理念，长久以来，南太

[①] IUCN, WCPA and WWF, Gjerde, K. M., *Towards a Strategy for High Seas Marine Protected Areas*, Malaga, Spain, 15–17 January 2003.

平洋岛国渔民就有着"禁渔区"的概念,① 西印度洋被殖民前的原住民就已经开始禁止特定的捕鱼方式以维护鱼群的可持续捕捞,② 马达加斯加渔民早在 9 世纪就开始有效地管理海洋资源。③ 这种禁止涸泽而渔④的可持续发展理念,早在中国 2000 多年前的孟子之"数罟不入洿池,鱼鳖不可胜食也"⑤ 中就得到体现。近代以来,国际社会很早就开始选取海洋区域以加强对特定海洋生物资源的保护,如 1869 年美国对阿拉斯加海狗的保护,⑥ 1913 年 10 月 14 日美国总统伍德罗·威尔逊通过总统宣言（presidential proclamation）⑦ 在加利福尼亚设立了美国第一个海洋保护区国家公园（Cabrillo National Monument）。⑧ 可是这些早期实践,很少是将保护自然作为主要目标,即便通过保护食物源、特定物材等,可以间接地保全自然环境。⑨

随着物种保护的早期国际法实践的推进,保护区的概念开始逐渐被引入国际法,通过设立特定区域来保护自然的国际法义务迅速

---

① Johannes, R. E. , "Traditional Marine Conservation Methods in Oceania and Their Demise", *Annual Review of Ecology and Systematics* 9 (1978).

② Aswani, Shankar, et al. , "The Way Forward with Ecosystem–Based Management in Tropical Contexts: Reconciling with Existing Management Systems", *Marine Policy* 36. 1 (2012).

③ Rakotoson, Lalaina R. , and Kathryn Tanner, "Community–based Governance of Coastal Zone and Marine Resources in Madagascar", *Ocean & Coastal Management* 49. 11 (2006).

④ 《淮南子·难一》:"先王之法,不涸泽而渔,不焚林而猎。"

⑤ 《孟子·梁惠王上》。

⑥ NOAA Technical Report, *History of Scientific Study and Management of the Alaskan Fur Seal*, Callorhinus ursinus, 1786–1964, USA, 1984, p. 5.

⑦ 根据 1906 年《美国联邦古物法》(*The Antiquities Act*),美国总统有权在联邦土地上通过总统宣言形式（presidential proclamation）设立国家纪念碑来保护重要的自然、文化、科学地物。

⑧ Craig, Matthew T. , and Daniel J. Pondella, "A Survey of the Fishes of the Cabrillo National Monument, San Diego, California", *California Fish and Game* 92. 4 (2006).

⑨ Wells, Sue, et al. , "Building the Future of MPAs—Lessons from History", *Aquatic Conservation: Marine and Freshwater Ecosystems* 26. S2 (2016).

地被国际社会所确认。① 美国、日本、俄罗斯和英国（代表加拿大）于 1911 年签订的《北太平洋海狗公约》可以算是开创先河。② 1933 年《关于保全自然状态下的动植物的公约》（适用于非洲）则是第一次为国际社会就通过设立保护区来保护濒危野生动物设置了国际法上的义务。③ 为了保护候鸟和哺乳动物，美国与墨西哥于 1936 年签署公约，规定建立避难区（refuge zones）从而禁止对候鸟的捕捉。④ 正是以上国际法实践的推动，国际社会开始重视对动植物栖息地的保护，如 1973 年《保护北极熊协定》中所言："各缔约方应采取适当行动，以保护与北极熊相关之生态系统，特别注意对栖息地的保护，如巢穴、觅食区、迁徙区域……"⑤

在 20 世纪 50 年代后，随着科学技术的进步，人类活动对海洋的破坏作用越来越强，国际社会开始关注海岸和海洋养护管理，海洋保护区的作用也逐渐被意识到。《联合国海洋法公约》开始强调海洋环境保护，虽然该公约并没有使用"海洋保护区"这一概念，⑥ 但至少其为缔约国设置了明确的保护和保全海洋环境之义务，⑦ 并强调了为保护和保全稀有或脆弱的生态系统，以及衰竭、受威胁或有

---

① Gillespie, Alexander, *Conservation, Biodiversity and International Law*, Edward Elgar Publishing, 2013, p. 171.

② Bailey, Thomas A., "The North Pacific Sealing Convention of 1911", *Pacific Historical Review* 4.1 (1935).

③ IUCN, *An Introduction to the African Convention on the Conservation of Nature and Natural Resources*, Switzerland & UK & Germany, 2004, p. 3.

④ Gillespie, Alexander, *Conservation, Biodiversity and International Law*, Edward Elgar Publishing, 2013, p. 171.

⑤ 《保护北极熊协定》第 Ⅱ 条："Each Contracting Party shall take appropriate action to protect the ecosystems of which polar bears are a part, with special attention to habitat components such as denning and feeding sites and migration patterns…"

⑥ Frank, Veronica, *The European Community and Marine Environmental Protection in the International Law of the Sea: Implementing Global Obligations at the Regional Level*, Brill, 2007, p. 334.

⑦ 《联合国海洋法公约》第 192 条。

灭绝危险的物种和其他形式的海洋生物的生存环境应采取必要的措施。① 随后根据1988年国际自然保护联盟第17届成员国大会文件，海洋保护区是指：

> 通过法律或其他有效方式予以保护的任何潮间或低潮带内的部分或全部封闭之环境，包括该区域内的上覆水域以及相关动植物群、历史文化要素。②

随着时间变迁，国际自然保护联盟1988年给出的"海洋保护区"定义在其2008年新近一份指南中已被新的"保护区"概念所更新，该"保护区"概念为：

> 保护区必须是一个明确界定的地理空间，并通过法律或其他方式来认定、专设、管理，从而实现与生态服务和文化价值相关的自然环境之长期保护。③

海洋保护区则是"保护区"概念在海洋上的进一步延伸，与1988年概念相比，更新后的海洋保护区概念有了诸多新的法律内涵，对于海洋保护区法律内涵之空间界限、保护方式、保护目标、保护客体，以及海洋保护区之分类标准，国际自然保护联盟在2012

---

① 《联合国海洋法公约》第194条第5款。

② IUCN, *17th Session of the General Assembly of IUCN and 17 IUCN Technical Meeting*, San José, Costa Rica, 1-10 February 1988, p.105. [原文为：Any area of intertidal or subtidal terrain together with its overlying water and associated flora, fauna, historical and cultural features, which has been reserved by law or other effective means to protect part or all of the enclosed environment (Kelleher and Kenchington, 1992].

③ IUCN, Nigel Dudley ed., *Guidelines for Applying Protected Area Management Categories*, Switzerland, 2008, p.8. (原文为：A protected area is a clearly defined geographical space, recognised, dedicated and managed, through legal or other effective means, to achieve the long-term conservation of nature with associated ecosystem services and cultural values.)

年的一份指南中给出了具体的阐释。①

二 海洋保护区的法律内涵

（一）海洋保护区的空间界限——"明确界定的地理空间"

保护区必须是一个有着明确商定或界定边界的空间区域，包括陆地、内陆水域、海洋和沿海区域，或其中两种或多种的结合，这些边界的确定可以依据随时间而变迁的地物（如河岸），也可以是管理活动（如商定之"No-Take"区域）。空间（space）有多个延伸维度，比如某一保护区上方禁止低空飞行器，或海洋保护区会延伸至某一水深，或底土区域被保护但不包括海水，空间对应的区域并不一定会受到保护（比如海底采矿活动的允许）。

与陆地保护区之空间界定相同，海洋保护区也必须有法定界线和图鉴。对于远离海岸的海洋保护区之界限划定比较困难，因此实践中越来越多地采用高精度的经纬坐标来划定，比如美国海洋保护区系统划定保护区界限时，根据《联邦海洋保护区法》（The National Marine Sanctuaries Act）须借助一系列相关的地图。②

与陆地保护区需要考虑的空间维度不同，海洋保护区通常需要考虑的空间维度是垂直性的，包括海面以上空间、海面、水体、海床、海床以下底土，或者其中一种或两种至多种空间维度的结合，有些海洋保护区只需要保护底土和海底生物，而不是水体区间，比如澳大利亚东南部的胡恩海洋保护区，该空间以深度划分，涵盖了所有的海床底土和相邻水域，而在水面向下的 500 米深度范围内，却允许商业捕鱼活动。③

---

① IUCN, *Guidelines for Applying the IUCN Protected Area Management Categories to Marine Protected Areas*, Switzerland, 2012, pp. 12–14.

② 美国《联邦海洋保护区法》（*The National Marine Sanctuaries Act*）SEC. 304. (a) (2) (D)。

③ 澳大利亚政府网站：Huon Commonwealth Marine Reserve, http://www.environment.gov.au/topics/marine/marine-reserves/south-east/huon。

海洋保护区因此需要对其所保护的空间维度有清晰的描述和界定，澳大利亚大堡礁海洋公园在《2003年的划区计划》中就公布了非常详细的空间划区方案，① 该保护区的界线亦由2004年的大堡礁官方公告予以公布，包括了海床以下1000米至海面以上915米空域。②

（二）海洋保护区的保护方式——"通过法律或其他方式来认定、专设、管理"

"认定"是指保护形式可以被多种形式的政治体制所认可，既可以是特定群体所拥护的政权团体，也可以是国家指向的政府，但相关保护区的选址应该在某种程度上被认可，尤其应该被世界保护区数据库（WDPA）所收录。③ 作为代表生活在阿拉斯加附近之土著民族海达族的政治实体，海达国委员会（Council of the Haida Nation）希望通过法律手段向加拿大政府和英属哥伦比亚省政府谋求土著权利和文化获得尊重。④ 虽然在国际法意义上，很难界定海达国委员会是一个国家或类国家实体，但加拿大政府与海达国委员会仍然共同管理着瓜伊哈纳斯国家公园保护区和海达遗产区，以及加拿大太平洋沿岸瓜伊哈纳斯国家海洋保护区。⑤

---

① Australian Government, *Great Barrier Reef Marine Park ZONING PLAN 2003*, Australia, 2003, p. 3.

② The Commonwealth of Australia, *Great Barrier Reef（Declaration of Amalgamated Marine Park Area）Proclamation 2004*, Australia, 2004, p. 3. 该宣言是澳大利亚总督根据1975年《大堡礁海洋公园法》第31条所签署并公告的。

③ IUCN, *Guidelines for Applying the IUCN Protected Area Management Categories to Marine Protected Areas*, Switzerland, 2012, p. 13.

④ 海达国委员会网页：History of the CHN, http://www.haidanation.ca/index.php/history/.

⑤ 瓜依哈纳斯（Gwaii Haanas）位于英属哥伦比亚省北部海域，拥有1800多个未开发岛屿，被称为"加拿大的加拉帕戈斯"。加拿大政府：Gwaii Haanas National Park Reserve, National Marine Conservation Area Reserve, and Haida Heritage Site, http://www.pc.gc.ca/en/pn-np/bc/gwaiihaanas/info.

"专设"是指专门有约束力的协定以维护长期之保护,此处专门的协定包括:国际公约和协议,国家、省级和地方法律,习惯法,非政府组织的盟约,私人信托和公司政策,各种认证计划等。① 土著人的土著习惯也可以作为海洋保护区设立的依据,斐济的 Vueti Navakavu 海洋保护区就是一例,该保护区由当地土著人依据土著人文化协议所主张建立,也是由当地土著人所管理。② 某一海洋保护区的设立依据可以是相关有约束力的协定之一项,也可以是多项,像加拉帕戈斯海洋保护区,其是依据厄瓜多尔的国内法而设立的,而该群岛本身也是世界遗产。③

"管理"是指采取积极措施来维护已设立保护区的自然或其他价值,管理也可以是决定保持某一区域的最原始状态(排除人类活动干扰)以作为最优保护手段。和陆地保护区一样,海洋保护区的管理手段也是有很多可能的,荷属加勒比地区的克拉伦代克国家海洋公园在《2006 年管理计划》中就列举出了一系列详细的管理手段。④

"通过法律或其他方式"是指保护区必须被国内立法或国际公约协议所认可,或者其他方式所认可,比如土著区域的传统习惯或非政府组织的政策。澳大利亚北部的 Dhimurru 土著保护区,其位于卡彭蒂亚海湾,由 Dhimurru 土地管理机构与原住民合作管理。⑤

国际自然保护联盟的海洋保护区定义,在保护方式上充分尊重了多样性,为环境保护留下了很大的可操作空间。无论是政治实体,

---

① IUCN, *Guidelines for Applying the IUCN Protected Area Management Categories to Marine Protected Areas*, Switzerland, 2012, p. 13.

② Ibid.

③ UNESCO, *Report of the World Heritage Committee*, WHC - 01/CONF. 208/24, Finland, December 2001, p. 28.

④ STINAPA, *Bonaire National Marine Park Management Plan 2006*, Dutch Caribbean, 2006, pp. 90-107.

⑤ 澳大利亚政府:Dhimurru Indigenous Protected Area, http://www.environment.gov.au/indigenous/ipa/declared/dhimurru.html。

还是地方政权、社团、企业,以及土著群体,都可以成为对海洋保护区实施保护的主体,符合多元治理的理念。① 从国际公约,到国内立法、地方法规,以及各式各样的规范、文件、习惯等都可以成为海洋保护区的设立依据,甚至包括土著群体的习惯规范。在管理方式上,海洋保护区的管理可以是多种形式的,但是管理的目标却要求有效性,即能实现长期保护的目标。

(三) 海洋保护区的保护目标——"实现……之长期保护"

实现对海洋保护区的长期保护,是海洋保护区定义中所体现的目标价值,只有通过有效的管理手段、保护方式,对特定海洋区域内的动植物群、生态系统、文化价值等进行有效的保护,才能算是达到了海洋保护区定义的标准。在定义中包含了海洋保护区的目标,既是体现了价值取向,也是提供了标准和要求。

"实现"(… to achieve)指达到一定程度的有效性。这一要素并没有出现在国际自然保护联盟1988年版海洋保护区的定义中,之所以在2008年版本中增加,是因为响应了许多保护区管理者等的强烈要求。② 虽然管理措施有效性的标准须客观认定,但管理措施及其结果将被世界保护区数据库逐步记录,并随着时间推移成为识别和认定保护区目标实现的重要标准。海洋保护区和陆地保护区一样,也需要一定程度的有效性标准评估,即应该进行监测、评估和报告。根据联合国教科文组织"加强我们的遗产"项目③的评估,依据客

---

① Ostrom, Elinor, "Beyond Markets and States: Polycentric Governance of Complex Economic Systems", *American Economic Review* 100. 3 (2010); Cole, Daniel H., "Advantages of a Polycentric Approach to Climate Change Policy", *Nature Climate Change* 5. 2 (2015).

② IUCN, *Guidelines for Applying the IUCN Protected Area Management Categories to Marine Protected Areas*, Switzerland, 2012, p. 13.

③ "加强我们的遗产——监测和管理世界自然遗产之成功"项目 (Enhancing Our Heritage—Monitoring and Managing for Success in World Natural Heritage Sites) 由 UNESCO 和 IUCN 共同主导,意在研究如何通过评估、监测和报告等手段来促进世界遗产保护的有效性。

观信息，认定塞舌尔的阿尔达布拉世界遗产海洋保护区①的保护目标正在实现，但仍有许多需要改进之处。②

"长期"（long-term）指应永久管理的保护区，而不是只适用短期或临时的管理策略。与陆地保护一样，海洋保护区的有效管理时限应该是跨越几代人的。③ 若没有额外的生物多样性目标或优先保护的自然客体，季节性关闭某一区域（如休渔）并不能被认定为海洋保护区，比如，新西兰鸟蛤湾每年十月到四月禁止采集贝类并不能算是海洋保护区。④ 当然对特定物种和栖息物的季节性保护也可以是有效的保护区管理手段，如澳大利亚的大澳洲海湾海洋公园（英联邦水域）的哺乳动物保护区，每年5月1日至10月31日，为了保护南方鲸鱼的产卵繁殖地，都会禁止船舶航经此区域。⑤

根据保护区定义的上下文，"保护"（conservation）是指对生态系统、自然和半自然栖息地、自然环境中的各类物种、处于其发展出独特性质的环境中被驯养或被种植的物种的养护和维护。佛罗里达群岛国家海洋保护区中生态区域的设计就是为了给海洋生物的产卵和繁育提供栖息地。⑥ 澳大利亚的大堡礁海洋公园内至少70个生

---

① 阿尔达布拉环礁由4个大的珊瑚岛组成，岛群内怀抱一浅浅的礁湖，同时岛群本身又被一珊瑚礁所包围。因其地理上与外界隔绝，常人难以到达，阿尔达布拉未受到人类的破坏，成为约15.2万只巨型龟的栖息地，也是世界上此类爬行动物最为密集的地方。

② UNESCO & IUCN, *Report of Initial Management Effectiveness Evaluation—Aldabra Atoll*, Australia, September 2002, p. 115.

③ Russ, Garry R., and Angel C. Alcala, "Marine Reserves: Long-Term Protection Is Required for Full Recovery of Predatory Fish Populations", *Oecologia* 138, No. 4 (2004).

④ 新西兰政府公告: Fisheries (Cockle Bay Shellfish Seasonal Closure) Notice 2008 (F463)。

⑤ Australian Government, *Determination Prohibiting Use of Vessels-Part of the Great Australian Bight Commonwealth Marine Reserve-Marine Mammal Protection Zone of the Former Great Australian Bight Marine Park (Commonwealth Waters)*, Australia, 2013.

⑥ 《美国联邦法规》62 FR 32161, June 12, 1997, §922.160。

态区的设立是为了给有代表性的物种和生态系统提供保护。[1]

（四）海洋保护区的保护客体——"与生态服务和文化价值相关的自然环境"

"自然"环境指基因、物种、生态系统意义的生物多样性，也经常指地质、地貌和更广泛自然价值意义上的多样性。无论是陆地还是海洋保护区，都应该保护在其区域内的具有保护价值的地物。

"生态系统服务"（associated ecosystem services）此处是指与保护自然有关但不干扰自然保护之目的的生态系统服务。这些服务可以包括：（1）供应服务，如食物和水；（2）监管服务，如监管洪水、干旱、土地退化和疾病；（3）配套服务，如土壤形成和营养循环；（4）文化服务，如文化娱乐、精神、宗教和服务其他非物质利益。海洋保护区需要提供广泛的生态系统服务，甚至包括旅游文化经济服务，比如据估计游客每年游览伯利兹海洋保护区内的礁石就支出超过1500万美元。[2] 海洋保护区为生态系统提供修复的机会，从而规范生态系统服务，例如保护海草草地、红树林和海带森林的保护区，可以更好地促进这些物种吸收二氧化碳，从而应对全球变暖气候变化危机。[3]

"文化价值"（cultural values）包括那些不干预保护结果的文化价值（保护区内的所有文化价值应符合这一标准），特别包括：（1）有助于保护结果的文化价值（例如，关键物种已经依赖的传统管理实践）；（2）本身受到威胁文化价值。如果仅以保护自然作为主要目标，不考虑文化价值，海洋保护区将仅仅具有自然保护的属性。不过，很重要的一点是很多海洋保护区都包含着具有文化意义

---

[1] Australian Government & Natural Heritage Trust, *Report on the Great Barrier Reef Marine Park Zoning Plan* 2003, Australia, 2005, p. 11.

[2] World Resources Institute, E. Cooper, L. Burke and N. Bood, *Coastal Capital: Belize-Economic Valuation of Belize's Reefs and Mangroves*, Washington, D. C., USA, 2009, p. 12.

[3] IUCN, Dan Laffoley, Gabriel Grimsditch, *The Management of Natural Coastal Carbon Sinks*, Switzerland, 2009.

的地物，或者保护区本身具有重要的文化价值，与此同时许多海洋保护区也已经成为著名的文化遗产。在此举两例说明，马达加斯加南部名为 Nosy Ve 的一个海岛，在当地"dina"协议[1]下受到保护，该岛既具有人文价值，还是重要的珊瑚和热带鸟的栖息地。[2] 位于夏威夷群岛西北部的 Papahanaumokuakea 海洋国家纪念区，无论在族群、文化还是精神层面对土著夏威夷人都很重要。[3]

人类活动对自然环境和人类社会有着深远的影响，而自然环境的保护是限制人类活动的不利影响，其保护的客体具有广泛性。此处，海洋保护区所要保护的客体既具有广泛性也具有独特性。广泛性体现在海洋保护区保护内容的广泛，甚至包括了文化价值，大堡礁海洋公园的长期保护客体就包括：环境、生物多样性和大堡礁地区的世界遗产价值。[4] 独特性体现在并未强调人类对自然的开发利用与可持续发展，而是强调了保护和维护，有些海洋划区，比如海上风能开发区、海上油气开采区等，其首要目标不是保护生态系统，即便可能会给周边生态系统带来益处，但不必然是海洋保护区。[5]

三 海洋保护区的分类标准

由于存在不同的保护目标，海洋保护区也有着不同的名称，且

---

[1] "Dina"或称为"社会协议"，是马达加斯加当地的一种习惯法，已被马达加斯加政府所认可，并具有执行力。"Dina"不能与正式立法所冲突，但却得到官方的承认和尊重。

[2] Oceanographic Research Institute, Rudy van der Elst, Bernadine Everett, *Offshore Fisheries of the Southwest Indian Ocean: Their Status and the Impact on Vulnerable Species*, Special Publication No. 10, South Africa, May, 2015, pp. 415-416.

[3] Papahanaumokuakea, Native Hawaiian Cultural Heritage, http://www.papahanaumokuakea.gov/heritage/welcome.html.

[4] Australian Government & Natural Heritage Trust, *Report on the Great Barrier Reef Marine Park Zoning Plan* 2003, Australia, 2005, p. 11.

[5] IUCN, *Guidelines for Applying the IUCN Protected Area Management Categories to Marine Protected Areas*, Switzerland, 2012, p. 16.

不同保护区的保护层级存在差别，基于此，国际自然联盟就根据海洋保护区的管理目标和类别进行了分类，从而为海洋保护区的定义和积累提供了国际标准。[①] 国际自然保护联盟在 2019 年时更新了它的相关报告，保留了以下关于保护区的分类，增加了对各类保护区内允许行为和禁止行为的描述。[②]

表 2-1　　　　　　　　　国际自然联盟的保护区类别

类别	名称	定义	主要目标
一	1 严格保护区	严格保护区不仅保护生物多样性，也可能保护地质/地貌特征。严格的控制和限制人类的造访、使用和影响，以确保保护价值的实现。这样的保护区可以作为科学研究和监测的对比参考区域	保护地区、国家或全球的典型生态系统，与物种（单独或集中）和/或地理多样性特征；这些属性的形成不仅很少或完全不依赖人力，反而会因轻微的人类影响而退化或灭损
一	2 荒野区	荒野区是指通常未经改造或略有改造的地区，从而保留了它们的自然的属性和影响。荒野区没有永久或重要的人类居住，通过保护和管理手段，以维护其自然荒野状态	长期保护自然区域生态完整而不受人类活动的重大影响，没有现代化的基础设施，自然力量和规律仍占主导地位，人类和其后代都有机会去体验和探索这些区域
二	国家公园	国家公园是以自然区域为主或靠近自然区域，不仅保护大型生态过程以及其中的物种和相关生态系统的特征，还为环境和文化相适应的精神、科学、教育、娱乐和游览提供平台和基础	保护自然生物多样性的同时，还保护对应的生态结构和环境支持系统，并促进教育与娱乐
三	自然纪念地物	这类保护区被设立去保护一个特定的自然纪念物，比如一种地貌、海山、海底洞穴，或者地质特征，如洞穴，甚至一种生物如古树林。这类保护区通常都是相当的小，且有很高的游览价值	为了保护特定的重要自然地物，以及与其相关的生物多样性和栖息物种

---

① IUCN, Nigel Dudley eds., *Guidelines for Applying Protected Area Management Categories*, Switzerland, 2008, pp. 13-23; IUCN, *Guidelines for Applying the IUCN Protected Area Management Categories to Marine Protected Areas*, Switzerland, 2012, pp. 9-10.

② IUCN, Day, J., Dudley, N., Hockings, M., Holmes, G., Laffoley, D., Stolton, S., Wells, S. and Wenzel, L. eds., *Guidelines for Applying the IUCN Protected Area Management Categories to Marine Protected Areas*, Second edition, Switzerland, 2019, p. 10.

续表

类别	名称	定义	主要目标
四	物种管理区	该类保护区旨在保护特定物种或栖息地，并在管理方式上反映出这一优先目标。许多该类保护区需要定期、积极的干预来满足特定物种的生存需求或者来保持栖息地状态健康，但这不是该类别的硬性标准	为了维护、保护和恢复特定物种和栖息地
五	受保护之海陆景观	该类保护区选址于人与自然长期互动产生的有典型特征的区域，该区域有着重要的生态、生物、文化和景观价值，保护这种互动的完整性对保护和维持该区域及相关自然属性和其他价值至关重要	为了保护和维持重要的海陆景观，以及相关的自然保护，包括由于人通过传统管理实践而与自然互动所创建的其他价值
六	可持续利用自然资源之保护区	该类保护区将生态系统和栖息地与相关的文化价值和传统自然资源管理系统一起进行保护。该类保护区一般面积都很大，且大部分地区处于自然状态，有一定比例的自然资源可持续开发管理，自然资源的低层次的非工业使用与自然资源保护相适应被视为该类保护区的主要目标之一	为了保护自然生态系统和可持续利用自然资源，促进保护和可持续利用的互利互惠

（一）依据人类活动影响程度的分类

国际自然保护联盟保护区的分类并没有层次和程度上的区别，并不能表明第一类保护区就更优先，实际上，可以在分类中看出保护区保护内容上的不同——由于人类改造和干预自然程度的不同，不同保护区保护的内容存在差别，从而导致保护目标的不同。从第一类自然保护区严格限制人类活动到第六类保护区强调可持续开发与利用自然资源，对人类活动的限制程度开始不断地减弱。对此，国际自然保护联盟在 2008 年指南中也给出了具体的图示，以形象地表达自然保护区与自然和人类活动的关系。

即便通过以上国际自然保护联盟海洋保护区概念的分析，在现实中对海洋保护区的界定仍然存在一些模糊之处，甚至会与海洋空间规划中的其他区域产生混淆。海洋空间规划是对海洋空间的使用、保护、开发进行的区域空间规划和功能性质规划，主要针对海洋中的生物非生物资源，比如渔业、油气、海上风电、航运等，但也可能会涉及海洋保护区的规划以保护特定种群和栖息地。① 对于渔业管理区、海产养殖采集区、海上旅游区、海上风电场、海上油气开采平台、军事训练区、海底光缆保护区等，虽然这些区域也间接起着保护自然的功能作用，但是其设立目标却不是以保护自然为主要目标，因此都不能被视为海洋保护区，除非这些区域的主要目标开始转变为保护和维护自然环境。②

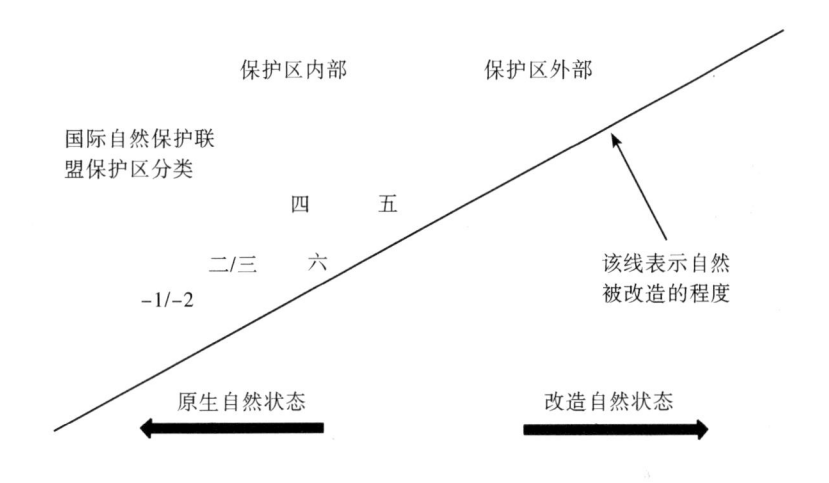

图 2-1　国际自然保护联盟保护区分类③

（二）依据保护客体范畴的分类

国际自然保护联盟海洋保护区定义的保护客体指代为"与生态服务和文化价值相关的自然环境"④，强调了生态服务和文化价值，而海洋保护区的许多类型却不是直接为了保护生态环境和文化价值，

---

① Maes, Frank, "The International Legal Framework for Marine Spatial Planning", *Marine Policy* 32.5 (2008).

② IUCN, *Guidelines for Applying the IUCN Protected Area Management Categories to Marine Protected Areas*, Switzerland, 2012, p. 10.

③ IUCN, Nigel Dudley eds., *Guidelines for Applying Protected Area Management Categories*, Switzerland, 2008, p. 24.

④ Ibid.

而是海洋环境本身。直接为了保护海洋环境而设立的海洋保护区机制包括：（1）《联合国海洋法公约》第211条第6款中的"防止、减少和控制来自船只污染的特定区域"；（2）《联合国海洋法公约》第234条中的"防止、减少和控制船只在专属经济区范围内冰封区域对海洋的污染"；（3）《73/78防污公约》中的"特殊区域"；①（4）国际海事组织经订正的《经修订的特别敏感海域鉴定和指定导则》中的特别敏感海域；②（5）1985年《保护海洋环境免受陆源污染蒙特利尔指南》中的"特别保护区域"；（6）1991年《南极条约环境保护议定书》附件五规定建立的南极特别保护区（ASPAs）和南极特殊管理区（ASMA）；③ 等等。

至于那些致力于保护生态系统的海洋保护区，又可以被细分为两种。第一种是针对特定物种进行保护的物种保护区，比如海洋哺乳动物保护区④或者国际捕鲸委员会的鲸鱼保护区。⑤ 第二种即是为了系统保护生态系统及其相关的物种栖息地和典型特征区域，包括特定区域的脆弱稀有生态、濒危野生物种、物种栖息地等，保护东北大西洋海洋环境委员会（OSPAR）的海洋保护区网络便是

---

① 《73/78防污公约》中的一个重要条款是有关"特殊区域"的概念，为了使得部分区域比其他海洋区域得到更高程度的保护，可将大面积的海洋区域划定为"特殊区域"，从而实施最严格的排放标准。《73/78防污公约》附则的一、二、五、六分别就油类物质、有毒液体、船舶垃圾、船舶气体排放等规定了特殊海域：对排放油类、有毒液体物质和垃圾（《73/78防污公约》附件一、二、五所列物质）的管制比根据一般适用的国际标准的管制更严格；《73/78防污公约》附件四（防止船舶污染空气）规定可指定"硫氧化物排放控制区"。

② 国际海事组织经订正的《经修订的特别敏感海域鉴定和指定导则》还提出了须由国际海事组织采取行动并设立特殊保护区域的程序和标准，原因是这些区域对公认的生态、社会经济或科学属性意义重大，而这些属性可能容易受到国际航运活动的破坏。

③ Erik J. Molenaar, Alex G. Oude Elferink and Donald R. Rothwell, *The Law of the Sea and the Polar Regions*, Martinus Nijhoff Publishers, 2013, p. 128.

④ 地中海派拉格斯海洋哺乳动物保护区。

⑤ 国际捕鲸委员会网站：Whale Sanctuaries, https://iwc.int/sanctuaries。

这一类型。①

除此之外，还有诸多海洋保护区涉及文化价值的保护，比如截至 2016 年 8 月 1 日，有 49 个海洋选址被添加到了联合国教科文组织的世界遗产名录中。② 联合国教科文组织现在也认为《保护世界文化和自然遗产公约》没有任何地方指明具有突出普遍价值的公海世界自然与文化遗产应该被排除在该公约的保护之外，从而倡议将《保护世界文化和自然遗产公约》适用于国家管辖范围以外海域。③

（三）依据设立管理机构的分类

根据不同海洋保护区的设立管理机构也可以对海洋保护区进行分类：（1）国家设立管理的海洋保护区；（2）国家管辖范围以外的海洋保护区。在国家管辖海域上设立海洋保护区是国家基于《联合国海洋法公约》的权利和义务，现在世界上绝大多数的海洋保护区都是由国家设立管理的。对于国家管辖范围以外海域之海洋保护区，则是公海保护区，现今公海保护区设立管理之实践主要分为由区域海洋组织设立管理（如保护东北大西洋海洋环境委员会）和由国际组织设立管理（如国际海事组织、国际海底管理局）两类。

第二节 从海洋保护区到公海保护区的法律概念

2006 年联合国粮农组织在罗马召开会议讨论将海洋保护区适用

---

① Tanaka, Yoshifumi, "Reflections on High Seas Marine Protected Areas: A Comparative Analysis of the Mediterranean and the North-East Atlantic Models", *Nordic Journal of International Law* 81, No. 3 (2012).

② UNESCO, *The Future of the World Heritage Convention for Marine Conservation, Celebrating 10 Years of the World Heritage Marine Programme*, World Heritage Centre, Paris, France, 2016.

③ UNSECO & IUCN, *World Heritage Report 44: World Heritage in the High Seas: An Idea Whose Time Has Come*, France, 2016, p. 11.

于渔业管理的问题，在会议的背景文献中可以看到有学者就提出以下疑问：(1) 是否有必要制定国际接受的海洋保护区概念？国际自然保护联盟的海洋保护区概念是否合理充分？(2) 考虑到公海的特殊性，是否需要拟定专门的公海保护区概念？国际自然保护联盟的海洋保护区概念能否适用到公海？① 针对这些问题，国际社会也一直存在争议。

一　IUCN 海洋保护区概念的拘束力

国际自然保护联盟的 1988 年版"海洋保护区"定义至今已被大量的学术著作所援引，并在《生物多样性公约》中得到体现，该公约规定："保护区"是指一个划定地理界限、为达到特定保护目标而指定或实行管制和管理的地区。② 2004 年《生物多样性公约》特设技术专家组对海洋保护区的定义进行了阐述，该解释得到了该公约第 7 次成员国大会的认可，专家组将其并入了国际自然保护联盟的海洋保护区定义。除了 2004 年《生物多样性公约》特设技术专家组对海洋保护区的定义外，③ 在 2007 年的联合国秘书长有关海洋和海洋法的报告中专门就划区管理工具问题进行了讨论，其中涉及海洋保护区时特别用单独一段介绍了国际自然保护联盟之海洋保护区概念和分类。④ 不仅如此，在根据《联合国海洋法公约》的规定就国

---

① FAO & Japan Government, *Expert Workshop on Marine Protected Areas and Fisheries Management: Review of Issues and Considerations*, FAO Fisheries Report, No. 825, Rome, Italy, 12–14 June 2006, p. 314; Charles, Anthony, and Jessica Sanders, "Issues arising on the interface of MPAs and fisheries management", *FAO Expert Workshop on Marine Protected Areas and Fisheries Management: Review of Issues and Considerations*, FAO Fisheries Report, No. 825 (2007).

② 《生物多样性公约》第 2 条："a geographically defined area which is designated or regulated and managed to achieve specific conservation objectives."

③ Gjerde, Kristina M., "High Seas Marine Protected Areas and Deep-Sea Fishing", *FAO Fisheries Reports* 838 (2007).

④ 联合国秘书长 2007 年报告，A/62/66/Add.2，第 125 段。

家管辖范围以外区域海洋生物多样性的养护和可持续利用问题拟订一份具有法律约束力的国际文书之筹备委员会第二次会议上,密克罗尼西亚就指出应该重视《生物多样性公约》特设技术专家组对海洋保护区的定义,而欧盟则建议将《生物多样性公约》体系下的海洋保护区概念直接引入新的国际文书中。① 在国际法上对海洋保护区概念并没有专门的法律界定的情况下,可见国际自然保护联盟海洋保护区概念的国际法影响力。

国际自然保护联盟的定义被国际社会所广泛接受,② 不仅其1988年版"海洋保护区"定义被《生物多样性》公约所引入采纳,③ 其2008年版"保护区"定义及2012年海洋保护区适用指南阐释在北极理事会下属保护北极海洋工作组所起草的《泛北极海洋保护区网络框架》中也得到了体现,④ 北极理事会2015年部长级会议在加拿大有条件地将国际自然保护联盟的海洋保护区概念适用于泛北极海洋保护区,⑤ 并进一步将"泛北极海洋保护区网络"的定义明确为:

> 由多个海洋保护区和其他划区管理方式相组合,从而形成一个有生态代表性且相互关联的北极海洋保护区网络。北极海洋保护区网络基于不同空间维度,结合不同保护水平,须有效

---

① IISD, *Summary of the Second Session of the Preparatory Committee on Marine Biodiversity beyond Areas of National Jurisdiction*, USA, 26 August-9 September 2016, p. 6.

② Frank, Veronica, *The European Community and Marine Environmental Protection in the International Law of the Sea: Implementing Global Obligations at the Regional Level*, Brill, 2007, p. 332.

③ UNEP/CBD/COP/DEC/VII/5, para. 18, 13 April 2004.

④ Arctic Council, PAME, *Framework for a Pan-Arctic Network of Marine Protected Areas*, Canada, April 2015, p. 5.

⑤ Jakobsen, Ingvild Ulrikke, *Marine Protected Areas in International Law: An Arctic Perspective*, Brill, 2016, p. 234.

地合作维护，从而实现对海洋环境以及相关生态系统服务和文化价值的长期保护。这样的网络化保护，会比单独的海洋选址保护会更加的有效和全面。①

与国际自然保护联盟的海洋保护区定义相比，可以看出泛北极海洋保护区网络的定义更加强调了"泛北极""合作""网络"等特征，而几乎承袭了国际自然保护联盟定义中的对于海洋保护区的空间界限、保护方式、保护目标、保护客体等的规定。不仅如此，《泛北极海洋保护区网络框架》在附件三中引入了国际自然保护联盟关于海洋保护区分类等级的标准，② 由此可见国际自然保护联盟的海洋保护区定义在北极区域内的影响力。

在南极海洋保护的实践中，海洋保护区的概念也以非正式的方式予以表达，在南极海洋生物资源养护委员会的官方网站上，海洋保护区被认为是：

> 为其中的全部或部分自然资源提供保护的海洋区域。其目的是为海洋物种、生物多样性、栖息地、觅食和哺育场提供保护，并在某些情况下保护历史和文化遗址。海洋保护区可协助保护生态系统进程和维持生物生产力。南极海洋生物资源养护委员会使用海洋保护区工具来弥补协调包括限制捕获、限制齿

---

① Arctic Council, PAME, *Framework for a Pan-Arctic Network of Marine Protected Areas*, Canada, April 2015, p. 12. （原文为：An ecologically representative and well-connected collection of individual marine protected areas and other effective area-based conservation measures in the Arctic that operate cooperatively, at various spatial scales, and with a range of protection levels, in order to achieve the long-term conservation of the marine environment with associated ecosystem services and cultural values more effectively and comprehensively than individual sites could alone.）

② Ibid., p. 32.

轮和禁止捕捞等其他管理工具。①

从南极海洋生物资源养护委员会的海洋保护区概念可以看出该概念与国际自然保护联盟的海洋保护区概念在保护内容客体上极度相似，且在保护目标上也有异曲同工之妙。不过南极海洋生物资源养护委员会的海洋保护区概念更加强调了海洋保护区的作用是作为海洋生态环境保护的工具之一，从而保护生态系统和维持生物生产力。

虽然国际自然保护联盟的海洋保护区概念具有国际影响力，而且该概念十分详细严谨具有可操作性，然而它只是来源于该机构对会员的指导意见，在国际法上并没有任何拘束力。无论国际法还是国内法，有关自然保护和养护的法律规范卷帙浩繁，但大多只是涉及海洋保护区的某一方面或某一项管理活动，没有对海洋保护区全面且专门的法律定义。②

二 海洋保护区概念之适用到公海

受 2002 年约翰内斯堡可持续发展问题世界首脑会议的鼓舞，2003 年，国际自然保护联盟公布了一份名为"公海保护区十年战

---

① 南极海洋生物资源养护委员会：Achievements and Challenges, https://www.ccamlr.org/en/organisation/achievements-and-challenges#MPA。（原文为：An MPA is a marine area that provides protection for all or part of the natural resources there in. It aims to provide protection to marine species, biodiversity, habitat, foraging and nursing grounds, and in some cases to preserve historical and cultural sites. MPAs can assist in conserving ecosystem processes and sustaining biological productivity. CCAMLR uses MPAs to complement other management tools including catch limits, gear restrictions, and closures.）

② FAO & Japan Government, *Expert Workshop on Marine Protected Areas and Fisheries Management*: *Review of Issues and Considerations*, FAO Fisheries Report, No. 825, Rome, Italy, 12-14 June 2006, p. 53. Martin, Kirsten, et al., "Experiences in the use of marine protected areas with fisheries management objectives—a review of case studies", *FAO Expert Workshop on Marine Protected Areas and Fisheries Management*: *Review of Issues and Considerations*, *FAO Fisheries Report*, No. 825（2007）.

略"的报告,① 在该报告中,该联盟曾尝试在其1988年版本的"海洋保护区"概念体系下给公海保护区下定义,出现在报告名词解释部分的公海保护区是指:

> 在公海范围内,海洋保护区可能成为国际社会将现有保护水平提升至更高层次的契机,这涉及一系列利益攸关方(即政府、国际和区域组织、渔业、航运、海洋保护等)的共同决策和海洋综合生态系统管理之基础。公海保护区不应被国家视为宣扬主权或管辖权的机遇。②

在笔者看来,这个定义更强调的是对事实的描述,对未来的展望,而没有将公海保护区界定为严格的法律术语。在该定义中,国际自然保护联盟对公海保护区表现出了乐观的期待,并意识到各利益攸关方间国际合作的重要性,同时强调了公海保护区的保护属性而不应成为某些国家的特定政治法律工具。与此相似,2003年《〈保护东北大西洋海洋环境公约〉关于海洋保护区网络的建议》在其定义条款中给出的《保护东北大西洋海洋环境公约》下之海洋保护区定义也指明国际性,甚至直接表明国际法的作用:

> "海洋保护区"是指根据国际法,在一个特定海洋区域内,

---

① IUCN, WCPA WWF, Gjerde, K. M., *Ten-year Strategy to Promote the Development of a Global Representative System of High Seas Marine Protected Area Networks*, Durban, South Africa, 8-17 September 2003.

② Ibid., p. 2. [原文为: In the context of the high seas, MPAs represent an opportunity for the global community to cooperate to provide a higher level of protection than prevailing levels, a structure for coordinated decision-making amongst a range of stakeholders (i. e. governments, international and regional organizations, fishing, shipping, marine conservation, etc) and a basis for integrated and ecosystem-based oceans management. They should not be construed as an opportunity to assert national sovereignty or jurisdiction.]

通过保护、养护、恢复或预防性方式，来保护和保全海洋环境中的物种、栖息地、生态系统或生态过程。①

由于《保护东北大西洋海洋环境公约》所包含的海域涉及公海区域，作为一个区域协定，该协议的海洋保护区定义也为公海保护区的概念提供了一定参考。②

虽然国际自然保护联盟在《公海保护区十年战略》中单独给出的公海保护区概念实在有些过于描述性，但是2003年《〈保护东北大西洋海洋环境公约〉关于海洋保护区网络的建议》则更加体现了受国际自然联盟1988年"海洋保护区"概念的影响，此时应根据新的概念体系去探讨公海保护区概念。从"保护区"概念到"海洋保护区"再到"公海保护区"概念，既是概念递进细化的逻辑过程，也是公海特殊地理生态环境对"保护区"概念的适用。考虑到公海特殊的地理生态环境以及治理模式，公海保护区之于海洋保护区在空间界限、保护方式、保护目标、保护客体上都具有一定的特殊性。

在空间界限上，公海保护区部分或全部位于国家管辖范围以外之海域。③ 地球表面超过70%的面积是海洋，全球海洋中约62%的面积是公海，然而考虑到全球很多国家之间的专属经济区和大陆架

---

① 《〈保护东北大西洋海洋环境公约〉关于海洋保护区网络的建议》（OSPAR Recommendation 2003/3 on a Network of Marine Protected Areas）第1.1条。（原文为："marine protected area" means an area within the maritime area for which protective, conservation, restorative or precautionary measures, consistent with international law have been instituted for the purpose of protecting and conserving species, habitats, ecosystems or ecological processes of the marine environment.）

② OSPAR, *OSPAR's Regulatory Regime for Establishing Marine Protected Areas*（*MPAs*）*in Areas beyond National Jurisdiction*（*ABNJ*）*of the OSPAR Maritime Area*, Summary Record-OSPAR 09/22/1-E, Annex 6, Brussels, Belgium, 22-26 June 2009, p.3.

③ 公海在国际法上指各国内水、领海、群岛水域和专属经济区以外不受任何国家主权管辖和支配的海洋部分。《联合国海洋法公约》第86条。

划界并未完成,公海的具体区间和界线仍难以界定。[1] 公海界线未定虽然在理论上会影响公海保护区确定地理空间,但在现实中,这可以通过技术手段规避,或者通过与沿海国合作解决。至于公海的垂直维度空间,由于公海处于国家管辖范围以外,国际海底尤其是海底底土矿产资源是由国际海底管理局所管理,[2] 而联合国粮农组织等渔业组织对公海渔业资源的管理起着重要作用,[3] 而国际海事组织涉及公海航运,[4] 与此同时沿海国有可能将其外大陆架延伸至公海区域以下,[5] 因此如果一个基于生态系统保护的公海保护区若跨越多个垂直维度则必然会给设立、管理、评估带来一定的复杂性。针对外大陆架和公海海域在垂直空间上的差异性,在公海保护区问题上还存在争议,比如在 2006 年,葡萄牙就曾正式提名彩虹热液喷口区(Rainbow Hydrothermal Vent Field)作为保护东北大西洋海洋环境公约下的海洋保护区,然而该海洋保护区位于葡萄牙的专属经济区之外和葡萄牙主张的外大陆架上,即属于亚速尔群岛陆地的自然延伸。[6] 葡萄牙认为依据《联合国海洋法公约》第 192 条有关保护和维护海洋环境以及预防原则的内容,即使在联合国大陆架委员会作出最终决定之前,葡萄牙也应承担保护海床和底土的责任。[7]

---

[1] Rona'n Long, Mariamalia Rodriguez Chaves, "Anatomy of a New International Instrument for Marine Biodiversity beyond National Jurisdiction: First Impressions of the Preparatory Process", *Environmental Liability Law, Policy and Practice* 23.6(2015).

[2] 《联合国海洋法公约》第 137 条第 2 款。根据公约第 1 条第 2 款,"管理局"是指国际海底管理局。

[3] 《联合国海洋法公约》第 118 条。

[4] 《联合国海洋法公约》第 197 条。国际海事组织是主管海上航行安全和防止船舶造成海洋污染的国际组织。

[5] 《联合国海洋法公约》第 76 条第 5 款。

[6] OSPAR Commission, Dr. Janos Hennicke, *2016 Status Report on the OSPAR Network of Marine Protected Areas*, OSPAR Commission, London, United Kingdom, 2017, p. 14.

[7] OSPAR Commission, Dr. Janos Hennicke, *2016 Status Report on the OSPAR Network of Marine Protected Areas*, OSPAR Commission, London, United Kingdom, 2017, p. 14.

在保护方式上，公海保护区的认定、专设和管理不能完全依据沿海国的法律法规，也不大可能依据除国际协定、区域协定、国际组织规章以外的其他方式。由于公海处于国家管辖范围以外地区，公海保护区的认定、专设和管理亦不能置于任何某一国家的管辖权之下，有权实施公海保护区保护方式的主体也就只能是国际组织、区域组织或者由国际协议特别约定的其他组织机构实体。由于公海远离陆地和人类生产生活区域，社区、土著团体等类似民间团体在公海管理上有作为的可能性亦不大。至今的国际法实践中，设立管理公海保护区的有权机构主要为区域海洋组织和负有公海治理职能的国际组织。

在保护客体上，根据国际自然保护联盟的报告，公海保护区的选址需要考虑到特殊的科学标准：比如需要代表广泛的生态系统和栖息地，功能性的关键区域（如苗圃、产卵场所），支持稀有物种/栖息地和生态系统，支持独特的物种或具有高特有性的地区；或者支持具有高多样性的物种/栖息地。[1] 事实上，公海生物多样性远远未被人类所认识，许多特殊的公海地理生态环境具有很高的保护价值，比如被《生物多样性公约》第 7 次成员国大会文件所列举"海洋环境中的区域"之深水珊瑚礁、深水冷泉以及开阔的海洋栖息地等。[2]

在保护目标上，国际自然保护联盟的海洋保护区定义设置了很高的标准，无论是"长期性"标准，还是"有效性"的标准，都需要公海保护区的设立、管理、评估主体付诸很大的努力。尤其关于

---

[1] IUCN, WCPA, WWF, Gjerde, K. M., and Charlotte Breide, *Towards a Strategy for High Seas Marine Protected Areas*, Malaga, Spain, 15–17 January 2003, p. 25.

[2] UNEP/CBD/COP/DEC/VII/5, Note 11, 13 April 2004. ［原文为：Areas within the marine environment include permanent shallow marine waters; sea bays; straits; lagoons; estuaries; subtidal aquatic beds (kelp beds, seagrass beds; tropical marine meadows); coral reefs; intertidal muds; sand or salt flats and marshes; deep-water coral reefs; deep-water vents; and open ocean habitats.］

将"保护"作为海洋保护区的主要目的和任务,这给很多不愿放弃对公海进行开发和利用的国家与私人实体带来了利益冲突。在现实中,关于"保护"的严格定义与"合理使用"之间一直存在争议,这也体现在《南极海洋生物资源养护公约》规定与国际自然保护联盟标准之间的不同上。[①]

考虑到公海治理法律体系的特殊性,直接机械地将国际自然保护联盟的海洋保护区概念适用到公海保护区并不可行,但是在经过一定调整和技术处理后,该联盟的海洋保护区完全具有被适用于公海法律之可操作性。国际自然保护联盟 2008 年对海洋保护区概念的修订,恰恰为公海保护区法律概念的确立留下了足够的空间。

第三节 IUCN 的公海保护区法律思考

公海保护区,作为一个专业技术名词和环境保护工具,在探究其法律概念时,同样需要考察其所涉及的科学技术问题,以及该环境保护工具在实践中所涉及的方方面面的法律与政策问题。对此国际自然保护联盟在其组织的历次研讨会和出版的报告中也都给出了比较初步的思考,这为公海保护区法律概念之探究提供了一定的参考。

一 公海保护区的科学标准与实际考量

2002 年的可持续发展世界峰会就曾提出海洋保护区的三个要求,即具有代表性和连续性、符合现行国际法、基于科学信息。[②] 诚如国际自然保护联盟在《公海保护区十年战略》报告中所建议的公海保护区概念,公海保护区涉及海洋综合生态系统管理之基础,由

[①] 参见下文第三章第二节与第七章第一节的讨论。

[②] Plan of Implementation of the World Summit on Sustainable Development, Johannesburg, 4 September 2002, Para.32(c).

此可见，公海保护区问题本身是一个海洋综合生态系统管理的科学问题。无论在法律上，还是在科学上，公海保护区的法律概念都要求一定的标准来为公海保护区的选取、设立、管理等提供可操作性规范。针对此问题，2003年1月15日至17日，国际自然保护联盟与其下属的世界保护区委员会和世界自然基金在西班牙马拉加召开了由世界各地法律和技术专家参加的公海保护区研讨会。

在研讨会的报告中，国际自然保护联盟强调了联合国系统和作为整体的国际社会在现行国际法体系内确定和认可公海保护区法律概念的重要性，而法律概念的确定和实践的推进则又需要国际协调和合作，这其中就不能忽视创建公海保护区的政策和法律制度以及重要参与者的协作意愿，以及各利益相关者的诉求。[①]

在此之后，即2003年9月8日至17日，国际自然保护联盟又于南非德班的世界公园第五届大会后，给出了上文提到的《公海保护区十年战略》报告，建议性地给出了选取公海保护区的标准和一些现实考虑因素。即通过特殊选址管理而可以获益的区域如下：

1. 一个区域内蕴含大量具有代表性的物种和生态系统；
2. 具有功能上的关键性（如抚育地、产卵场所等）；
3. 能够支撑稀有物质、栖息地和生态系统；
4. 能够支撑特有物种或区域具有高特有性；
5. 能够支撑物种和栖息地的高生物多样性。

除此之外，还需要考虑的一些实际考量因素包括：

1. 选址的完整性；
2. 该地区物种/栖息地/生态系统所受威胁的程度和性质；
3. 地缘政治环境；

[①] 范晓婷编：《公海保护区的法律与实践》，海洋出版社2015年版，第92页。

4. 管理、合规和执行的可行性。①

正是注意到公海保护区法律问题之科学标准和政策法律实际情况的重要性，在此基础上，国际自然保护联盟还进一步举例说明了公海保护区之潜在优选区域，比如北冰洋中部海脊和加克尔海岭的热液喷口区域：该北极海岭系统是最遥远的海洋区域，几乎每个区段在某些方面都具有特异性。国际自然联盟还特地指出了具有政策上的优选性的潜在公海保护区海域，包括大西洋中部的罗盖切（Logatchev）泄泉区域，澳大利亚南部的塔斯曼海岭区域，加拿大格兰特（Grand）大堤的鳕鱼繁殖地，毗邻法国和澳大利亚南极领土的科尔盖伦岛和赫德岛—麦克唐纳群岛（Kerguelen Island and Heard Island-McDonald Islands），大西洋的大米特（Great Meteor Seamount）海岭，中大西洋山脊的彩虹泄泉区域等。②

二　公海保护区的设立管理程序

由于国际社会关于公海保护区国际法概念没有统一的共识，也就进一步导致关于依据何种标准和程序，如何设立管理公海保护区的争论，对此国际自然保护联盟也曾作出相应研究，甚至给出一定的模型和建议。根据国际自然保护联盟2003年的报告，该机构曾尝试提出关于设立管理公海保护区的综合模型，笔者将其归纳为以下五个步骤：

①申请。发起国依据现有或已有的国际法规则来提出新的公海保护区之申请，发起国准备材料并制定出完整的提案。国际自然保护联盟并没有提到相应国际组织是否有提起设立管理新的公海保护

---

① IUCN, WCPA, WWF, Gjerde, K. M., *Ten-year Strategy to Promote the Development of a Global Representative System of High Seas Marine Protected Area Networks*, Durban, South Africa, 8-17 September 2003, p. 17.

② IUCN, WCPA, WWF, Gjerde, K. M., and Charlotte Breide, *Towards a Strategy for High Seas Marine Protected Areas*, Malaga, Spain, 15-17 January 2003, p. 29.

区的权能。

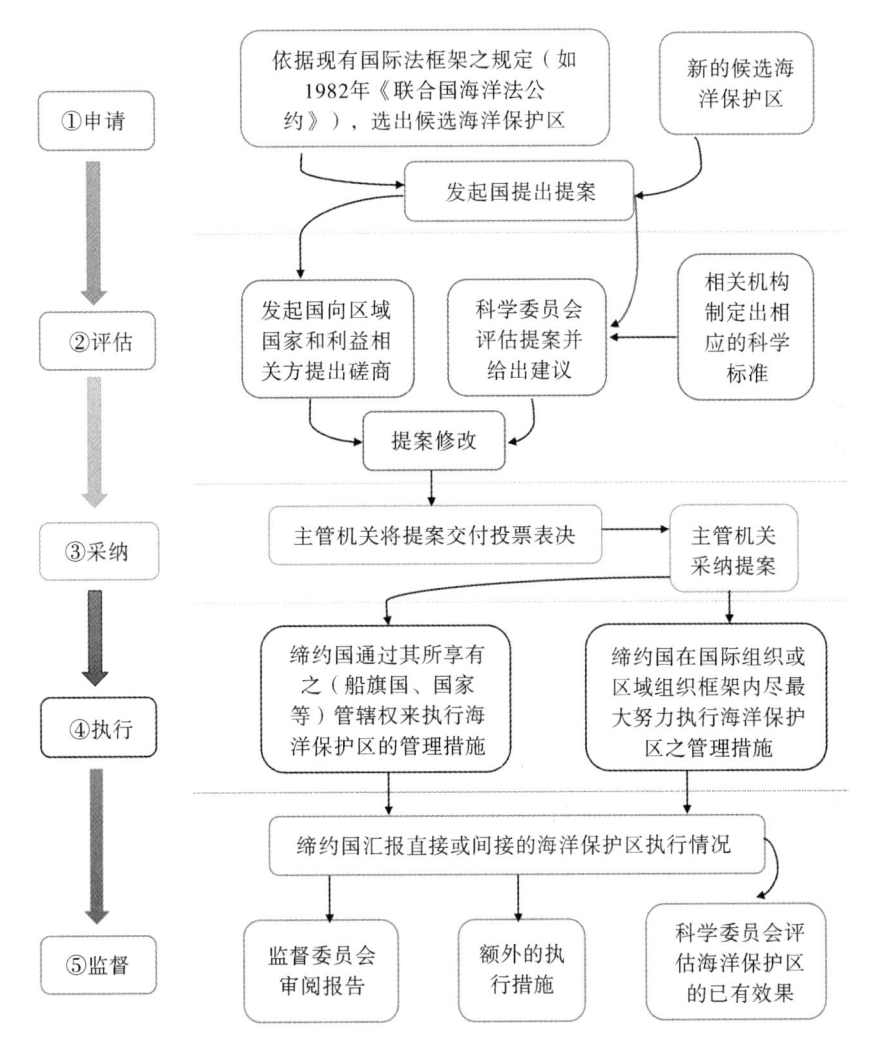

图 2-2 公海保护区设立管理程序

②评估。发起国一方面将提案向区域海域涉及国家和利益相关方提起咨询磋商，另一方面则将提案提交给相应的科学委员会进行科学必要性审查，再根据相应的咨询磋商和审查意见，对提案进行必要的修改。此步骤内的科学标准存在疑虑和模糊性，由谁制定和标准为何，以及由谁审查都缺少国际法依据。

③采纳。由主管机构接受提案并交付表决。此处是否由现有国际组织作为主管机构还是新设相应主管机构成为关键，而表决的方式是要求简单多数还是过半数的多数也存在一定的争议。

④执行。已经通过表决而被采纳的新设公海保护区之提案，应交付给缔约国执行。执行的方式主要为两种：一是由缔约国依据其已经拥有的部分公海管辖权，比如船旗国管辖权等，来直接执行设立管理公海保护区的相应决议；二是缔约国通过国际组织或区域组织来尽最大努力执行设立管理公海保护区的权能。此处，具体如何执行，设立管理的权限划分，缔约国本身具有的部分公海权限与国际组织区域组织权能之间的合作与协调，也存在一定争议。

⑤监督。由缔约国向监督委员会汇报直接或间接的海洋保护区设立管理情况，监督委员会对相应报告进行审阅，同时由科学委员会对现有设立管理实践的有效性和实效性进行评估，基于两个委员会报告再决定是否增加额外的执行措施。此处同样存在争议，即监督委员会的构成和权限如何，能否对公海保护区的设立管理实践进行直接的评估还是只具有建议性，追加的额外管理措施是否必要通过新的表决来采纳，由于这些问题没有国际法来解答，也是国际社会争议集中之处。

无论如何，解决公海保护区设立管理国际法实践中存在各种争议，首先需要解决公海保护区的法律概念问题，在明确了法律概念之后，基于达成之共识再一步就相应的公海保护区设立管理法律制度的构建进行磋商谈判，最终才能建立起一整套合理的公海保护区国际法制度。

法律功能的实现需要在立法、司法、执行上都能得到有效运作，而之于国际法，由于没有核心权威机构来维持国际法的运行，[①] 则立

---

① Tanaka, Yoshifumi, "Reflections on High Seas Marine Protected Areas: A Comparative Analysis of the Mediterranean and the North－East Atlantic Models", *Nordic Journal of International Law* 81, No.3(2012).

法上则需要依托国家的共识，恰恰由于国际法上的法律共识积累，使得成为共识之国际习惯具有拘束力，部分成为成文法，部分成为习惯法。对于国际海洋法上的公海保护区问题的司法与执行，联合国机构显然起到了至关重要的作用，但无疑会被揣测认为有约束国家主权和公海自由的嫌疑，因此无论是申请、评估、采纳、执行、监督中的任何一步程序，都会存在很多争议，具体的实现有很大的困难。

显然，由于国际社会没有统一且被广泛接受的海洋保护区和公海保护区之法律概念，已经影响到了有关国际法实践的进一步推进，因此确立统一的海洋保护区及公海保护区法律概念越发重要。国际自然保护联盟的公海保护区概念历来具有广泛的影响力，其2008年版之修订后的海洋保护区概念在法律内涵上、分类上都已经十分详细且严谨，虽然有关表述和概念内容在适用到公海保护区问题上时需要进一步修正，但是该概念体系有足够的空间来被适用于公海保护区。可是由于该概念体系不具有国际法之拘束力，因此国际社会在制定新的具有拘束力之国际法文件时，应有所损益地参考和借鉴该概念体系之法律内涵与法律分类。

第 三 章

区域海洋治理实践中的公海保护区法律概念

海洋生态环境的治理在全球范围内存在全球治理和区域治理两个层级，至今，公海保护区设立管理的法律实践主要集中在区域层面，即分别是南极罗斯海海洋保护区（2016）、东北大西洋海洋保护区（2010）、南奥克尼群岛南大陆架海洋保护区（2009）和地中海派拉格斯海洋保护区（2002）。这四个公海保护区分别依据不同的区域海洋治理的条约和文件所设立管理，其地理空间、保护客体、保护方式等均存在一定的差异性，但是这些公海保护区的设立管理实践在国际法上也存在诸多共性，比如在设立管理公海保护区国际法实践的拘束力、区域海洋组织实践对相关利益方的影响、对与国际社会加强合作协商的需求等问题上。通过具体考查区域海洋治理所设立管理公海保护区的国际法实践，分析该模式的国际法合法性问题，从而可以归纳总结出公海保护区法律内涵所共有的一些要点，为完善和丰富公海保护区法律概念的讨论提供具体案例与实践的支撑。

第一节 区域海洋组织设立管理公海保护区的发展与法律

一 区域海洋治理所存在之零散与空缺

区域性海洋治理不仅有本书第一章所分析之全球海洋法律和治

理的空缺，还有着其各自区域独特的问题。在很多海洋区域中，国家管辖范围以外海洋区域并没有被相应的区域海洋协定与区域渔业管理协定所涵盖，即便被涵盖的海洋区域也并不意味着所有的鱼类种群即生物多样性都可以得到应有的足够保护，现有的区域海洋协定也并不能囊括海洋区域内所有的人类活动。

（一）北冰洋与南极海域

北冰洋海域的治理存在很大的不确定性，该海洋区域存在部分公海海域，但是沿岸五国将北冰洋作为其"内海"来管理，① 即在2008年签订《伊鲁利萨特宣言》（*Ilulissat Declaration*），美国、加拿大、丹麦—格陵兰岛、挪威和俄罗斯共同宣布五国享有对北极地区的管辖权，并强调五国在北极事务中的特殊利益和权力，反对制定一套新的综合性北冰洋国际管理法律制度。② 与此同时，有关北极地区的外大陆架划界争端也在持续发酵中，③ 这就为北冰洋地区公海法律地位和共同治理带来了不确定性。北极理事会④作为区域协商论坛也不具有规范和治理的权能，这就给北极公海治理带来非常多的不确定性。⑤ 除了2015年北极沿岸五国共同的《关于防止北冰洋核心区不规范公海捕鱼的宣言》外，北冰洋地区原本并没有任何关于渔

---

① 匡增军、欧开飞：《俄罗斯与挪威的海上共同开发案评析》，《边界与海洋研究》2016年第1期。

② 2008 Ilulissat Declaration, para. 8. By virtue of their sovereignty, sovereign rights and jurisdiction in large areas of the Arctic Ocean the five coastal states are in a unique position to address these possibilities and challenges.

③ 章成：《北极地区200海里外大陆架划界形势及其法律问题》，《上海交通大学学报》（哲学社会科学版）2018年第6期。

④ 北极理事会（Artic Council），又称北极议会、北极委员会、北极协会，是一个由丹麦、芬兰、冰岛、挪威、加拿大、瑞典、俄罗斯和美国八个北极国家组成的高层次的国际论坛，于1996年9月在加拿大渥太华成立。2013年5月15日，中国、印度、意大利、日本、韩国和新加坡正式成为该论坛的观察员国。

⑤ 吴慧：《"北极争夺战"的国际法分析》，《国际关系学院学报》2007年第5期。

业和生物多样性保护的有约束力法律规范，① 直至 2017 年 11 月 30 日，9 个国家②以及欧盟达成协议——至少在未来 16 年内，北极中部公海（CAO）禁止向商业渔船开放，从而确保科学家能抢在商业捕鱼泛滥之前，有足够时间了解该地区的海洋生态以及气候变化带来的潜在影响。③

相对于北冰洋，南极海域的法律与治理体系相对完善，但仍然存在着一些法律与治理空缺。《南极海洋生物资源养护公约》为保护南极海洋生物资源起到了至关重要的作用，并据此建立起了两个相应涉及公海之保护区，但是该公约不能限制对区域外物种的捕捞，即便该物种对区域内的生态环境具有至关重要的影响，该公约也不能规范于非缔约国的捕鱼船之捕鱼行为，此外该公约还缺少相应的区域渔业管理机构的定期审查机制。④ 虽然作为 1959 年《南极条约》有关环境保护的 1991 年《南极条约环境保护议定书》，在其第 5 条中强调了进行环境影响评估的必要性，但是相应委员会却无权阻止具有重大环境影响的活动，这使得在南极海域适用环境影响评估的机制变得非常微妙。

（二）大西洋海域

大西洋海域的区域治理存在严重的区块化，基于地缘等原因，大西洋被划为北大西洋、东北大西洋、西北大西洋、中东大西洋、中西大西洋、东南大西洋、西南大西洋等治理次区域，除了 1966 年《养护

---

① Warner, Robin Margaret Fraser, *Protecting the Diversity of the Depths: Strengthening the International Law Framework*, Thesis Submitted for the Degree of Doctor of Philosophy, University of Sydney (2006): 406.

② 美国、俄罗斯、加拿大、丹麦、挪威、冰岛、中国、日本和韩国。

③ Science: Nations agree to ban fishing in Arctic Ocean for at least 16 years, http://www.sciencemag.org/news/2017/12/nations-agree-ban-fishing-arctic-ocean-least-16-years.

④ Warner, Robin Margaret Fraser, *Protecting the Diversity of the Depths: Strengthening the International Law Framework*, Thesis Submitted for the Degree of Doctor of Philosophy, University of Sydney (2006): 209.

大西洋金枪鱼公约》覆盖了整个大西洋区域，不同次区域拥有各自独特的法律和治理框架。除了东北大西洋区域和加勒比海的部分公海区域，整个大西洋海域没有关于生物多样性的有拘束力之法律依据，也缺少相应的国际机构来管理相应的生物多样性问题。除了在东中、西中、西南大西洋海域存在有关金枪鱼和类金枪鱼管理的法律规定，其他大西洋海域没有关于渔业管理的具有拘束力之法律依据。[①]

整个大西洋海域的治理区域中，东北大西洋区域法律与治理体系是相对最为完备的，1980年《东北大西洋渔业未来多边合作公约》（NEAFC）和1992年《保护东北大西洋海洋环境公约》（OSPAR）为东北大西洋生物多样性和可持续利用奠定了法律基础和框架。相应的公海法律与治理空缺仍然存在，比如《东北大西洋渔业未来多边合作公约》的部分内容已经相对陈旧，需要通过修正来使之与现代国际法框架相适应，[②] 与此同时该公约委员会的透明度一直广受诟病，因为国际组织、非政府组织和其他观察员一直没有获取相关会议材料的机会和权限；而《保护东北大西洋海洋环境公约》并没有关注涉及航运和渔业的问题，同时也缺少合作执行的机制。[③]

（三）印度洋海域

印度洋的法律与治理存在严重的空缺，除了1993年《建立印度洋金枪鱼委员会公约》[④] 和2006年《南印度洋渔业协议》[⑤] 外，整

---

① IUCN, Kristina M. Gjerde et al., *Regulatory and Governance Gaps in the International Regime for the Conservation and Sustainable Use of Marine Biodiversity in Areas beyond National Jurisdiction*, IUCN Global Marine Program, Gland, Switzerland, 2008, p. 15.

② 1980年东北大西洋渔业未来多边合作公约委员会分别在2004年和2006年引入了两个修正案，可是缔约国只是有条件地接受了相关条款，而没有批准和加入两个修正案。

③ Warner, Robin Margaret Fraser, *Protecting the Diversity of the Depths: Strengthening the International Law Framework*, Thesis Submitted for the Degree of Doctor of Philosophy, University of Sydney, (2006): 412.

④ Agreement for the Establishment of the Indian Tuna Commission (IOTC Convention), 1993年缔约，1996年生效。

⑤ Southern Indian Oceans Fisheries Agreement, 2006年缔约，至今未生效。

个印度洋海域没有关于生物多样性的有拘束力之法律依据，也缺少相应的国际机构来管理相应的生物多样性问题。除了有关金枪鱼和类金枪鱼管理的法律规定，在北印度海域没有关于渔业管理的有拘束力之法律依据，也没有区域和分区域的渔业管理组织或管理协定。

（四）太平洋海域

太平洋作为地球上最大的海洋区域，与大西洋区域治理一样，存在严重的区块化，同样基于地缘等原因，太平洋被划为北太平洋、东北太平洋、西北太平洋、中西太平洋、东太平洋、东南大西洋、南大西洋等治理次区域，除了1986年《保护南太平洋区域自然资源和环境公约》（努美阿公约）所覆盖的部分太平洋飞地，整个太平洋海域没有关于生物多样性的有拘束力之法律依据，也缺少相应的国际机构来管理相应的生物多样性问题。在中太平洋和东北太平洋海域（除了金枪鱼）、中西太平洋海域（除了非高度洄游鱼类种群），没有关于渔业管理的有拘束力之法律依据，也没有区域和分区域的渔业管理组织或管理协定。

太平洋的海洋生态环境治理十分混乱，不同次区域有着各自的相应公约和法律依据，但是并不是向次区域外的国家和组织开放，比如2002年《关于海岸和海洋环境合作保护与可持续发展的东北太平洋公约》① 就没有向域外国家开放参与；而在西北太平洋海域，除了2007年《西北太平洋渔业协议》② 这一临时性协定外，并没有任何区域性的涉及国家管辖范围以外海域的生物多样性保护之机制。除此之外，由于海域划界在部分太平洋海域并未被清晰界定，相关的次区域海洋治理之间仍有可能存在重合，比如南太平洋次区域与

---

① The Convention for Cooperation in the Protection and Sustainable Development of the Marine and Coastal Environment of the Northeast Pacific，2002年签订，至今未生效。

② North West Pacific Ocean Fisheries Agreement，2007年引入的临时协定。

中太平洋和西太平洋之间由于海域划界模糊性就没有清晰的界线。①

二 区域海洋组织的法律意义与性质

针对包括但不限于以上区域海洋法律与治理存在的零散空缺等问题，1974年联合国环境规划署决定引入区域海洋方案，即通过一系列分散、独立的区域公约和行动计划执行的一项全球方案。联合国环境规划署区域海洋方案包含的18个全球区域海洋中，大多是关注于国家管辖范围以内海域的生态环境保护，但其中有5个涉及国家管辖范围以外海域，涉及的法律文件包括1976年《保护地中海免受污染公约》（巴塞罗那公约），1980年《南极海洋生物资源养护公约》（CCAMLR），1981年《保护东南太平洋沿海海洋环境公约》（利马公约），1986年《保护南太平洋区域自然资源和环境公约》（努美阿公约），1992年《保护东北大西洋海洋环境公约》（OSPAR）。与此同时，《关于保护、管理和开发东非区域海洋与沿海环境的公约》（内罗毕公约）与《关于合作保护和开发西非与中非区域海洋与沿海环境的公约》（阿比让公约）两个区域海洋所涉公约之缔约方正在着手研究可能涉及的国家管辖范围以外海域之生物多样性问题。②

联合国环境规划署区域海洋方案的发展与《联合国海洋法公约》的谈判生效适用和现代生态环境保护法律原则的进步几乎是平行进行的，③ 早期的区域海洋方案致力于控制海洋污染，随着不断发展也

---

① IUCN, Kristina M. Gjerde et al., *Regulatory and Governance Gaps in the International Regime for the Conservation and Sustainable Use of Marine Biodiversity in Areas beyond National Jurisdiction*, IUCN Global Marine Program, Gland, Switzerland, 2008, p. 31.

② 联合国环境规划署：Conservation of Biodiversity in the Areas beyond National Jurisdiction (BBNJ), http://www.unep.org/regionalseas/what-we-do/conservation-biodiversity-areas-beyond-national-jurisdiction-bbnj.

③ Warner, Robin, *Protecting the Oceans beyond National Jurisdiction: Strengthening the International Law Framework*, Brill, 2009, p. 173.

开始通过整体治理的方式关注生物多样性的保护。这种灵活的方式就使得区域海洋治理可以通过议定书、行动方案和战略规划等不具有拘束力的法律文件来促进国际环境法的发展。[1] 和《经 1978 年议定书修正的 1973 年国际防止船舶造成污染公约》与 1972 年《防止倾倒废物及其他物质污染海洋的公约》及其 1996 年议定书等专注于具体某一领域的海洋环境保护问题的公约不同，区域海洋保护方案一揽子地涵盖了相应区域内各个要素的海洋生态环境保护问题，包括在水产养殖、水资源、底土资源、旅游、可再生资源、财政与机构安排等在内的各项环境评估与保护事宜。[2] 随着几十年的发展，区域海洋组织已经成为海洋生态环境保护的重要机制，涵盖了大约全球 149 个国家，从而为国家管辖范围以外的海洋生态环境保护提供了重要的实践机制，也是公海保护区国际法实践得以推动的最主要机制。[3]

区域海洋组织的作用不仅体现在国际法实践中，在有关海洋保护区问题上，也得到了联合国大会的认可，第 63 届联合国大会 111 号决议就指出：

> 重申各国需要直接和通过主管国际组织，继续和进一步努力制定和协助利用多种办法和手段养护与管理脆弱的海洋生态系统，包括依照公约所述国际法和根据现有的最佳科学资料，考虑建立海洋保护区，并到 2012 年建立具有代表性的海洋保护区网络。[4]

---

[1] Warner, Robin, *Protecting the Oceans beyond National Jurisdiction: Strengthening the International Law Framework*, Brill, 2009, p. 174.

[2] Treves, Tullio, "Regional approaches to the protection of the marine environment", *The Stockholm Declaration and the Law of the Marine Environment* (2003): 137-154.

[3] Warner, Robin, *Protecting the Oceans beyond National Jurisdiction: Strengthening the International Law Framework*, Brill, 2009, p. 177.

[4] 第 63 届联合国大会 111 号决议第 134 段，文件号：A/RES/63/111。

其中公约是指《联合国海洋法公约》，通过主管国际组织既包括诸如国际海事组织、国际海底管理局之类的功能性国际组织；也包括各个区域海洋组织，基于此联合国大会认可了保护海洋生态环境和设立管理海洋保护区需要在区域和全球的框架内进行，通过利用已有的国际法办法和手段，可以与《联合国海洋法公约》相协调，以达到保护海洋生态环境的目标。[1]

从法律性质角度来说，区域海洋组织是依据区域性的法律文件而建立起来的海洋生态环境保护之国际组织，其有关活动和实践的拘束力应只及于缔约方而不应及于其他第三方，因此考虑到海洋生态环境保护的综合性和全面性，区域海洋组织的海洋治理需要加强与相应国际组织的协调与合作。另外从法律的角度出发分析区域海洋组织的国际法权限也十分有必要，因为这会涉及现有公海保护区设立管理之国际法实践的前提与权限内容，从而会对公海保护区法律概念中的保护客体、目标、保护方式、地理空间等要素产生影响。

三 《联合国海洋法公约》与区域海洋组织

有关区域海洋环境保护的区域性条约对有关公海保护区问题的涉及本身具有争议。区域性条约的影响力和拘束力有限，只适用于特定区域，并且不能与全球性条约之规定相违背。南极海洋生物资源养护委员会2011年通过的《建立南极海洋保护区的总体框架》中就强调了南极海洋保护区有关的保护手段须符合国际法，包括《联合国海洋法公约》之规定。[2]

《联合国海洋法公约》及后补充的两个执行协定：1994年《关于执行联合国海洋法公约第十一部分的协定》和1995年《鱼类种群

---

[1] Molenaar, Erik J., and Alex G. Oude Elferink, "Marine Protected Areas in Areas beyond National Jurisdiction—The Pioneering Efforts under the OSPAR Convention", *Utrecht Law Review* 5 (2009).

[2] CCAMLR, *General Framework for the Establishment of CCAMLR Marine Protected Areas*, *Conservation Measure* 91-04, Australia, 2011, p. 2.

协定》，为保护和可持续开发利用国家管辖范围以外海洋区域及其资源提供了法律框架。[1]《联合国海洋法公约》并未专门在第七部分"公海"中规定公海环境保护，那么第十二部分"海洋环境的保护与保全"中的权利义务将不仅仅限于国家管辖范围内的海洋区域，还应拓展到国家管辖范围以外的海域。该公约第194条的相关规定被认为与海洋保护区的设立管理具有重要的联系：

> 按照本部分采取的措施，应包括为保护和保全稀有或脆弱的生态系统，以及衰竭、受威胁或有灭绝危险的物种和其他形式的海洋生物的生存环境，而很有必要的措施。[2]

本款强调了"必要的措施"和"按照本部分"，即显示出设立管理公海保护区可以属于必要的措施，而采取相应必要的措施需要依据本部分并考虑到该公约第七部分和第十一部分关于公海和"区域"的规定。[3]那么据此区域海洋组织有权设立管理公海保护区吗？答案却不尽然。

《联合国海洋法公约》在其第十一部分确认国际海底区域及其资源是人类共同继承的财产，[4]并通过设立国际海底管理局（ISA）来控制管理"区域"内的活动。[5]该公约还在第七部分规定了公海的法律地位性质，其中最重要的是第87条中所规定的公海六大自由。

---

[1] Frank, Veronica, *The European Community and Marine Environmental Protection in the International Law of the Sea: Implementing Global Obligations at the Regional Level*, Brill, 2007, p.334.

[2]《联合国海洋法公约》第194条第5款。

[3] Molenaar, Erik J., and Alex G. Oude Elferink, "Marine Protected Areas in Areas beyond National Jurisdiction—The Pioneering Efforts under the OSPAR Convention", *Utrecht Law Review* 5 (2009).

[4]《联合国海洋法公约》第136条。

[5]《联合国海洋法公约》第137条第2款。

虽然国际海底区域环境保护是国际海底管理局的重要责任,①在"区域"内所采取的任何行动都必须合理地考虑到相关的其他活动,如公海航行与捕鱼等,②但是《联合国海洋法公约》第十一部分似乎并没有特别限制缔约国单独或联合他国采取措施来保护涉及"区域"的海洋生态环境保护。虽然公海属于人类公共区域的性质,在海洋生态环境保护问题上,《联合国海洋法公约》第七部分亦没有限制国际社会在全球和区域层面的合作,这也体现在了该公约第197条中:

> 各国在为保护和保全海洋环境而拟订和制订符合本公约的国际规则、标准和建议的办法及程序时,应在全球性的基础上或在区域性的基础上,直接或通过主管国际组织进行合作,同时考虑到区域的特点。③

由于《联合国海洋法公约》第十二部分之海洋环境保护与保全规定并没有严格区分国家管辖范围内外的区别,因此同样适用于国家管辖范围以外的海域。对区域海洋组织在海洋生态环境保护中的作用,在该公约第118条"为此目的,这些国家应在适当情形下进行合作,以设立分区域或区域渔业组织"和第119条"……不论是分区域、区域或全球性的""在适当情形下,应通过各主管国际组织,不论是分区域、区域或全球性的,并在所有有关国家的参加下……"等有关公海渔业管理的规定中也得到了体现。

相较于公海渔业,《联合国海洋法公约》就航运(船源污染

---

① 《联合国海洋法公约》第145条。

② Warner, Robin, *Protecting the Oceans beyond National Jurisdiction: Strengthening the International Law Framework*, Brill, 2009, p. 45.

③ 《联合国海洋法公约》第197条。

防治）和国际海底"区域"环境保护特别强调了在全球层面的合作。① "区域"作为人类共同继承的财产，国际海底管理局作为有权管理机构，已经可以排除区域海洋组织对"区域"内海洋生态环境保护的治理权限。不过无论是"区域"内生态环境保护还是船源污染防治的航运问题，都需要缔约国、区域和分区域海洋组织来提议、设立、管理、执行等，比如国际海事组织的特殊海域管理措施依赖于一个或多个缔约国在基于区域性质的考虑下，单独或联合向国际海事组织提起设立相应特殊区域管理的提议。②

因此，《联合国海洋法公约》不仅没有限制区域海洋组织在海洋生态环境治理领域的权限，反而强调和重视了区域海洋组织的作用。当然这一"鼓励"和"认可"并不能视为区域海洋组织在公海保护区问题上扩张管辖权的依据。不过既然通过区域海洋组织设立管理公海保护区具有国际法上的合法性，那么通过进一步探究区域海洋组织设立管理公海保护区的国际法实践以及相关国际法实践对公海保护区法律概念的阐释就成为题中之义。

第二节　区域海洋组织设立管理公海保护区的国际法实践

自 2002 年起至今，世界范围内已有四个公海保护区在地中海、东北大西洋和南大洋被成功设立起来了，除此之外，在南太平洋和东南太平洋区域以及北冰洋公海区域，有关设立公海保护区的倡议也在不断被提起。不同公海保护区的设立管理法律依据、设立管理

---

① Molenaar, Erik J., and Alex G. Oude Elferink, "Marine Protected Areas in Areas beyond National Jurisdiction—The Pioneering Efforts under the OSPAR Convention", *Utrecht Law Review* 5 (2009).

② Ibid.

进程、地理空间状态、保护客体目标都有着各自的特点，因此本节将通过对这些公海保护区设立管理的国际法实践进行探究，为进一步阐释公海保护区法律概念提供案例支撑。

一 地中海派拉格斯公海保护区

地中海是一个被 22 个国家环绕的半闭海，到 2011 年只有六个国家（保加利亚、塞浦路斯、埃及、摩洛哥、罗马尼亚和叙利亚）主张了专属经济区，另有马耳他、西班牙和突尼斯主张了专属渔区，除此之外，法国、克罗地亚、意大利和斯洛文尼亚建立起了生态保护区域。[1] 如果地中海沿岸的 22 个国家都提出专属经济区的主张，那么地中海将不会存在公海和"区域"，于是地中海的公海海域也可以被解读为"潜在专属经济区"或是"特殊的公海"。[2]

（一）法律依据

1. 1976 年《保护地中海免受污染公约》（巴塞罗那公约体系）

在联合国环境规划署的协调与支持下，地中海沿海国于 1975 年通过了"地中海行动计划"，1976 年，相关国家通过了框架性的《保护地中海免受污染公约》（巴塞罗那公约）。1995 年，该公约的缔约方通过修正案，并将经修正后的新公约重新命名为"保护地中海海洋环境和沿海区域公约"，新公约已于 2004 年起生效。1995 年《地中海特别保护区和生物多样性议定书》以及 2008 年《地中海整体海岸区域管理议定书》反映出地中海海洋环境保护合作向公海和海岸带扩展的趋势，以及对整体管理路径的适用。[3]

1995 年《地中海特别保护区和生物多样性议定书》取代了 1982

---

[1] 联合国：Table of claims to maritime jurisdiction(as at 15 July 2011), http://www.un.org/depts/los/LEGISLATIONANDTREATIES/PDFFILES/table_ summary_ of_ claims.pdf。

[2] Tanaka, Yoshifumi, "Reflections on High Seas Marine Protected Areas: A Comparative Analysis of the Mediterranean and the North-East Atlantic Models", *Nordic Journal of International Law* 81, No. 3 (2012).

[3] 郑凡：《半闭海视角下的南海海洋问题》，《太平洋学报》2015 年第 6 期。

年《关于地中海特别保护区的议定书》。这项新的议定书提到了两种海洋保护区：一是特别保护区（Specially Protected Areas），该类保护区仅限于国家管辖范围以内；二是地中海重要的特别保护区（Specially Protected Areas of Mediterranean Importance），该类保护区可以设立于国家管辖范围以内，也可以部分或全部设立于公海之内。① 关于地中海重要的特别保护区的法律定义，1995年《地中海特别保护区和生物多样性议定书》规定如下：

> 1. 为了加强合作管理和保护自然区域，以及保护濒危物种及其栖息地，缔约方应该制定地中海重要的特别保护区之列表。
> 2. 地中海重要的特别保护区之列表包含以下地址：
> （1）对保护地中海生物多样性要素具有重要意义；
> （2）对地中海海域及栖息的濒危物种有着特别的生态意义；
> （3）在科研、审美、文化或教育层面有着特殊的意义。②

这些地中海重要的特别保护区的部分或全部界限可能会超出有关国家的管辖水域，③ 为公海海洋保护区建立法律框架，从而可以养护外海和深海物种与生态环境，④ 这是国际法中明文规定设立公海保护区的第一项具有约束力的文书。

2. 1999年《为海洋哺乳动物建立地中海保护区的条约》

1999年11月25日法国、意大利与摩纳哥在罗马签订了一份关于设立海洋哺乳动物保护区的《为海洋哺乳动物建立地中海保护区

---

① 《地中海特别保护区和生物多样性议定书》第9条第1款。
② 《地中海特别保护区和生物多样性议定书》第8条第1款和第2款。
③ UNEP/MAP, *Mediterranean Strategy for Sustainable Development 2016–2025*, Valbonne, Plan Bleu, Regional Activity Centre, 2016, p.26.
④ UNEP, MAP, RAC/SPA, *Regional Working Programme for the Coastal and Marine Protected Areas in the Mediterranean Sea including the High Sea*, Tunis, 2009.

的条约》。该条约第 2 条和第 3 条指出条约的目的就是设立哺乳动物海洋保护区①以保护海洋哺乳动物及其栖息地的生物多样性和丰富性。② 为了加强与地中海沿岸国家的合作,法国、意大利与摩纳哥并不想将 1999 年《为海洋哺乳动物建立地中海保护区的条约》独立于巴塞罗那公约体系之外,而是将该协议与 1995 年《地中海特别保护区和生物多样性议定书》联系起来,以达到更好的保护效果。③ 该协议还呼吁缔约国遵守欧洲共同体的有关国际规定,比如关于被称为"中上层漂网"的捕鱼设备之使用和保养。④

考虑到海洋生物并不能与海洋环境割裂开来,海洋环境保护对海洋生物多样性的维持有着重要的意义,1999 年《为海洋哺乳动物建立地中海保护区的条约》特别强调了缔约国的相应义务:

> 对在保护区内的人类活动进行监视,加强对所有类型的污染的防治,无论该污染的来源是土地还是海洋,无论该污染对海洋哺乳动物的养护状况有直接还是间接的影响。⑤

因此,在海洋环境保护的问题上,1999 年《为海洋哺乳动物建立地中海保护区的条约》为缔约国所施加的义务引发了一定的争议,尤其是其所规定的有关防治船源污染和航运规则适用的条款:

---

① 《为海洋哺乳动物建立地中海保护区的条约》第 2 条。
② 《为海洋哺乳动物建立地中海保护区的条约》第 3 条。
③ Tanaka, Yoshifumi, "Reflections on High Seas Marine Protected Areas: A Comparative Analysis of the Mediterranean and the North-East Atlantic Models", *Nordic Journal of International Law* 81, No. 3 (2012).
④ 《为海洋哺乳动物建立地中海保护区的条约》第 7 条 b 款。
⑤ 《为海洋哺乳动物建立地中海保护区的条约》第 6 条。(原文为:En tenant compte de leurs engagements internationaux, les Parties exercent leur surveillance dans le sanctuaire et intensifient la lutte contre toutes les formes de pollution, d'origine maritime ou tellurique, ayant ou susceptibles d'avoir un impact direct ou indirect sur l'état de conservation des mammifères marins.)

1. 对位于受缔约国管辖的水域内的保护区部分，本协定各缔约国负责适用有关规定。

2. 在保护区的其他地方，每个缔约国均应负责将现有国际协定中有关规定适用于其本国船旗之船舶，以及在现行国际法允许的范围内将现有国际协定中有关规定适用于第三国的船舶。①

这就引发了有关公海保护区设立管理的规则对第三国影响的争论，也引发了关于设立管理公海保护区的有关权能和限制的讨论。

(二) 设立管理实践的进程

早在 1992 年的第一届西地中海国际海洋保护区会议上，会议的参加者就曾建议设立一个基于生态系统保护的包含西地中海所有沿海国的海洋保护区，法国、意大利与摩纳哥随后宣布设立地中海哺乳动物海洋保护区。之后便有了世界上第一个公海保护区，即法国、意大利与摩纳哥基于 1999 年 11 月 25 日签署的《为海洋哺乳动物建立地中海保护区的条约》而共同建立的地中海派拉格斯海洋保护区。

关于地中海派拉格斯公海保护区（The Pelagos Sanctuary for Protecting Mediterranean Marine Mammals）的设立，最早可以追溯到 1986 年，许多科学家、非政府组织和地方官员对在科索利古里亚盆地（The Corso-Ligurian Basin）意外发现的流网和捕获鲸目动物表示了强烈反对。1993 年，法国、意大利的环境部长与摩纳哥的国务部

---

① 《为海洋哺乳动物建立地中海保护区的条约》第 14 条。（原文为：1. Dans la partie du sanctuaire située dans les eaux placées sous sa souveraineté ou juridiction, chacun des Etats Parties au présent accord est competent pour assurer l'application des dispositions y prévues. 2. Dans les autres parties du sanctuaire, chacun des Etats Parties est compétent pour assurer l'application des dispositions du présent accord à l'égard des navires battant son pavillon, ainsi que, dans les limites prévues par les règles de droit international, à l'égard des navires battant le pavillon d'Etats tiers.）

长一起在布鲁塞尔签署了关于建立地中海海洋哺乳动物保护区的联合声明,这份声明附属文件特别指出了一些具体的管理措施:(1)禁止任何捕捞和有意侵扰海洋哺乳动物的行为,约束和管理科学研究活动和赏鲸活动;(2)禁止使用大型流网作业;(3)长期限制和禁止快艇竞速活动;(4)为最小化对鲸目动物的污染损害,将出台特别的管理措施。

1995年《地中海特别保护区和生物多样性议定书》对"地中海重要的特别保护区"作出了定义,这些保护区的部分或全部界限可能会超出有关国家的管辖水域,[①] 从而法国、意大利与摩纳哥三国国内的诸多团体都建议将地中海海洋哺乳动物海洋保护区的设立置于《保护地中海海洋环境和沿海区域公约》及其议定书的体系之下。随着1999年法国、意大利与摩纳哥签订协议正式设立地中海派拉格斯海洋保护区,2001年,该海洋保护区被吸收并入巴塞罗那公约之下,[②] 从而保证了派拉格斯海洋保护区能得到地中海沿岸的22个缔约方所承认,[③] 并使得该保护区能得到有效的管理。

(三)地理区间范围

地中海派拉格斯海洋哺乳动物保护区位于意大利、法国和撒丁岛之间的地中海西北海域,面积为87500平方公里,海岸线长为2022公里,包括科西嘉岛和托斯卡诺群岛、撒丁岛北部,以及较小的岛屿,如海勒、利古里亚、托斯卡纳群岛和博尼法西海峡,

---

① UNEP/MAP, *Mediterranean Strategy for Sustainable Development* 2016 – 2025, Valbonne, Plan Bleu, Regional Activity Centre, 2016, p. 26.

② Tanaka, Yoshifumi, "Reflections on High Seas Marine Protected Areas: A Comparative Analysis of the Mediterranean and the North-East Atlantic Models", *Nordic Journal of International Law* 81, No. 3 (2012).

③ 22个缔约方为:阿尔巴尼亚、阿尔及利亚、波斯尼亚和黑塞哥维那、克罗地亚、塞浦路斯、埃及、法国、希腊、以色列、意大利、黎巴嫩、利比亚、马耳他、摩纳哥、黑山、摩洛哥、斯洛文尼亚、西班牙、叙利亚、突尼斯、土耳其、欧盟。

该保护区的53%水域位于法国、意大利、摩纳哥三国的管辖范围以外。①

表3-1　　　　　地中海派拉格斯海洋保护区的地理范围

界线	描述	地理坐标
西部	从 Escampobariou Point［在吉恩半岛（Gien）半岛的西部边缘］延伸出的一条线	N 43°01′70—E 06°05′90
	到 Falcone 海角［阿西纳拉（Asinara）湾最西端的一部分］	N 40°58′00—E 08°12′00
东部	从 Ferro 海角（撒丁岛东北海岸）延伸出的一条线	N 41°09′18—E 09°31′18
	到 Fosso Chiarone（意大利西海岸）	N 42°21′24—E 11°31′00

由于法国、摩纳哥、意大利三国均未在地中海海域主张专属经济区，因此三国领海以外海域即是公海，这也就导致了地中海派拉格斯海洋哺乳动物保护区被归类为公海保护区，不过仍然是比较特殊的公海保护区地理区间之类型，具体地理空间范围参见图3-1。

（四）保护客体与目标

地中海利古里亚海是海洋哺乳动物的优良栖息地，这里为大量的一般鲸类动物，包括翅鲸、喙鲸、抹香鲸、里索的海豚、宽吻海豚、条纹海豚、长鳍飞行员鲸鱼等海洋哺乳动物提供繁衍生息的场所。随着人类活动影响的加强，许多物种已经处于脆弱的状态，船舶搁浅、航运、赏鲸活动、污染、专业钓鱼、水下噪声等使得海洋哺乳动物的栖息地越发脆弱。

1999年《为海洋哺乳动物建立地中海保护区的条约》的主要目的是通过监测鲸类数量，加强现行有关渔业捕捞活动的立法，减少污染，监管游客的赏鲸活动，提高公众获取信息的机会，从而确保海洋哺乳动物数量处于适当保护状况，并在保护方面保持有利条件。虽然整个保护区可以被广泛地认为是地中海的大型海洋生态系统

---

① 姜丽、桂静、罗婷婷等：《公海保护区问题初探》，《海洋开发与管理》2013年第9期。

(LME) 的生物地理学不可分割的部分，但是保护区的管理基本上仍然是由三个不同当局分别管理的，是由各个当局所管理的包括科学、社会经济、文化和教育范围内的大型生态系统的沿海地区和国际水域共同构成的。①

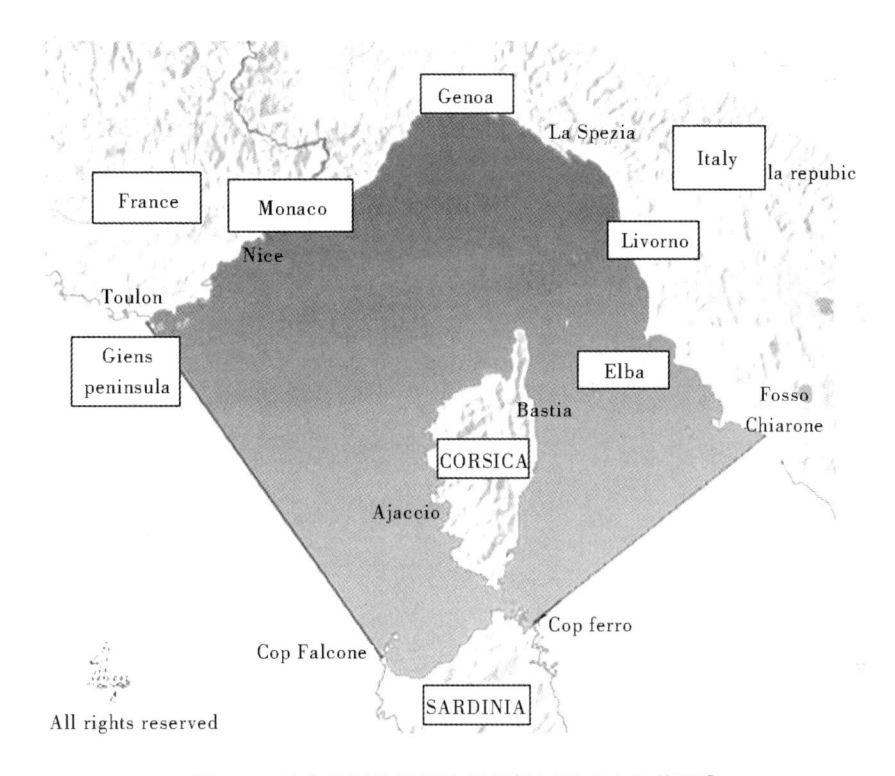

图 3-1　地中海派拉格斯海洋保护区地理空间范围②

如今地中海派拉格斯海洋哺乳动物保护区的管理保护仍然面临着一系列问题，但是不可否认的是在生态、制度和科研上，该保护区取得了很高的成效。派拉格斯海洋哺乳动物保护区作为一个成功

---

① 派拉格斯海洋哺乳动物保护区网站：PRESENTATION，http：//www.sanctuaire-pelagos.org/en/about-us/presentation。
② 地中海派拉格斯公海保护区网页：Area of Application and Coastal Municipalities，http：//www.sanctuaire-pelagos.org/en/about-us/area-of-application-and-coastal-municipalities。

的范例,公然挑战了"在公海建立保护区是不可能的"这一论断,①从而进一步激发和引导了有关公海保护区的政治、法律、生态讨论。在此背景下,该保护区获得了国际社会的不少好评,以至于在没有法律义务要求的情况下,一些机构和组织也开始为保护区的设立管理提供良好的合作和配合行为。

二 东北大西洋公海保护区网络

在1992年《保护东北大西洋海洋环境公约》(OSPAR)体系中,"海洋保护区"和"东北大西洋海洋保护区网络"两个概念分别被给出了。2003年《〈保护东北大西洋海洋环境公约〉关于海洋保护区网络的建议》在其定义条款中给出了海洋保护区定义也指明国际性,甚至直接表明国际法的作用:

> "海洋保护区"是指根据国际法,在一个特定海洋区域内,通过保护、养护、恢复或预防性方式,来保护和保全海洋环境中的物种、栖息地、生态系统或生态过程。②

由于《保护东北大西洋海洋环境公约》所包含的海域涉及公海区域,作为一个区域协定,该协议的海洋保护区定义也为公海保护区的概念提供了一定参考。③

---

① 范晓婷编:《公海保护区的法律与实践》,海洋出版社2015年版,第105页。
② 《〈保护东北大西洋海洋环境公约〉关于海洋保护区网络的建议》(OSPAR Recommendation 2003/3 on a Network of Marine Protected Areas)第1.1条。(原文为:"marine protected area" means an area within the maritime area for which protective, conservation, restorative or precautionary measures, consistent with international law have been instituted for the purpose of protecting and conserving species, habitats, ecosystems or ecological processes of the marine environment.)
③ OSPAR, *OSPAR's Regulatory Regime for Establishing Marine Protected Areas (MPAs) in Areas beyond National Jurisdiction (ABNJ) of the OSPAR Maritime Area*, Summary Record-OSPAR 09/22/1-E, Annex 6, Brussels, Belgium, 22-26 June 2009, p. 3.

除此之外，在 2010 年《保护东北大西洋海洋环境公约组织关于设立米尔恩海山复合海洋保护区的决定》中，"东北大西洋海洋保护区网络"在定义条款中被表述如下：

"东北大西洋海洋保护区网络"是指缔约方已经报告过和仍处于报告中的那些区域，联合其他已被保护东北大西洋海洋环境公约组织列为保护区网络组成部分的那些位于缔约方国家管辖范围以外的海洋区域。[①]

东北大西洋海洋保护区网络实际是将那些位于缔约方国家管辖范围以外海域的海洋保护区也纳入了该网络之中，从而力求达到综合、协调、完整的海洋保护区网络。在此，保护东北大西洋海洋环境公约组织这一区域海洋组织，已经很明确地将"海洋保护区"的定义和"东北大西洋海洋保护区网络"的定义结合起来适用于公海之上了。

（一）法律框架分析

《保护东北大西洋海洋环境公约》始于 1972 年，当年通过了防止倾倒废物及其他物质污染海洋的《奥斯陆公约》。1974 年，《巴黎公约》将范围扩宽至陆上源头和海上开采业。1992 年，这两个公约被合并为《保护东北大西洋海洋环境公约》（OSPAR），并进行了更新和拓展。合并后的新公约包含东北大西洋沿岸的 15 个国家以及欧盟，[②] 适

[①] OSPAR 10/23/1-E, Annex 34, para. 1.1, OSPAR Decision 2010/1 on the Establishment of the Milne Seamount Complex Marine Protected Area. （原文为："OSPAR Network of Marine Protected Areas" means those areas which have been, and remain, reported by Contracting Parties, together with any other area in the maritime area beyond the national jurisdiction of the Contracting Parties which has been included as a component of the network by the OSPAR Commission.）

[②] 缔约方包括：比利时、丹麦、芬兰、荷兰、挪威、葡萄牙、西班牙、法国、德国、瑞典、冰岛、爱尔兰、英国、卢森堡、瑞士、欧盟，其中卢森堡、瑞士属于内陆国。

用的海区超过 50% 不属于国家管辖范围内。① 该公约的主要目标是采取一切可能的步骤来预防和消除污染，采取必要的措施来保护海洋区域免受人类活动的不利影响，以保护人类健康和保护海洋生态系统，并在切实可行的情况下恢复受到损害的海洋区域。② 该公约的附件五要求各方采取必要措施来保护海洋生态系统和生物多样性，并通过合作来执行计划和措施。③

在该公约所并入的 2003 年《关于海洋保护区网络的建议》中，各缔约方被建议在 2010 年前建立起具有生态一致性且管理良好的海洋保护区网络，④ 而该保护区网络不仅限于国家管辖范围内之海域，还可以包含任何被委员会认定为是海洋保护区网络组成部分而在缔约方管辖范围以外的海域。⑤ 与 2003 年《关于海洋保护区网络的建议》相配套的是 2003 年《关于识别和选取〈保护东北大西洋海洋环境公约〉下海洋保护区的指南》和 2003 年《关于管理〈保护东北大西洋海洋环境公约〉下海洋保护区的指南》。值得提到的一点是，2003 年的《关于识别和选取〈保护东北大西洋海洋环境公约〉下海洋保护区的指南》不仅没有赋予保护东北大西洋海洋环境公约组织类似缔约国一样的识别和选取海洋保护区的权力，还要求在设立潜在公海保护区时须向相关国际组织咨询，这就会使得识别选取海洋保护区的程序变得更加复杂和烦琐。⑥

---

① OSPAR, *OSPAR's Regulatory Regime for Establishing Marine Protected Areas (MPAs) in Areas beyond National Jurisdiction (ABNJ) of the OSPAR Maritime Area*, Summary Record-OSPAR 09/22/1-E, Annex 6, Brussels, Belgium, 22-26 June 2009, p. 3.

② 《保护东北大西洋海洋环境公约》第 2 条。

③ 《保护东北大西洋海洋环境公约》Annex Ⅴ，第 2 条。

④ 《〈保护东北大西洋海洋环境公约〉关于海洋保护区网络的建议》(*OSPAR Recommendation 2003/3 on a Network of Marine Protected Areas*) 第 2.1 条。

⑤ 《〈保护东北大西洋海洋环境公约〉关于海洋保护区网络的建议》第 1.1 条。

⑥ Molenaar, Erik J., and Alex G. Oude Elferink, "Marine Protected Areas in Areas beyond National Jurisdiction—The Pioneering Efforts under the OSPAR Convention", *Utrecht Law Review* 5 (2009).

《保护东北大西洋海洋环境公约》体系和《联合国海洋法公约》《生物多样性公约》都有着良好地互动，该公约通过公约条文本身与附件五共同构建起了一个在区域层面执行《联合国海洋法公约》第十二部分与《生物多样性公约》中有关海洋生物多样性保护的法律框架。与前文所提的巴塞罗那公约体系所不同的是，1992年《保护东北大西洋海洋环境公约》体系更加开放和灵活，域外沿海国家只要其船舶在东北大西洋海域有活动需求，理论上都是可以加入该公约体系的，只是需要现有缔约国的提议再经过各缔约国的投票即可，甚至在必要的时候该公约的适用海域也可以进行适当的重新定义调整。[1] 另外1992年《保护东北大西洋海洋环境公约》体系也允许其他国家成为观察员国，[2] 不过至今没有先例。[3]

（二）设立管理之公海保护区

保护东北大西洋海洋环境公约组织可以就除了渔业以外的有关活动，[4] 通过"决定"（decision）的形式采纳一些措施（measure）和项目（program）来引入一些具有法律约束力的文件，同时还可以通过指南（recommendation）或其他协议（agreement）形式来引入一些不具有法律约束力的文件。于是，2003年该组织就引入了《关于海洋保护区网络的建议》《关于识别和选取〈保护东北大西洋海洋环境公约〉下海洋保护区的指南》《关于管理〈保护东北大西洋海洋环境公约〉下海洋保护区的指南》这三个关于海洋保护区的文件，为海洋保护区的设立管理之国际法实践奠定了基础。就在同一年，《保护东北大西洋海洋环境公约》部长级会议承诺到2010年建

---

[1] 《保护东北大西洋海洋环境公约》第27条第2款。
[2] 《保护东北大西洋海洋环境公约》第11条。
[3] Molenaar, Erik J., and Alex G. Oude Elferink, "Marine Protected Areas in Areas beyond National Jurisdiction—The Pioneering Efforts under the OSPAR Convention", *Utrecht Law Review* 5 (2009).
[4] 保护东北大西洋海洋环境公约组织对部分活动采取的措施是需要受到国际法上的限制的，比如有关航运的人类活动。

立起生态和谐、管理良好的海洋保护区网络,并包括国家管辖范围以外的海域。[1]

2010年9月20—24日,在挪威卑尔根举行的《保护东北大西洋海洋环境公约》部长级会议上,六项关于在公海和国家管辖范围以外海域设立海洋保护区的提案被通过。这些历史性的关于建立东北大西洋公海保护区的提案中,包括对科学信息和数据进行整理与审查,准备法律可行性研究和征求意见稿之间的磋商。考虑了这些海域管辖权的复杂情况,部长会议最终决定在东北大西洋公海中设立以下海洋保护区:

1. 查理—吉布斯南部海洋保护区　　　　　146032平方公里
2. 米尔恩海山复合海洋保护区　　　　　　20914平方公里
3. 亚速尔群岛北部大西洋中脊海洋保护区　93570平方公里
4. 阿尔泰海山海洋保护区　　　　　　　　4384平方公里
5. 安第阿尔泰公海保护区　　　　　　　　2807平方公里
6. 约瑟芬海山复合海洋保护区　　　　　　19363平方公里

2012年6月25—29日在德国波恩,保护东北大西洋海洋环境公约组织同意共同设立第七个东北大西洋公海保护区,即,

7. 查理—吉布斯北部公海保护区　　　　　178094平方公里[2]

东北大西洋海洋保护区网络的地理空间范围,以及几个公海保护区的位置参见图3-2。由于东北大西洋沿岸的数个国家都提出外

---

[1] 范晓婷编:《公海保护区的法律与实践》,海洋出版社2015年版,第122页。
[2] OSPAR Commission, Dr. Janos Hennicke, *2016 Status Report on the OSPAR Network of Marine Protected Areas*, London, United Kingdom, 2017, p.15.

大陆架主张，这就引发了在外大陆架划界未定前，有关海洋保护区

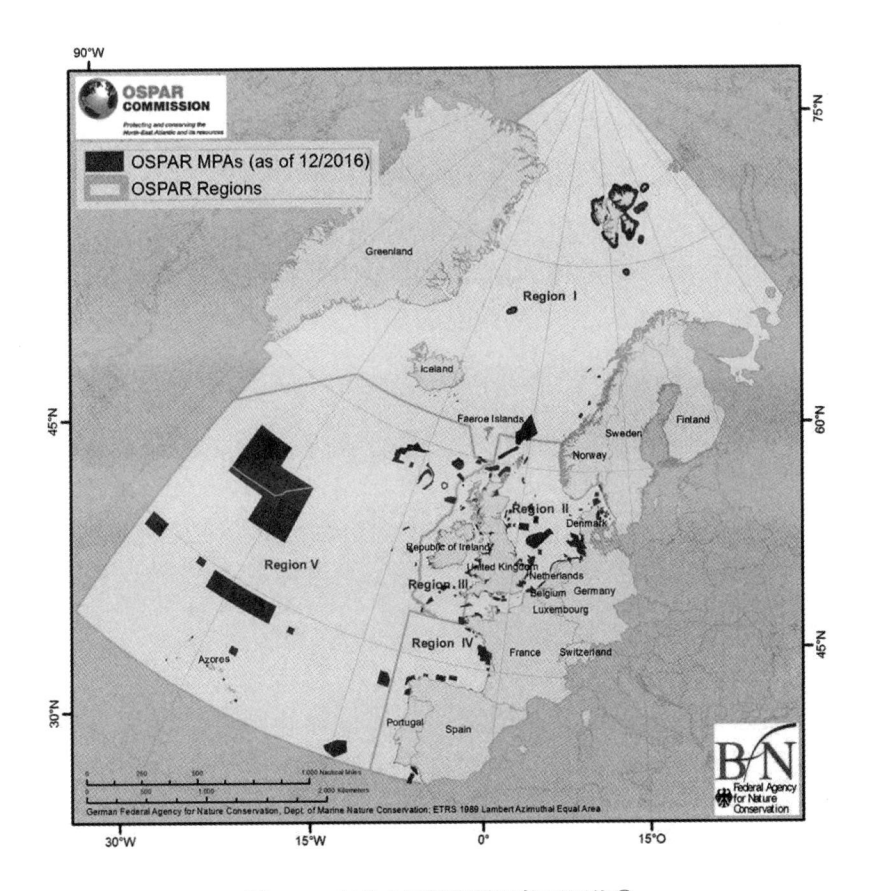

图 3-2　东北大西洋海洋保护区网络①

提案能否获得保护东北大西洋海洋环境公约组织通过的争议。早在 2006 年，葡萄牙就曾正式提名彩虹热液喷口区（Rainbow Hydrothermal Vent Field）作为保护东北大西洋海洋环境公约下的海洋保护区，然而该海洋保护区位于葡萄牙的专属经济区之外和葡萄牙主张的外大陆架上，即属于亚速尔群岛陆地的自然延伸。葡萄牙认为依据《联合国海洋法公约》第 192 条有关保护和维护海洋环境

---

① OSPAR Commission, Dr. Janos Hennicke, *2016 Status Report on the OSPAR Network of Marine Protected Areas*, London, United Kingdom, 2017, p. 15.

以及预防原则的内容，即使在联合国大陆架委员会作出最终决定之前，葡萄牙也应承担保护海床和底土的责任。① 类似的是，在 2011 年、2012 年、2014 年，英国分别提名了三个位于其专属经济区以外其主张的外大陆架上的海洋保护区提案，第一个是提名其西北部面积约有 181 平方公里的洛克岛（Rockall）海域，第二个是哈顿大坝海域，第三个是哈顿—洛克岛盆地海域，这三个提案中的海洋保护区完全位于英国向联合国大陆架委员会主张的外大陆架上，英国认为虽然这些海床和底土受到英国的保护，而公海水体仍未被保护，因此有必要将其设立为保护东北大西洋海洋环境公约下的海洋保护区。② 这些提议引发了一系列争论，其中的哈顿—洛克岛盆地海洋保护区提案受到丹麦的强烈反对，因为该海域也位于丹麦所主张的外大陆架上，而依据《联合国海洋法公约》第 76 条第 8 款和附件二的第 4 条，两国所主张的重叠之外大陆架申请仍然未获得联合国大陆架委员会的最终决定。③

（三）保护目标和方式标准

东北大西洋海洋保护区网络的首要目标和宗旨是保护自然，即保护和恢复物种、栖息地和生态过程免受人类活动不利影响；从而依照风险预防原则防止物种、栖息地和生态过程的退化和损害；保护具有代表性的海域物种、栖息地和生态过程对应范围的地区。④ 在此目标下，保护东北大西洋海洋环境公约组织决议采取更多的管理行动来进一步推动公海保护区的设立管理：

1. 根据缔约方和观察组织的报告来进一步探究采取措施以

---

① OSPAR Commission, Dr. Janos Hennicke, *2016 Status Report on the OSPAR Network of Marine Protected Areas*, London, United Kingdom, 2017, p. 14.

② Ibid., p. 15.

③ Ibid.

④ OSPAR Commission, *2012 Status Report on the OSPAR Network of Marine Protected Areas*, London, United Kingdom, 2013.

使得国家管辖范围以外海域海洋保护区网络建设能够达到2003年《关于海洋保护区网络的建议》相配套的2003年《关于识别和选取〈保护东北大西洋海洋环境公约〉下海洋保护区的指南》和2003年《关于管理〈保护东北大西洋海洋环境公约〉下海洋保护区的指南》所设置的目标和标准；

2. 根据1982年《联合国海洋法公约》，与有关主管国际组织协商制定和实施保护东北大西洋海洋环境公约组织已经采用的在国家管辖范围以外的海洋保护区之管理框架，如果适当，考虑这种保护如何在上一条的前提下，针对其他潜在被纳入东北大西洋海洋保护区网络中的海洋保护区管理上取得更好效果；

3. 确定需要填补的任何法律和治理空缺，特别是在离岸和国家管辖范围以外海域，从而实现并维护生态一致的东北大西洋海洋保护区网络，进一步采取步骤填补这些法律与治理，尽快完善对国家管辖范围以外海洋保护区的管理；

4. 如果有缔约方要求，则去考虑该组织或缔约方的任何行动，以及任何相关国际组织参与的支持缔约方实现管理措施的机构化是否有必要。[①]

由此可以看出，在保护东北大西洋海洋环境公约组织内部关于公海保护区设立管理国际法实践问题上仍然存在一系列疑问和争议，比如保护东北大西洋海洋环境公约与《联合国海洋法公约》的关系，如何界定1992年《保护东北大西洋海洋环境公约》在公海保护区设立管理上的权限，如何处理未划定的海域界线与海洋保护之间的矛盾，如何与国际组织合作促进公海保护区的设立管理，等等。这些疑问的解答既需要进行深入的国际法分析，也需要在具体的公海保护区设立管理国际法实践中慢慢摸索。

---

① OSPAR: Part Ⅱ—The Thematic Strategies, https://www.ospar.org/site/assets/files/1466/biodiversity_ strategy.pdf.

三 南大洋公海保护区网络

南大洋公海海域是指位于南极大陆周边的海域，由于 1959 年《南极条约》冻结了有关南极的领土主权主张，南极大陆周围海域的性质也就变成了《联合国海洋法公约》第七部分所定义的公海。在此区域内，已经设立了南奥克尼群岛南大陆架海洋保护区与南极罗斯海海洋保护区两个公海保护区，考虑到该海域性质地位以及公海保护区国际法实践的特殊性，因此有必要进行进一步的分析。

（一）法律依据分析

1. 1980 年《南极海洋生物资源养护公约》

1980 年《南极海洋生物资源养护公约》（CCAMLR）是南极条约体系的一部分，目的是保护南极周边海域的环境和生态系统完整性，并养护南极海洋生物资源。[①] 至今，该公约有 36 个缔约方，其中 25 个缔约方是南极海洋生物资源养护委员会的成员，[②] 11 个非南极海洋生物资源养护委员会的成员。[③] 2011 年《总体框架》还表示建立南奥克尼群岛南大陆架海洋保护区只是建立南极海洋保护区网络的第一步。[④] 2016 年的《罗斯海海洋保护区保护措施》体现了南极海洋生物资源养护委员会正在向建设具有代表性的南极海洋保护区网络而迈进。[⑤] 可是与 1992 年《保护东北大西洋海洋环境公约》

---

① 《南极海洋生物资源养护公约》第 2 条。

② 25 个缔约方是南极海洋生物资源养护委员会的成员分别是：阿根廷、澳大利亚、比利时、巴西、智利、中国、欧盟、法国、德国、印度、意大利、日本、韩国、纳米比亚、新西兰、挪威、波兰、俄罗斯、南非、西班牙、瑞典、乌克兰、英国、美国和乌拉圭。

③ 11 个非南极海洋生物资源养护委员会的成员分别是：保加利亚、加拿大、库克群岛、芬兰、希腊、毛里求斯、荷兰、秘鲁、瓦努阿图、巴基斯坦、巴拿马。

④ CCAMLR, *General Framework for the Establishment of CCAMLR Marine Protected Areas*, Conservation Measure 91-04, Australia, 2011, p. 1.

⑤ CCAMLR, *Ross Sea Region Marine Protected Area*, Conservation Measure 91-05, Australia, 2016.

不同的是，1980年《南极海洋生物资源养护公约》并不涉及诸多环境法律问题，而相关问题是由1959年《南极条约》有关环境保护的1991年《南极条约环境保护议定书》来进行调整。

《南极海洋生物资源养护公约》中的第2条表明了公约的目的是养护生态环境从而防止因过度捕捞而导致的对南极海洋生物资源的种群和数量造成的长期不可逆之损害，在该公约第9条第2款中进一步提到具体"养护措施"。1980年《南极海洋生物资源养护公约》第2条即规定：

> 一、本公约之目的是养护南极海洋生物资源。
> 二、为本公约的目的，"养护"一词包括合理利用。
> 三、在本公约适用区内的任何捕捞及有关活动，都应根据本公约规定和下述养护原则进行……①

这三款规定共同构成了《南极海洋生物资源养护公约》中养护生态环境从而防止因过度捕捞而导致的对南极海洋生物资源的种群和数量造成的长期不可逆之损害。② 虽然该公约对"合理利用"并没有给出具体深入的解释，但从公约前后文看，"合理利用"与商业捕捞并没有形成冲突。如果仅有《南极海洋生物资源养护公约》第2条还不足以说明该公约的主要目的是管理南极海洋生物资源捕捞和相关活动，该公约第9条第2款中提到的具体"养护措施"，比如"确定公约适用区内任何被捕捞种类的可捕量"、"确定区域或次区域中种群的可捕量"、"确定捕捞季节和禁捕季节"等，③ 则进一步表明该公约主要目的是"合理捕捞"，而不是国际自然保护联盟

---

① 《南极海洋生物资源养护公约》第2条。
② Nicoll, Rob, and Jon C. Day, "Correct Application of the IUCN Protected Area Management Categories to the CCAMLR Convention Area", *Marine Policy* 77 (2017).
③ 唐建业：《南极海洋保护区建设及法律政治争论》，《极地研究》2016年第3期。

"海洋保护区"概念里所要求的"保护",[①] 由此可见,《南极海洋生物资源养护公约》本质上仍是传统的以生物资源利用为中心的条约,只是在原则上更加强调了生态系统和预防性。[②] 另外该公约本身没有提到任何海洋保护区的条款,且公约的本质是传统的以生物资源利用为中心的条约,还是更加强调海洋环境保护与生物多样性也存在争议。[③] 因此在缔约方讨论是否依据 1980 年《南极海洋生物资源养护公约》设立海洋保护区时,相关争议反复被提起。[④]

2. 1959 年《南极条约》的 1991 年《南极条约环境保护议定书》[⑤]

《南极条约环境保护议定书》(即《马德里议定书》)于 1991 年 12 月 4 日签订,1998 年 1 月 14 日起生效。该议定书旨在保护南极的生态环境,严格禁止对南极生态环境的破坏。1991 年 10 月通过了议定书的五个附件,分别是"南极环境评估""南极动植物保护""南极废物处理与管理""防止海洋污染"和"南极特别保护区",从不同的角度细化对南极的环境保护规定。这五个附件于 1988 年 1 月 14 日生效。附件六"环境紧急状况下的责任"于 2005 年 6 月在斯德哥尔摩通过,正待各国批准。[⑥]

[①] Nicoll, Rob, and Jon C. Day, "Correct Application of the IUCN Protected Area Management Categories to the CCAMLR Convention Area", *Marine Policy* 77 (2017).

[②] 唐建业:《南极海洋保护区建设及法律政治争论》,《极地研究》2016 年第 3 期。

[③] 同上。

[④] CCAMLR, *Report of the Second Special Meeting of the Commission*, Bremerhaven, Germany, 15 and 16 July 2013, para. 3. 18.

[⑤] 截至 2013 年 5 月,协议批准 33 个缔约国:阿根廷、澳大利亚、白俄罗斯、比利时、巴西、保加利亚、加拿大、智利、中国、捷克、厄瓜多尔、芬兰、法国、德国、希腊、印度、意大利、日本、韩国、荷兰、新西兰、挪威、秘鲁、波兰、罗马尼亚、俄罗斯、南非、西班牙、瑞典、乌克兰、英国、美国与乌拉圭。另有 11 个国家已签署但尚未批准:奥地利、哥伦比亚、古巴、丹麦、危地马拉、匈牙利、朝鲜、巴布亚新几内亚、斯洛伐克、瑞士与土耳其。

[⑥] 联合国:《全球环境年鉴 2016》,http://www.un.org/chinese/esa/environment/outlook2006/polar2.htm。

1991年《南极条约环境保护议定书》附件五规定允许建立南极特别保护区（ASPAs）和南极特殊管理区（ASMA），以保护在环境、科学、历史、美学或荒野上有价值的区域。[1] 南极特别保护区（ASPAs）和南极特殊管理区（ASMA）都可以涉及海洋环境，并可以在海洋环境中指定保护区域。迄今为止建立的71个南极特别保护区中有五个是海洋保护区，尽管另外六个包括相关的海洋环境区域，七个南极特殊管理区中有两个包括相关的海洋环境区域。[2] 该议定书的附件五规定了马德里议定书和1980年《南极海洋生物资源养护公约》之间在包括海洋环境保护区域方面要进行合作与协调。[3] 由于1980年《南极海洋生物资源养护公约》的养护客体只包含海洋生物，而无法涉及更多的环境保护内容，这就要求该公约在南极生态环境保护问题上与1991年《南极条约环境保护议定书》共同协作致力于一个机构化常态化的模式。[4] 此处，1991年《南极条约环境保护议定书》附件五项下的南极特别保护区和南极特殊管理区在涉及海洋时能否被定义为海洋保护区仍然没有定论，笔者也几乎没有见到有学者将相关保护区归为海洋保护区下予以论述，这为海洋保护区和公海保护区法律概念的确定又提出了新的问题和启发。

（二）保护客体目标

南大洋作为地球上受人类活动影响最小的海域，占全球海洋总面积的10%。南大洋海域有着特殊的地理气候环境，也孕育了很多特殊的物种，至今已有8200种南大洋特有的海洋生物在南极海洋生

---

[1] 《南极条约环境保护议定书》第2条。

[2] Erik J. Molenaar, Alex G. Oude Elferink and Donald R. Rothwell, *The Law of the Sea and the Polar Regions*, Martinus Nijhoff Publishers, 2013, p. 128.

[3] 《南极条约环境保护议定书》附件五第6条。

[4] Erik J. Molenaar, Alex G. Oude Elferink and Donald R. Rothwell, *The Law of the Sea and the Polar Regions*, Martinus Nijhoff Publishers, 2013, p. 128.

物登记处登记，而据估计相关物种的数量将大约高达 17000 种。① 南大洋特有的海洋生态环境与生物多样性为人类的生存提供了难以估量的支撑，却在不断遭受人类活动带来的危害。在 1980 年《南极海洋生物资源养护公约》生效之前，曾有一块很小的南极海域被依据《南极条约环境保护议定书》的附件五而被设立为特别保护区域，以致力于保护对环境、审美、科学研究、历史、野外生物等有着重要意义的区域。②

在 1980 年《南极海洋生物资源养护公约》生效之后，海洋保护区的概念也以非正式的方式予以表达，在南极海洋生物资源养护委员会的官方网站上，海洋保护区被认为是：

> 为其中的全部或部分自然资源提供保护的海洋区域。其目的是为海洋物种、生物多样性、栖息地、觅食和哺育场提供保护，并在某些情况下保护历史和文化遗址。海洋保护区可协助保护生态系统进程和维持生物生产力。南极海洋生物资源养护委员会使用海洋保护区工具来弥补协调包括限制捕获、限制齿轮和禁止捕捞等其他管理工具。③

---

① Griffiths, Huw J., "Antarctic Marine Biodiversity—What Do We Know about the Distribution of Life in the Southern Ocean?", *PloS one* 5, No. 8 (2010).

② Hawkey, Josie, Richard Kennedy, Llara MacGilloway, Polly Miller, and Kathleen Smiley, "Marine Protected Areas in the Southern Ocean", *PCAS 15* (2012/2013), *Syndicate Project ANTA 601* (2013).

③ 南极海洋生物资源养护委员会：Achievements and Challenges, https://www.ccamlr.org/en/organisation/achievements-and-challenges#MPA. （原文为：An MPA is a marine area that provides protection for all or part of the natural resources therein. It aims to provide protection to marine species, biodiversity, habitat, foraging and nursing grounds, and in some cases to preserve historical and cultural sites. MPAs can assist in conserving ecosystem processes and sustaining biological productivity. CCAMLR uses MPAs to complement other management tools including catch limits, gear restrictions, and closures.）

顾名思义，1980年《南极海洋生物资源养护公约》强调的是南极海洋生物资源的养护，而不涉及有关的污染防治和环境保护问题，从而更加强调的是生物多样性问题，即通过对南极海洋生物资源的管理养护，以合理利用捕捞磷虾、银鱼、螃蟹等南极海洋生物。与此同时保护相关的物种栖息地，如信天翁和海燕密集区、企鹅觅食范围区、深海生物区、海冰密集区等。[①]

（三）南奥尼克群岛公海保护区

2009年11月，南极海洋生物资源养护委员会第28届缔约方大会通过了设立南奥尼克群岛公海保护区的保护措施，随后在2010年5月，南奥尼克群岛南部大陆架海洋保护区正式成立。该海洋保护区是一个形似凹形的区域，也是世界上第一个完全位于国家管辖范围以外海域的海洋保护区。[②] 在南奥尼克群岛南部大陆架海洋保护区94000平方公里的面积里，捕鱼、科学研究以及与捕鱼相关的捕捞、排放和倾废都被严格控制。该保护区的地理空间位置如图3-3所示。

（四）南极罗斯海公海保护区

罗斯海被认为是地球上保存完好的最后一块海洋生态区域，也是相关科研活动开展较多的区域，在该区域内有着数量庞大的哺乳动物和鸟类，也是南极犬牙鱼的栖息地。罗斯海冰架是南大洋生物多样性最丰富的地区之一，也是世界上极少数几个拥有顶级海洋捕食者群体的海域之一。鲸鱼、海豹和鱼类种群尚未得到广泛开发，数量仍然很高。近些年来气候变化、过度捕捞和生态环境退化已经给罗斯海区域的企鹅、鲸鱼类、海豹等生物的生存带来了压力，因此设立海洋保护区对相关生物和栖息地进行保护已经迫在眉睫。[③]

[①] 范晓婷编：《公海保护区的法律与实践》，海洋出版社2015年版，第115页。
[②] 同上书，第113页。
[③] 唐建业：《南极海洋保护区建设及法律政治争论》，《极地研究》2016年第3期。

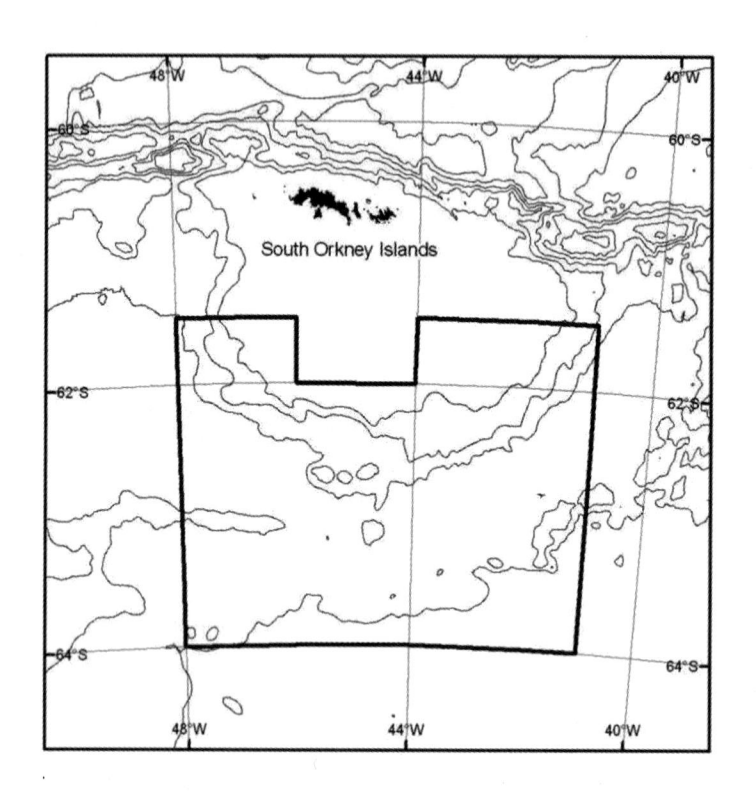

图 3-3 南奥尼克群岛公海保护区地理空间位置①

在 2012 年南极海洋生物资源养护委员会第 31 届缔约方大会上，罗斯海公海保护区与其他三个公海保护区提案被提起，由于对"合理利用"的理解存在争议，以及对公海保护区没有统一的定义，加之对南极海洋生物资源养护委员会设立管理公海保护区的权限和程序存在争议，俄罗斯和中国对罗斯海公海保护区的设立提出了疑问。② 于是 2013 年 7 月，委员会专门针对罗斯海公海保护区设立管

---

① 参见 CCAMLR Conservation Measure（CM）91-03（2009）"*Protection of the South Orkney Islands Southern Shelf*"。

② CCAMLR, *Report of Thirty-First Meeting of the Commission*, CCAMLR-XXXI, Australia, 2012.

理的问题在德国召开会议讨论。①

美国提出的保护罗斯海的提案建议将覆盖 180 万平方公里，其中 80 万平方公里将完全封闭，仅用于研究气候变化的影响。新西兰的提案将覆盖 250 万平方公里，在某些地区允许适度捕捞犬牙鱼。2012 年，美国和新西兰提出了联合提案，并分别在 2013 年和 2014 年对联合提案不断进行了修改完善。虽然俄罗斯所提出的要等正式之海洋保护区概念生效才继续讨论南极罗斯海海洋保护区问题曾一度给该保护区设立蒙上阴影，但《南极海洋生物资源养护公约》各方最终以最大诚意之妥协，成功建立起了南极罗斯海海洋保护区，②但是其谈判过程中的有关海洋保护区与公海保护区概念的争议却仍然存在。③ 南极罗斯海保护区的地理空间位置如图 3-4 所示。

除了依据 1980 年《南极海洋生物资源养护公约》建立起来的两个南极公海保护区，在南大洋海域，国际组织也引入了具有划区管理方式性质的环境保护手段。国际海事组织就依据《73/78 防污公约》的附件一、二、五中有关油类物质、有毒液体、船舶垃圾的规定而将南纬 60 度以南的海域划定为特殊海域，而比其他海域更加严格地禁止或严格限制相关船源污染物的排放。除此之外，国际海事组织还就南极条约体系适用的海域船舶压舱水的置换提出了相应的指南，④ 2009 年国际海事组织制定了相应极地航行规则，⑤ 2011 年甚至禁止船舶装运重油在南极海域航行。⑥ 根据 1946 年《国际规范捕鲸公约》，国际捕鲸委员会在 1994 年设立了南大洋鲸鱼保护区，

---

① CCAMLR, *Report of the Second Special Meeting of the Commission*, CCAMLR-SM-II, Bremerhaven, Germany, 15 and 16 July 2013.

② 南极海洋生物资源养护委员会：CCAMLR to create world's largest Marine Protected Area, https://www.ccamlr.org/en/news/2016/ccamlr-create-worlds-largest-marine-protected-area。

③ 唐建业：《南极海洋保护区建设及法律政治争论》，《极地研究》2016 年第 3 期。

④ 国际海事组织 2007 年的指南 Res. MEPC. 163 (56)。

⑤ 国际海事组织大会 2009 年的决议 Res. A. 1024 (26)。

⑥ 国际海事组织 2011 年的指南 Res. MEPC. 189 (60)。

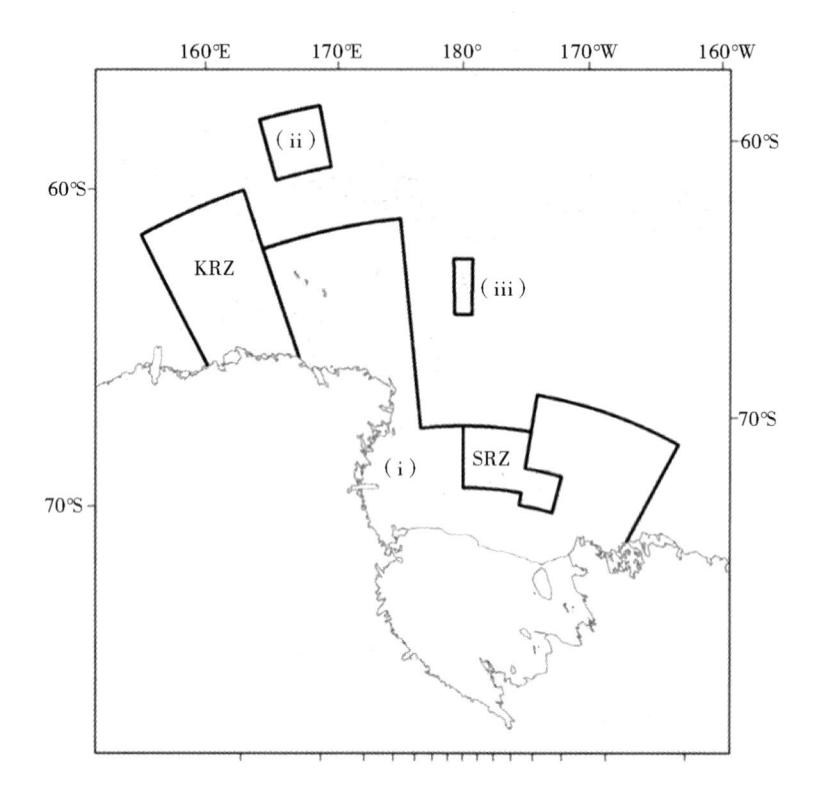

图 3-4 南极罗斯海公海保护区地理空间位置①

在整个南大洋海域禁止商业捕鲸，只允许以科学研究为目的的捕鲸活动，② 由于日本在南大洋大规模捕鲸所引发的澳大利亚和日本之间的国际争端亦是因此而引发的。③ 与上文中的有关南极特别保护区和南极特殊管理区与海洋保护区法律概念辨析争议同样，无论是国际

---

① CCAMLR Conservation Measure (CM) 91-05 (2016), *Ross Sea Region Marine Protected Area*. 罗斯海海洋保护区包括以下区域组成的总保护区边界：区域（i）、（ii）和（iii），特别研究区（SRZ）和磷虾研究区（KRZ）。深度轮廓在 500 米、1500 米和 2500 米。

② Zacharias, Mark A., Leah R. Gerber, and K. David Hyrenbach, "Review of the Southern Ocean Sanctuary: Marine Protected Areas in the Context of the International Whaling Commission Sanctuary Programme", *Journal of Cetacean Research and Management* 8, No.1 (2006).

③ *Whaling in the Antarctic (Australia v. Japan: New Zealand Intervening)*, Judgment, *I. C. J. Reports* 2014, p. 226.

海事组织还是国际捕鲸委员会所划定的管理区域能否被认为是海洋保护区也需要进一步探讨。

四 潜在公海保护区优选区域

除了已经设立起来的四个获得公认的公海保护区，国际自然保护联盟、世界保护区委员会、世界自然基金会、绿色和平组织等非政府组织与《生物多样性公约》缔约方大会等均曾经提出过其所建议的公海保护区优选区域。[1] 从区域海洋组织的视角来看，潜在的具有设立管理公海保护区可能的区域海洋组织及其所依据的法律文件主要是南太平洋和东南太平洋，以及北极公海区域这两处。

（一）南太平洋和东南太平洋区域

1. 1981年《保护东南太平洋海洋环境和沿海地区公约》（利马公约）

为了保护东南太平洋沿海区域的海洋环境，智利、厄瓜多尔、巴拿马和秘鲁的全权代表于1981年11月12日在智利首都利马签署了《保护东南太平洋海洋环境和沿海地区公约》（利马公约）。该公约在序言中强调保护东南太平洋沿海海域免受各种形式污染侵害的重要性，以及在区域层面合作保护沿海海洋环境的重要性。[2] 该公约适用于缔约方管辖范围以内的海域，以及对该海域环境保护有影响的公海区域。[3] 该公约缔约方于1989年9月21日在哥伦比亚派帕签署了《养护和管理东南太平洋沿海海洋保护区的议定书》，该议定书规定若缔约方享有大陆架，则议定书适用于包括外大陆架在内的整个大陆架区域。[4]

---

[1] 范晓婷编：《公海保护区的法律与实践》，海洋出版社2015年版，第129页。
[2] 《保护东南太平洋海洋环境和沿海地区公约》序言第1段和第3段。
[3] 《保护东南太平洋海洋环境和沿海地区公约》第1条。
[4] 《养护和管理东南太平洋沿海海洋保护区的议定书》第1条第2款。（原文为：Este Convenio se aplica asimismo, a toda la plataforma continental cuando ésta sea extendida por las Altas Partes Contratantes más allá de sus 200 millas.）

2. 1986年《保护南太平洋区域自然资源和环境公约》(努美阿公约)

根据 1982 年南太平洋人类环境会议上通过的《管理南太平洋自然资源和环境行动计划》，1986 年南太平洋诸国[①]签署了《保护南太平洋区域自然资源和环境公约》(《努美阿公约》)，该公约及其两个议定书在 1990 年生效，两个议定书分别为《防止南太平洋倾废污染议定书》《关于合作应对南太平洋污染紧急情况议定书》。考虑到 1986 年《努美阿公约》的适用范围包括各缔约国管辖范围内的海域及其之间的公海区域，[②] 以及南太平洋海岛国家受气候变化的影响尤其显著，[③] 建立海洋保护区成了南太平洋海岛国家的一个潜在选项。

在《努美阿公约》之前，南太平洋诸国于 1976 年就签署了《保护南太平洋自然公约》(《阿皮亚公约》)，该公约于 1990 年生效，《阿皮亚公约》要求缔约方为了今世后代，通过认真地规划来保护、管理、发展南太平洋地区的自然资源，并在第 2 条中规定通过创建保护区，以保护自然生态系统中的代表性样本、独特风景、醒目地质构造地域，以及具有美学、历史、文化或科学价值的物体。《阿皮亚公约》的执行在该公约第八次缔约方大会 (2006 年) 上已经被暂停。[④]

(二) 北极公海区域

作为《北极环境保护战略》的产物，北极理事会是由加拿大、丹

[①] 缔约国包括：美属萨摩亚、澳大利亚（东海岸和东部群岛，包括麦格理岛）、库克群岛、密克罗尼西亚联邦、法属波利尼西亚、关岛、基里巴斯、马绍尔群岛、瑙鲁、新喀里多尼亚和附属领地、新西兰、纽埃、北马里亚纳群岛、帕劳、巴布亚新几内亚、皮特凯恩群岛、所罗门群岛、托克劳、汤加、图瓦卢、瓦努阿图、瓦利斯和富图纳、西萨摩亚。

[②] 《保护南太平洋区域自然资源和环境公约》第 2 条 (a) (ii) 款。

[③] SPREP, *Pacific Islands Framework for Action on Climate Change 2006-2015*, Apia, Samoa, 2005.

[④] 保护区南太平洋区域自然资源和环境秘书处：Apia Convention, http://www.sprep.org/legal/meetings-apia-convention。

麦、芬兰、冰岛、挪威、瑞典、俄罗斯和美国八个北极国家组成的政府间论坛，于1996年9月在加拿大渥太华成立，其主要目标是就共同的北极问题，尤其是环境保护和可持续发展问题开展合作、协调和互动。北极理事会的科学工作由六个专家工作组执行，其中保护北极海洋环境专家工作组的目标是阐述对北极海洋环境的威胁以及审查现有国际法律文书是否充分。该工作组所起草的《泛北极海洋保护区网络框架》中提到了要建立起泛北极海洋保护区网络，[1] 该文件在加拿大被北极理事会2015年部长级会议所通过。[2] 北冰洋作为地球上最小的大洋，其核心区域存在公海，因此建立起泛北极海洋保护区会涉及公海保护区问题。

第三节　区域海洋治理实践对公海保护区法律概念的阐释

区域海洋协定或公约中的有关条款是现今推进公海保护区设立管理之国际法实践的主要法律依据，虽然对相关条款的争议仍然存在，但是业已设立的四个公海保护区实践，很大程度上体现了相关条款所具有的一定可操作性和针对性。现有的区域海洋治理国际法实践为公海保护区法律概念的确定提供了很多可供参考的宝贵经验，验证了公海保护区实践是可行的，同时也对公海保护区法律概念中的诸多法律问题提出了新的疑问，诸如公海保护区的位置和海域划界之间的关系，公海保护区地理区间位置的确定，公海保护区的保护客体和目标的内容，公海保护区设立管理机构的权限和对第三方的影响，以及公海保护区实践推进和制度构建所需要的国际合作问题等。

---

[1] Arctic Council, PAME, *Framework for a Pan-Arctic Network of Marine Protected Areas*, Canada, April 2015, p.5.

[2] Jakobsen, Ingvild Ulrikke, *Marine Protected Areas in International Law: An Arctic Perspective*, Brill, 2016, p.234.

一 区域海洋组织公海保护区的法律内涵

（一）地理区间位置的争议

1. 是否位于潜在专属经济区

由于全球海域界线并没有完全划定，加之有些国家并没有加入《联合国海洋法公约》（比如美国、土耳其），以及有些国家处于特殊的地缘考虑而没有主张特定海域的专属经济区（如法国、意大利在地中海），致使相应国家领海之外就是公海，然而这些公海海域也是特定沿海国的潜在专属经济区。地中海派拉格斯公海保护区就是这种情形的典型例证，如果地中海沿岸国都主张专属经济区，那么地中海内将不存在公海海域。[①] 在此情况下，沿海国的权利在《联合国海洋法公约》下也存在一定争论。

由于《联合国海洋法公约》并没有就专属经济区内生物多样性问题作出规定，由于生物多样性是生物资源的组成部分，那么也许可以将生物多样性类比为第56条下的"自然资源"[②] 和第61条下的"生物资源"。[③] 同时，沿海国在专属经济区内对海洋环境的保护和保全拥有管辖权，[④] 加之各国有保护和保全海洋环境的一般义务。[⑤] 沿海国还须按照《联合国海洋法公约》第十二部分的规定采取的措施，应包括为保护和保全稀有或脆弱的生态系统，以及衰竭、受威胁或有灭绝危险的物种和其他形式的海洋生物的生存环境，而有很必要的措施；[⑥] 以及各国应采取一切必要措施以防止、减少和控制由

[①] Tanaka, Yoshifumi, "Reflections on High Seas Marine Protected Areas: A Comparative Analysis of the Mediterranean and the North-East Atlantic Models", *Nordic Journal of International Law* 81, No.3 (2012).

[②] 《联合国海洋法公约》第56条第1款 a 项。

[③] 《联合国海洋法公约》第61条。

[④] 《联合国海洋法公约》第56条第1款 b 项。

[⑤] 《联合国海洋法公约》第192条。

[⑥] 《联合国海洋法公约》第194条第5款。

于在其管辖或控制下使用技术而造成的海洋环境污染，或由于故意或偶然在海洋环境某一特定部分引进外来的或新物种致使海洋环境可能发生重大和有害的变化。①

由此可见，当一个海洋保护区位于一个或多个沿海国潜在专属经济区内，沿海国可以比照在专属经济区内设立管理海洋保护区的法律实践来行使管理职权，此时，有两点需要注意：一是至今有十多个国家仍然主张的是专属渔区，②虽然这些主张的有效性仍存在争议，但是沿海国的管辖权可以类比专属经济区进行限缩；二是虽然沿海国可以在潜在的专属经济区设立公海保护区，但是在行使生物多样性管辖权的同时仍需要进行谨慎的评估，因为很可能会受到第三国的反对。③还需要指出的是，即便在潜在专属经济区内的公海保护区之设立管理是为了全人类的利益，沿海国也需要照顾和考虑到国际社会在生物多样性和可持续利用问题上的权益。④

对于那些完全位于沿海国专属经济区以外的公海保护区，沿海国没有任何可能获得任何形式的专属经济区管辖权，因此由沿海国设立管理公海保护区的国际法实践就会变得更加复杂，同时还需要考虑到沿海国未定的外大陆架主张所带来的影响。

2. 是否位于潜在外大陆架上

2006年，为响应世界自然基金会曾提出的一项建议，葡萄牙向保护东北大西洋海洋环境公约组织正式提名彩虹热液喷口区（Rainbow Hydrothermal Vent Field）作为保护东北大西洋海洋环境

---

① 《联合国海洋法公约》第196条第1款。

② 这些国家是：阿尔及利亚、比利时（与专属经济区一致）、克罗地亚、丹麦（法罗群岛海域）、芬兰、冈比亚、利比亚、马耳他、挪威（扬马延岛和斯瓦尔巴德群岛）、巴布亚新几内亚、西班牙（地中海区域）、突尼斯、英国。爱尔兰在2006年宣布了专属经济区，同时也宣布了一个污染反应区。

③ Tanaka, Yoshifumi, "Reflections on High Seas Marine Protected Areas: A Comparative Analysis of the Mediterranean and the North-East Atlantic Models", *Nordic Journal of International Law* 81, No. 3 (2012).

④ Ibid.

公约下的海洋保护区。可是这个海洋保护区虽然位于专属经济区以外的海域，却在葡萄牙所主张的外大陆架上，属于亚速尔群岛陆地的自然延伸。相同情况也出现在 2011 年、2012 年、2014 年，英国分别提名了三个位于其专属经济区以外其主张的外大陆架上的海洋保护区提案，第一个是提名其西北部面积约有 181 平方公里的洛克岛（Rockall）海域，第二个是哈顿大坝海域，第三个是哈顿—洛克岛盆地海域。此时虽然联合国大陆架委员会未就沿海国的外大陆架申请作出结论，但须承认的是依据《联合国海洋法公约》第 192 条有关保护和维护海洋环境以及预防原则的内容，即使在联合国大陆架委员会作出最终决定之前，沿海国也应承担保护海床和底土的责任。[1]

据此，保护东北大西洋海洋环境公约组织依据位于沿海国专属经济区以外的公海保护区所在的位置（专属经济区、大陆架、外大陆架、公海）和对应的管辖权将有关海洋保护区分为四类：

（1）公海保护区完全位于国家管辖范围以外海域，海床、底土和上覆水域都处于 1992 年《保护东北大西洋海洋环境公约》体系的保护中：查理—吉布斯南部海洋保护区和米尔恩海山复合海洋保护区。

（2）海洋保护区位于葡萄牙主张的外大陆架上，根据葡萄牙的提案，由葡萄牙负责保护保护区的海床和底土，由 1992 年《保护东北大西洋海洋环境公约》体系负责保护保护区的水体部分：阿尔泰海山海洋保护区，亚速尔群岛北部大西洋中脊海洋保护区，安第阿尔泰公海保护区，约瑟芬海山复合海洋保护区。

（3）海洋保护区部分位于爱尔兰主张的外大陆架上，保护区的水体部分由 1992 年《保护东北大西洋海洋环境公约》体系负责保护，而保护区的海床和底土仍处于未受保护状态：查理—吉布斯北

---

[1] OSPAR Commission, Dr. Janos Hennicke, *2016 Status Report on the OSPAR Network of Marine Protected Areas*, London, United Kingdom, 2017, p. 14.

部公海保护区。

（4）海洋保护区位于各缔约沿海国所主张的外大陆架上，保护区的海床和底土由各个沿海国各自保护，而保护区的公海水域仍处于未受保护状态：彩虹热液喷口区，哈顿大坝海域，哈顿—洛克岛盆地海域。[①]

（二）保护客体与目标

1. 环境或生态？环境和生态？生态？

公海保护区的客体涉及环境保护、生态系统和特定物种等，环境问题与生态问题本身具有一定的区分，广义的环境保护包括污染防治、生态保护、资源利用，而狭义的环境保护和保全主要强调污染防治，在《联合国海洋法公约》第十二部分的海洋环境的保护与保全主要采用了狭义的环境保护定义，而有关的生态保护与生物资源养护则于各个部分分别阐述。通过考察现有的公海保护区设立管理之国际法实践，可以清晰地发现它们的保护客体具有明显的区别，从而也可以分为以下几类：

（1）强调生态保护

地中海派拉格斯公海保护区是对特定海洋哺乳动物及其栖息地进行保护，进而保护脆弱的生态环境，虽然其保护手段中涉及环境治理的部分内容，比如船舶搁浅、污染等，但都是通过注意这些问题以强调生态保护。虽然生态保护与污染防治是紧密联系的，在地中海派拉格斯公海保护区设立管理过程中仍然可以看到其主要目标是减少人类活动对生态系统的不利影响。即便是专门针对生态的保护，也可以分为两类：一是对特定物种的专门保护，二是对濒危物种以及对应的脆弱生态环境进行综合保护。[②]

[①] OSPAR Commission, Dr. Janos Hennicke, *2016 Status Report on the OSPAR Network of Marine Protected Areas*, London, United Kingdom, 2017, p. 15.

[②] Tanaka, Yoshifumi, "Reflections on High Seas Marine Protected Areas: A Comparative Analysis of the Mediterranean and the North-East Atlantic Models", *Nordic Journal of International Law* 81, No. 3 (2012).

（2）保护环境或生态

在南大洋的海洋保护区设立管理实践中，环境与生态保护是被分别予以保护的，即两个平行的机制，虽然机制之间存在联系与合作，但是并没有联合。1980年《南极海洋生物资源养护公约》强调了生态保护，而《南极条约》的1991年《南极条约环境保护议定书》则是强调了环境保护，因此在设置相应的海洋保护区时，根据1980年《南极海洋生物资源养护公约》而设立管理的公海保护区更加关注南极海洋生物资源的养护，而不涉及有关的污染防治和环境保护问题，从而更加强调的是生物多样性问题；1991年《南极条约环境保护议定书》附件五设立特别保护区域，建立南极特别保护区（ASPAs）和南极特殊管理区（ASMA），① 则是致力于保护对环境、审美、科学研究、历史、野外生物等有着重要意义的区域。②

（3）保护生态和环境

虽然东北大西洋海洋保护区网络的首要目标和宗旨是保护自然，即保护和恢复物种、栖息地和生态过程免受人类活动的不利影响，③ 但是1992年《保护东北大西洋海洋环境公约》（OSPAR）本身就是来源于1972年防止倾倒废物及其他物质污染海洋的《奥斯陆公约》和1974年扩展到陆上源头和海上开采业污染防治的《巴黎公约》，从而主要目标是采取一切可能的步骤来预防和消除污染，采取必要的措施来保护海洋区域免受人类活动的不利影响，以保护人类健康和保护海洋生态系统，并在切实可行的情况下恢复受到损害的海洋区域。④ 从这个角度来看，东北大西洋海洋保护区网络所保护的客体

---

① 《南极条约环境保护议定书》第2条。

② Hawkey, Josie, Richard Kennedy, Llara MacGilloway, Polly Miller, and Kathleen Smiley, "Marine Protected Areas in the Southern Ocean", *PCAS 15 (2012/2013)*, *Syndicate Project ANTA 601* (2013).

③ OSPAR Commission, 2012 *Status Report on the OSPAR Network of Marine Protected Areas*, London, United Kingdom, 2013.

④ 《保护东北大西洋海洋环境公约》第2条。

不仅仅是生态系统，更包括了广义的生态环境整体。

2. 对潜在的其他新兴活动的管理？

在全球零散空缺的公海法律与治理框架下，区域海洋组织对很多人类海洋活动的管理权限依然存在很多争论和不明确之处，比如已经有一定法律规范的人类公海活动：捕鱼、采矿、岛屿与浮动设施设备、铺设海底电缆和管道、航运、军事行动、倾废与其他事项、海洋科学研究、文化遗产的掠夺和破坏等，以及一些新兴的人类公海活动：二氧化碳的捕获与存储（CCS）、海洋施肥、物种引进、生物勘探、水下旅游等。区域海洋组织对这些活动的管理需要依据现行国际法的规定，在现行国际法框架允许的范围内进行与公海保护区有关的管理活动，总体而言需要具体问题具体分析。根据保护东北大西洋海洋环境公约组织的调查，主要活动的管理和应对如表3-2所示：

表3-2　区域海洋组织就公海保护区与各人类海洋活动的互动管理

人类公海活动	《联合国海洋法公约》下规范	其他多方公约与机制	与公海保护区机制的可能互动
倾废与其他事项[①]	第87（1a）和（1b）条 第210条和第216条 第145条	1972年《防止倾倒废物及其他物质污染海洋的公约》及其1996年议定书	公海保护区内很可能会禁止一切形式的倾废和二氧化碳存储
海洋施肥	第87（1f）条 第210条和第216条 第十三部分	1992年《生物多样性公约》 1972年《防止倾倒废物及其他物质污染海洋的公约》及其1996年议定书	公海保护区区域海洋机制很可能会禁止构成"倾废"的海洋施肥，而对于其他操作则可能会被进一步限制和规范
物种引进	第196条 存在适格管理机构	1992年《生物多样性公约》 2004年《国际船舶压载水及沉淀物的控制与管理公约》 渔业协定	公海保护区区域海洋机制可能会采取措施来防治海洋污染以及人类活动对海洋生物多样性和生态系统的不利影响[②]
生物勘探	第十一部分和第十二部分		取决于正在进行的全球决策过程

---

① 包括二氧化碳的捕获与存储（CCS）。
② 《保护东北大西洋海洋环境公约》第2条和附件五。

续表

人类公海活动	《联合国海洋法公约》下规范	其他多方公约与机制	与公海保护区机制的可能互动
水下旅游			考虑到现行的航运治理体系存在缺陷，公海保护区区域海洋机制可能会采取措施

二 设立管理公海保护区国际法实践的拘束力

（一）设立管理公海保护区对缔约方的约束力

从国际法上说，区域海洋组织间是依据区域范围内国家间有拘束力的国际协议而达成设立的，对此《联合国海洋法公约》规定：

> 本公约应不改变各缔约国根据与本公约相符合的其他条约而产生的权利和义务，但以不影响其他缔约国根据本公约享有其权利或履行其义务为限。①

因此在区域海洋协议与《联合国海洋法公约》实质相符合的前提下，区域海洋协议在该公约项下具有合法性，对缔约国具有国际法拘束力。现实中，各区域海洋组织都力求符合《联合国海洋法公约》之规定，在该公约的法律框架内行使保护海洋生态环境的权利义务。保护东北大西洋海洋环境公约组织就表示进一步认识到，建立公海保护区不会损害沿海国对大陆架的主权权利和义务，包括其根据《联合国海洋法公约》主张外大陆架的固有权利。②

---

① 《联合国海洋法公约》第 311 条第 2 款。

② OSPAR 10/23/1-E, Annex 34, para. 1.1, OSPAR Decision 2010/1 on the Establishment of the Milne Seamount Complex Marine Protected Area. （原文为："OSPAR Network of Marine Protected Areas" means those areas which have been, and remain, reported by Contracting Parties, together with any other area in the maritime area beyond the national jurisdiction of the Contracting Parties which has been included as a component of the network by the OSPAR Commission.）

考察现有的公海保护区设立管理之国际法实践，许多国家担心区域海洋组织公海保护区的设立会进一步扩张相关沿海国的管辖权，在区域内为缔约国施加新的权利义务体系，从而会与《联合国海洋法公约》出现不一致。比如考虑到海洋生物并不能与海洋环境割裂开来，海洋环境保护对海洋生物多样性的维持有着重要的意义，1999年《为海洋哺乳动物建立地中海保护区的条约》特别强调了缔约国的相应义务：对在保护区内的人类活动进行监视，加强对所有类型的污染的防治，无论该污染的来源是土地还是海洋，无论该污染对海洋哺乳动物的养护状况有直接还是间接的影响。[①] 考虑到地中海派拉格斯公海保护区本身具有地理位置上的特殊性，其位于法国、意大利、摩纳哥三国领海基线向外200海里以内，只是三国没有主张专属经济区，因此仍然属于公海水域，此时三国就公海保护区设立管理达成的协议不仅仅要比照《联合国海洋法公约》有关公海的第七部分的规定，还应参照第五部分专属经济区的有关规定。即便三国间协议确实有与《联合国海洋法公约》有关内容不符之处，但是相关协议的权利义务安排也只及于缔约国，《联合国海洋法公约》也为缔约国间达成的仅适用于缔约国间且与公约不符的特殊协议作出了制度性安排：

> 本公约两个或两个以上缔约国可订立仅在各该国相互关系上适用的、修改或暂停适用本公约的规定的协定，但须这种协定不涉及本公约中某项规定，如对该规定予以减损就与公约的目的及宗旨的有效执行不相符合，而且这种协定不应影响本公约所载各项基本原则的适用，同时这种协定的规定不影响其他

[①] 《为海洋哺乳动物建立地中海保护区的条约》第6条。（原文为：En tenant compte de leurs engagements internationaux, les Parties exercent leur surveillance dans le sanctuaire et intensifient la lutte contre toutes les formes de pollution, d'origine maritime ou tellurique, ayant ou susceptibles d'avoir un impact direct ou indirect sur l'état de conservation des mammifères marins.）

缔约国根据本公约享有其权利和履行其义务。①

那么即便缔约国间的双边或多边协议涉及了《联合国海洋法公约》中的某些具体内容，在不影响第三方权益和该公约的各项基本原则时，则相关协议仍然具有有效性、合法性。

(二) 区域海洋组织实践与船旗国管辖权

虽然区域海洋组织各缔约国内部之间任何协议、建议、指南等各种形式文件的效力只及于缔约方，而不能影响其他第三方依据国际法所享有的权利，但是在保护海洋生态环境这一敏感的问题上，国际社会还是担心会有许多国家和区域海洋组织有扩张管辖权的倾向，甚至可能会被别有用心地将公海保护区利用为主张管辖权和主权权利的一个契机。比如《为海洋哺乳动物建立地中海保护区的条约》为缔约国所施加的义务引发了一定的争议，尤其是其所规定的有关防治船源污染和航运规则适用的条款：在保护区的其他地方，每个缔约国均应负责将现有国际协定中有关规定适用于其本国船旗之船舶，以及在现行国际法允许的范围内将现有国际协定中有关规定适用于第三国的船舶。② 由此可以看出，虽然法国、摩纳哥、意大利三国之间的协议强调在现行国际法允许的范围内，但是其有意将有关规定适用于第三国的船舶，而不仅仅是三国自己的船舶，这就引发了有关公海保护区设立管理的规则对第三国影响的争论。

在一般国际法下，船旗国对船舶航行于公海或其他国家的海域时的诸多事项具有船旗国管辖权，③《联合国海洋法公约》的缔约国在公海上享有诸多公海自由权利，此时区域海洋组织将有关生态环境保护的规则施加于第三方时，则明显可能会被认为是对船旗国管

---

① 《联合国海洋法公约》第 311 条第 3 款。
② 《为海洋哺乳动物建立地中海保护区的条约》第 14 条。
③ Erik J. Molenaar, Alex G. Oude Elferink and Donald R. Rothwell, *The Law of the Sea and the Polar Regions*, Martinus Nijhoff Publishers, 2013, p. 128.

辖原则和公海自由原则构成挑战。同样具有争议的是,《联合国海洋法公约》为全球航运和渔业管理设置了相应的制度,区域海洋组织对相关活动没有管理权能,1992年《保护东北大西洋海洋环境公约》附件五明确地将渔业问题排除在保护东北大西洋海洋环境组织的强制管理范围内,同时还指出有关海上运输航运的任何问题都应提交给国际海事组织管理。① 而此处 1999 年《为海洋哺乳动物建立地中海保护区的条约》的规定显然又涉及航运有关活动管理的管辖权问题,如此强势地要将现有国际协定适用于公海保护区内航行的第三国,是否具有合法性,成员国有没有相应的解释执行的权利,仍然是未知数。②

三 区域海洋组织与国际社会加强合作协商

（一）与同区域职能机构的合作

区域海洋组织的海洋管理权限既有《联合国海洋法公约》予以框架规范,也受控于各缔约方之间达成的协议规定。从上文和本书第一章的分析可以看出,公海法律与治理存在严重的重叠、零散、空缺的问题,此时在有些区域海域里,海洋环境保护污染防治、生态保护、航运、渔业等管理事务完全被不同的机构所分担,此时同区域内的各个职能机构进行的合作协商信息共享就变得十分必要了。这个现象在南大洋海洋生态环境治理中尤其突出,《南极海洋生物资源养护公约》强调的是对海洋生物资源的养护与合理利用,而《南极条约环境保护议定书》旨在保护南极的生态环境,严格禁止对南极生态环境的破坏,两个文件之间存在重叠和区别,各自的侧重点也不同但紧密联系,而南极海域公海保护区的设立管理则必然需要两者之间的沟通、协商、合作。

---

① OSPAR Commission, Dr. Janos Hennicke, *2016 Status Report on the OSPAR Network of Marine Protected Areas*, London, United Kingdom, 2017, p.41.

② 段文:《公海保护区能否拘束第三方?》,《中国海商法研究》2018 年第 1 期。

针对这一问题，保护东北大西洋海洋环境公约组织就认识到在米尔恩海山复合海洋保护区正在发生或潜在发生的一些人类活动应由有权国际机构在其各自框架内管理：其中捕鱼活动应由东北大西洋渔业委员会（NEAFC）、国际保护大西洋金枪鱼委员会（ICCAT）、北大西洋鲑鱼养护组织（NASCO）、北大西洋海洋哺乳动物委员会（NAMMCO）和国际捕鲸委员会（IWC）等机构管理。[①] 2004 年，保护东北大西洋海洋环境公约组织就已经和东北大西洋渔业委员会就有关合作和管理问题达成了一份不具有法律约束力的文件。[②]

（二）与国际组织合作协商

根据前文的分析，我们可以看出，在《联合国海洋法公约》体系和其他多方公约与机制下，公海范围内的人类活动之管辖被完全碎片化地分割了，除了一些存在争议的新兴人类活动，有关捕鱼、采矿、航运、铺设海底管道和电缆、飞越、水下文化遗产保护、海洋科学研究等这些传统人类海洋活动，都有着非常复杂的国际法管理机制，[③] 而且都可能会与公海保护区机制产生互动和冲突，因此区域海洋组织与相关国际组织之间的协商合作也就变成了题中之义。1992 年《保护东北大西洋海洋环境公约》附件五明确地将渔业问题排除在保护东北大西洋海洋环境组织的强制管理范围内，同时还指出有关海上运输航运的任何问题都应提交给国际海事组织管理。由此就可以看出，东北大西洋公海保护区设立管理的成功不仅依赖于保护东北大西洋海洋环境组织和缔约国的努力，还需要与管理着东北大西洋海域内诸多人类活动的其他国际组织合作。保护东北大西洋海洋环境组织就积极地和东北大西洋渔业委员会（NEAFC）、国际海事组织（IMO）、国际海底管理局（ISA）等国际组织分享相关

---

① OSPAR 10/23/1-E, Annex 34, para. 1.1, OSPAR Decision 2010/1 on the Establishment of the Milne Seamount Complex Marine Protected Area.

② OSPAR Commission, Dr. Janos Hennicke, *2016 Status Report on the OSPAR Network of Marine Protected Areas*, London, United Kingdom, 2017, p. 41.

③ 张丽娜：《海洋科学研究中的适当顾及义务》，《社会科学辑刊》2017 年第 5 期。

的信息。[①]

表 3-3　　　　传统人类公海活动与公海保护区机制的可能互动

人类公海活动	《联合国海洋法公约》下规范	其他多方公约与机制	与公海保护区机制的可能互动
捕鱼	第 63（2）条 第 87（1e）条 第七部分第二节存在适格管理机构	1995 年《联合国鱼类种群协定》（UNFSA） 区域和分区域的渔业管理组织（RFOs）	公海保护区区域海洋机制可能会给相应管理机构提出问题并要求其进一步合作[②]
采矿	第十一部分	1994 年《关于执行联合国海洋法公约第十一部分的协定》 国际海底管理局（ISA）	公海保护区区域海洋机制的管理机构或缔约方可能会将相关问题提交国际海底管理局，以期待在管理局内部通过合作获得适当回应，包括在物种和栖息地保护方面，国际海底管理局可能会考虑到区域性或当地保护机制，而制定相应的指南或准则
铺设海底管道和电缆	第 87（1c）条 第 112—115 条 第 79（5）条		公海保护区区域海洋机制可能会采取措施来防治海洋污染以及人类活动对海洋生物多样性和生态系统的不利影响[③]
航运	第 87（1a）条 第 211 条 第 217—220 条	国际海事组织（IMO）	公海保护区区域海洋机制可能会向国际海事组织提出新的问题并寻求在国际海事组织内部进行合作[④] 与国际海事组织进行互动应被作为首选，但是许多问题可能仍须在公海保护区的框架内解决，如压舱水指南
飞越	第 87（1b）条	国际民用航空组织（ICAO）	与其相关的国际和区域协议将会涉及公海保护区上空的航空安全与航空操作指南
文化遗产的掠夺和破坏	第 149 条 第 303 条	2001 年《保护水下文化遗产公约》 1972 年《保护世界文化和自然遗产公约》	现行的航运治理体系存在缺陷

---

① OSPAR Commission, Dr. Janos Hennicke, *2016 Status Report on the OSPAR Network of Marine Protected Areas*, London, United Kingdom, 2017, p. 41.
② 《保护东北大西洋海洋环境公约》附件五第 4 条第 1 款。
③ 《保护东北大西洋海洋环境公约》第 2 条和附件五。
④ 《保护东北大西洋海洋环境公约》附件五第 4 条第 2 款。

续表

人类公海活动	《联合国海洋法公约》下规范	其他多方公约与机制	与公海保护区机制的可能互动
海洋科学研究	第87（1f）条 第143条 第十三部分	所有上述关于生物海洋资源的公约，在其适用范围内，都涉及相关科学研究的规定	公海保护区机制可能会采取措施来防治海洋污染以及人类活动对海洋生物多样性和生态系统的不利影响[①] 已有公海保护区机制制定在深海和公海进行负责任科学研究的指南 公海保护区机制需要和相关国际组织合作，比如联合国教科文组织、政府间海洋委员会、国际海洋考察理事会等

总结而言，区域海洋组织设立管理公海保护区的国际法实践为丰富和探究公海保护区的法律内涵提供了现实生动的法律案例资料，也进一步证实了公海保护区的现实可行性与必要性。相关国际法实践中出现的争议也为公海保护区法律概念的完善提出了现实需求，一个概念清晰的公海保护区法律概念将有助于解决和减少公海保护区国际法实践中存在的问题，也可以进一步推动构建完整的公海保护区国际法制度，相反来看公海保护区设立管理的国际法实践的推进也有助于进一步清晰化公海保护区的法律概念。

在本章从区域海洋治理实践的视角探究公海保护区法律概念之结尾，又有一些新的有关公海保护区法律概念、法律性质的问题可以被提出：区域海洋组织在设立管理公海保护区时权责受到国际法的约束，对此有关区域海洋组织一方面寻求与主管国际组织的协商合作，另一方面也有着扩大管辖权和执行能力的冲动，因此，职能性国际组织在公海保护区中的作用就变得十分重要。具体如何参与公海保护区的管理实践，如何厘清其本身制度中已经存在的一些关于海洋环境保护的划区管理工具与公海保护区的关系将在本书第四章讨论。如何在全人类公共利益下治理海洋环境，处理好公海保护区设立管理部门与第三方的关系，从而达到最好的公海生态环境保护效果将在本书第五章予以讨论。

---

① 《保护东北大西洋海洋环境公约》第2条和附件五。

第四章

国际组织划区管理工具与公海保护区的结合

2015年2月13日不限成员名额非正式特设工作组共同主席在给联合国大会主席的信中指出,有关国家管辖范围以外生物多样性与可持续发展立法预备委员会将划区管理工具与公海保护区(包括海洋保护区在内的划区管理工具)问题进行统一考虑。[①] 这为公海保护区的法律概念提出了新的问题,划区管理工具、海洋空间规划等常被国际组织用来管理海洋生态环境,那么其具体含义与类型又是哪些,与公海保护区的关系如何,划区管理工具是否包含了公海保护区,现有的国际法划区管理工具机制与公海保护区机制如何互动,它们在地理区间、保护目标、保护客体、保护方式上是否有共通之处等,这些都为探究公海保护区的法律概念提供了新的视角,本章将对此问题进行探讨。

第一节 划区管理工具的国际法含义与类型

一 划区管理工具与海洋空间规划

作为一个专有名词,划区管理工具可以针对需要被管理之客体

---

① 联合国大会文件 A/69/780,第3页。

而存在多种形式，比如对特定物种、相关栖息地、具有栖息地特征的区域进行保护和管理，从而达到限制人类活动对区域内相关客体的不良影响。① 从生态环境保护的视角来看，划区管理工具就是在特定地理区域内，管理人类活动，从而减少对区域内特定物种、栖息地、生态要素、生态系统的不良影响，以达到保护生态环境的目的。

海洋空间规划则是一个含义更加宽泛的专有名词，不仅包括加强海洋生态环境保护目的，也包括为更可持续地开发与利用海洋而进行的空间功能性规划。联合国教科文组织于2006年11月举办的一个国际讨论会探讨了这一概念，并将海洋空间规划描述为一个可用于"分析三维海洋空间且把其部分空间用于具体方面，以实现往往通过政治进程确定的生态、经济和社会目标。海洋空间规划以地方或区域为基础，可以是以生态系统为基础的实用的长期管理办法。海洋空间规划应全面，便于调整，允许各方参与，并解决生态系统多种用途冲突的工具"②。比较而言，划区管理工具可以算是海洋空间规划下的一个子概念。

根据2007年联合国秘书长的报告，划区管理工具可以有许多管理目标，其中包括重要生态或地貌变迁过程的保护，物种养护和管理，海洋美景、文化、考古或古迹的保护，休闲和公共娱乐，环境监测和评价，以及科学研究。划区管理工具很有潜力，可用于养护具有独特性的、物种特别丰富的、或对生物地理单位具有代表意义的生态系统。这些工具也有助于维持生态系统的生产力和生物多样性。③ 现有的划区管理工具大多只是针对某一特定目标，而很少有能将多种管

---

① Prior, Siân, Aldo Chircop, and Julian Roberts, "Area–Based Management on the High Seas: Possible Application of the IMO's Particularly Sensitive Sea Area Concept", *The International Journal of Marine and Coastal Law* 25.4 (2010).

② 联合国秘书长2007年报告，A/62/66/Add.2，第161段。

③ 联合国秘书长2007年报告，A/62/66/Add.2，第117段。

理目标统一综合考虑的，尤其是在国家管辖范围以外海域。[1]

二 主要公海划区管理工具的类型

根据 2007 年联合国秘书长有关海洋和海洋法的报告，现行各种划区管理工具有若干名称，其中包括"海洋保护区"、"特别保护区"、渔业中的"禁渔区和禁渔期"、航运中的"特殊区域"和"特别敏感海域"、"禁捕区"和"保留区"、"世界遗产保护区"、"特别环境利益区"等。[2] 在国家管辖范围以外海域，除了部分由区域海洋组织主导管理的划区管理工具外，大多是由国际组织依据国际公约的授权而采用管理措施。

（一）区域海洋组织采用的划区管理工具

区域海洋组织依据区域海洋协定而设立管理适用于区域内专门划定的海洋区域，是现有公海保护区国际法实践的主要形式。大部分区域海洋组织是将划区管理工具和公海保护区进行统一管理，但也有的区域海洋组织将海洋保护区和划区管理工具区分开来，比如在南极，依据《南极海洋生物资源养护公约》已经有两个海洋保护区被设立起来了，并且在每次的缔约方会议上，不断有新的公海保护区设立提案。与此同时，1991 年《南极条约环境保护议定书》附件五规定建立两类保护区，其中可以包括"任何海洋区域"。[3] 迄今为止建立的 71 个南极特别保护区（ASPAs）中有五个是海洋保护区，尽管另外六个包括相关的海洋环境区域，七个南极特殊管理区（ASMA）中有两个包括相关的海洋环境区域。[4]

---

[1] Prior, Siân, Aldo Chircop, and Julian Roberts, "Area–Based Management on the High Seas: Possible Application of the IMO's Particularly Sensitive Sea Area Concept", *The International Journal of Marine and Coastal Law* 25.4 (2010).

[2] 联合国秘书长 2007 年报告，A/62/66/Add.2，第 117 段。

[3] 《南极条约环境保护议定书》附件五第 3 条和第 4 条。

[4] Erik J. Molenaar, Alex G. Oude Elferink and Donald R. Rothwell, *The Law of the Sea and the Polar Regions*, Martinus Nijhoff Publishers, 2013, p.128.

在南极区域进行海洋生态环境保护是比较特殊的例子,因为是将海洋生物和海洋环境保护分开在两个国际协定中予以分别管理,虽然1991年《南极条约环境保护议定书》的附件五规定了该议定书须和《南极海洋生物资源养护公约》在包括海洋环境保护区域方面要进行合作与协调,[①] 但不可否认的是依据《南极海洋生物资源养护公约》设立的两个海洋保护区和依据《南极条约环境保护议定书》附件五规定建立两类保护区都属于划区管理工具。由于本书第三章已经就公海保护区的区域海洋组织之国际法实践进行了比较详细的论述,在此就不再赘述。

广义的区域海洋组织之划区管理工具的国际法实践还包括由国家之间就特定事项而专门签署国际协议而希望通过国际合作加强管理,以达到特定海洋生态环境保护之目标。这其中最典型的例子包括法国、意大利与摩纳哥基于1999年11月25日签署的《为海洋哺乳动物建立地中海保护区的条约》而共同建立的地中海派拉格斯海洋保护区的国际法实践,虽然该海洋保护区已经被吸收并入《巴塞罗那公约》之下,[②] 从而保证了派拉格斯海洋保护区能得到地中海沿岸国家的承认,但是该保护区本身的设立管理活动还是以法国、意大利与摩纳哥为主。另一个例子就是2003年美国、英国、法国、加拿大四国政府之间签订的《有关泰坦尼克号沉船遗址的协议》。[③]

(二) 国际组织采用的划区管理工具

基于国际公约和国际协议的授权,诸多国际组织获得了管理海洋生态环境的部分权能,因此许多国际组织致力于采用划区管理工

[①] 《南极条约环境保护议定书》附件五第6条。

[②] Tanaka, Yoshifumi, "Reflections on High Seas Marine Protected Areas: A Comparative Analysis of the Mediterranean and the North-East Atlantic Models", *Nordic Journal of International Law* 81, No. 3 (2012).

[③] 2003年,美国、英国、法国、加拿大四国政府之间签订《有关泰坦尼克号沉船遗址的协议》(*Agreement Concerning the Shipwrecked Vessel RMS Titanic*)。

具来履行自己在国家管辖范围以外海域的保护海洋生态环境的职能。①

表4-1 国际组织采用的划区管理工具类型

划区管理工具	国际组织	国际公约或协议
特别区域 特别敏感海域	国际海事组织	《经1978年议定书修正的1973年国际防止船舶造成污染公约》 《经修订的特别敏感海域鉴定和指定导则》②
特别环境利益区	国际海底管理局	《联合国海洋法公约》 2013年《"区域"内多金属结核探矿和勘探规章》
脆弱海洋生态系统区域	联合国粮农组织	《联合国海洋法公约》 1995年《鱼类种群协定》
大洋盆地鲸鱼保护区	国际捕鲸委员会	1946年《国际捕鲸管制公约》
生物和生态学重要意义的海洋区域	生物多样性缔约方会议	1992年《生物多样性公约》
世界遗产保护区	联合国教科文组织	1972年《保护世界文化和自然遗产公约》
生物圈保护区		无公约或协议，人与生物圈国际合作委员会负责③
大型海洋生态系统		无公约或协议，政府间海洋委员会负责
海洋空间规划		无公约或协议，联合国教科文组织提出之概念

表4-1中的生物和生态学重要意义的海洋区域、生物圈保护区、大型海洋生态系统、海洋空间规划等概念皆为科学技术活动，暂不涉及法律问题，在此只作简单介绍。2008年第9届《生物多样性公约》缔约方大会通过了"用于确定公海水域和深海环境中需要保护的具有生态和生物学重要意义海洋区域的科学标准"，用于查明需要保护的具有重要生态和生物学意义的海洋区域（Ecologically or Bio-

---

① Ardron, Jeff, et al., "Marine Spatial Planning in the High Seas", *Marine Policy* 32.5 (2008).

② 国际海事组织文件 A.982 (24)。

③ 人与生物圈国际合作委员会包括34个成员国，由两年一度的联合国教科文组织大会选举产生。

logically Significant Marine Areas，EBSAs）。① 生物圈保护区是教科文组织人与生物圈方案认可的地点。尽管生物圈保护区目前适用于国家管辖范围内的区域，但是生物圈保护区是很有用的例子，说明如何通过综合管理和分区制度协调养护和可持续发展，对核心海区、缓冲区和过渡区实施不同程度的保护。② 大型海洋生态系统是包括河流流域和海湾在内的沿海区、一直到大陆架临海边界和主要海流系统外缘的海洋区域。大型海洋生态系统是较大的区域，其特点是有独特的水深、水文地理、生产率和依赖于同样食物链的种群。③ 海洋空间规划是联合国教科文组织提出的更加综合的科学概念，结合政治、生态、经济和社会目标等各种因素，以地方或区域为基础，以生态系统为基础的长期管理办法。④ 从含义角度来说，海洋空间区划是解决生态系统多种用途冲突的综合工具，再加上海洋开发利用的规划，海洋空间规划可以是最宽泛的专门用语。

国际海事组织所管理之国际航运活动、国际海底管理局所管理之国际海底采矿活动、联合国粮农组织所作有关捕鱼活动管理之努力、国际捕鲸委员会所作有关捕鲸活动管理、联合国教科文组织与公海世界遗产保护区是典型的适合国际组织与划区管理工具之设立管理的国际法实践，且涉及之划区管理工具法律概念比较复杂，相关内容将于本章第二节予以分别讨论。

---

① 郑苗壮、刘岩、裘婉飞：《国家管辖范围以外区域海洋生物多样性焦点问题研究》，《中国海洋大学学报》（社会科学版）2017 年第 1 期。

② 联合国教科文组织：About the Man and the Biosphere Programme（MAB），http：//www.unesco.org/new/en/natural－sciences/environment/ecological－sciences/man－and－biosphere-programme/about-mab/。

③ 联合国教科文组织：New global data on High Seas and Large Marine Ecosystems to support policy makers，http：//www.unesco.org/new/en/natural-sciences/ioc-oceans/single-view-oceans/news/new_ global_ data_ on_ high_ seas_ and_ large_ marine_ ecosystems_ to-1/。

④ 联合国秘书长 2007 年报告，A/62/66/Add.2，第 161 段。

第二节 现有国际组织框架内的划区管理工具

人类在公海的活动具有很多种形式，为了更好地规制这些人类活动，防止对海洋生态环境产生有害影响，各个国际组织在国际法的授权下行使着相应职权。不同的国际组织获得授权的方式不同，权限范围也不同。具体到划区管理工具的应用上更是情况不一：国际海事组织和国际海底管理局源于《联合国海洋法公约》的授权，[①]具有管理人类在公海之航运[②]和海底采矿[③]两方面活动；联合国粮农组织的权限则相对比较模糊，因为国际社会关于公海捕鱼问题并没有过多的国际法限制；[④] 联合国教科文组织希望将 1972 年《保护世界文化和自然遗产公约》的适用范围扩展到国家管辖范围以外海域的努力亦值得关注；[⑤] 国际捕鲸委员会依据 1946 年《国际捕鲸管制公约》具有设立相应管制商业捕鲸行为之保护区的权能。[⑥]

[①] 《联合国海洋法公约》第 60 条第 3 款。Nordquist M. H., Nandan S. N., and Rosenne S., *United Nations Convention on the Law of the Sea 1982: A Commentary*, Vol. Ⅲ, Martinus Nijhoff Publishers, 1995, p. 140.

[②] George K. Walker ed., *Definitions for the Law of the Sea: Terms not Defined by the 1982 Convention*, Martinus Nijhoff Publishers, 2012, p. 138; Kingham, J. D., and D. M. McRae, "Competent International Organizations and the Law of the Sea", *Marine Policy* 3.2 (1979).

[③] Lodge, Michael, "International Seabed Authority", *International Journal of Marine and Coastal Law* 24.1 (2009). 国际海底采矿则是由国际海底组织依据《联合国海洋法公约》第十一部分来进行管理，包括 1994 年 7 月 28 日通过的《关于执行〈联合国海洋法公约〉第十一部分的协定》。

[④] 张磊：《论公海捕鱼自由原则的逐步限制》，硕士学位论文，华东政法大学，2007 年。

[⑤] UNSECO & IUCN, *World Heritage Report 44: World Heritage in the High Seas: An Idea Whose Time Has Come*, France, 2016.

[⑥] Aust, Anthony, *Handbook of International Law*, Cambridge University Press, 2010, p. 309.

一 国际海事组织与航运

(一) 国际海事组织与航运污染防治

1. 航运对海洋生态环境的影响

虽然航运活动并不是海洋生态环境退化的最大元凶,但是航运活动还是会给公海生态环境保护带来巨大影响,① 主要体现在船源污染物与物理性损害两方面。船源污染主要分为两类:一是操作性污染,即船舶正常运行操作中向海洋排放的污染物,如生活污水、垃圾、压舱水、油类等,以及船舶温室气体排放;② 二是事故性污染,即船舶在海上航行中发生事故造成的油料和有毒有害物质泄漏污染(尤其是油轮和装载有毒有害物质的船舶)。③ 船舶排放垃圾对海洋生态环境构成严重危害,尤其是大量塑料制品已经在大西洋和太平洋随着洋流运动而聚集形成了海洋垃圾聚集区,④ 另外在公海非法排放油污和非法过驳危险货物也都是屡禁不止。

近年来,关于船舶的物理性损害也开始受到国际社会的关注,主要包括引擎和轮机噪声对有机物和栖息地的物理性损害,以及在狭窄水道高速航行引发的浪洗(wake/wash)作用。⑤ 对此美国就曾多次

---

① Ardron, Jeff, et al., "Marine Spatial Planning in the High Seas", *Marine Policy* 32.5 (2008).

② Shi, Yubing, "Reducing Greenhouse Gas Emissions from International Shipping: Is it Time to Consider Market-Based Measures?", *Marine Policy* 64 (2016);姚莹:《"共同但有区别责任"原则下海运减排路径探析》,《当代法学》2012 年第 1 期。

③ 朱建庚:《海洋环境保护的国际法》,中国政法大学出版社 2013 年版,第 42 页;Dan Liu, Ling Zhu, "Assessing China's Legislation on Compensation for Marine Ecological Damage: A Case Study of the Bohai Oil Spill", *Marine Policy* 50 (2014)。

④ Raaymakers, Steve, "Maritime Transport and High Seas Governance: Regulation, Risks and the IMO Regime", *In Proceedings of the International Workshop on Governance of High Seas Biodiversity Conservation*, 2003.

⑤ Ardron, Jeff, et al., "Marine Spatial Planning in the High Seas", *Marine Policy* 32.5 (2008).

调整航道航线以保护近海鲸鱼免受船舶物理伤害。2007年，国家海洋和大气管理局的国家海洋保护区办公室调整了马萨诸塞（Massachusetts）海岸附近斯特尔威根海岸国家海洋保护区（Stellwagen Bank National Marine Sanctuary）内的航道。这一调整现在对保护区内的濒危鲸鱼起到了保护作用，并已将船舶撞击鲸鱼的风险降低了81%。2012年11月，国际海事组织（International Maritime Organization, IMO）宣布已采纳美国海洋警卫队的提议，改变圣巴巴拉海峡的大洋航线，让船只绕行鲸鱼捕食区域，从而为生活在海峡群岛国家公园的海洋动物提供更好的生存环境。①

2. 国际海事组织的地位作用

国际海事组织的前身是政府间海事咨询组织（Inter-Governmental Maritime Consultative Organization），在1948年日内瓦联合国海事会议上通过了国际海事组织公约，从而成为联合国特别机构。在第三次联合国海洋法立法会议上，国际海事组织积极地参与相关立法活动，从而保证了《联合国海洋法公约》和国际海事组织诸多海事制度之间的协调性。② 在《联合国海洋法公约》中在涉及航运污染防治问题时多处提到的"主管国际组织"主要是指国际海事组织。③ 至今国际海事组织有172个缔约国会员、3个准会员、64个政府间机构。至今国际海事组织所主导或管理的国际公约主要分为三部分：一是涉及海上安全；二是防止海洋污染；三是民事赔偿责任，特别是污染造成的损害。除此之外，还有一些其他关于便利化、吨位计量、非

---

① 央视网：《为保护濒危鲸鱼美国调整大洋航线》，http://news.cntv.cn/20111116/107432.shtml。

② IMO, *Implications of the United Nations Convention on the Law of the Sea for the International Maritime Organization*, Prepared by the IMO Secretariat, LEG/MISC.8, London, 30 January 2014.

③ 包括但不限于《联合国海洋法公约》第22条第3款，第211条。Kingham, J. D., and D. M. McRae, "Competent International Organizations and the Law of the Sea", *Marine Policy* 3.2 (1979).

法运输和打捞等行为的公约。① 由此也可以看出国际海事组织的使命是通过合作促进安全、可靠、无害环境、有效和可持续的航运，也是适格船舶污染防治工作的主管国际组织。②

（二）国际海事组织所采用的划区管理工具

国际海事组织可以采用的划区管理工具主要有两个：一是依据《73/78 防污公约》所设立的"特别区域"；二是依据国际海事组织《经修订的特别敏感海域鉴定和指定导则》③ 而设立的"特别敏感海域"。国际海事组织就"特别区域"与"特别敏感海域"的一系列规范活动贯穿了历次国际海事组织大会：1991 年 11 月 9 日，国际海事组织通过《有关特殊区域指明和特别敏感区域鉴定的指南》；④ 1995 年 11 月 25 日，国际海事组织通过《识别特别敏感海域并采取相关保护措施的程序》和《对第 A.720（17）号决议所载准则的修改》；⑤ 2001 年 11 月 29 日，国际海事组织通过《关于在 MARPOL 73/78 项下指定特殊区域的指南》；⑥ 2005 年 12 月 1 日，国际海事组织通过《经修订的特别敏感海域鉴定和指定导则》。⑦

1. 特别区域

《73/78 防污公约》中的一个重要条款是有关"特殊区域"的概念，为了使得部分区域比其他海洋区域得到更高程度的保护，可将大面积的海洋区域划定为"特殊区域"，从而实施最严格的排放标准。《73/78 防污公约》附则的一、二、五、六分别就油类物质、有

---

① 国际海事组织：Introduction，http：//www.imo.org/en/About/Conventions/Pages/Home.aspx。
② 国际海事组织：Brief History of IMO，http：//www.imo.org/en/About/HistoryOfIMO/Pages/Default.aspx。
③ 国际海事组织文件 A.982（24）。
④ 国际海事组织 A.720（17）号决议。
⑤ 国际海事组织 A.885（21）号决议。
⑥ 国际海事组织 A.927（22）号决议。
⑦ 国际海事组织 A.982（24）号决议。

毒液体、船舶垃圾、船舶气体排放等规定了特殊海域：对排放油类、有毒液体物质和垃圾（《73/78 防污公约》附件一、二、五所列物质）的管制比根据一般适用的国际标准的管制更严格；《73/78 防污公约》附件四（防止船舶污染空气）规定可指定"硫氧化物排放控制区"，波罗的海和北海已被指定为硫氧化物排放控制区，这包括国家管辖范围内的区域。特殊区域定义为：因与其海洋和生态条件及其交通特点有关的公认技术原因，需采取特别的强制性措施酌情防止油类、有毒液体或垃圾造成海洋污染的海洋区域。① 由于特殊区域的地理界限不仅仅局限于国家管辖范围以内海域，其范围可能包括公海地区。②

国际海事组织关于按照《73/78 防污公约》指定特殊区域的指导方针指导《73/78 防污公约》缔约方制订和提交按照《公约》指定特殊区域的申请。特殊区域地位的确定标准分为以下几类：海洋状况，如独特的环流模式和极端冰态；生态状况，如海洋资源的关键生境及稀有或脆弱的海洋生态系统；船只通航特点。海域状况受陆源污染、海上倾弃废物和疏浚物及大气沉降物等其他污染源影响的程度也应予以考虑。③ 特殊区域可包括几个国家的海洋区域甚至整个封闭或半封闭海洋区域，最早地中海、黑海、波罗的海、红海和波斯湾就被认定为是需要加强海洋保护的特殊区域，④ 后来包括国家管辖范围以外海域的两个区域是南极和南大洋（南纬 60 度以南）及地中海。⑤

2. 特别敏感海域

除特殊区域外，国际海事组织经订正的《经修订的特别敏感海

---

① 《73/78 防污公约》附则一第一章第 1 条第 10 款。

② 张辉：《南海环境保护引入特别区域制度研究》，《海南大学学报》（人文社会科学版）2014 年第 3 期。

③ 国际海事组织 A.927（22）号决议。

④ 《73/78 防污公约》附则一第一章第 10 条。

⑤ 联合国秘书长 2007 年报告，A/62/66/Add.2，第 154 段。

域鉴定和指定导则》还提出了须由国际海事组织采取行动并设立特殊保护区域的程序和标准，原因是这些区域对公认的生态、社会经济或科学属性意义重大，而这些属性可能容易受到国际航运活动的破坏。特殊敏感海域必须与其他生态环境保护措施一起适用，比如上文提到的特殊区域措施，当然各国可以直接采取其他海洋生态环境保护措施，但是特别敏感水域是至今在航运圈内提出的将环境重要性和特殊区域敏感性相结合的措施。[1]

由于国际海事组织的相应措施是全球范围内适用的，特别敏感海域可以适用于国家管辖范围以外海域，但至今所有特别敏感海域都位于国家管辖范围以内的区域。[2] 关于特别敏感海域与海洋保护区的关系，曾有学者认为特别敏感海域可以成为特殊的海洋保护区，[3] 但是笔者却不认同这一提法，特别敏感海域只是针对某一特定单一目的而采用的划区管理工具，与海洋保护区所要达到的"实现与生态服务和文化价值相关的自然环境之长期保护"[4] 这一综合的目标有着明显的区别。

（三）与公海保护区的结合

关于特别敏感海域与公海保护区之间关系最大的问题，是国际海事组织是否会将特别敏感海域措施或特别区域措施作为公海保护区的附加保护措施而适用于公海，毕竟国际海事组织的有些缔约国

---

[1] Gjerde, Kristina M., and Anna Rulska‑Domino, "Marine Protected Areas beyond National Jurisdiction: Some Practical Perspectives for Moving Ahead", *The International Journal of Marine and Coastal Law* 27, No. 2 (2012).

[2] Prior, Siân, Aldo Chircop, and Julian Roberts, "Area‑Based Management on the High Seas: Possible Application of the IMO's Particularly Sensitive Sea Area Concept", *The International Journal of Marine and Coastal Law* 25. 4 (2010).

[3] De La Fayette, Louise, "The Marine Environment Protection Committee: the Conjunction of the Law of the Sea and International Environmental Law", *The International Journal of Marine and Coastal Law* 16, No. 2 (2001).

[4] IUCN, Nigel Dudley ed., *Guidelines for Applying Protected Area Management Categories*, Switzerland, 2008, p. 8.

曾极力反对在国家管辖范围内水域推行特别敏感海域措施。① 对于基于《73/78 防污公约》而适用的特别区域制度，以及其他一些已经被国际海事组织所认可采纳的措施比如航线措施、《73/78 防污公约》中的特别区域措施、引航服务等，② 是可以由国际海事组织划定特别敏感海域与公海保护区相结合的。不过即便这些措施有着现行法律依据，但是如果被用来限制对特定海域的禁止约束或禁止进入，则显然可能会侵害到公海自由原则，也不太可能会被国际海事组织所认可。可是一旦被国际海事组织所采纳的具有强制力的特定措施显然还是会影响到第三方的权益义务，即便是在公海之上。③

至于将特别敏感海域措施和公海保护区相结合，可以是多种形式的：一是由缔约国采纳认可适用而作为公海保护区的附加保护措施；二是作为没有拘束力的资源措施，作为对缔约国的建议形式而给出。最接近现实的例子是在南极海洋保护区范围内。由于商业活动、旅游发展和科考增加，近年来在南极水域航行的船舶不断增加，随之而来的船舶排放污染和可能的事故污染风险已经开始给南极海域造成污染后果。应对南极船源污染的一个建议就是将全部或部分南极海域认定为特别敏感海域或进行区域性的航运线路规划。④ 保护

---

① Gjerde, Kristina M., and Anna Rulska-Domino, "Marine Protected Areas beyond National Jurisdiction: Some Practical Perspectives for Moving Ahead", *The International Journal of Marine and Coastal Law* 27, No. 2 (2012).

② Beckman, Robert C., "PSSAs and Transit Passage—Australia's Pilotage System in the Torres Strait Challenges the IMO and UNCLOS", *Ocean Development & International Law* 38, No. 4 (2007).

③ Prior, Siân, Aldo Chircop, and Julian Roberts, "Area-Based Management on the High Seas: Possible Application of the IMO's Particularly Sensitive Sea Area Concept", *The International Journal of Marine and Coastal Law* 25.4 (2010).

④ Wenzel, Lauren, et al., "Polar Opposites? Marine Conservation Tools and Experiences in the Changing Arctic and Antarctic", *Aquatic Conservation: Marine and Freshwater Ecosystems* 26 (2016).

东北大西洋海洋环境委员会（OSPAR）在 2012 年的一份报告中也表达了希望国际海事组织能够通过特别区域或特别敏感水域等措施为东北大西洋公海保护区提供相应的航运管理工具。① 无论特别敏感海域与公海保护区如何结合，这些措施的划定管理都不能影响到国家在《联合国海洋法公约》下所享有的控制和规划经过特定区域航线的权利。②

将特别敏感海域与公海保护区结合还会面临一些程序和法律上的问题。特别敏感水域和公海保护区的结合，根据国际海事组织《经修订的特别敏感海域鉴定和指定导则》的规定，划定特别敏感海域需要由一个或两个或多个缔约国政府共同就特定有共同利益的海域向国际海事组织提出申请。③ 对于公海这一全人类共同利益的区域，设定特别敏感水域的申请程序则存在争议和操作难度了，似乎由一两个国家来共同申请有违共同利益原则，而由全部国家共同申请则显然又是不现实的。④

二　国际海底管理局与海底采矿

（一）国际海底采矿之环境风险

在深海海底发现具有潜在价值的多金属锰结核、多金属硫化物以及其他矿产资源，引起了人们对深海采矿的兴趣，但也引起了人们对其潜在环境影响的关注。一方面随着人类技术的发展，深海矿

---

① OSPAR, Benjamin Ponge, *IMO Environmental Management, and Potential Interactions with OSPAR High Seas Marine Protected Areas*, Document Intended for OSPAR-Madeira II Workshop, 9 January 2012.

② Frank, Veronica, "Consequences of the Prestige Sinking for European and International Law", *The International Journal of Marine and Coastal Law* 20, No. 1 (2005).

③ 国际海事组织《经修订的特别敏感海域鉴定和指定导则》第 3.1 段。

④ Tanaka, Yoshifumi, "Reflections on High Seas Marine Protected Areas: A Comparative Analysis of the Mediterranean and the North-East Atlantic Models", *Nordic Journal of International Law* 81, No. 3 (2012).

产资源的商业开发似乎已经指日可待；另一方面人们对深海生态环境的了解还非常有限，人们担心，海底生物资源有可能受到开采铁锰壳的威胁，热液喷口可能受到开采多金属硫化物的损害，天然气水合物中的细菌可能受到抽取活动的伤害，而海底或多金属结核上的生物体也可能受到这些结核开采活动的伤害。[1]

国际海底管理局是依据《联合国海洋法公约》和1994年《关于执行1982年12月10日〈联合国海洋法公约〉第十一部分的协定》（《1994年协定》）而建立、运作的国际组织，该国际组织有权控制管理"区域"内的活动，[2] 国际海底区域环境保护是国际海底管理局的重要责任。[3]《联合国海洋法公约》第145条要求国际海底管理局制定规则、规章和程序，以确保切实保护海洋环境，保护和养护"区域"的自然资源，防止第一条定义的"区域"内活动可能产生的有害影响对动植物的损害。2008—2010年，国际海底管理局把它的主要工作重点放在促进人们更好地理解包括勘探和开采在内的深海采矿所具有的潜在环境影响上。[4]

正是由于国际海底采矿业已从勘探阶段转向开发阶段，相关活动可能引发的环境风险引起了人们的担忧，国际自然保护联盟在其2019年关于海洋保护区的报告中甚至直接表明了审慎的态度如下：

> 吁请各国政府禁止在国际自然保护联盟认定的各类保护区内开展破坏环境的工业活动和基础设施建设，并采取措施通过适当、透明、严格、预先的评估程序以确保所有活动都符合这些保护区的保护目标，这些措施可以包括比如：国际最佳做法

---

[1] 联合国秘书长2007年报告，A/62/66/Add.2，第49段。
[2] 《联合国海洋法公约》第137条第2款。
[3] 《联合国海洋法公约》第145条。
[4] 联合国秘书长2007年报告，A/62/66/Add.2，第50段。

环境和社会影响评估、环境战略评估和适当的监管。①

以上建议也是基于 2016 年世界自然保护大会（World Conservation Congress）的决议而给出的，② 至少在国际自然保护联盟看来，任何在保护区范围内进行的大规模工业活动，包括采矿活动，都是不合适的。

（二）海底采矿之划区管理工具

《"区域"内多金属结核探矿和勘探规章》要求承包者、担保国和其他有关国家或实体应同管理局合作，制定并实施方案，监测和评价深海底采矿对海洋环境的影响。如理事会提出要求，此种方案应包括划出地区专门用作影响参照区和保全参照区的提议。③ 有关环境影响参照区和保全参照区的规定也同样出现在了《"区域"内富钴铁锰结壳探矿和勘探规章》④ 和《"区域"内多金属硫化物探矿和勘探规章》中。⑤ "影响参照区"是指反映"区域"环境特性，用作评估"区域"内活动对海洋环境的影响的区域。"保全参照区"是指不应进行采矿以确保海底的生物群具有代表性和保持稳定，以便评估海洋环境生物多样性的任何变化的区域。影响参照区和保全参照区这两个划区管理工具也在正在修订的《开发规章（框架草案）》中总体上和环境影响评价制度与风险预防原则一起被国际海底管理

---

① IUCN, Day, J., Dudley, N., Hockings, M., Holmes, G., Laffoley, D., Stolton, S., Wells, S. and Wenzel, L. eds., *Guidelines for Applying the IUCN Protected Area Management Categories to Marine Protected Areas*, Second edition, Switzerland, 2019, p. 19.

② World Conservation Congress, *IUCN Resolutions, Recommendations and other Decisions*, Honolulu, Hawaii, United States of America, 6-10 September 2016, WCC-2016-Rec-102, p. 225.

③ 《"区域"内多金属结核探矿和勘探规章》第 31 条第 6 款。

④ 文件 ISBA/13/LTC/WP.1。

⑤ 文件 ISBA/13/C/WP.1。

局再次强调。①

除了影响参照区和保全参照区这两个划区管理工具，国际海底管理局理事会还审议通过了有关克拉里昂—克利伯顿（The Clarion-Clipperton Zone）特别环境利益区的决定，并最终形成了 9 个克拉里昂—克利伯顿特别环境利益区（a network of nine areas of particular environmental interest），又称环境特受关注区。克拉里昂—克利伯顿"区域"位于东中太平洋，在夏威夷岛之南和东南，贮藏着丰富的多金属结核，也被认为是预计将第一个被开发的地区。② 目前，已有八个承包者获得面积共约 520000 平方公里的勘探许可。虽然目前尚不知道开始提取矿物的时间，但国际海底管理局争取主动，负责拟订本环境管理计划，为克拉里昂—克利珀顿区未来的开采活动做好准备。2012 年国际海底管理局理事会在《理事会有关克拉里昂—克利珀顿区环境管理计划的决定》中认为在区域一级执行全面的环境管理计划是适当和必要的措施之一，以确保有效保护被称为克拉里昂—克利珀顿区的海洋环境，使其免遭该区域的活动可能造成的有害影响，并认为该计划中应列入建立特别环境利益区域代表性网络的规定。③

国际海底管理局设立环境特受关注区是希望通过采用多种方式设计保护区系统，包含各种生境和群落的可持续种群。由于潜在深海采矿活动可造成的影响程度尚不清楚，国际海底管理局系统通过设立环境特受关注区使得该地区不应受实际活动的直接影响，也不应受海水羽流等采矿所致后果的间接影响。保留着足够面积的环境特受关注区使可能局限于克拉里昂—克利珀顿区某一分区域的物种

---

① 国际海底管理局文件：Developing a Regulatory Framework for Deep Sea Mineral Exploitation in the Area, https://www.isa.org.jm/files/documents/EN/OffDocs/Rev_Reg-Framework_ActionPlan_14072015.pdf.

② 范晓婷编：《公海保护区的法律与实践》，海洋出版社 2015 年版，第 154 页。

③ 国际海底管理局文件：ISBA/18/C/22：Decision of the Council Relating to an Environmental Management Plan for the Clarion-Clipperton Zone.

能够维持最小可存活种群数,并包括某一分区域内所有各种生境变异性和生物多样性。在环境特受关注区内,业务目标是建立一个禁止采矿活动的代表性海底地区系统,避免与申请区和保留区发生重叠,以保护生物多样性和生态系统结构与功能。①

(三) 与公海保护区的结合

国际海底采矿虽然是在国家管辖范围以外"区域"的海床底土上进行,但是采矿活动必然需要经由公海水体部分,区域海洋组织选取的公海保护区下的海床底土中可能蕴含着丰富的矿产资源,而这些资源是人类共同继承财产由国际海底管理局进行管理勘探开发,地理空间上的垂直重合、法律性质上的完全不同,在未来极易引发争论。虽然国际海底管理局和区域海洋组织会加强合作,甚至可以预见会极力避免任何地理空间上的重合。无论是船舶还是固定半固定工作平台,都必然会带来一系列污染,开采活动也必然会引起海底羽流进而引发海水流动变化,影响到生态环境和栖息于内的海洋生物,这些都是和公海保护区所想要达到的海洋生态环境自然之长期保护目标相冲突的。

国际海底管理局本身也注意到其有必要就诸多事务和其他国际组织进行合作,比如在与国际海事组织有关的两方面就需要进行磋商合作:一是参与国际海底采矿活动的船舶需要达到一定等级并满足一般国际法义务和特定公约的标准;二是在产生环境事故时,需要设立专门技术委员会,并需就事故问题向国际海事组织咨询。② 无论是与国际海事组织进行怎样形式的合作,前提都必须是就国际组织职能和权责划定清晰的界线,笔者认为这也恰是比较困难之处。

---

① 国际海底管理局法律和技术委员会文件:克拉里昂—克利珀顿区环境管理计划(ISBA/17/LTC/7),https://www.isa.org.jm/sites/default/files/files/documents/isba-17ltc-7_1.pdf。

② 国际海底管理局文件:Developing a Regulatory Framework for Deep Sea Mineral Exploitation in the Area, https://www.isa.org.jm/files/documents/EN/OffDocs/Rev_Reg-Framework_ActionPlan_14072015.pdf。

在开发规章制定正在进行中，国际海底采矿似乎离我们越来越近了的时候，国际海底管理局与其他国际组织的合作磋商将必须提上日程且需要有一定的结果作为支撑。

很难将国际海底管理局的划区管理工具（影响参照区、保全参照区、环境特受关注区）与公海保护区建立起实质必然的联系，更不能说国际海底管理局的划区管理工具是公海保护区，在功能上和保护目标上，二者还是存在着很大的差异。假设以后会存在一种情况，即公海保护区下覆水域对应的国际海底"区域"被认定为影响参照区、保全参照区或环境特受关注区，那么就意味着必然会存在海底矿产资源勘探开发活动在公海保护区内或周围进行，首先很难将公海保护区和国际海底管理局的划区管理工具在平面区域上对接、垂直空间上对应，其次即便存在这种地理空间上的协调，公海保护区设立管理的保护目标也很难得以实现，因为国际海底采矿勘探开发活动引发的海洋环境变动、水体搅动、噪声污染必然会对水体中的海洋生物栖息造成影响。不过在国际法层级上，国际海底管理局的勘探开发活动具有法律上更加普遍的拘束力，而区域海洋组织的公海保护区国际法之拘束力不及于第三方，但当二者产生冲突后，如何解决应对将是一个难题。即便国际海底矿产资源作为人类共同继承财产具有一定法律优先性，但是相应勘探开发活动若是与公海保护区冲突，必然会引起相应区域海洋组织和利益攸关国家以及一些国际环保组织的抗议。当然，一切问题的发现、讨论与解决还需要建立在国际实践发展的基础上，未来具体会如何，还有待观察。

三　联合国粮农组织（区域渔管组织）与公海捕鱼

（一）公海鱼类资源法律与治理

根据《联合国海洋法公约》沿岸国可在养护其专属经济区内的海洋生物资源方面采取各种措施，例如，规定鱼汛和渔区。在《联合国海洋法公约》第七部分第二节，公约特别地就公海生物资源的养护和管理问题进行了规范，通过规定总体法律制度以对公海捕鱼自由进行限制。① 同时要求各国在决定可捕量和制订其他养护措施时采取措施，使捕捞的鱼种的数量维持在或恢复到能够生产最高持续产量的水平，并考虑到与所捕捞鱼种有关联或依赖该鱼种而生存的鱼种所受的影响，以便使这种有关联或依赖的鱼种的数量维持在或恢复到其繁殖不会受严重威胁的水平以上。②

随后1995年《联合国鱼类种群协定》阐明了有关养护和管理跨界鱼类种群和高度洄游鱼类种群的规定，并要求各国必须广泛采取预防性做法，并制定数据收集和研究方案，以评估捕鱼对非目标和相关或从属物种及其环境的影响。各国还必须制订计划，确保养护这些物种和保护受到特别关切的生境。③ 除此之外，可以通过使用划区管理工具实现上述目标，即包括在执法、有约束力的争端解决办法和各国核可使用悬挂本国国旗的船只在公海捕鱼的权利和义务方面进行分区域和区域合作的规定。④

在海洋渔业养护问题上，联合国粮农组织出台了一系列没有约束力的指导规则，包括《负责任渔业行为守则》，四个国际行动计划，包括《减少延绳钓渔业中误捕海鸟国际行动计划》《鲨鱼养护和管理国际行动计划》《捕捞能力管理国际行动计划》《预防、制止和消除非法、不管制和不报告捕鱼国际行动计划》等。在《负责任渔业行为守则》中，各国应当采取适宜的措施来尽量减少废物、丢弃物、遗失或丢弃的渔具、非目标鱼类和非鱼类物种的捕获，尽量减轻对相关物种或依附物种的不利影响，尤其是对濒危物种的不利影响。这类措施应用以保护幼鱼和产卵鱼，可以包括对某些渔业尤其是个体渔业规定禁渔期、禁渔区和保护区。⑤ 长期以来，为保护鱼

---

① 《联合国海洋法公约》第62条第4款。
② 《联合国海洋法公约》第119条。
③ 《联合国鱼类种群协定》第6条。
④ 联合国大会决议总第2段（A/RES/56/13）。
⑤ 《负责任渔业行为守则》第7、6、9段。

类资源和其他宝贵物种而对特定区域实行的禁渔区和禁渔期及渔具限制一直被当作常规渔业管理方面的一个工具,[①] 这些常规渔业管理工具并不能被认为属于海洋保护区措施。[②]

(二) 渔业管理之划区管理工具

涉及公海渔业管理的划区管理工具主要有两个：一是依据《公海深海渔业管理国际准则》而对脆弱海洋生态系统（Vulnerable Marine Ecosystem）进行保护；二是基于区域或分区域而由区域渔管组织采用的渔业管理方式。

1. 脆弱海洋生态系统

2004年开始，公海深海渔业管理问题在联合国大会作为重要议题进行了多次讨论，通过了若干决议，呼吁加强公海底层渔业管理。根据《联合国海洋法公约》和1995年《联合国鱼类种群协定》等国际公约以及联合国大会61/105号决议的要求，2009年联合国粮农组织制定了《公海深海渔业管理国际准则》。[③]《公海深海渔业管理国际准则》是一个没有国家法拘束力的建议性自愿文件，这些自愿性的准则是一个参考工具，旨在帮助各国和区域渔业管理组织/安排制订并实施适当的公海深海渔业管理措施。[④]

根据《公海深海渔业管理国际准则》，脆弱海洋生态系统是易受干扰、恢复很慢或可能永远得不到恢复的生态系统，包括：（1）某些类型的冷水珊瑚和水螅虫；（2）某些以海绵体为主的群落种类；（3）由露出水面的浓密植物群构成的群落；（4）其他地区没有的无

[①] 联合国秘书长2007年报告，A/62/66/Add.2，第137段。
[②] IUCN, Day, J., Dudley, N., Hockings, M., Holmes, G., Laffoley, D., Stolton, S., Wells, S. and Wenzel, L. eds., *Guidelines for Applying the IUCN Protected Area Management Categories to Marine Protected Areas*, Second edition, Switzerland, 2019, p. 18.
[③] 郑苗壮、刘岩、裘婉飞:《国家管辖范围以外区域海洋生物多样性焦点问题研究》,《中国海洋大学学报》(社会科学版) 2017年第1期。
[④] 《公海深海渔业管理国际准则》序言。

脊椎动物和微生物物种构成的冷泉和热泉群落。① 虽然脆弱海洋生态系统基于预警方法和生态系统方法，积极推进认识上的共识和数据信息的传播与共享，但是属于自愿性准则的《公海深海渔业管理国际准则》却遭到国际水产团体联合会的强烈抵制，② 主要是因为国际准则建议在全球公海暂停或禁止底拖网渔业。③

2. 区域渔管组织之划区管理工具

根据《联合国海洋法公约》和1995年《联合国鱼类种群协定》的规定，区域渔管组织有权为跨界鱼类种群和高度洄游鱼类种群订立养护和管理措施。④ 在全球海洋已建立具有管理功能的区域性渔业组织20个，基本覆盖了公海的主要渔业区域。⑤ 关于区域渔管组织使用划区管理工具的情况，为了进行管理，大多数此类组织都细分为较小的地域（渔业管理单位），这意味着使用或禁止某类渔具、限制某种深度的捕捞作业或采取审慎管理的试捕等要求可能仅限于这些细分的区域，因此事实上对特定海洋区域加以保护，不得在此类区域从事某类捕捞活动。

区域渔管组织可以采取的养护措施包括：禁渔区和禁渔期，此类禁渔可为临时性措施，例如，在进行进一步调查和收到科学建议以前实行，或以种群恢复为目的；也可以是长期措施，例如，以保护鱼的产卵场和（或）鱼生命周期的幼鱼阶段为目的。⑥ 不过，无论区域渔业组织重点对深海底拖网采取关闭还是暂时关闭措施，以及相应地限制渔船的渔获量和作业范围等，都必须符合国际法的

---

① 《公海深海渔业管理国际准则》附件。
② 郑苗壮、刘岩、裘婉飞：《国家管辖范围以外区域海洋生物多样性焦点问题研究》，《中国海洋大学学报》（社会科学版）2017年第1期。
③ 《公海深海渔业管理国际准则》第71条。
④ 《联合国鱼类种群协定》第10条。
⑤ 郑苗壮、刘岩、裘婉飞：《国家管辖范围以外区域海洋生物多样性焦点问题研究》，《中国海洋大学学报》（社会科学版）2017年第1期。
⑥ UNEP/CBD/WG-PA/1/INF/2，第82段。

规定。

2007年联合国秘书长报告中给出了区域渔管组织使用的划区管理工具的几个范例分别是东北大西洋渔业委员会、北大西洋渔业组织、南极海洋生物资源保护委员会、地中海渔业总委员会的国际法实践。[①] 这些实践中包括了禁渔区，禁止低层拖网捕捞和使用固定渔具捕捞，包括使用低层刺网和延绳捕鱼；保护脆弱深水生境的临时措施，禁止在部分地区进行低层拖网捕捞和使用固定渔具捕鱼；禁止在特定有突出海隆的海洋区域从事捕捞活动；禁止在特定区域使用底拖网和耙网等一系列措施。从这些实践可以看出，大部分基于区域而进行的渔业管理主要集中在深海渔业捕捞规制上，尤其是对具体捕捞方法和捕捞渔具的规定。其中东南大西洋渔业组织2006年通过采取紧急措施禁止了部分捕捞活动，即2010年以前禁止在十个有突出海隆的海洋区域从事捕捞活动，以保护这些生境，但在此期间，东南大西洋渔业组织可以批准有限的实验性渔业研究活动。

（三）与公海保护区的结合

捕鱼活动被认为是对国家管辖范围以外海域生物多样性与可持续发展的最大威胁，[②] 而就公海保护区对渔业的作用而言，显然对保护区内外的渔业情况颇有助益。2006年在纽约举行的1995年《联合国鱼类种群协定》审查会议（审查会议）[③] 在其有关鱼类养护和管理的建议中强调："建立禁渔区、海洋保护区和海洋保留区可以成为养护和管理某些令人特别关注的鱼类种群以及生境的有效手段。有

---

① 联合国秘书长2007年报告，A/62/66/Add.2，第145段。

② Cole, Hannah, "Contemporary Challenges: Globalisation, Global Interconnectedness and That 'There Are not Plenty More Fish in the Sea': Fisheries, Governance and Globalisation: Is There a Relationship?", *Ocean & coastal management* 46, No.1 (2003).

③ 由农业部、外交部和常驻联合国代表团有关人员组成的中国代表团以非缔约国身份与会，并起到了积极作用。外交部：《〈联合国鱼类种群协定〉审查会议》，http://www.fmprc.gov.cn/web/ziliao_674904/tytj_674911/tyfg_674913/t269283.shtml。

些区域渔业管理组织已经利用禁渔区来管理渔业活动,保护生境和生物多样性。"①

为了推动这项工作,联合国粮农组织 2006 年在罗马举行的关于"海洋保护区和渔业管理:审查各种问题和考虑"的专家讨论会一致认为:海洋保护区作为一种渔业管理手段,有助于实现渔业管理的养护和可持续性目标,同时也有助于对生物多样性和生境的保护。②讨论会认为,粮农组织要制定的准则应提供技术指导,说明海洋保护区作为渔业管理的手段,与包括国家管辖范围以外的管理手段在内的其他手段相比之下存在潜在优势和不利之处。公海海洋保护区可以着眼保护海隆和洋脊等处的深海资源及生物群落、海洋水层资源及生物群落或两者兼顾。

将区域渔管组织的划区管理工具和区域海洋组织的公海保护区结合起来,相较于其他国际组织的划区管理工具有着更强的可能性,可是即便有着国际社会的不断呼吁,将区域渔管组织的划区管理工具与区域海洋组织的公海保护区相结合在现实中却存在着诸多困难。大部分的区域渔管组织只是聚焦于特定经济鱼类的捕捞管理,比如金枪鱼、金枪鱼类鱼群等,而很少去考虑生态系统、脆弱种群和风险预防原则等。③ 区域海洋组织设立管理的公海保护区希望将保护目标和客体更加全面地涵盖生态系统与可持续发展,但是公海保护区的概念本身并不清晰确定。恰如保护东北大西洋海洋环境委员会(OSPAR)在 2012 年一份探究和东北大西洋渔业组织(NEAFC)互动关系的报告中指出的,虽然两个组织在管理的地理区域上具有高

---

① 文件 A/CONF.210/2006/15,附件,第 15 段。

② FAO & Japan Government, *Expert Workshop on Marine Protected Areas and Fisheries Management: Review of Issues and Considerations*, FAO Fisheries Report, No. 825, Rome, Italy, 12–14 June 2006.

③ Gjerde, Kristina M., and Anna Rulska-Domino, "Marine Protected Areas beyond National Jurisdiction: Some Practical Perspectives for Moving Ahead", *The International Journal of Marine and Coastal Law* 27, No. 2 (2012).

度重合性，且保护东北大西洋海洋环境委员会设立管理的公海保护区与东北大西洋渔业组织之渔业划区管理工具有一定关联性，但是在确定公海保护区法律概念和具体保护客体上一再缺乏准确性，这往往导致无法将管理措施与总体目标联系起来，并使得总体目标难以完成。[1]

现实情况却是区域渔管组织本身对公海渔业的管理就存在着巨大的重叠和空缺，由于远洋捕捞的巨大经济利益，在现有国际法体制下还没有综合且有强制力的执行管理措施。[2] 虽然保护东北大西洋海洋环境委员会设立管理的公海保护区与东北大西洋渔业组织之渔业划区管理工具之间存在一定的重叠，但是有些公海保护区在东北大西洋渔业组织的管理下仍然处于可捕捞区，而有些东北大西洋渔业组织所管理的渔业保护区却不受东北大西洋海洋环境委员会公海保护区的保护。[3] 因此无论如何，想要保护东北大西洋海洋环境委员会和东北大西洋渔业组织在公海保护区与渔业保护区问题上进行合作还是存在着重重困难。同样的情况也出现在了保护东北大西洋海洋环境委员会和大西洋金枪鱼养护委员会（ICCAT）之间的合作上，2009年就有4730吨蓝鳍金枪鱼在东北大西洋区域被捕捞，以及大量的剑鱼，而其中最引人注目的就是日本船舶使用的延绳钓鱼法，[4] 从

---

[1] OSPAR, Benjamin Ponge, *NEAFC Management Measures, and Interactions with OSPAR High Seas Marine Protected Areas*, Document Intended for OSPAR – Madeira Ⅱ Workshop, 9 January 2012.

[2] FAO & Japan Government, *Expert Workshop on Marine Protected Areas and Fisheries Management: Review of Issues and Considerations*, FAO Fisheries Report, No. 825, Rome, Italy, 12-14 June 2006.

[3] OSPAR, Benjamin Ponge, *NEAFC Management Measures, and Interactions with OSPAR High Seas Marine Protected Areas*, Document Intended for OSPAR – Madeira Ⅱ Workshop, 9 January 2012.

[4] 在一根干线上系结许多等距离的支线，末端结有钓钩和饵料，利用浮、沉子装置，将其敷设于表、中和底层，通过浮标和浮子将干线敷设于表、中层；控制浮标绳的长度和沉降力的配备，将钓具沉降至所需要的水层。

而导致对鱼类的大量误捕损害，并成为东北大西洋公海保护区的主要威胁之一，但是由于保护东北大西洋海洋环境委员会和大西洋金枪鱼养护委员会之间的合作有限且缺乏执行权能，导致对相关数据的获取存在空缺，也就无从谈起对应的解决之道了。①

四　联合国教科文组织与世界遗产

（一）联合国教科文组织与公海世界遗产保护

近几年来，海洋文化和自然遗产的保护成了国家管辖范围以外海域法律和治理的新的热点。在此问题上，国际自然保护联盟再一次成为重要倡议者，早在2007年国际自然保护联盟和世界保护区委员会于华盛顿特区举办的峰会上就强调了海洋世界遗产保护的重要意义。②之后2010年国际自然保护联盟联合联合国教科文组织和其他一些伙伴共同编纂了《海洋世界遗产的巴林行动方案》。③2012年联合国教科文组织和政府间海洋委员会也意识到了代表性的世界遗产保护网络不能缺少国家管辖范围以外的海洋区域。④国际自然保护联盟在2013年则进一步明确地探索了在国家管辖范围以外区域认定潜在符合具有突出的普遍价值（Outstanding Universal Value）的世界文化和自然遗产的法律问题，并指出虽然1972年《保护世界文化和自然遗产公约》现在无法直接适用于国家管辖范围以外海域，但是公海中的部分区域无疑可以满足该公约中自然遗产的标准，信息和

---

① OSPAR, Benjamin Ponge, *ICCAT Management Measures, and Interactions with OSPAR High Seas Marine Protected Areas*, Document Intended for OSPAR – Madeira Ⅱ Workshop, 9 January 2012.

② UNSECO & IUCN, *World Heritage Report 44: World Heritage in the High Seas: An Idea Whose Time Has Come*, France, 2016.

③ IUCN, Laffoley, D. and Langley, J., *Bahrain Action Plan for Marine World Heritage, Identifying Priorities and Enhancing the Role of the World Heritage Convention in the IUCN-WCPA Marine Global Plan of Action for MPAs in Our Oceans and Seas*, Switzerland, 2010.

④ UNESCO, Spalding, M., *Marine World Heritage: Toward a Representative, Balanced and Credible World Heritage List*, World Heritage Centre, Paris, France, 2012.

知识的缺失可能会导致公海世界遗产的不可逆之损失，因此有必要将《保护世界文化和自然遗产公约》作为工具为有关国家和政府间组织选取认定具有突出普遍价值的世界遗产提供协助。①

2016 年联合国教科文组织发布了题为"公海世界遗产：一个时代的到来"的研究报告，在报告中采信了国际自然保护联盟的结论，认为《保护世界文化和自然遗产公约》没有任何地方指明具有突出普遍价值的公海世界自然与文化遗产应该被排除在该公约的保护之外。② 在该报告中，联合国教科文组织详细地论证了公海区域内存在符合具有突出的普遍价值这一标准的公海世界遗产，并举了五个潜在的公海世界遗产区的例子。③ 虽然在原始的世界遗产保护公约的文本里甚至有将国家管辖范围以外区域的世界遗产保护也囊括入内，但是在随后的国际法实践和解释中，现在的《保护世界文化和自然遗产公约》并没有被适用于国家管辖范围以外海域。那么将公海世界遗产置于《保护世界文化和自然遗产公约》的保护之下，则有三种潜在法律可能：（1）通过渐进式改变或正式的政策改变，扩张地解释《保护世界文化和自然遗产公约》将其适用于国家管辖范围以外海域；（2）在《保护世界文化和自然遗产公约》之外对其进行修正，类似于 1994 年《关于执行 1982 年 12 月 10 日〈联合国海洋法公约〉第十一部分的协定》与《联合国海洋法公约》的关系；（3）通过缔约国之间的国际谈判制定《保护世界文化和自然遗产公约》项下的任择议定书，只对那些选择批准任择议定书的国家具有

---

① IUCN, Abdulla, A., Obura, D., Bertzky, B. and Shi, Y., *Marine Natural Heritage and the World Heritage List*: *Interpretation of World Heritage Criteria in Marine Systems*, *Analysis of Biogeographic Representation of Sites*, *and a Roadmap for Addressing Gaps*, Gland, Switzerland 2013, P. 46.

② UNSECO & IUCN, *World Heritage Report 44*: *World Heritage in the High Seas*: *An Idea Whose Time Has Come*, France, 2016, p. 11.

③ 这五个区域是：The Costa Rica Thermal Dome、The White Shark Cafe'、The Sargasso Sea、The Lost City Hydrothermal Field、The Atlantis Bank。

约束力。① 无论采用哪种方式，至少现阶段联合国教科文组织还无法依据《保护世界文化和自然遗产公约》获得对国家管辖范围以外海域世界遗产进行选取、认定、管理、保护的权力，具体如何发展还须进一步观察。②

（二）公海世界遗产保护与公海保护区的结合

联合国教科文组织选取的五个潜在符合具有突出的普遍价值标准的公海世界遗产都不仅仅是某一具体地点，而是具有海域性的地理区域，因此将这些区域选定为世界遗产加以保护，实际上接近等同于采取了划区管理工具模式进行公海世界遗产保护区保护。事实上，关于设立管理公海世界遗产保护区的想法早已有之，比如建立泰坦尼克号沉船遗址保护区的倡议。由于人类多年来对泰坦尼克号沉船的研究、打捞、观光，泰坦尼克号周围出现了现代垃圾并且多处受到损毁，虽然被联合国教科文组织认定为世界文化遗产，但是泰坦尼克号沉船保护前景堪忧。③ 2003 年美国、英国、法国、加拿大四国政府之间签订的《有关泰坦尼克号沉船遗址的协议》中强调了对泰坦尼克号水下文化遗址的保护，虽然协议中没有明确表明要设立起类似于划区管理工具的水下文化遗址保护区，但是协议中提到的保护项目是指根据该协议提供的授权进行的所有针对泰坦尼克号和/或其附件进行的活动，④ 这并没有排除设立水下遗产保护区的可能性，而且附件中的项目所涉及诸多的管理手段有着明显的划区管理工具之特征。泰坦尼克号沉没于纽芬兰东南 612 公里处的国际

---

① UNSECO & IUCN, *World Heritage Report 44*: *World Heritage in the High Seas*: *An Idea Whose Time Has Come*, France, 2016, p. 49.

② Ardron, Jeff A., et al., "The Sustainable Use and Conservation of Biodiversity in ABNJ: What Can be Achieved Using Existing International Agreements?", *Marine Policy* 49 (2014).

③ 国家地理中文网：《被发现三十年后，泰坦尼克号的最新保护计划》，http://www.nationalgeographic.com.cn/news/4091.html。

④ 《有关泰坦尼克号沉船遗址的协议》第 1 条。

海域，即国家管辖范围以外海域，但是位于加拿大主张的外大陆架上。①

　　根据国际自然保护联盟的海洋保护区定义，海洋保护区的客体包括"与生态服务和文化价值相关的自然环境"②，这与具有突出的"普遍价值世界文化与自然遗产"之间虽然存在着一定的差异，但是也有着可以重合的现实可能，公海保护区所要保护的具有生态和文化价值的自然区域也有可能成为世界遗产保护区。公海世界遗产保护区的概念也很符合国际自然保护联盟所给出的保护区分类标准之"受保护之海陆景观"，即指该类保护区选址于人与自然长期互动产生的有典型特征的区域，该区域有着重要的生态、生物、文化和景观价值，保护这种互动的完整性对保护和维持该区域及相关自然属性和其他价值至关重要。③ 于是这似乎成了国际组织之划区管理工具和区域海洋组织公海保护区最可能结合的法律机制，但是现实却仍存在这许多变数，且不说《保护世界文化和自然遗产公约》能否成功地适用于国家管辖范围以外海域，联合国教科文组织本身的机构危机也增加了迷雾，对世界遗产专家组的意见和决策有着成堆的质疑，不仅如此，国际社会还不断批判世界遗产委员会的过度政治化，而美国先是拒绝缴纳会费后又声明退出联合国教科文组织更加将相关危机公开化。④

---

① 国家地理中文网：《被发现三十年后，泰坦尼克号的最新保护计划》，http://www.nationalgeographic.com.cn/news/4091.html。

② IUCN, Nigel Dudley ed., *Guidelines for Applying Protected Area Management Categories*, Switzerland, 2008, p. 8.

③ IUCN, Nigel Dudley ed., *Guidelines for Applying Protected Area Management Categories*, Switzerland, 2008, pp. 13 – 23. IUCN, *Guidelines for Applying the IUCN Protected Area Management Categories to Marine Protected Areas*, Switzerland, 2012, pp. 9–10.

④ Meskell, Lynn, "UNESCO's World Heritage Convention at 40: Challenging the Economic and Political Order of International Heritage Conservation", *Current Anthropology* 54, No. 4 (2013).

五 国际捕鲸委员会与捕鲸

国际捕鲸委员会是依据1946年《国际捕鲸管制公约》而设立的，目的是适当保护鲸鱼数量，从而促进捕鲸业的有序发展，该公约具有法律拘束力的"附表"（The Schedule）列出了国际捕鲸委员会为了规范捕鲸和保护鲸类种群而可以决定的具体措施，这些措施包括指定区域为鲸鱼保护区、限制捕鲸方法等。① 至今，国际捕鲸委员会设立了两个包括公海海域的保护区，禁止在那里从事商业捕鲸活动，以便使各种类鲸鱼得以恢复：1979年设立的为期十年、以后又两次延期的印度洋保护区（南纬55度以南）；1994年设立的、2004年延期十年的南大洋和环南极保护区。近年来，关于设立南大西洋鲸鱼保护区的提案不断地向国际捕鲸委员会提起，但是由于没有达到修订"附表"所需的全部缔约国3/4多数票，而一直未能获得成功设立。②

在国际捕鲸委员会设立的鲸鱼保护区内禁止商业捕鲸，但是允许《国际捕鲸管制公约》中所注明的为了科学研究目的而进行的捕鲸活动，③ 这也成为日本常年以科研为名在南太平洋从事大规模捕鲸的借口，更因此引发了国际争端。④ 与区域海洋组织设立管理的公海保护区国际法实践相比，国际捕鲸委员会的鲸鱼保护区明显只是具有单一保护目标，而缺乏综合的生态系统价值保护的目标，但是不可否认的是鲸鱼保护区虽然缺乏定期、积极的干预来满足特定物种的生存需求或者保持栖息地状态健康，可是这些并不是国际自然保护联盟海洋保护区分类之"物种管理区"的硬性标准。⑤ 因此，仍

---

① Aust, Anthony, *Handbook of International Law*, Cambridge University Press, 2010, p.309.
② 国际捕鲸委员会：Whale Sanctuaries, https://iwc.int/sanctuaries。
③ 《国际捕鲸管制公约》第8条。
④ *Whaling in the Antarctic (Australia v. Japan: New Zealand Intervening)*, Judgment, I. C. J. Reports 2014, p.226.
⑤ 刘丹、夏霁：《从国际法院2010年"南极捕鲸案"看规制捕鲸的国际法》，《武大国际法评论》2012年第1期。

然可以认为国际捕鲸委员会鲸鱼保护区本身即符合国际自然保护联盟的保护区分类之"物种保护区"。①

第三节 现有划区管理工具与公海保护区的互动

一 国际组织之划区管理工具与公海保护区的联系

现有国际组织之具有海洋生态环境保护功能属性的划区管理工具在具体法律内涵上有着诸多共通之处，通过分析划区管理工具之空间界限、保护方式、保护目标、保护客体的具体特征，可以更好地与公海保护区法律概念进行对比分析，从而检视国际组织之划区管理工具能否符合国际自然保护联盟的保护区定义。

（一）国际组织之划区管理工具的法律概念

1. 国际组织之划区管理工具之空间界限

划区管理工具，顾名思义，都是建立在一定地理空间界限之上的管理方式，而国际组织之划区管理工具大小不一，三维空间维度不同，具有很大的差异性。小到海洋深处的一个地点选址，如世界遗产保护区等；大到一整片海域，如特别敏感海域、鲸鱼保护区等。在海洋中的空间位置上达水面，如特别敏感海域；中间及于海洋水体本身，如渔业管理区、鲸鱼保护区等；下可达国际海底区域，比如特别环境利益区、脆弱海洋生态系统区域、世界遗产保护区等；其中特别环境利益区、脆弱海洋生态系统区域、世界遗产保护区等既可及于底土又关联到海水水体，但基本以在深海为主。

2. 国际组织之划区管理工具的保护方式

国际组织之划区管理工具的认定设立管理都是基于国际组织内

---

① IUCN, Nigel Dudley eds., *Guidelines for Applying Protected Area Management Categories*, Switzerland, 2008, pp. 13-23; IUCN, *Guidelines for Applying the IUCN Protected Area Management Categories to Marine Protected Areas*, Switzerland, 2012, pp. 9-10.

部决议而进行的，有些决议甚至还要求 3/4 多数缔约国赞成方可执行。国际组织进行划区管理工具认定设立管理的职能之前提都是来自国际公约协议的授权，有些国际组织本身的成立就是由国际公约授权而建立起来的，如国际海事组织是由 1948 年《国际海事组织公约》①而专设的，国际海底管理局是依据《联合国海洋法公约》这一框架公约而设立的。国际组织之划区管理工具的保护方式严重依赖于国际组织内部的决策管理机制，缔约方大会往往会决定相应划区管理工具的具体认定设立管理的事宜。

3. 国际组织之划区管理工具的保护目标

各个国际组织之划区管理工具的保护目标也具有差异性，目标价值的认定和标准虽然本身具有灵活性，但是国际组织划区管理工具由于国际组织职能的单一性，也就导致了直接保护目标的单一性。虽然从宏观和间接上说，这些划区管理工具都是对特定海洋区域内的动植物群、生态系统、文化价值等进行有效的保护，但是直接目标的差异性却很明显，如国际海事组织是为了防止严重的船源污染物进入特定海域，国际海底管理局则是为了防止进行海底采矿的同时对海底环境造成不可逆的损害，因此国际组织划区管理工具基于各自国际组织的国际法职能而带有明显不同的保护目标。

4. 国际组织之划区管理工具的保护客体

国际自然保护联盟的保护区定义要求保护客体为"与生态服务和文化价值相关的自然环境"②，这一宽泛的保护客体表述相对于国际组织之划区管理工具的保护客体而言有着足够的广泛性。国际海

---

① 1948 年 3 月 6 日在日内瓦召开的联合国国际海运会议通过，1958 年 3 月 17 日生效，经 1964 年、1965 年、1974 年、1975 年、1977 年、1979 年、1991 年和 1993 年等多次修订，1973 年 3 月 1 日，中国向联合国秘书长交存该公约的接受书，1973 年 3 月 1 日对中国生效。

② IUCN, Nigel Dudley eds., *Guidelines for Applying Protected Area Management Categories*, Switzerland, 2008, pp. 13-23; IUCN, *Guidelines for Applying the IUCN Protected Area Management Categories to Marine Protected Areas*, Switzerland, 2012, pp. 9-10.

事组织之特别区域和特别敏感海域所要保护的就是对特定生态系统有重要意义的海域；特别环境利益区则是为了保护国际海底的生态环境；脆弱海洋生态系统区域的保护客体更加直接明显；鲸鱼保护区是为了保护特定物种；而世界遗产保护区则是保护具有普遍突出意义的世界自然文化遗产：这些划区管理工具所要保护的客体都是具有基因、物种、生态系统意义的生物多样性，和地质、地貌与更广泛自然价值与文化价值意义上的多样性。

综合本部分对国际组织划区管理工具法律概念的分析，实际上可以判定国际组织划区管理工具在形式上毫无疑问是符合国际自然保护联盟的保护区定义的，但这并不能说划区管理工具和公海保护区是可以合并起来的法律概念，二者之间的复杂法律关系还需要进一步审视。

（二）国际组织之划区管理工具对应海洋保护区分类

国际自然保护联盟就根据海洋保护区的管理目标和类别进行了分类，将海洋保护区依据受人类影响层次深浅的标准分为六类，[1] 从而为海洋保护区的定义和积累供了国际标准。既然在空间界限、保护方式、保护目标、保护客体等内容上符合国际自然保护联盟之保护区定义，那么可以进一步检视国际组织之划区管理工具与国际自然保护联盟之海洋保护区分类标准的关系是否匹配。

表 4-2　　国际组织之划区管理工具与国际自然保护联盟之海洋保护区分类标准的关系

划区管理工具	对应保护区分类	符合之要素	不符之要素
特别区域 特别敏感海域	六、可持续利用自然资源之保护区？[2]	1. 一定程度人类活动； 2. 地理面积比较大； 3. 强调可持续利用	1. 不影响航运资源开发； 2. 强调传统自然资源保护

---

[1] 其中第一类又被分为 1 和 2 两个小类。
[2] "？"表示对应关系的不确定性。

续表

划区管理工具	对应保护区分类	符合之要素	不符之要素
特别环境利益区	六、可持续利用自然资源之保护区？	1. 与国际海底采矿活动直接相关联； 2. 为了维护采矿活动的可持续发展	1. 地理区域较小； 2. 整个海底矿产勘探开采保护区域更像Ⅵ之保护区
脆弱海洋生态系统区域	一、1. 严格保护区 一、2. 荒野区？	1. 大部分位于深海，人类较少达到和影响较小； 2. 严格的限制和减少人类的影响	很难区分到底更符合严格保护区还是荒野区，无法判定潜在人类活动影响
鲸鱼保护区	四、物种管理区	保护特定物种和栖息地	无
世界遗产保护区	三、自然纪念地物 五、受保护之海陆景观	1. 保护一个特定的自然纪念地物； 2. 保护人与自然长期互动产生的典型特征区域； 3. 通常区域都比较小	无

基于笔者对国际自然保护联盟之海洋保护区分类标准的浅显理解，国际组织之划区管理工具的对应关系存在诸多不明确之处，比如国际海事组织的特别区域和特别敏感海域，国际海底管理局的特别环境利益区域都难以界定处于海洋保护区的哪一个分类。特别区域和特别敏感海域本身是航线比较集中的区域，显然受人类的影响比较大，而不可能是严格保护区或者荒野区，显然也不会是第二、三、四、五类保护区，那么最有可能的是可持续利用自然资源之保护区，可是特别区域和特别敏感海域是为了减少向海洋排放船源污染物，从而保护海洋生态环境，而不是为了强调航运资源的保护，这与传统的自然资源可持续发展保护区有着明显的区别，不过不可否认的是控制船源污染物排放从更宏观的角度也是为了可持续发展这一目标。国际海底管理局之特别环境利益区则是由于本身区域面积较小，而整个国际海底克拉里昂—克利伯顿矿藏区则更像国际自然保护联盟之可持续利用自然资源保护区。对比而言联合国粮农组织的脆弱海洋生态区域由于缺乏国

际法拘束力和执行力，使得其虽然关注于深海具有典型的脆弱海洋生态系统，但是其无法限制人类的进入和影响，从而很难判定到底是严格保护区还是荒野区。不过，国际捕鲸委员会的鲸鱼保护区和潜在的公海世界遗产保护区则是比较没有争议的两个海洋保护区分类。

国际自然保护联盟之海洋保护区分类标准只具有参考意义，相对的分类标准并不严格，也存在一定争议，比如根据《国际自然保护联盟关于适用保护区分类标准之于海洋保护区的指南》，国际自然保护联盟举例认为南奥克尼群岛南大陆架海洋保护区属于严格保护区，而整个南极海洋生物资源养护委员会管理海域可以被认为是第四类的物种管理区，[1] 这一观点在2013年委员会第二次特别会议上和2014年的南极海洋生物资源养护委员会的缔约国会议上被中国政府援引论证不需要进一步设立新的海洋保护区,[2] 因为在此类别下已经有足够的物种管理工具来进行海洋生物资源保护了,[3] 但是在2015年南极海洋生物资源养护委员会的缔约国会议上国际自然保护联盟却自己否认了整个南极海洋生物资源养护委员会管理海域可以被认为是第四类物种管理区,[4] 虽然该组织也承认南极海域的诸多特征与第四类的物种管理区有着关联性和相似性,[5] 由此可见，海洋保护区的分类与认定本身就是一个很主观灵活的过程。

(三) 国际组织之划区管理工具与公海保护区的关系

2007年联合国秘书长的报告并没有指出在国家管辖范围以外

---

[1] IUCN, *Guidelines for Applying the IUCN Protected Area Management Categories to Marine Protected Areas*, Switzerland, 2012, pp. 19-20.

[2] CCAMLR, *Report of the Second Special Meeting of the Commission*, Bremerhaven, Germany, 15 and 16 July 2013, para. 3. 34.

[3] CCAMLR, *Report of Thirty-Third Meeting of the Commission*, CCAMLR-XXXIII, Australia, 2014, para. 7. 52.

[4] CCAMLR, *Report of Thirty-Fourth Meeting of the Commission*, CCAMLR-XXXIV, Australia, 2015, para. 5. 87.

[5] CCAMLR, ibid, para. 5. 83 & 5. 86.

海域的海洋保护区与划区管理工具之间的关系，但是指出必须了解这些工具的影响及其彼此之间的差异，才能在必要时推动以相辅相成的方式利用划区管理工具综合管理特定区域。① 对于公海保护区与国家管辖范围以外海域划区管理工具之间的关系，有学者认为特别敏感海域等划区管理工具可以被认定为海洋保护区，而亦有学者认为单独由特定国际组织划定为单一目的的特别划区管理工具不能被认为是海洋保护区，因为现有公海保护区国际法实践不是针对某一项单一保护目标，而是为了构建具有生态意义上代表性的海洋保护区网络，从而对区域内的所有人类活动进行管理。②

于是划区管理工具就可以有广义和狭义之分。广义的划区管理工具应该包含公海保护区这一特定的公海划区管理方式，那么区域海洋组织设立管理之公海保护区就是与特别海域、特别敏感海域、特别环境利益区、脆弱海洋生态系统区域、大洋盆地鲸鱼保护区相平行对等的一个法律概念；狭义的划区管理工具则不包括公海保护区，即公海保护区法律概念与划区管理工具相平行对等。在法律上，笔者同意不能将国际组织之特定划区管理工具与公海保护区相等同（即狭义的划区管理工具定义），因为各国际组织的划区管理工具实际上是依据特定国际公约授权而进行的海洋生态环境管理，这些管理权限是不能由公海保护区现有设立管理之主体（区域海洋组织）而享有的，也就是公海保护区设立管理国际法实践所不能僭越规制的。在科学上，笔者认为公海保护区其实是划区管理工具的一种（即广义的划区管理工具定义），形形色色的国际组织之划区管理工具可以被视为公海保护区，因为无论从海洋保护区的定义还是分类

---

① 联合国秘书长 2007 年报告，A/62/66/Add. 2，第 123 段。
② Prior, Siân, Aldo Chircop, and Julian Roberts, "Area-Based Management on the High Seas: Possible Application of the IMO's Particularly Sensitive Sea Area Concept", *The International Journal of Marine and Coastal Law* 25.4 (2010).

上，划区管理工具都可以被很好地阐释和包含。不仅如此，不符合公海保护区定义的划区管理工具也可以独立出来，这样公海保护区和非保护区之划区管理工具都可以在划区管理工具这一广义的定义下进行统一协调。

总体而言，笔者比较倾向于赞同和认可广义之划区管理工具定义，因为广义之定义为新的国家管辖范围以外生物多样性与可持续发展国际文书的制定留下了足够的空间，也在公海保护区问题上可以促进公海保护区与划区管理工具之间相互配合与协作，从而在此情况下，为了达到海洋生态环境的综合治理与保护，就需要促使公海保护区国际法实践可以有效应对来自特定领域的环境威胁。

二 国际组织之划区管理工具与公海保护区的结合

国家管辖范围以外海域作为国际社会的公共空间，相应法律治理与传统基于国家领土主权原则而构建的国际法体系有着差别，具体到海洋生态环境保护，国际组织基于国际法所赋予的权能，起到了举足轻重的作用。与此同时，尤其考虑到公海保护区设立管理之国际法实践近些年的发展，区域海洋组织的作用也不断凸显。为了能达到综合全面的国家管辖范围以外海域生态环境保护之目标，国际组织划区管理工具与区域海洋组织公海保护区的协调合作就成为必要的选择。

（一）国际组织之划区管理工具与公海保护区的连接点

国际组织划区管理工具本身就可以被认为是海洋保护区的一种类型，只是由于设立管理机构的不同而被区分开来，其与区域海洋组织的公海保护区国际法实践有着很紧密的连接点，这些连接点为二者之前的协调合作提供了基础。从公海保护区的法律概念角度看，区域海洋组织公海保护区和国际组织划区管理工具在地理空间上的重合、保护客体上的重叠、保护目标上的契合、保护方式上的互动为二者之间的协调合作提供了法律属性上的前提。

这些可能性在南极海域保护实践中体现得最为充分：依据《南极海洋生物资源养护公约》建立起来的两个南极公海保护区;[1] 依据《73/78防污公约》的附件一、二、五中有关油类物质、有毒液体、船舶垃圾的规定而将南纬60度以南的海域划定为特殊海域；国际海事组织还就南极条约体系适用的海域船舶压舱水的置换指南,[2] 于2009年制定了相应极地航行规则;[3] 根据《国际规范捕鲸公约》,国际捕鲸委员会在1994年设立了南大洋鲸鱼保护区;[4] 依据1991年《南极条约环境保护议定书》设立南极特别保护区（ASPAs）和南极特殊管理区（ASMA）等,[5] 这些都被共同运用于南极海域的生态环境保护。

随着区域海洋组织设立管理公海保护区国际法实践的推进，厘清区域海洋组织公海保护区和国际组织划区管理工具之间的概念联系和合作可能也有了必要性。区域海洋组织由于其国际法权能的局限性，在管理国家管辖范围以外海域的人类活动中必须依托于相应国际组织，如航运、海底采矿区、渔业管理等，而海洋生态环境是一个整体，需要综合性的保护。在此方面，保护东北大西洋海洋环境委员会（OSPAR）的国际法实践具有一定的前瞻性。早在2012年保护东北大西洋海洋环境委员会就表达了希望国际海事组织能够通过特别区域或特别敏感水域等措施为东北大西洋公海保护区提供相

---

[1] 南极海洋生物资源养护委员会：CCAMLR to create world's largest Marine Protected Area, https://www.ccamlr.org/en/news/2016/ccamlr-create-worlds-largest-marine-protected-area。

[2] 国际海事组织2007年的指南 Res. MEPC. 163 (56)。

[3] 国际海事组织大会2009年的决议 Res. A. 1024 (26)。

[4] Zacharias, Mark A., Leah R. Gerber, and K. David Hyrenbach, "Review of the Southern Ocean Sanctuary: Marine Protected Areas in the Context of the International Whaling Commission Sanctuary Programme", *Journal of Cetacean Research and Management* 8, No. 1 (2006).

[5] Erik J. Molenaar, Alex G. Oude Elferink and Donald R. Rothwell, *The Law of the Sea and the Polar Regions*, Martinus Nijhoff Publishers, 2013, p. 128.

应的航运管理工具。① 同时保护东北大西洋海洋环境委员会也积极探究了和东北大西洋渔业组织（NEAFC）的互动关系。不过恰如保护东北大西洋海洋环境委员会报告中指出的，虽然两个组织在地理区域上高度重合，且有一定关联，但在确定公海保护区概念和保护客体上缺乏准确性，导致管理措施与总体目标无法有效结合。②

（二）现实和法律的困境

为了保护海洋生态环境，将国际组织划区管理工具和区域海洋组织公海保护区进行结合具有现实必要性，同时这种结合也有着法律可行性，但是在现实和法律中仍然存在着诸多困境。长期致力于公海法律治理研究的国际自然保护联盟学者克莉丝汀娜（Kristina M. Gjerde）就指出需要将现有的公海保护区机制、机构、工具进行结合，因为虽然区域海洋组织的公海保护区可以为公海生态环境作出努力，但是基于以下四点原因很难达到国际社会所希望的效果：（1）逐案逐例的公海保护区实践很难为建立起有代表性海洋保护区网络提供完整和风险预防路径；（2）在逐案逐例的公海保护区实践中很难达到均衡的区域进步，有些区域海洋环境不断恶化，而有一些可能会略有进步；（3）仅有的区域海洋公海保护区实践不能反映国际社会的利益和关注；（4）区域海洋组织公海保护区实践限制了有关国家和机构对域外海洋生态环境的保护。③ 于是一个完整系统的公海保护区法律治理体系就变得十分有必要了，由于国家管辖范围

---

① OSPAR, Benjamin Ponge, *IMO Environmental Management, and Potential Interactions with OSPAR High Seas Marine Protected Areas*, Document Intended for OSPAR-Madeira Ⅱ Workshop, 9 January 2012.

② OSPAR, Benjamin Ponge, *NEAFC Management Measures, and Interactions with OSPAR High Seas Marine Protected Areas*, Document Intended for OSPAR-Madeira Ⅱ Workshop, 9 January 2012.

③ Gjerde, Kristina M., and Anna Rulska-Domino, "Marine Protected Areas beyond National Jurisdiction: Some Practical Perspectives for Moving Ahead", *The International Journal of Marine and Coastal Law* 27, No. 2 (2012).

以外海域的特殊国际法属性和公海法律治理的零散空缺，限制了这一进程的发展，同时一些具体的困境也在困扰着国际社会。

1. 缺少清晰明确的公海保护区概念

由于缺少有拘束力、可依据的公海保护区法律概念，区域海洋组织的公海保护区实践与国际组织的划区管理工具的关系和协调就变得十分微妙了，在无法厘清二者之间的联系与区别时，很难促进综合完整的现有管理工具的整合与协调，那么也就无从谈起一个完整系统的公海保护区法律制度体系。这是本书重点关注的症结之所在，也是一切争议的基础之所在。

2. 国际组织内部权能的不确定性

一方面区域海洋组织的权能十分有限，相应的设立管理实践之效力不能及于国际法上的第三方；另一方面，国际组织内部和之间也存在着很多不确定性。首先在各个国际组织内部有着各自不同的问题和争议，比如国际捕鲸委员会内部，分为主张捕鲸和禁止捕鲸两派，从而导致新的捕鲸保护区难以设立，旧的管理手段也只能低水平维持。其次许多国际组织对其能否将划区管理工具设立于国家管辖范围以外海域还抱有疑虑，比如国际海事组织在公海设立特别敏感海域，还有联合国教科文组织能否在国家管辖范围以外海域选取设立世界自然遗产保护区的问题也没有任何定论。最后，国际组织的运作决策有着机构特色、政治性、经济属性，这些都制约了国际组织在公海保护区问题上发挥更大的作用，比如国际海事组织中的船东国利益、美国与联合国教科文组织的关系、日本等国的捕鲸诉求等。

3. 结合可能引发的争议

在缺少明确的公海保护区法律概念和有拘束力的国际文书这一前提下，贸然促进区域海洋组织公海保护区实践和国际组织划区管理工具的结合，很可能会引发和加剧国际社会已有的担心。首先是区域海洋组织与沿海国管辖权扩张、国际组织职能扩张和大国强权可能引发的新一轮海洋"蓝色圈地运动"。其次就是公海自由可能会受到公海保护区设立管理之国际法实践推进的冲击，而与国际组织划区管理工具的结合，则可能会使公海自由受到进一步限制。

综合本章所述，国际组织划区管理工具的体系化是公海保护区国际法实践制度化中必不可少的内容，不同国际组织的不同划区管理工具各有其特征，充分体现了公海法律治理的零散与空缺。由于明确有拘束力之公海保护区法律概念的缺失，导致国际组织划区管理工具与区域海洋组织公海保护区之间的法律关系变得复杂而微妙，现有的国际组织划区管理工具基本能满足国际自然保护联盟之海洋保护区的定义与分类，这为国际组织划区管理工具与区域海洋组织公海保护区之间的协调和结合提供了法律与科学的基础，但是相应的结合可能会引发国际社会的争议。如何在公海保护区的法律概念中强调国际社会的权益，化解公海保护区国际法实践制度化的法律阻碍，还需要进一步的分析研究。

第五章

公海保护区法律概念所表达的共同义务

　　公海保护区的设立管理之国际法实践充满阻碍，推进相关法律实践制度化的进程也很不顺利，不仅如此，公海保护区法律概念的不清晰还引发了国际社会诸多担忧。有学者就提出应当防止新的法律文件对公海自由等既定海事原则和国家主权造成损害，还应警惕内国法或区域文件的域外实施，防止国际公海变成地区私海，[①] 单纯的区域海洋组织公海保护区实践也无法有效地体现国际社会的利益和关注，[②] 相关担忧并非毫无根据，近年来沿海国在专属经济区扩张民事、环境、刑事管辖权的行为已经引发了很多国际争端，[③] 对此《联合国海洋法公约》缺少具体清晰的规定来规制。[④]

　　考虑到公海生态环境保护对人类社会整体的重要意义，为了应对公海保护区国际法实践所引发的诸多争议和担忧，有学者提出应

[①] 何志鹏、高潮：《国际法视角下的公海海洋保护》，《甘肃社会科学》2016年第3期。

[②] Gjerde, Kristina M., and Anna Rulska-Domino, "Marine Protected Areas beyond National Jurisdiction: Some Practical Perspectives for Moving Ahead", *The International Journal of Marine and Coastal Law* 27, No. 2 (2012).

[③] 张湘兰、叶泉：《论沿海国对其专属经济区内船舶污染的立法管辖权》，《当代法学》2013年第3期；杨显滨：《专属经济区航行自由论》，《法商研究》2017年第3期。

[④] 桂静：《不同维度下公海保护区现状及其趋势研究——以南极海洋保护区为视角》，《太平洋学报》2015年第5期。

该出于国际社会的整体利益和人类整体的生存来设立管理公海保护区,① 从而构建起在人类共同利益基础上的公海保护区法律概念与法律制度。虽然在国际海洋法领域中除了人类共同继承财产这一法律原则外,并没有能很好地顾及人类共同利益和共同关切,但是近年来在国际环境法领域,诸多"共同"理论已经得到确立和适用,于是从应对公海保护区国际法实践的担忧角度出发,笔者在本章将检视公海保护区这一保护海洋生态环境的有效方式与人类共同关注事项这一国际环境法概念之间的关系。

第一节　共同利益视角下的公海保护区国际法实践

一　公海保护区国际法实践引发的担忧

（一）引发新一轮"蓝色圈地运动"

随着人类对海洋的探索发现,开发利用的步伐不断加深,领海、大陆架等一系列海洋法制度被国际法逐步确立起来,沿海各国也逐步开始圈定各自的管辖水域,被称为"蓝色圈地运动"。自《联合国海洋法公约》在1992年生效确立了专属经济区制度以来,沿海国对专属经济区的管辖权不断扩张,引发了很多争议。在此背景下,公海保护区国际法设立管理实践也被认为可能会引发新一轮"蓝色圈地运动"。对此,考虑到公海保护区设立管理国际法实践的特殊情况,需要从不同的角度进行考虑分析。

1. 区域海洋组织与沿海国的管辖权扩张

从本书第三章内容可以看出,现有公海保护区国际法实践主要是由区域海洋组织设立管理,这些公海保护区设立管理实践表面上

---

① Tanaka, Y., "Reflections on High Seas Marine Protected Areas: A Comparative Analysis of the Mediterranean and the North – East Atlantic Models", *Nordic Journal of International Law* 81.3 (2012).

是通过区域海洋协议约束区域内国家从而达到保护海洋生态环境的目标，实际上体现了沿海国扩张管辖权的目的。比如，2002 年设立的地中海派拉格斯海洋保护区实际上就是由法国主导的公海保护区，虽然是由法国、摩纳哥、意大利共同设立管理，但是可以看出法国在其中的关键作用。区域海洋组织的公海保护区体制并不能约束域外国家，但是保护海洋生态环境是《联合国海洋法公约》规定的各国之一般义务，这可能成为沿海国扩张环境保护管辖权的法律理由。例如，1953 年，在加拿大抓捕西班牙渔船案中，加拿大就曾主张以保护洄游鱼类在公海进行执法活动，[①] 这一现象反映到公海保护区设立管理国际法实践中，不得不引起国际社会的警惕。

随着近年来发达沿海国家海上执法力量的加强和海洋权益意识的提高，沿海国扩张海上管辖权已经成为不争的事实。2012 年 2 月，两名意大利海员（护卫商船的海军陆战队队员）在喀拉拉邦以南海域（印度专属经济区内）随船护卫"恩丽卡·莱克茜"（Enrica Lexie）号油轮时，误把一艘印度渔船当作海盗船，枪击致两名印度渔民死亡，对此印度方面扣留了这两名意大利海员并进行了司法审判，意大利方面将该案起诉至联合国海洋法法庭，要求确认印度方面没有刑事管辖权并要求印度立即释放意大利籍船员。在 2015 年 8 月 24 日作出的裁定中，联合国海洋法法庭裁定命令各方暂停所有可能加剧或扩大已经依据《联合国海洋法公约》附件七提交给仲裁庭的国际争端之任何国内法庭诉讼行动。[②] 相关争议问题涉及中国实践的还有中国渔船"福远渔冷 999"和马耳他籍散货船"卡塔利娜"（Catalina）轮两案。2017 年 8 月 13 日，中国渔船"福远渔冷 999"因被发现非法占有及运输大量鲨鱼，在厄瓜多尔加拉帕戈斯海洋保

---

① 桂静：《不同维度下公海保护区现状及其趋势研究——以南极海洋保护区为视角》，《太平洋学报》2015 年第 5 期。

② ITLOS Case No. 24, The "Enrica Lexie" Incident (Italy v. India), Provisional Measures, Order of 24 August 2015.

护区内（厄瓜多尔专属经济区内）被当地执法人员扣押，该渔船上的 20 名船员于 8 月 27 日下午在厄瓜多尔圣克里斯托瓦尔法庭接受审判，被判处一年至四年不等的有期徒刑。① 2017 年 8 月 16 日，宁波海事法院就被告人艾伦·门多萨·塔布雷（Allan Mendoza Tablate）犯交通肇事罪一案作出判决，判定被告人犯交通肇事罪。② 本案犯罪地点位于浙江象山沿海南韭山岛东偏北约 72 海里附近（东经 123°35.4′，北纬 29°33.1′）海域，③ 位于中国专属经济区内，管辖权依据是《中华人民共和国刑法》第 6 条所规定的属地管辖权。④ 由于海上犯罪行为发生地具有海事特征，且在一般情况下沿海国不应在通过领海或专属经济区的外国船舶上行使刑事管辖权，⑤ 此时判断实施犯罪行为之船舶和被害船舶的注册国就变得至关重要，根据《联合国海洋法公约》第 90 条，船舶所悬挂之旗帜应是其所属国家之国旗，从而保证船舶与国家之间存在真正联系。⑥ 这就引发了沿海国对其专属经济区内犯罪行为的刑事管辖权认定问题的争议。

在沿海国不断扩大对管辖水域的民事、环境、刑事管辖权的国际法背景下，考虑到公海保护区本身可能位于沿海国的潜在专属经济区内（如地中海派拉格斯海洋保护区），海域划界的未定，外大陆架所引发的公海保护区管辖治理错乱等问题，很难不让国际社会联想到公海保护区

---

① 财新网：《偷运 6600 只鲨鱼 "福远渔泠 999" 船主归属查明》，http://china.caixin.com/2017-08-30/101138018.html。

② 宁波海事法院（2017）浙 72 刑初 1 号。

③ 艾伦·门多萨·塔布雷一审刑事判决书。

④ 《中华人民共和国刑法》第 6 条：凡在中华人民共和国领域内犯罪的，除法律有特别规定的以外，都适用本法。凡在中华人民共和国船舶或者航空器内犯罪的，也适用本法。犯罪的行为或者结果有一项发生在中华人民共和国领域内的，就认为是在中华人民共和国领域内犯罪。

⑤ 《联合国海洋法公约》第 27 条和第 56 条。

⑥ 《联合国海洋法公约》第 91 条第 1 款。Nordquist M. H., Nandan S. N., and Rosenne S., *United Nations Convention on the Law of the Sea 1982: A Commentary*, Vol.Ⅲ, Martinus Nijhoff Publishers, 1995, p.104. 邢望望、毛晓：《国际刑事法院依危害人类罪对海上暴力犯罪的管辖》，《上海交通大学学报》（哲学社会科学版）2017 年第 5 期。

可能成为区域海洋组织和沿海国扩张管辖权的新的途径和机遇。

2. 国际组织的权能扩张

在现行公海法律治理框架内,国际组织起到了举足轻重的作用,而在比较国际组织有关涉及海洋生态环境保护之划区管理工具时,可以看出划区管理工具与公海保护区有着诸多相关联之处。由于《联合国海洋法公约》规定了"任何国家不得有效地声称将公海的任何部分置于其主权之下"①,公海生态环境的治理主要依托于国际组织进行,在与公海保护区有关的议题中,国际组织有可能在两方面扩张其权能。一是原本具有国家管辖范围以区域治理权能的国际组织可能会进一步在公海保护区的设立管理、监督、信息集中等各方面扩大其权能,比如国际海底管理局和国际海事组织;二是原本没有国家管辖范围以外区域治理权能的国际组织,如联合国教科文组织和联合国粮农组织等,可能通过公海保护区这一媒介在公海世界遗产和公海渔业管理两方面获得一定的治理权能。

3. 大国强权的海洋圈地

虽然国际社会的大多数国家都是《联合国海洋法公约》的缔约国,受公约的约束,但仍然存在一些国家并没有加入该公约且在可预见的未来不会加入这一公约,比如土耳其就在多个场合表示不接受《联合国海洋法公约》的约束,而世界最大的海权国家美国也没有加入该公约。② 一方面,美国推出"航行自由计划",最大限度地维护美国军事力量出入各大洋的自由和机动性,挑战新的海洋秩序,体现了美国企图主导海洋秩序以及对国际法合则用、不合则弃的霸权逻辑和"美国例外"思维。③ 另一方面,美国积极地设立海洋保

---

① 《联合国海洋法公约》第 89 条。

② Song, Yann-Huei, "Declarations and Statements with Respect to the 1982 UNCLOS: Potential Legal Disputes between the United States and China after US Accession to the Convention", Ocean Development & International Law 36.3 (2005).

③ 环球网:《外交部:"航行自由计划"体现的是"美国例外"思维》, http://world.huanqiu.com/exclusive/2016-04/8823495.html。

护区，2016 年 8 月 26 日，美国总统奥巴马宣布在夏威夷西北部建立当时世界上面积最大的海洋保护区，这片海域面积达 150 万平方公里，因富含海洋生物和对夏威夷本土文化的重要性而著称。[①] 虽然美国在设立管理公海保护区的国际法实践中并不积极，但是由于美国没有加入《联合国海洋法公约》，在其法律体系内不存在专属经济区制度，那么其超过领海范围的海洋保护区都有可能会被认定为公海保护区，由此可见美国对公海保护区国际法实践制度化并不积极的原因，完全可能是其可以通过单边主义自行设立管理其所希望的公海保护区。

(二) 对公海自由构成冲击

国际海洋法的发展在一直侵蚀着公海自由：一方面，公海的面积在不断缩小，领海、专属经济区、大陆架等沿海国管辖范围的扩张，导致了公海的实际面积已经不断缩小，这使得公海自由的适用地理空间不断被压缩；另一方面，公海自由的实体法律权利内容也在不断被限制，随着对国家管辖范围以外海洋区域法律治理的关注，公海自由已经被严格限制到了《联合国海洋法公约》第 87 条中的公海六大自由，即在承认航行、捕鱼、飞越、科学研究的自由之外，还进一步有限制地认可了铺设海底电缆和管道的自由，以及建造国际法所容许的人工岛屿和其他设施的自由。近年来，随着公海保护区设立管理之国际法实践的推进，这对公海自由可能的潜在限制也被学界所关注。[②]

1. 区域海洋组织对域外国家公海自由权益的影响

在国际条约法的理论上，区域海洋协定条约的效力只及于区域海洋内的缔约国，对域外国家是没有拘束力的，但是在保护海洋生

[①] 国家地理中文网：《奥巴马"环境遗产"：全球最大海洋保护区！》，http://www.nationalgeographic.com.cn/environment/the_ocean/6650.html。

[②] 何志鹏、高潮：《国际法视角下的公海海洋保护》，《甘肃社会科学》2016 年第 3 期；马得懿：《公海元叙事与公海保护区的构建》，《武汉大学学报》（哲学社会科学版）2018 年第 3 期。

态环境这一敏感的问题上，国际社会还是担心区域海洋组织有扩张管辖权的倾向，甚至可能会被别有用心地将公海保护区利用为主张管辖权和主权权利的一个契机。在一般国际法下，船旗国对船舶航行于公海或其他国家的海域时的诸多事项具有船旗国管辖权，① 《联合国海洋法公约》的缔约国在公海上享有诸多公海自由权利，此时区域海洋组织将有关生态环境保护的规则施加于第三方时，则明显可能会被认为是对船旗国管辖原则和公海自由原则构成挑战。② 区域海洋组织所采取的一系列公海保护区管理措施可能会对域外国家的权益和相关国际组织的权能产生影响，甚至影响到公海自由的保障。

2. 国际组织限制国家的公海自由

针对国家管辖范围以外海域具有管理权能的国际组织可能会与区域海洋组织的公海保护区国际法实践产生互动，而且相应国际组织本身所采取的诸多划区管理工具也有公海保护区的类似特征，将这些管理措施适用于国家管辖范围以外区域时，则可能会限制国家在公海的自由权益。尤其是一些小国、弱国在特定国际组织内可能没有足够的声音和力量，则很可能在特定国际组织内部被忽视，从而造成公海权益的损失，比如非航运大国在国际海事组织内的权益，以及非先驱投资国在国际海底管理局内的权益资格。在此情况下扩大国际组织的权能，则可能会造成在权能变更情形下的内部机制和利益产生新的不均衡，从而可能侵害部分国家的公海自由权益。

3. 公海保护区限制缔约方的公海权益

虽然区域海洋组织设立管理的公海保护区是基于区域内国家的自愿合意，那么也不能忽视域外国家不受拘束的同时而域内国家却在遭受不同程度的法律限制，这可能会造成新的国际法律体系不平

---

① Erik J. Molenaar, Alex G. Oude Elferink and Donald R. Rothwell, *The Law of the Sea and the Polar Regions*, Martinus Nijhoff Publishers, 2013, p. 128.

② 王勇：《论"公海保护区"对公海自由的合理限制——基于实证的视角》，《法学》2019 年第 1 期。

衡。① 当然，在现阶段还不太可能会发生区域海洋组织内部缔约国的公海权益被特别不平衡地侵害，因为即便是内部缔约国也会从自身利益维护的角度去考量公海保护区法律制度构建问题，但是这就会引发公海保护区国际法实践推进的缓慢，以及公海保护区法律实践制度化构建的困难。

（三）公海生态环境保护的必要性、有效性

事实上，直至今日，公海保护区国际法实践制度化问题仍是一个非常敏感的国际政治问题，不同国家的立场态度仍在继续影响着公海保护区法律制度的构建，主张海洋自由利用的国家和主张海洋保护的国家之间存在严重分歧，从而就公海生态环境保护的必要性以及公海保护区的有效性问题仍然无法达成共识。在现今没有一个明确的公海保护区法律概念的情形下，有关公海保护区的讨论就变得非常零散混乱。

1. 海洋利用国与海洋保护国间的矛盾

随着联合国机构对国家管辖范围以外海洋生态环境保护的呼吁，世界各国都对海洋的健康表示了关切，但是对于公海保护区法律制度的构建，则各自立场之间具有一定的差异，总体而言主要分为两种态度：主张海洋自由利用的国家和主张海洋保护的国家。主张海洋自由利用的国家强调公海作为公共区域，其内的资源（尤其是渔业和遗传基因资源）可以自由获取，因此对公海保护区采取比较审慎的立场，强调公海保护区的法律制度、生态系统评估，认为在没有达成具体共识前不应过多地进行大规模的公海保护区设立管理国际法实践，否则会增加更多的法律不确定性；主张海洋保护的国家则强调国家管辖范围以外海洋生态环境保护的刻不容缓性，不能等待科学确定性和制度完整确定之后再开始公海保护区国际法实践，而是应该推进实践，在实践的基础上总结经验并逐渐形成公海保护区国际法制度。这两种态度最典型的分别是澳大利亚和挪威，澳大

---

① 段文：《公海保护区能否拘束第三方？》，《中国海商法研究》2018年第1期。

利亚政府高度重视海洋环境的保全,在若干文件中提出设立公海保护区的建议,并提议在设立公海保护区之前,可先行设立公海海洋保护示范区;① 与之相对的挪威则是另一个极端,挪威政府认为在公海设立海洋保护区的行为是与《联合国海洋法公约》关于公海自由的规定相违背的,也不满足习惯国际法的基本精神,因此挪威明确反对设立公海保护区。②

2. 公海保护区的有效性疑问

在世界范围内的国家管辖海域中,各个沿海国已经建立起了大大小小、形形色色的海洋保护区,而这些海洋保护区的实际效果依然需要根据个案来进行科学分析,虽然这些海洋保护区被认为总体上为保护海洋生态环境带来了益处,但也有人指出有很大数量的海洋保护区没有能达到预期的效果,尤其许多发展中国家设立管理的海洋保护区实际上是不成功的。③ 类推到公海保护区,即便在未来有着林林总总的公海保护区被设立起来,在没有形成公海保护区网络的情形下,如果缺少有效的国际合作与管理,那么公海保护区亦很难起到维护公海生态环境的效果。从另一个角度来说,国家管辖范围以外海域的法律治理已经十分零散,既有重叠又有空缺,如果不能构建一个可以适合且能弥补这一体系的公海保护区国际法制度,那么公海保护区制度本身不仅不会有助于优化公海法律治理体系,也无利于公海生态环境的保护,反而会增加新的复杂性。

二 人类共同利益视角的缺失

公海保护区国际法实践所引发的种种担忧和争议,都根源于一

---

① 姜丽、桂静、罗婷婷等:《公海保护区问题初探》,《海洋开发与管理》2013 年第 9 期。

② 同上。

③ Cochrane, K. L, et al., "Marine Protected Areas as Management Measures: Tools or Toys?", *Law, Science & Ocean Management*, Brill, 2007: 701-738.

个问题，即不确定性：公海保护区法律概念的不确定性，公海保护区科学定义的不确定性，公海保护区法律体系的不确定性，公海保护区法律影响的不确定性，公海保护区实际效果的不确定性。这些不确定性加重了不信任感，即便国际自然保护联盟曾在 2003 年的报告中特别强调公海保护区不应被国家视为宣扬主权或管辖权的机遇。[1] 这显然是不够的，在国际海洋法体系下缺少对人类共同利益的关切，只有重视起共同利益和合作利益，国际社会才能在有关议题上达成进一步的共识。

（一）海洋法制度缺少对共同利益的规定

在第三次联合国海洋法立法外交会议上，当时的国际社会并未能意识到在今日海洋生态环境保护会如此刻不容缓，以及由于沿海国和海洋大国出于传统经济、战略、政治利益的考虑，并没有将海洋生态环境保护提升至为了人类共同利益的高度。[2] 在国际海洋法领域内，对于保护人类社会共同利益的关注相对较少，而是更多强调了海洋资源开发和公平分配。时至今日，对人类共同利益的维护，在国际海洋法和一般国际法体系下都已经变得越来越重要。有学者建议将国家管辖范围以外生物多样性和可持续发展问题作为整体认定为国际社会的共同利益，而海洋保护区问题也需要在人类共同利益的视角下进行审视。[3]

1648 年威斯特伐利亚和平会议确立了现代国际法上国家永久领土主权原则，然而自 20 世纪起，不断出现的一些人类共享之国

---

[1] IUCN, WCPA WWF, Gjerde, K. M., *Ten-year Strategy to Promote the Development of a Global Representative System of High Seas Marine Protected Area Networks*, Durban, South Africa, 8-17 September 2003, p. 2. （原文为：They should not be construed as an opportunity to assert national sovereignty or jurisdiction.）

[2] Tanaka, Y., "Reflections on High Seas Marine Protected Areas: A Comparative Analysis of the Mediterranean and the North-East Atlantic Models", *Nordic Journal of International Law* 81.3 (2012).

[3] Ibid.

际问题开始以一种解构主义的姿态向威斯特伐利亚体系提出了挑战。① 这些需要人类共同承担和应对的国际问题是由于人类历史中共同活动而导致，亦无法由任何某一国家所单独解决。不得不说现代国际法在应对和处理这些人类共同承担应对的国际问题上并没有作好充分准备，主要是因为领土主权原则致使国际法很难去直接要求所有国家执行共同的责任义务以解决共同的问题。② 于是国际社会开始持续地努力以应对这些共同危机，不仅通过增加国际社会和民众应对危机的防范意识，还创设和发展了一些法律概念和治理机制，而对"共同"（Commons）理论的创设就是其中的典型。③

在国际法下，尤其在国际环境法领域，人类共同关注事项这一概念最能充分反映公海生态环境保护的法律特性，也与国际海洋法中的诸多领域具有相关性。人类共同关注事项所表达的共同属性最早大致可以追溯到 1907 年海牙第四公约中的"马尔顿斯条款"（Martens Clause），即在国际人道法上所体现出的"公众良心"这一表述。④ 从更宽泛的意义上说，1949 年金枪鱼和其他鱼类被认定为

---

① Stec S., "Humanitarian Limits to Sovereignty: Common Concern and Common Heritage Approaches to Natural Resources and Environment", *International Community Law Review*, 2010, 12 (3).

② Cottier, Thomas, et al., "The Principle of Common Concern and Climate Change", *Archiv des Völkerrechts* 52. 3 (2014).

③ "Commons" refers to those areas, resources, or problems involving the community as a whole or where there is no specific state sovereignty. Murillo, Jimena, "Common Concern of Humankind and Its Implications in International Environmental Law", *Macquarie Journal of International and Comparative Environmental Law* 5 (2008).

④ Convention (No. IV) Respecting the Laws and Customs of War on Land, with Annex of Regulations (The Hague, Oct. 18, 1907), 36 Stat. 2277 (1911). 该公约条款中文为："在本议定书或其他国际协定没有包括进去的情况下，平民和战斗员仍然受来源于既定习惯、人道原则和公众良心要求的国际法原则的保护和支配。"

共同资源,① 之后国际海底、② 月球③被国际法认定为人类共同继承的财产,④ 于是各种不同的"共同"概念和表述不断开始出现,比如 1959 年的《南极条约》在其序言部分所确认的:"承认为了全人类的利益,南极应永远专为和平目的而使用,不应成为国际纷争的场所和对象;……在南极科学调查自由的基础上继续和发展国际合作,符合科学和全人类进步的利益……"⑤

(二) 国际环境法下的人类共同关注事项

1988 年,联合国大会决议确认气候变化是人类共同关心的问题,确信气候变化影响全人类。⑥ 从此以后人类共同关注事项开始成为一项被适用于多个条约的法律概念:(1) 1972 年《保护世界文化和自然遗产公约》虽没有明言提到人类共同关注事项,但是指出考虑到"保护不论属于哪国人民的这类罕见且无法替代的财产,对全世界人民都很重要……因而需作为全人类世界遗产的一部分加以保存",也体现了人类共同关注事项的思想;⑦ (2) 1992 年《联合国气候变化框架公约》承认地球气候的变化及其不利影响是人类共同关心的问题;⑧ (3) 1992 年《生物多样性公约》确认生物多样性的

---

① Joseph, James, "The Tuna-Dolphin Controversy in the Eastern Pacific Ocean: Biological, Economic, and Political Impacts", *Ocean Development & International Law* 25.1 (1994): 1-30.

② 《联合国海洋法公约》第 136 条。

③ 《指导各国在月球和其他天体上活动的协定》第 11 条。

④ 人类共同继承财产强调人类共同利益,关注资源的可持续开发利用与公平分享。金永明:《国际海底区域的法律地位与资源开发制度研究》,博士学位论文,华东政法学院,2005 年。

⑤ 《南极条约》序言部分。

⑥ 联合国文件 G. A. Res. 43/53, U. N. Doc. A/RES/43/53(Dec. 6, 1988): Protection of Global Climate for Present and Future Generations of Mankind, http://www.un.org/documents/ga/res/43/a43r053.htm。

⑦ 《保护世界文化和自然遗产公约》序言。

⑧ 《联合国气候变化框架公约》序言第一句话。

保护是全人类的共同关切事项;① (4) 2001年《粮食和农业植物基因资源国际条约》也表达了意识到粮食和农业植物遗传资源之所以受到各国共同关注,是因为所有国家在很大程度上均依赖来自其他地方的粮食和农业植物遗传资源;② (5) 2003年《保护非物质文化遗产公约》的有关表示承认意识到保护人类非物质文化遗产是普遍的意愿和共同关心的事项;③ 等等。

人类共同关注事项的正式确立其实归于政治妥协和语言协调,在诸多"共同"理论被国际社会所接纳以后,尤其是人类共同继承财产得到国际社会广泛认可后,早期的关于保护生物多样性和应对气候变化的政府间谈判中,曾有国家提议将生物多样性和气候变化作为"资源"也定性为人类共同继承财产,这招致了预料之外的反对,因此出于政治上的妥协和用语的调整,才将保护生物多样性和应对气候变化认定为人类共同关注事项。④

1992年里约热内卢联合国环境和发展会议后,《里约宣言》体系通过"共同关注"的概念建立起了一套全球环境责任的法律框架体系,也标志了国际环境法的深化发展。⑤ 也就是说"共同关注"这一法律规则体系不仅为国际社会这一整体设置了义务,还为其中的每一个成员施加了责任。⑥ "关注事项"一词主要指代国际上共同

---

① 《生物多样性公约》序言第三段。

② Sullivan, Shawn N., "Plant Genetic Resources and the Law Past, Present, and Future", *Plant Physiology* 135, No. 1 (2004).

③ 联合国教科文组织: Convention for the Safeguarding of the Intangible Cultural Heritage 2003, http://portal.unesco.org/en/ev.php-URL_ID=17716&URL_DO=DO_TOPIC&URL_SECTION=201.html。

④ Patricia Birnie, Alan Boyle, and Catherine Redgwell, *International Law and The Environment*, Oxford University Press, 2009, p. 129.

⑤ Ibid., p. 128.

⑥ Dinah Shelton D., "Common Concern of Humanity", *Iustum Aequum Salutare* 1 (2009).

的未被解决的问题，从而呼吁国际社会成员去致力解决。① 这一词语的解释也体现在国际法院法官维拉曼特雷（Weeramantry）在加布奇科沃—纳吉马罗斯（Gabcikovo-Nagymaros）项目案的独立意见中，维拉曼特雷法官认为人类进入了一个新的国际法时代，即国际法不仅针对个别国家的利益，而且应超越这些国家的利益，从而更深刻地看待人类和地球福祉的更宏大利益。②

国际环境法下的人类共同关注事项这一法律概念似乎恰好可以弥补国际海洋法中对人类共同利益关注的缺失，不过虽然国际海洋法和国际环境法在海洋生态环境保护这一问题上是重合的，但是能否契合地将人类共同关注事项这一法律概念适用于国家管辖范围以外海洋生态环境保护，人类共同关注事项的法律内涵和性质如何，人类共同关注事项的对海洋生态环境保护和公海保护区国际法实践制度化能提供怎样的启示，都是需要进一步分析和探究的。

第二节　人类共同关注事项的国际法适用和内涵

有一些人类社会的共同危机被认为是人类共同关注的事项（Common Concern of Humankind），比如全球变暖问题的应对，就需要人类社会的共同努力。人类共同关注的事项是"共同"理论中的一个典型，强调了人类共同危机和国家的责任，其作为法律概念已

---

① Cottier, Thomas, et al., "The Principle of Common Concern and Climate Change", *Archiv des Völkerrechts* 52.3 (2014).

② *Case Concerning the Gabcikovo-Nagymaros Project (Hungary v. Slovakia)*, ICJ *Rep. 1997*, Separate Opinion of Vice-President Weeramantry, p. 118. （原文为：we have entered an era of international law in which international law subserves not only the interests of individual states, but looks beyond them and their parochial concerns to the greater interests of humanity and planetary welfare.）

经被适用于诸多国际法领域,如生物多样性,① 气候变化②和其他一些对人类生存发展至关重要之要素的领域。作为一个以国际条约为基础的法律概念,人类共同关注事项的法律内涵在不同领域有着不同的阐释,其法律概念亦需要进一步审视。人类共同关注事项这一法律概念会引发一些国际法上的疑问,比如这一法律概念的国际法拘束力如何?这一法律概念在未来是否会成为一个国际法原则?除了生物多样性和气候变化,其他领域是否也可以适用人类共同关注事项?

一 人类共同关注事项之国际法适用

人类共同关注理论的产生发展是为了理顺人类社会在处理共同问题时所遇到的国际法问题,包括管辖权分配和资源分割所引发的矛盾。人类共同关注理论对现有国家主权独立自主原则作出了适当补充,从而可以应对一些难以在传统国家责任理论范畴内得到解决的共同问题。③ 人类共同关注事项总体上是为了消除利用环境、保护环境的障碍,因此可以适用于国际法的不同领域,比如生物多样性、气候变化;除了在国际环境法领域,人类共同关注事项在人道法和世界遗产保护两个领域也有类似的适用。在此四个领域之外,其也常被建议适用于其他相关领域,比如水资源危机、④ 海洋

---

① In the 1992 Biodiversity Convention, it affirms that "conservation of biological diversity is a common concern of humankind".

② 联合国文件 G. A. Res. 43/53, U. N. Doc. A/RES/43/53 (Dec. 6, 1988): Protection of Global Climate for Present and Future Generations of Mankind, http://www.un.org/documents/ga/res/43/a43r053.htm。

③ Cottier, Thomas, et al., "The Principle of Common Concern and Climate Change", *Archiv des Völkerrechts* 52.3 (2014).

④ Edith Brown Weiss, "The Coming Water Crisis: A Common Concern of Mankind", *Transnational Environmental Law*, 1: 1 (2012).

保护、① 植物基因资源、② 臭氧层空洞、③ 大气环境保护，④ 以及环境人权问题⑤等。探讨人类共同关注事项在不同领域的不同适用，有助于探究这一法律概念的具体法律内涵属性，以及与海洋环境保护和公海保护区法律概念之间的联系。

（一）保护生物多样性

近年来，国际法开始采取诸多特设的（Ad Hoc）方式来保护野生动物免受贸易、栖息地破坏、过度开发等的威胁。⑥ 这些威胁不仅在数个世纪以来损害了某些特定的野生物种或其栖息地，还破坏了它们所代表的生物多样性。由于国家对自然资源的永久主权（Permanent Sovereignty over Natural Resources）⑦ 以及对公共财产的自由获取，⑧ 生物多样性遭到严重破坏，成为由于人类集体行动而引发的严

---

① Taj M. Khattak, "Ocean Conservancy—A Common Concern", *Defence Journal*, 19.10 (2016): 27.

② Zakir Thomas, "Common Heritage to Common Concern", *The Journal of World Intellectual Property* 8.3 (2005).

③ Jimena Murillo, "Common Concern of Humankind and Its Implications in International Environmental Law", *Macquarie Journal of International and Comparative Environmental Law* 5 (2008): 139; Horn, Laura, "Globalisation, Sustainable Development and the Common Concern of Humankind", *The International Journal of Marine and Coastal Law* 7 (2007): 53-80.

④ Frank Biermann, "Common Concern of Humankind ": The Emergence of a New Concept of International Environmental Law", *Archiv Des Völkerrechts* 34.4 (1996).

⑤ Horn, Laura, "The Implications of the Concept of Common Concern of a Human Kind on a Human Right to a Healthy Environment", *Macquarie Journal of International and Comparative Environmental Law* 1.2 (2004).

⑥ Patricia Birnie, Alan Boyle, and Catherine Redgwell, *International Law and The Environment*, Oxford University Press, 2009, p.587.

⑦ 参见巩固《自然资源国家所有权公权说再论》，《法学研究》2015年第2期；龚向前《发展权视角下自然资源永久主权原则新探》，《中国地质大学学报》（社会科学版）2014年第2期；杨泽伟《论国际法上的自然资源永久主权及其发展趋势》，《法商研究》2003年第4期。

⑧ 韩雪晴、王义桅：《全球公域：思想渊源、概念谱系与学术反思》，《中国社会科学》2014年第6期。

重共同问题。

在《生物多样性公约》引入人类共同关注事件这一概念之前，许多其他有关国际协议已经给出了类似的表述，尤其是在关注到代际平衡的问题时，比如1979年《保护野生动物迁徙物种公约》[①]中"……为了全人类的利益，必须加以保护；认识到每一代人为了将来的世世代代拥有地球上的资源……"[②]同样关注到代际保护在保护物种和相应生态系统中的重要性，还有1979年《保护欧洲野生动物和自然栖息地公约》，[③]《世界自然宪章》[④]。在《生物多样性公约》以后，由于人类共同关注事项的引入，生物多样性已经不再是一个完全由主权国家在其领土范围内立法管控的事项，虽然国家主权在国际法上依然非常重要，国际合作和国家责任义务也开始不断地被强调。

《生物多样性公约》仅适用于国家管辖权范围以内的区域，所以国家永久主权原则在国际合作问题上依然处于主导的地位。对于国家管辖范围以外区域的生物多样性保护，国家间就保护和管理进行的国际合作就变得更加重要。对灭绝或濒危物种的科学研究是应对生物多样性损失的有效方式，这一方式的有效作用还依赖于对有关知识产权的保护，[⑤]而在这些方面，人类共同关注事项具有法律意义上的优势。

（二）应对气候变化

气候变化政府间委员会的第五次评估报告曾指出过去的三十年

[①] 《保护野生动物迁徙物种公约》（*Convention on Migratory Species*）于1979年6月23日签订于德国波恩，又名《波恩公约》（*Bonn Convention*），旨在保护陆地、海洋和鸟类的迁徙与安居。到2003年年底，该条约已经拥有84个缔约国。

[②] Dinah Shelton D., "Common Concern of Humanity", *Iustum Aequum Salutare* 1 (2009).

[③] 简称《伯尔尼公约》。

[④] 联合国文件UN Doc. A/37/51。

[⑤] Thomas, Zakir, "Common Heritage to Common Concern", *The Journal of World Intellectual Property* 8, No. 3 (2005).

内任何时期的地球表面温度比自 1850 年以来的所有时候都高，1983—2012 年的北半球（可评估的区域内）是过去 1400 年里最温暖的 30 年。[1] 全球气候变化是一个复杂的问题，无法由任何一个国家单独来应对解决，考虑到国际合作的重要性，应对全球气候变化也被认为是人类共同关注事项。1988 年联合国大会 43/53 号决议和 1992 年《联合国气候变化框架公约》也都将应对气候变化认可为人类共同关注事项，这也就导致了 1997 年《京都议定书》[2] 和 2016 年《巴黎协定》[3] 的进一步签署执行，以力求削减全球碳排放。

为了应对气候变化带来的不利影响，人类共同关注事项要求国家承担国际责任和进行国际合作，但由于缺少适格的管理机构与恰当的决策机制，对气候变化的共同关注一直进展艰难。[4] 在 2009 年哥本哈根联合国气候大会上没有达成有效协议后，[5] 2015 年《联合国气候变化框架公约》缔约国在巴黎就碳排放问题艰难地达成了《巴黎协定》，使得国际环境法的遵约机制更具灵活性、程序性、透明性，通过国家报告和审查机制来弥补惩罚性措施的缺失。[6]

2016 年在召开 G20 峰会的前夕，时任美国总统奥巴马和中国国家主席习近平共同向联合国秘书长潘基文缴存了两国对 2015 年《巴

---

[1] IPCC, *Climate Change 2014: Synthesis Report. Contribution of Working Groups* I, II and III *to the Fifth Assessment Report of the Intergovernmental Panel on Climate Change* (Core Writing Team, R. K. Pachauri and L. A. Meyer eds.), IPCC, Geneva, Switzerland, p. 151.

[2] 1997 年签署的《京都议定书》规定，2008—2012 年，38 个主要发达国家的二氧化碳等 6 种温室气体的排放量需要在 1990 年的基础上平均削减 5.2%。

[3] 《巴黎协定》是 2015 年 12 月 12 日在巴黎气候变化大会上通过、2016 年 4 月 22 日在纽约签署的气候变化协定。宋英：《〈巴黎协定〉与全球环境治理》，《北京大学学报》（哲学社会科学版）2016 年第 6 期。

[4] Aust, Anthony, *Handbook of International Law*. Cambridge University Press, 2010, p. 313.

[5] 何晶晶：《从〈京都议定书〉到〈巴黎协定〉：开启新的气候变化治理时代》，《国际法研究》2016 年第 3 期。

[6] 秦天宝：《论〈巴黎协定〉中"自下而上"机制及启示》，《国际法研究》2016 年第 3 期。

黎协定》的签署,① 然而就在全球各国众志成城要积极应对气候变化挑战时,新当选的美国总统特朗普却宣布美国退出2015年《巴黎协定》。② 鉴于此,有些学者主张将人类共同关注事项转变为法律原则,从而更好地为国家设置国际责任,③ 因此有关人类共同关注事项的具体法律性质和内涵也将有必要进行进一步剖析。

与臭氧层空洞治理相比,国际社会应对全球变暖的行动很难称得上成功。④《保护臭氧层维也纳公约》和《蒙特利尔议定书》⑤ 之所以能获得一定成功,主要基于以下几个原因:(1) 发达国家和发展中国家都意识到共同采取措施的紧迫性;(2) 应对危机的科学技术发展有效且现实可行;(3) 在联合战略下,私人企业的预期损失较小;(4) 南北国家之间有效的技术转移互助被有效且清晰地界定。⑥ 气候变化是更加复杂的问题,需要通过促使国际社会中各个国家去履行预期责任,而人类共同关注事项这一法律概念和机制还难以有效地规范国家在气候变化领域的国际法实践和国际法责任。

---

① 上观:《习近平同奥巴马共同出席〈巴黎协定〉批准文书交存仪式》,https://www.jfdaily.com/news/detail? id=29590。

② 潘家华:《负面冲击正向效应——美国总统特朗普宣布退出〈巴黎协定〉的影响分析》,《中国科学院院刊》2017年第9期;赵行姝:《〈巴黎协定〉与特朗普政府的履约前景》,《气候变化研究进展》2017年第5期。

③ Cottier, Thomas, et al., "The Principle of Common Concern and Climate Change", *Archiv des Völkerrechts* 52.3 (2014).

④ 中国环保在线:《臭氧层35年首次变厚 〈蒙特利尔议定书〉见成效》,http://www.hbzhan.com/news/detail/91764.html。

⑤ 《蒙特利尔议定书》全名为《蒙特利尔破坏臭氧层物质管制议定书》(Montreal Protocol on Substances that Deplete the Ozone Layer),是联合国为了避免工业产品中的氟氯碳化物对地球臭氧层继续造成恶化及损害,承续1985年《保护臭氧层维也纳公约》的大原则,于1987年9月16日邀请所属26个会员国在加拿大蒙特利尔所签署的环境保护公约。该公约自1989年1月1日起生效。

⑥ Cottier, Thomas, et al., "The Principle of Common Concern and Climate Change", *Archiv des Völkerrechts* 52.3 (2014).

(三) 世界遗产保护

保护世界遗产领域适用于人类共同关注事项时比较特殊。由于世界遗产本身具有人类共同遗产的属性，而保护世界遗产不仅涉及生态环境保护问题，还涉及文化事项，因此适用人类共同关注事项这一法律机制就具有不同之处。1972 年《保护世界文化和自然遗产公约》中的"遗产"与各个国家特殊的文化自然资源相关联，但所保护的遗产不论属于哪国人民的罕见且无法替代的财产，都需作为全人类世界遗产的一部分加以保存。[①] 正如该公约序言部分所言，整个国际社会都有责任通过提供集体性援助来参与保护具有突出普遍价值（Universal Outstanding Value）的文化遗产和自然遗产，那么在各缔约国的管辖范围内通过国际法来规范世界遗产保护的国际责任就变得很有趣。[②] 2003 年《保护非物质文化遗产公约》的表述继续将人类共同遗产和人类共同关心的事项关联起来表述，用以描述非物质文化遗产的法律属性。[③]

相较于对其他领域的人类共同关注事项的保护，《保护世界文化和自然遗产公约》等公约[④]一起设置了一套更加综合全面的保护体系，将对自然遗产和文化遗产的保护统一到整体的概念中，从而在联合国教科文组织的指导下设立起缔约国会议和政府间委员会作为公约的管理机构。《保护世界文化和自然遗产公约》的缔约国不仅在国内法层面有义务保护自然文化遗产，还在国际层面有义务进行合作互助。根据联合国教科文组织的表述，加入相应保护世界遗产公

---

① 《保护世界文化和自然遗产公约》序言。

② Stephen Stec, "Humanitarian Limits to Sovereignty: Common Concern and Common Heritage Approaches to Natural Resources and Environment", *International Community Law Review* 12.3 (2010).

③ 联合国教科文组织：Convention for the Safeguarding of the Intangible Cultural Heritage 2003, http://portal.unesco.org/en/ev.php-URL_ID=17716&URL_DO=DO_TOPIC&URL_SECTION=201.html。

④ 包括《保护世界文化和自然遗产公约》和《保护非物质文化遗产公约》。

约，有助于缔约国从国际社会的视角去保护人类共同关注的全球遗址，从而维护文化多样性与自然财富，因为这些都阐述了为现在和后代保存遗产这一共同的国际责任。① 作为一个接近为全球接受的保护文化记忆的公约，世界遗产保护公约体系在保护有普遍价值的自然环境与文化遗产方面是领先的国际性机制。②

鉴于保护世界遗产公约体系已经取得的突出成就，其适用范围可能会被拓展至国家管辖范围以外的区域，虽然关于世界遗产公约体系在认定、保护、养护公海生态环境中的作用仍然存在争议，但是 2011 年《全球战略评估》和国际自然保护联盟的路线图已经开始关注到海洋世界遗产的保护问题。③ 不过笔者仍然积极地认为在未来有可能将世界遗产公约体系所设置的构件和标准并入海洋领域尤其是公海世界遗产保护，毕竟至今已有 49 个海洋区域被选定为海洋世界文化遗址。④

（四）国际人道保护

长久以来，国际人道法的发展体现了在超越国家范畴去保护平民和个人免受武装侵害，⑤ 除了 1907 年海牙第四公约中的"马尔顿斯条款"（Martens Clause）所表达的"公众良心所要求的国际人道法"，⑥ 国际人道法的其他一些表达也体现了人类共同关注事项这一理念，比如在武装冲突中保护个人和对危害人类社会正义的严重犯

---

① Meskell, Lynn, "UNESCO's World Heritage Convention at 40", *Current anthropology* 54.4 (2013).

② Zervaki, Antonia, "Marine World Heritage and the Quest for Sustainability", *Laws* 5.1 (2016).

③ Ibid.

④ UNSECO & IUCN, *World Heritage Report 44: World Heritage in the High Seas: An Idea Whose Time Has Come*, France, 2016.

⑤ 朱文奇：《何谓"国际人道法"》，《武大国际法评论》2003 年第 1 期。

⑥ Convention (No. IV) Respecting the Laws and Customs of War on Land, with Annex of Regulations (The Hague, Oct. 18, 1907), 36 Stat. 2277 (1911).

罪进行起诉等，① 1998 年《国际刑事法院罗马规约》的序言里就申明"对于整个国际社会关注的最严重犯罪，绝不能听之任之不予处罚"②，1948 年《世界人权宣言》所表达的所有人民和所有国家努力实现的共同标准，③ 也在一定程度上体现了对人权的保护是全球性的人类共同关注。

关于人权的标准和概念，仍然存在着很多争论，有些国家倾向于扩大相关概念，而另一些国家则明确反对。④ 与此同时，国际人道保护的许多议题常被政治化，美国国务院就会发布其他国家的人权阶段报告并据此报告适当调整美国的外交政策，欧洲人权法院则更进一步地甚至拥有了调整和执行的权能。⑤ 这些零散的国家实践并不必然足够充分证明：一些国家可以超越其他国家的领土主权，基于人权问题或人道主义问题而对他国加以干涉。⑥ 不过已经存在的一些国际机构所担负的权能，一定程度上反映了国际人道问题的人类共同属性，联合国人权高专办公室的设立和国际刑事法院的工作职能正是体现了这些关注。

与上文中的保护生物多样性、应对气候变化、保护世界遗产不同，国际人道问题能否被认为是人类共同关注事项并没有定论，至

---

① Dinah Shelton D., "Common Concern of Humanity", *Iustum Aequum Salutare* 1 (2009).

② 《国际刑事法院罗马规约》序言。

③ 《世界人权宣言》序言。

④ 中国共产党新闻网：《全面正确理解人权概念、人权话语以及话语体系》，http://theory.people.com.cn/n1/2017/0728/c143843-29435562.html。

⑤ Beitz, Charles R., "Human Rights as a Common Concern", *American Political Science Review* 95, No. 2 (2001).

⑥ 参见徐崇利《"保护的责任"：制度化进程之夭折》，《法律科学》（西北政法大学学报）2018 年第 6 期；黄瑶《从使用武力法看保护的责任理论》，《法学研究》2012 年第 3 期；罗国强《"人道主义干涉"的国际法理论及其新发展》，《法学》2006 年第 11 期；王虎华《"人道主义干涉"的国际法学批判》，《法制与社会发展》2002 年第 3 期；杨泽伟《人道主义干涉在国际法中的地位》，《法学研究》2000 年第 4 期。

少还没有相关条约来进行相应认定。《世界人权宣言》时至今日仍不能算是"世界权利法案"。① 虽然已经有一百多个国家加入了《国际刑事法院罗马规约》，但是美国、俄罗斯、中国等大国并没有加入，而最早的推动者非洲国家也出现了要求退约的声音。② 国际人道法与国际环境法有着很大的区别，前者强调了在武装冲突中保护人权，而后者更加要求国际社会合作应对环境挑战，这也许可以解释为何国际社会更愿意将环境问题列入人类共同关注事项。

人类共同关注事项的定义在不同国际法领域的适用，有着各自的法律特征，呈现出多样性的特点，因此很难得出一个可以适用于所有领域的精确定义，尤其很多领域能否被列入人类共同关注事项还存在争议。不过仍然可以从不同领域的人类共同关注事项适用看出诸多共通之处，比如针对那些已经明确被认定为人类共同关注事项的领域，基本都存在着已经被人类活动严重破坏的现实依据，尤其是全球气候变化和生物多样性锐减问题比较突出。相关生态环境问题本质上又皆属于国内问题，引发问题的原因是综合性的，问题的解决需要依赖于国际社会的合作，无法由任何一国单独解决。由于人类共同关注事项属于"共同"理论中的一种，具体的法律内涵仍需要通过与其他的"共同"理论进行比较分析，才可见一斑。

二 不同"共同"理论间的联系与区别

随着人类活动的拓展，为了应对一些人类公共危机以及解决一些特殊区域的法律问题，在涉及人类共同利益的诸多领域和区域，国际法发展出了一系列的"共同"理论，如人类共同财产、人类共

---

① Beitz, Charles R., "Human Rights as a Common Concern", *American Political Science Review* 95, No. 2 (2001).

② Keppler, Elise, "Managing Setbacks for the International Criminal Court in Africa", *Journal of African Law* 56.1 (2012).

同继承财产、共同利益和人类共同关注事项等若干法律概念。

(一) 共同财产和共同利益

人类的生存发展离不开资源，而国家主权则是自然资源（甚至文化资源）的基本前提，即任何国家有自由和权利开发利用保护管辖其境内的自然资源，本国自然资源永久主权不容侵犯。与之相对的是不属于任何一个国家主权范畴内的人类共同财产，在理论上任何国家都可以无害地利用人类共同财产。

人类共同利益，是关系到整个人类社会生存发展的利益。人类社会的国际秩序实在动荡中朝着有秩序的方向前进，这一基础和前提就是人类共同利益的存在，国家社会间除了矛盾冲突之外，有着共同利益与合作利益。正是共同利益的存在，才会促使国际社会去寻求共识，虽然有着诸多变量因素存在，但是国际法上的法律共识积累，才致使国际法体系的形成与完善，成为共识之国际习惯具有拘束力，部分成为成文法，部分成为习惯法。由此可见，共识与共同利益的存在之必然性与重要性。

共同财产与共同利益是紧密关联的两个国际法概念，共同利益出现在国际条约中主要集中在共有自然资源的开发，比如鲸鱼、公海鱼类以及其他各种渔业资源等。[①] 人类共同资源最大的特征就是不排除任何国家的利用，而是由所有参与国家和整个国际社会所共享，而这些位于公共区间（Common Areas）的自然资源（无论是生物资源还是矿产资源）可以成为共同利益或者人类共同继承财产。现在被国际社会认定为公共区间的主要是公海、南极和外太空等这些国家管辖范围以外的区域，这些区域不被归于国家或私人的管辖下，而是由国际法设置独立的综合协调的管理模式，比如《联合国海洋法公约》就将国际海底"区域"的矿产资源认定为人类共同继承

---

① Dinah Shelton D., "Common Concern of Humanity", *Iustum Aequum Salutare* 1 (2009).

财产。①

（二）人类共同继承财产

人类共同继承财产这一概念体现在《联合国海洋法公约》和 1979 年《指导各国在月球和其他天体上活动的协定》（以下简称《月球协定》）这两部国际法文件中：《联合国海洋法公约》第 136 条规定"'区域'及其资源是人类共同继承的财产"；《月球公约》第 11 条规定"月球和其他天体及其自然资源为全人类的共同财产"。除此之外，人类共同继承财产也被联合国机构决议及其他国家集团与国际组织宣言和决议所引用。其中主要有 1979 年《联合国贸发会议关于开发海床资源的决议》、1972 年《圣多明各宣言》、1973 年《美洲国家组织美洲间法律委员会关于海洋法的决议》、1973 年《不结盟国家第四次会议关于海洋法的宣言和决议》等。②

人类共同继承财产在国际法上并不是新颖的概念，而是在涉及公共区域和共同利益情况下的必然产物，③而真正比较突出之处是为了全人类利益而解决利益分享的问题，特别是在国际海底"区域"，甚至建立了专门国际机构——国际海底管理局来管理"区域"内矿产资源的勘探开发和利益分享。由此可以看出人类共同继承财产强调的是为了人类共同利益，而关注资源的可持续开发利用与公平分享，这也就可以解释为何在人类共同继承财产得到国际社会广泛认可后，仍有许多国家反对将生物多样性和气候变化作为"资源"定性为人类共同继承财产。④

关于人类共同继承财产概念性质在学界也众说纷纭，主要是从

---

① 《联合国海洋法公约》第 136 条。

② 金永明：《人类共同继承财产概念特质研究》，《中国海洋法学评论》（中英文版）2005 年第 2 期。

③ 欧斌、余丽萍、毛晓磊：《论人类共同继承财产原则》，《外交评论》2003 年第 4 期。

④ Patricia Birnie, Alan Boyle, and Catherine Redgwell, *International Law and The Environment*, Oxford University Press, 2009, p. 129.

一般法律原则、强行法和习惯法三个视角去考察。关于人类共同继承财产是否可以成为法律原则，虽然《联合国海洋法公约》的缔约国只有148个，全世界范围内还有部分国家没有加入，但是该公约的影响力和缔约国数量已经在国际法上占据突出地位了。虽然国际法发展至今一般法律原则并不多见，但也并不要求每一个国家都愿意接纳才能成为一般法律原则，① 许多学者已经直接称呼人类共同继承财产原则。② 对于人类共同继承财产是否构成国际强行法，并没有绝对的定论，不过在1996年7月8日的国际法院关于"威胁使用或使用核武器的合法性"咨询意见案（The ICJ's Advisory Opinion on *Legality of the Threat or Use of Nuclear Weapons*）中，法官穆罕默德·贝贾维（Mohammed Bedjaoui）在附加个人声明中强调了人类共同继承财产概念原则在国际法上的对世义务（*erga omnes*）和强行法（*jus cogens*）效力。③ 至于国际习惯法，则争议更多，至今仍没有关于何为国际习惯法、国际习惯法的认定标准的有拘束力的国际法文件，虽然国际法委员会为此做了大量工作，④ 但是仍然存在很大争议。⑤

（三）人类共同关注事项

人类共同关注事项（Common Concern of Humankind），顾名思

---

① 金永明：《人类共同继承财产概念特质研究》，《中国海洋法学评论》（中英文版）2005年第2期。

② Lodge, Michael W., "The Common Heritage of Mankind", *International Journal of Marine & Coastal Law* 27.4 (2012).

③ Stephen Stec, "Humanitarian Limits to Sovereignty: Common Concern and Common Heritage Approaches to Natural Resources and Environment", *International Community Law Review* 12.3 (2010).

④ 国际法委员会：Identification of Customary International Law, http://legal.un.org/ilc/guide/1_13.shtml。

⑤ Mathias, Stephen, "The Work of the International Law Commission on Identification of Customary International Law: A View from the Perspective of the Office of Legal Affairs", *Chinese Journal of International Law* 15.1 (2016).

义,"humankind"作为一个集合名词,强调了人类种群的全体,是将人类区别于其他生物而划分开来的表达。"common"则是强调了"共同"理论,虽然"common"一词的英文解释很多,在表达"共同"之意时的解释是"shared by, belonging to, done by or affecting two or more people, or most of a group or society",在此处的使用,"common"一词显然应当采用共同由多人、多个社会团体、国家等来行为的解释。① "concern"一词虽然翻译为"关注事项",作为这一词组的客体,有着很大的可解释余地,之所以选用这一含义模糊的词汇,也是国际公约起草谈判过程中的政治妥协和语言选择,即便如此,此处"concern"还是表达出了对问题和危机的关注,也就是指向了人类关切的事项。

人类共同关注事项与上文提到的人类共同财产、共同利益、人类共同继承财产都不相同,后三者都是针对自然资源的国际法律性质而设置的法律概念,强调了资源的共同共有属性,而人类共同关注事项则是强调应对共同问题和危机。人类共同关注事项与其他"共同"理论最大的区别就是对可持续发展理念的侧重点不同,如果说人类共同财产、共同利益、人类共同继承财产都强调了公共资源的全球重要性,那么人类共同关注事项则强调了国家间的共同责任和全球危机应对。②

人类共同关注事项另一最大特点就是其适用范围不受国家管辖范围内外的限制。国家基于领土主权原则对其领土范围内的事务有着绝对的主权,而大部分"共同"理论都是适用于国家管辖范围以外的公共区域,唯一的例外就是人类共同关注事项,其适用范围并没有明确的空间范围,也不属于特定的地理区域,可以适用于国家

---

① 郝荣:《论国际环境法的新概念——人类共同关注事项》,硕士学位论文,中国政法大学,2011年。

② Patricia Birnie, Alan Boyle, and Catherine Redgwell, *International Law and The Environment*, Oxford University Press, 2009, p. 130.

管辖范围的内和外。①

三 人类共同关注事项的法律内涵

通过考察人类共同关注事项在国际法各个领域的适用以及与其他"共同"理论的联系区别，可以看出在尊重国家领土主权的前提下，人类共同关注事项的法律内涵主要有如下几个方面：（1）人类共同关注事项是人类社会共同的问题和共同的责任，是由于人类整体（而不是某个单一国家或个体）长期的集合行为导致的；（2）人类共同关注事项所关注的问题是无法由单一国家来解决的，而是需要国际社会的全体国家共同通过增强国际合作来合力解决；（3）作为一个国际法概念，人类共同关注事项强调国家的责任，而不是私人团体、个人的责任，即使这些私人有时需要承担相应的民事责任；（4）人类共同关注事项在国际环境法的法律语境下，是法律明确创设的法律概念，是依据国际协议而具有拘束力的国际法规则；（5）人类共同关注事项还不能构成国际法基本原则和一般法律原则，亦不是国际习惯法，与此同时，不能武断地认定人类共同关注事项具有对世义务和强行法效力。②

（一）尊重国家领土主权

虽然现代国际法的发展表明，国家在很多情况下会进行主权让渡，即国家会将一部分主权行使的权利让渡给国际组织，由其代为行使部分国际公共治理权能，③但是现代国际法依然是以自1648年威斯特伐利亚和平会议所确立的国家永久领土主权原则为基础。即

---

① Dinah Shelton D., "Common Concern of Humanity", *Iustum Aequum Salutare* 1 (2009).

② Cottier, Thomas, et al., "The Principle of Common Concern and Climate Change", *Archiv des Völkerrechts* 52.3 (2014).

③ 蔡从燕：《国家的"离开""回归"与国际法的未来》，《国际法研究》2018年第4期。

便一些人类共享之国际问题以一种解构主义的姿态提出了挑战,[1] 这些国际问题的应对与解决仍然是以国家永久领土主权为前提。这些需要人类共同承担和应对的国际问题是由于人类历史中的共同活动而导致的,亦无法由任何某一国家所单独解决,领土主权原则在一定程度上确实致使国际法很难直接要求所有国家去执行共同的责任义务以解决共同的问题,[2] 但并不需要通过解构和放弃国家领土主权原则才能解决这些问题,相反是需要国家在领土主权原则的基础上进行国际合作。

人类共同关注事项所指向的全球危机的应对解决,主要还是依赖于各国所采取的国内法措施,比如气候变化和生物多样性问题,各缔约国依据本国的情况制定合理的法律措施,履行其应承担的国际责任义务。在此情形下,即便存在某国没能有效履行其责任义务,也不能成为其他国家采取措施干涉该国内政的法律理由,因此针对人类共同关注事项,国际社会应该恪守国家领土主权原则。《气候变化框架公约》序言即规定:"重申在应付气候变化的国际合作中的国家主权原则"[3],同样在《生物多样性公约》[4] 甚至《保护臭氧层维也纳公约》[5] 中,都体现了尊重主权的要求。尽管应对解决人类共同关注事项之问题必须通过国际合作,但首先必须尊重各国的主权。

人类共同关注事项所指向的人类共同问题危机,不仅限于国家管辖范围以外的公共区域,这些危机像乌云一般笼罩在全人类的头顶,这些问题的产生原因大多是由于国家管辖范围以内的人类活动

---

[1] Stephen Stec, "Humanitarian Limits to Sovereignty: Common Concern and Common Heritage Approaches to Natural Resources and Environment", *International Community Law Review* 12.3 (2010).

[2] Cottier, Thomas, et al., "The Principle of Common Concern and Climate Change", *Archiv des Völkerrechts* 52.3 (2014).

[3] 《气候变化框架公约》序言第 8 段。

[4] 《生物多样性公约》序言第 4 段 "重申各国对它自己的生物资源拥有主权权利"。

[5] 《保护臭氧层维也纳公约》前言 "各国具有按照其环境政策开发其资源的主权权利"。

而引发的，像气候变化、生物多样性、海洋环境污染这些环境问题具有空间上的相互联通关系，引发污染问题的人类活动没有特定空间性，生态环境问题的影响也没有特定空间性。虽然人类共同关注事项之问题危机的解决需要在尊重国家领土主权的基础上寻求国际合作，但人类共同关注事项的适用范围并没有明确的空间范围，也不属于特定的地理区域，可以适用于无论国家管辖范围的内外。① 为了解决诸如气候变化、生物多样性危机、海洋环境污染等全球性（无论国家管辖范围内外）问题，国家必须在其管辖范围内履行相应国际法义务，积极作出行动以应对相关危机。② 虽然在国家领土主权原则下，国家有依据其自身情况和特定情形来决定制定如何的国内法以应对危机，但是人类共同关注事项所适用于国家管辖范围内区域却是毋庸置疑的。

（二）共同的问题和共同的责任

共同的问题是指人类共同关注事项所指向的问题：在产生上，由于人类活动集体导致的问题，不是由任何单一国家所单独引发的；在危害上，如果这些共同的问题不能得到有效解决，将影响到人类社会的每一个成员，无一可以幸免。正是由于这样的共同的问题，也就强调了共同的责任，因为这些共同的问题不可能由任何单一国家予以解决，而是需要国际社会来共同应对。共同的责任，是指地球上的每个人，对于人类共同关注事项负有义务，每个国家都应该承担相应的国际义务和国际责任。③ 虽然人类共同关注事项强调了共同的责任，国际法下的每一个主体都需要承担责任，但这并不意味着不允许存在责任义务轻重和责任承担缓急之分。

---

① Dinah Shelton D., "Common Concern of Humanity", *Iustum Aequum Salutare* 1 (2009).

② Cottier, Thomas, et al., "The Principle of Common Concern and Climate Change", *Archiv des Völkerrechts* 52.3 (2014).

③ 郝荣：《论国际环境法的新概念——人类共同关注事项》，硕士学位论文，中国政法大学，2011年。

虽然国际法面前世界各国是平等的，但是根据不同标准还是存在一些区分，比如发展中国家和发达国家，内陆国、地理不利国和海洋国家，航运国家和陆运国家，贸易国家和封闭国家等。在国际环境法上，共同但有区别的原则主要体现在臭氧层保护、应对气候变化、生物多样性保护等领域，在这些领域发达国家和发展中国家间的权利义务分配被予以调整以达到平衡：发展中国家承担着相对较低义务责任的同时还要求发达国家向发展中国家提供必要的技术协助。[1] 所谓区别责任，是指在共同责任的前提下，各国责任大小必须有所区别，特别是工业发达国家相较于发展中国家应承担更多的责任。共同但有区别责任是《气候变化框架公约》所确定的重要的原则，《气候变化框架公约》序言规定："承认气候变化的全球性，要求所有国家根据其共同但有区别的责任和各自的能力及其社会和经济条件，尽可能开展最广泛的合作，并参与有效和适当的国际应对行动。"[2]

（三）国际合作的义务

国际合作的法律内涵，在国际生态环境保护领域，要求世界各国应采取协商合作的方式，进而采取协调一致的行动，致力于共同保护和改善全球环境。这也是人类共同关注事项中共同的问题和共同的责任的必然要求，许多国际生态环境具有全球性、关联性和共同性，地球生态系统是一个完整的体系，是每一位地球公民赖以生存的空间，每一个人每一个国家都会受其影响。由于气候的全球系统性，决定了应对气候变化问题不能以人为条块分割的思路进行。反映在国际社会上，就是要求不能单纯地以国界作为解决问题的尺度。[3]

---

[1] Patricia Birnie, Alan Boyle, and Catherine Redgwell, *International Law and The Environment*, Oxford University Press, 2009, p.133.

[2] 《气候变化框架公约》序言第 5 段。

[3] 郝荣：《论国际环境法的新概念——人类共同关注事项》，硕士学位论文，中国政法大学，2011 年。

人类共同关注事项的法律内涵并不是强调将责任和义务强行分配给各个国家，而是呼吁国际社会通过合作来应对环境保护中的障碍。[1] 很多时候国际合作能化解国家主权与共同利益之间的矛盾，因为在国际法上，就全球问题进行合作的障碍之一往往是国际合作可能被有些国家认为会给主权带来损害，人类共同关注事项其中之一的可预计结果就是国家在进行国际合作时须在对国家主权尊重的基础上进行必要的合作。[2] 1972年斯德哥尔摩会议所认可的通过合适的方式合作可以有效地控制、预防、减少在任何区域内活动所引发的环境危害。[3] 仅通过对国际合作的鼓励以应对国际环境危机是不够的，国际合作的义务在共有资源的利用和分享问题上应当有着具体的实质内容，比如应该包括信息的交换、定期的通知与磋商、紧急应对程序等，与此同时，这些实质内容还需要依托区域和全球性的国际组织来承担起信息集中与监督的责任。[4]

　　人类共同关注事项所蕴含的国际合作义务并不能算是普遍不加区分的，这种共同义务的分配在气候变化领域尤其突出，即上文提到的在发达国家和发展中国家之间的共同但有区别的责任。根据《京都议定书》所要求的发达国家应该协助发展中国家（尤其那些在气候变化中尤其脆弱的国家）去应对气候变化所带来的耗费与后果。[5] 在此情况下，技术转移即是很好的方式来将气候变化对发展中国家所带来社会、环境、紧急影响最小化，[6] 除此之外，发达国家也许还有一些其他的责任，比如致力于代际公平，提供新的和必要的

---

[1] Cottier, Thomas, et al., "The Principle of Common Concern and Climate Change", *Archiv des Völkerrechts* 52.3 (2014), p.313.

[2] Ph. Cullet, "Water Law in a Globalised World: The Need for a New Conceptual Framework", *J. Env. L.* 23/2 (2011).

[3] 《斯德哥尔摩宣言》第24条。

[4] Cottier, Thomas, et al., "The Principle of Common Concern and Climate Change", *Archiv des Völkerrechts* 52.3 (2014).

[5] 《京都议定书》第12条。

[6] 《京都议定书》第3条和第11条。

经济资源。由此可见，人类共同关注事项在气候变化领域的适用所指定的国际合作其实是可以共同但有区别的，这也为丰富人类共同关注事项的法律概念提供了国际法实践依据。

第三节　公海生态环境保护是人类共同关注事项

随着人类科学技术的进步和对自然资源需求的增长，人类活动的不断深入加强已经对海洋环境产生了巨大的影响。公海区域的海洋环境保护所须应对的挑战尤其严峻，主要是由于国家管辖范围以外区域的法律治理空缺与零散。国际社会已经意识到了相关问题，并积极地做出努力以期加强海洋环境保护。在此情况下，将公海环境保护，甚至是整个海洋环境保护认定为人类共同关注事项是合理的倡议。本节将检视公海环境保护是人类共同关注事项的可行性与法律实用性，并据此分析人类共同关注事项对公海保护区法律实践制度化的启示。

一　持续退化的公海环境及应对

（一）公海环境的退化

海洋区域是地球上最大的跨界区域，大约占地球表面积的3/4，并且可以向下延伸数千米深。① 考虑到全球范围内专属经济区和大陆架界线没有划定，大约62%—64%的面积属于国家管辖范围以外的区域。② 公海不是一个独立的生态系统，与相连的边缘海一起，不仅

---

① GOC, Global Ocean Commission Report 2014, *From Decline to Recovery: A Rescue Package for the Global Ocean*, Oxford, UK, 2014.

② Rona'n Long, Mariamalia Rodriguez Chaves, "Anatomy of a New International Instrument for Marine Biodiversity Beyond National Jurisdiction: First Impressions of the Preparatory Process", *Environmental Liability Law, Policy and Practice* 23.6 (2015), p.214; GOC, Global Ocean Commission Report 2014, *From Decline to Recovery: A Rescue Package for the Global Ocean*, Oxford, UK, 2014.

为数十亿人口提供了鱼类食品和养殖产品,还供给了大约人类所呼吸氧气的一半以及吸收了超过 1/4 的人类释放之二氧化碳,以及其他许多生态服务功能,包括空气净化、废物处理、生命循环维持、基因和饰品资源、休闲旅游等。①

随着新技术的引进和发展人类在海洋中的活动的不断深化,对海洋环境的影响也在快速增长。现代产业化捕鱼轮船已经可以到公海的最中心区域,深海采矿已经越来越接近于现实,全球海洋委员会在 2014 年的报告中就列举除了公海环境退化产生的五个主要原因:(1) 资源需求的增长;(2) 科学技术的进步;(3) 鱼群的退化减少;(4) 气候变化、生物多样性和栖息地损失;(5) 公海治理的弱势。② 政府间海洋委员会(IOC)和联合国环境规划署(UNEP)于 2016 年发布的一份全球评估报告给出了诸多跨界水域评估项目(TWAP)的最新成果,人类活动正在且已经威胁到了全球 60% 的珊瑚礁,到 2030 年 90% 的珊瑚礁可能会受到人类活动和气候变化的共同影响,与此同时,现在有 100 多个国际协议涉及公海治理,表现出严重的空缺与零散。③ 对于大型海洋生态系统(LMEs),自 1957 年以来 66 个大型海洋生态系统中有 64 个经历了海洋变暖的问题(其中西北/东北大西洋和西太平洋海域的海洋升温比较快速),所有大型海洋生态系统中 50% 的鱼群都已经被过度开发了。④

---

① Rona'n Long, Mariamalia Rodriguez Chaves, "Anatomy of a New International Instrument for Marine Biodiversity Beyond National Jurisdiction: First Impressions of the Preparatory Process", *Environmental Liability Law*, *Policy and Practice* 23. 6 (2015), p. 214; GOC, Global Ocean Commission Report 2014, *From Decline to Recovery: A Rescue Package for the Global Ocean*, Oxford, UK, 2014.

② Ibid.

③ 政府间海洋委员会: New Global Data on High Seas and Large Marine Ecosystems to Support Policy Makers, http://www.unesco.org/new/en/natural-sciences/ioc-oceans/single-view-oceans/news/new_ global_ data_ on_ high_ seas_ and_ large_ marine_ ecosystems_ to-1/ 。

④ 同上。

(二) 国际社会应对公海环境退化的努力

自 2005 年起,联合国秘书长报告开始特别关注到国家管辖范围以外生物多样性和可持续发展问题,[①] 联合国大会 A/RES/68/70 号决议也再次确认了可持续利用生物多样性在国家管辖范围以外海域治理中的核心地位,[②] 同时联合国大会要求联合国秘书长召开三次国家管辖权范围以外海域海洋生物多样性养护和可持续利用问题非正式特设工作组 (BBNJ) 会议以研究相关问题。在此基础上,2015 年联合国大会 A/RES/69/292 号决议,决定就国家管辖范围以外海洋区域生物多样性的养护与可持续发展问题,在《联合国海洋法公约》框架下制定具有法律约束力的国际协定,该国际协定是一项综合性的国际条约,将就包括划区管理工具与公海保护区在内的一系列问题进行立法规范。[③] 2015 年,有关国家管辖范围以外生物多样性与可持续发展立法预备委员会总体考虑该国际协定的范围以及其与其他海洋环境保护机制之间的关系,包括海洋遗传资源和利益分享问题、划区管理工具与公海保护区问题、环境影响评价和能力建设、海洋科技转移。[④] 2017 年 6 月,首届联合国海洋大会在纽约举办,此次联合国海洋大会讨论了海洋污染、海洋生态保护、海水酸化、可持续渔业、海洋科研能力等议题,呼吁社会各界采取措施,减少人类活动对海洋和海洋资源的威胁,其中如何养护海洋,包括治理

[①] 联合国:Ad Hoc Open-ended Informal Working Group has started to study issues relating to the conservation and sustainable use of marine biological diversity beyond areas of national jurisdiction since 2006, https://www.un.org/depts/los/biodiversityworkinggroup/biodiversity-workinggroup.htm。

[②] 联合国大会文件 68/70 第 194 段。

[③] 联合国:Ad Hoc Open-ended Informal Working Group has started to study issues relating to the conservation and sustainable use of marine biological diversity beyond areas of national jurisdiction since 2006, https://www.un.org/depts/los/biodiversityworkinggroup/biodiversity-workinggroup.htm。

[④] 联合国大会文件 A/69/780。

海洋垃圾、微塑料、海洋酸化等问题,① 以及海洋资源的可持续利用问题得到了较高的关注。②

随着联合国对保护与合理使用国家管辖范围以外海域生物多样性问题的重新重视,通过选取具有突出普遍价值的海洋区域并加以适度保护,世界遗产公约体系也有可能在此事项上起到关键的作用。联合国教科文组织在其2016年的一份名为《公海世界遗产:一个时机成熟的想法》报告里就选取了五个海洋地点来阐述不同的生态系统的价值:从富含生物多样性的区域到只有深海中才有的独特自然现象。除此之外,该报告还讨论了1972年《保护世界文化和自然遗产公约》作为选取认定公海世界遗产依据的法律可行性以及可能途径:(1)通过扩大解释的方法;(2)修正相应条款;(3)达成任择附加议定书。③

除此之外,一些国家和非政府组织(比如国际自然保护联盟和全球海洋委员会等)开始呼吁加强对公海的保护,但是至今所取得的成果微乎其微,公海仍然处于不断退化的进程中。2002年世界可持续发展峰会所达成的要在2012年前建立起具有代表性的海洋保护区网络目标,但是到2012年里约峰会时指出很明显2002年所设定的目标远远没有达到,取得的进展十分微弱,尤其是在沿海区域以外的海域。④ 可以看出,一方面国际社会现行保护公海的努力还远远不够;另一方面,由于公海法律治理存在的零散空缺问题,致使国际社会的努力无法有力地发挥作用,此时就需要国际社会正视公海生态环境退化这一人类共同关注事项,并积极作为,通过各种手段

---

① 张晏瑢:《论海洋酸化对国际法的挑战》,《当代法学》2016年第4期。

② 环球网:《联合国大会聚焦可持续发展》, http://world.huanqiu.com/hot/2017-06/10806016.html。

③ UNSECO & IUCN, *World Heritage Report 44: World Heritage in the High Seas: An Idea Whose Time Has Come*, France, 2016.

④ GOC, Global Ocean Commission Report 2014, *From Decline to Recovery: A Rescue Package for the Global Ocean*, Oxford, UK, 2014.

加强公海环境保护。

二 公海环境保护与人类共同关注事项

为了突破公海法律治理的零散空缺问题,有学者就建议在《联合国海洋法公约》项下制定一个有拘束力的国际协定是最可靠最有效的办法。① 如今,有关国家管辖范围以外生物多样性与可持续发展立法预备委员会已经正式设立,相应的立法活动正在按部就班地进行,那么关于公海生态环境保护的基本法律原则也必将是该立法活动中不可绕过的法律问题,有学者就指出如果不能在该立法活动中将人类共同继承财产作为基本原则,那么公海保护和集体共享将缺少强制力。② 至于公海生态环境保护具体应适用人类共同继承财产原则还是人类共同关注事项这一概念,笔者认为需要进一步分析。

(一) 公海生态环境保护是人类共同关注事项

1. 人类共同继承财产或人类共同关注事项

至今,人类共同继承财产原则已经适用于多个领域了:南极、"区域"矿产资源,北极③和外太空。④ 人类共同继承财产原则侧重于国家管辖范围以外区域资源的公平分享,也就是说所有从公共空间内获取的利益都必须公平地分享给全人类。⑤ 人类共同继承财产强调的是人类对国家管辖范围以外区域资源和利益的公平分享,而不

---

① Gjerde, Kristina M., "Challenges to Protecting the Marine Environment beyond National Jurisdiction", *The 1982 Law of the Sea Convention at 30*, Brill, 2013.

② Tladi, Dire, "The Common Heritage of Mankind and the Proposed Treaty on Biodiversity in Areas beyond National Jurisdiction: The Choice between Pragmatism and Sustainability", *Yearbook of International Environmental Law* 25.1 (2014).

③ 北极能否被认定为人类共同继承财产还有争议。

④ Shackelford, Scott J., "The Tragedy of the Common Heritage of Mankind", *Stanford Environmental Law Journal* 28 (2009).

⑤ Keyuan, Zou, "The Common Heritage of Mankind and the Antarctic Treaty System", *Netherlands International Law Review* 38.02 (1991).

是专门强调海洋或公海生态环境的保护。① 与其他"共同"理论不同，人类共同关注事项关注于共同的责任和国际合作。②

人类共同关注事项作为法律概念是指在国际法语境下强调关于共享管辖权和资源的共同问题。③ 作为一个国际环境法上较新的概念，共同关注事项是由于人类整体之集体行为导致的共同问题和共同责任，而不是单一个体或单一国家的问题与责任。共同关注的问题也无法由任何单一个体或单一国家来解决，而是需要国际社会中的所有国家加强国际合作。人类共同继承财产已经被认定为国际原则，而人类共同关注事项还只是一个国际法概念规则，远不能被认定为国际法原则与国际习惯法，但是在国家领土主权与环境保护利益之间寻求平衡，人类共同关注事项已经作为条约基础上的法律原则被适用到了生物多样性和气候变化领域，因此，人类共同关注事项亦可以类比适用于公海生态环境保护。

2. 合理的倡议：人类共同关注事项

考虑全球海洋对环境稳定、社会公平、全球治理的重要性，意识到全球海洋生态环境的持续衰退会影响到整个生态系统，从而影响到全人类的基本生存环境，关注到公海所面临的威胁，以及现在人类社会的努力没有能构建起综合充分的法律治理体系。所以，将公海（甚至全部海洋）生态环境保护认定为人类共同关注事项是合理的倡议。

作为国家管辖范围以外海域的公海对所有国家开放，无论是沿

---

① Stec, Stephen, "Humanitarian Limits to Sovereignty: Common Concern and Common Heritage Approaches to Natural Resources and Environment", *International Community Law Review* 12.3 (2010).

② Patricia Birnie, Alan Boyle, and Catherine Redgwell, *International Law and The Environment*, Oxford University Press, 2009, p.130.

③ Cottier, Thomas, et al., "The Principle of Common Concern and Climate Change", *Archiv des Völkerrechts* 52.3 (2014).

海国还是内陆国,[①] 任何国家都不可以向公海的任何部分主张主权或主权权利,[②] 对于公海资源,渔业资源由所有国家共享,[③] "区域"和其内的资源是人类共同继承财产。[④] 除了这些之外,公海本身也是人类的公共区域。在此基础上,公海问题是全人类共同的问题,而这些问题是人类在长期历史过程中共同作用导致的,比如陆源污染物引发的海洋塑料污染,就是由于现代社会大量使用塑料制品。[⑤] 海洋塑料污染物不仅仅来源于某一单独国家,也不是海洋生态环境恶化的唯一因素,作为综合共同问题中的一个子问题,海洋塑料污染问题的解决离不开人类社会共同努力和共同责任。人类社会的共同问题很难或无法由任何某一国家单独解决,而是要求国际社会通过国际合作来共同致力于寻求解决方案。鱼群的过度开发,珊瑚礁的灭绝,海洋生物退化,海水升温,海洋遗产的损坏,以及持续的公海法律治理零散空缺,所有的这些由人类共同行为引发的公海问题都必须由国际社会作为一个整体来解决。

　　海洋,作为地球最大的单一生态系统,它的退化不是孤立的,其与生物多样性损失和气候变暖问题是紧密相连的,而生物多样性和气候变化问题都已经被国际法认定为人类共同关注事项。公海退化问题部分是由全球变暖引起的,而公海生物多样性也同样需要为了全人类的利益而进行保护,这些问题都是相互关联的。在一定程度上,将公海生态环境保护认定为人类共同关注事项,也是其他人类共同关注事项在国家管辖范围以外区域的体现。在国家管辖范围以外区域生物多样性和可持续发展现有问题的存在体现了在公海区域缺少国际合作与协同,而这正是人类共同关注事项这一国际法概

---

① 《联合国海洋法公约》第 87 条。
② 《联合国海洋法公约》第 89 条。
③ 《联合国海洋法公约》第 116 条。
④ 《联合国海洋法公约》第 136 条。
⑤ Khattak, Taj M., "Ocean Conservancy-A Common Concern", *Defence Journal* 19.10 (2016).

念所强调的。如果不能将人类共同关注事项认定为公海生态环境保护的基本条约原则，那么公海的持续退化则很可能会持续更长一段时间。

（二）人类共同关注事项对公海环境保护之启示

在现行国家法体系内，人类共同关注事项这一国际法概念还不能算是有拘束力的国际法原则，即便有些学者建议和主张人类共同关注事项可以成为有拘束力之国际法原则将成为趋势，但是本书仍将只聚焦假如人类共同关注事项作为国际条约项下的有拘束力之国际法概念原则对公海生态环境保护的启示。

1. 国家管辖范围内的保护海洋生态环境国际义务

与人类共同继承财产及其他"共同"理论最大的区别之一，人类共同关注事项地理区间的适用可以及于国家管辖范围的内外，因此没有特定的地理区间范围限制。① 这一点也恰如在气候变化和生物多样性两个领域内所阐释的，国家必须注意和意识到其在领土范围内的义务，也就是说国家这一国际法最主要主体需要优先在其领土范围内注意和应对国际社会所认定的人类共同关注事项。②

据估计80%的海洋污染物来源于陆地，另外20%是人类的海洋活动直接造成的，③ 比如二氧化碳排放问题，大多数的无机污染物都是由发达和工业化国家制造的，在未来发展中国家也将可能逐步生产和使用更多的塑料和化纤制品。在专属经济区内渔业资源的过度开发，大陆架石油开采导致的海上石油喷发，船源污染，以及一些其他在国家管辖范围内水域海上作业释放的污染物，都会影响到公海生态环境的健康。从这一视角来看，任何对公海生态环境保护的倡议如果没有能获得沿海国对本国污染行为的管控都将很难真正起

---

① Dinah Shelton D., "Common Concern of Humanity", *Iustum Aequuum Salutare* 1 (2009), p. 35.

② Cottier, Thomas, et al., "The Principle of Common Concern and Climate Change", *Archiv des Völkerrechts* 52.3 (2014).

③ IUCN, *Plastic Debris in the World's Oceans*, Switzerland, 2014.

到作用。

虽然已有诸多国际公约尝试防治陆源海洋污染，比如1954年《国际防止油类物质污染海洋公约》，1995年《防止陆源污染海洋全球行动计划》《联合国海洋法公约》，以及诸多区域性海洋保护协议，但是海洋仍然处于不断的退化过程中，海洋生态污染问题也越来越严重。对此，海洋环境保护联合科学专家组（GESAMP）就曾建议提升陆源污染物的循环利用，科学发明更易降解的包装材料，提升针对问题的教育，[1] 不可否认的是，所有的这些努力都需要国家政府在其领土范围即其管辖范围以内进行操作。

2. 国家管辖范围以外海域的国家保护海洋生态环境义务

海洋生态系统整体上是一个单一的生态系统，在国家管辖范围内外发生的任何人类活动都有可能影响到公海生态环境之健康，这也就可能引发关于国家在其管辖范围以外区域的生态环境责任问题之讨论。有关国家在其管辖范围以外区域的生态环境保护责任在《联合国海洋法公约》第十二部分"海洋环境的保护与保全"中得到体现，在该部分中国家保护海洋生态环境的权利义务将不仅仅限于国家管辖范围内的海洋区域，还应拓展到国家管辖范围以外的海域，公约的缔约国和相关国际组织都被要求通过信息和数据的搜集，基于科学研究的标准，从而合作制定出更多详细的具体规则来防治公海污染。[2] 2011年3月11日日本福岛核电站发生核泄漏事故以来，国际社会已经高度意识到具有放射性的污水排放到开放海洋中的危害性，但是仍然没有任何国家能够阻止日本倾倒核污水至海洋中，而这一行为很可能会对海洋生物带来新的灾难。[3]

很显然，人类共同关注事项若作为国际法原则，则对国家之于

---

[1] IUCN, *Plastic Debris in the World's Oceans*, Switzerland, 2014.

[2] Warner, Robin, *Protecting the Oceans beyond National Jurisdiction: Strengthening the International Law Framework*, Brill, 2009, p. 51.

[3] 世界原子能协会：Fukushima Accident, http://www.world-nuclear.org/information-library/safety-and-security/safety-of-plants/fukushima-accident.aspx。

国家管辖范围以外海域保护海洋生态环境的义务具有更强的拘束力，但这也会引发与传统国际法基础的冲突与矛盾。① 如果在法律概念和法律原则之间寻找折中或妥协，则通过国际条约设立一套如联合国人权高专之类的机制可以算是一种选择，即便如联合国人权高专的职能：认定、突出、发展以应对今日之人权挑战，作为对人权研究、教育、信息公开、宣传活动进行负责的联合国机构，② 这一机制适用于公海生态环境保护挑战时，可能仍然会太过于软弱无力。

人类共同关注事项很可能不会对国家管辖范围以外海域的国家保护海洋生态环境义务设置具体的有拘束力规范，但当国家忽视其相应义务而没能有效地管控其境内活动而导致的在国家管辖范围以外区域之环境损害时，人类共同关注事项可以根据《斯德哥尔摩宣言》第 21 条和《里约宣言》第 2 条为这样的行为设置障碍和国际法的压力。

3. 国家为保护海洋生态环境进行国际合作的义务

人类共同关注事项要求国际社会对环境保护的障碍和困难进行公平的分配，而不是将国际责任义务强加于各个国家。③ 对公海进行保护的国际义务不仅体现在《联合国海洋法公约》第十二部分，还由国际司法机构案例所确认，在南方蓝鳍金枪鱼案（*Southern Bluefin Tuna*）中，国际海洋法法庭就强调了国家需要进行更深入的合作来保证养护和最合理利用。④ 不过国际合作的维持有时会导致国家主权和共同利益之间的冲突，因为在国际法下，在全球问题上进行国际合作的主要障碍之一是合作对主权的威胁，其中主要的"可见"后

---

① Cottier, Thomas, et al., "The Principle of Common Concern and Climate Change", *Archiv des Völkerrechts* 52.3 (2014).

② 联合国人权高专: What we do, http://www.ohchr.org/EN/AboutUs/Pages/WhatWeDo.aspx。

③ Cottier, Thomas, et al., "The Principle of Common Concern and Climate Change", *Archiv des Völkerrechts* 52.3 (2014).

④ *Southern Bluefin Tuna* (*Provisional Measures*), para 78 and operative para (e).

果是在人类共同关注事项下，各国若再去强调主张主权的权利，则相当于要求继续维护充分的主权。[1]

《斯德哥尔摩宣言》认可了通过合适的方式进行国际合作有助于控制、防止、减少和消除所有领域人类活动所引发的环境危害。[2] 仅鼓励进行国际合作是不够的，还需要强调国际合作的义务具有具体的实质内容，比如交换信息、定期通知和磋商、事故应对紧急程序等，对于这样的合作常需要有区域性或国际性国际组织来进行集中和监督。[3] 国际海底管理局就是具有这样职能的国际组织之一，至于其他涉及公海管理的国际组织能否拥有这样的权能，从而促进国际合作仍然具有争议。虽然各国在公海生态环境保护问题上进行国际合作的义务是具有普遍意义的，但是人类共同关注事项所阐释的国际法义务并不是绝对不加区分的，正如在应对气候变化问题上所阐述的共同但有区别之原则，人类共同关注事项在公海生态环境保护进行国际合作之义务前提也是共同但有区别的。

4. 人类共同关注事项与公海法律治理之零散空缺

正如本书第一章所提到的，公海生态环境保护最大的障碍是公海法律治理体系的零散空缺重叠，缺少全球性的规范，从而导致国际合作的困难，以及没有系统的环境影响评价体系。[4] 虽然至今还没有突破性地达成任何关于公海法律治理的系统性规则，但是 2015 年联合国大会 69/292 号决议所设立的有关国家管辖范围以外生物多样性与可持续发展立法预备委员会仍在继续就新的国际协定按部就班

---

[1] Ph. Cullet, "Water Law in a Globalised World: The Need for a New Conceptual Framework", *Journal of Environmental Law* 23/2 (2011).

[2] 《斯德哥尔摩宣言》第 24 条。

[3] Cottier, Thomas, et al., "The Principle of Common Concern and Climate Change", *Archiv des Völkerrechts* 52.3 (2014).

[4] Gjerde, Kristina M., and Anna Rulska-Domino, "Marine Protected Areas beyond National Jurisdiction: Some Practical Perspectives for Moving Ahead", *The International Journal of Marine and Coastal Law* 27.2 (2012).

地进行着努力。① 如果人类共同关注事项被新的国际协定认定为具有条约约束力的国际法原则，那么该原则多强调的全球程序和国际合作之义务等内容必将有利于克服上文提到的现有公海生态环境保护之障碍。

对于设立管理公海保护区的最主要障碍则是缺少国际共识从而难以形成国际合作，由于既存的几个国际协议已经为设立管理特定区域来保护公海生态环境提供了法律依据，是否有必要制定一个新的国际公约来规制国家管辖范围以外的划区管理工具或者《联合国海洋法公约》是否已经足够存在争议。② 对于已有的设立管理公海保护区机制，仍然缺少相关的指南来指导区域性公海保护区的设立管理，对各个国际组织的划区管理工作也缺少共同机制来促进综合性的公海生态环境保护。无论是新的国际公约还是《联合国海洋法公约》项下的议定书，人类共同关注事项必将有助于加强区域海洋组织和国际组织之间的国际合作，同时还有助于国际社会加强在公海保护区之法律内涵、标准要件、机制和管理设立等方面的共识。

对于缺少系统性环境影响评估程序问题，公海环境影响评估已经一定程度上被国际司法机构通过案例关注到了，国际海洋法法庭在国际海底采矿咨询意见案（Seabed Mining Advisory Opinion）中就建议，进行环境影响评估的义务既是来自《联合国海洋法公约》的直接要求，也是国际习惯法下的一般性义务。③《联合国海洋法公约》虽然包含了一些总体义务，但是问题是这些条款能否得到有效

---

① IISD: First Prep Com on BBNJ Makes Progress on Instrument under UNCLOS, http://nr.iisd.org/news/first-prepcom-on-bbnj-makes-progress-on-instrument-under-unclos/.

② 主要是本书第三章和第五章介绍的区域海洋组织之公海保护区与国际组织之划区管理工具。

③ ITLOS Case No. 17, *Responsibilities and Obligations of States Sponsoring Persons and Entities with Respect to Activities in the Area*, Advisory Opinion of 1 February 2011, para. 145.

执行，因为这些条款本身就是零碎和过于基础的，因为公约缺少考虑到多重压力因素对海洋环境的累积影响。[1] 关于公海范围的环境影响评估，有权机构、一般程序和标准、监督、报告和管理都没有在任何国际机制下予以规范，[2] 也没有任何国际协议就公海范围内实施环境影响评估规定了具体的程序，只有一些区域海洋协议和国际组织章程涉及对相关缔约方有拘束力的部分内容。人类共同关注事项强调了国家保护海洋生态环境的义务，这其中进行环境影响评估将会变为国际社会不可避免的趋势。人类共同关注事项要求和呼吁对公海范围内的活动进行系统的环境影响评估。

三 公海保护区与人类共同关注事项

持续退化的公海生态环境是人类共同关注事项，而设立管理公海保护区则是应对公海退化加强公海保护的重要手段之一，关于在国家管辖范围以外区域设立管理公海保护区的现有问题，体现了在公海区域缺少的国际合作与协同，而这正是人类共同关注事项这一国际法概念所强调的，因此人类共同关注事项这一国际法概念在其本身的法律性质和内涵下将为丰富公海保护区法律内涵提供相应的启示，也可以为化解现有的一些公海保护区有关国际法实践之争议提供切入点。

（一）公海保护区可以有效保护公海生态环境

精心选取和妥善管理的海洋保护区，特别是能达到充分保护标准的海洋保护区，已被证明可以有效保护生物多样性，[3] 为邻近的生

---

[1] IISD: Do We Need a New Treaty to Protect Biodiversity in the Deep Seas? http://sdg.iisd.org/commentary/policy-briefs/do-we-need-a-new-treaty-to-protect-biodiversity-in-the-deep-seas/.

[2] Patricia Birnie, Alan Boyle, and Catherine Redgwell, *International Law and The Environment*, Oxford University Press, 2009, p. 174.

[3] Lester, Sarah E., et al., "Biological Effects within No-Take Marine Reserves: A Global Synthesis", *Marine Ecology Progress* 384.1 (2009).

态系统提供有益生态溢出，① 并保护海洋捕食动物从而有助于维持生态系统的稳定。② 对于科学家来说，海洋保护区也可以作为重要的气候参考点，即便建立海洋保护区或养护区或其他划区管理工具，不会阻止海洋酸化或变暖，但其可以通过消除其他方面的压力来帮助提高生态系统的韧性。当海洋保护区规模庞大、管理完善、长期持久的时候，这些好处就会扩大。③ 海洋保护区因此是决策者寻求向后代传承健康海洋环境的关键工具。

除了国际自然保护组织等非政府组织在一直呼吁设立公海保护区，并强调海洋保护区的生态环境价值之外，④ 世界各国政府已经认识到设立海洋保护区的现实需要和价值，2015 年，联合国 193 个成员方确认到 2020 年至少将沿海和海洋地区的 10% 设立为海洋保护区，并将这一目标纳入联合国 2030 年可持续发展议程中。不过，科学家们却建议对海洋保护采取更积极有抱负的做法，2016 年《保护自然期刊》上的一篇文章认为世界 30% 的海洋需要通过设立海洋保护区的方式来进行保护。⑤

正如本章第一部分所提到的，任何海洋保护区的实际效果都依赖于国内国际法律层面的良好法律规范和制度管理，否则即便设立了海洋保护区，也难以起到足够的实际效果。公海保护区可以有效保护公海生态环境，但是这需要一系列前提：（1）公海保护区的法律概念在国际法下清晰确定；（2）国际社会通力合作与协作促进公

---

① Abesamis, Rene A., and G. R. Russ, "Density-Dependent Spillover From a Marine Reserve: Long-Term Evidence", *Ecological Applications* 15.5 (2005).

② Russ, Garry R., and A. C. Alcala, "Marine Reserves: Long-Term Protection is Required for Full Recovery of Predatory Fish Populations", *Oecologia* 138.4 (2004).

③ Edgar, Graham J., et al., "Global Conservation Outcomes Depend on Marine Protected Areas with Five Key Features", *Nature* 506.7487 (2014).

④ IUCN, WCPA WWF, Gjerde, K. M., and Charlotte Breide, *Towards a Strategy for High Seas Marine Protected Areas*, Malaga, Spain, 15–17 January 2003.

⑤ O'Leary, Bethan C., et al., "Effective Coverage Targets for Ocean Protection", *Conservation Letters* 9.6 (2016).

海保护区国际法实践；（3）有完善的国际法制度来规定公海保护区的范围、选取程序、监督评估、执行约束等；（4）国家和国际组织不会借机寻求不合理的管辖权扩张；等等。这些前提条件在人类共同关注事项这一法律概念下都有体现，从而人类共同关注事项对公海保护区设立管理可以提供一定的启示。

（二）人类共同关注事项对设立管理公海保护区之启示

1. 防止区域海洋组织和沿海国不合理扩张管辖权

沿海国扩张其在专属经济区内的管辖权已经成为国际海洋法上不争的趋势，随着国家实力的增强，各个沿海国对国家管辖范围内海洋区域管辖能力都在增强，甚至可以预见沿海国在专属经济区内的管辖权会不断深化。沿海国通过区域海洋组织来加强对区域海洋生态环境的保护也是沿海国管辖权扩张的变相体现。在此情形下，已经很难要求沿海国收回对相应管辖权的诉求。事实上，纵观国际海洋法的发展历史，沿海国管辖权扩张问题随着沿海国管控海洋的能力进步是不断发展的，从大炮射程的3海里领海，到12海里领海，到主张资源权利的大陆架和专属经济区，国家管辖范围以外海域的空间已经不断被压缩了。任何沿海国的管辖权扩张都必须在一个合理的时空范围内合理合法地进行，不能突破国际法的现行法律体系，不能仅基于自身的单方利益而采取过激的单边行为，对此人类共同关注事项很好地提供了标准。

沿海国无论是其自身扩展在专属经济区内民事、环境、刑事管辖权，还是通过区域海洋组织扩张到国家管辖范围以外海域，其都必须注意到国际法上的义务，即顾及他国的义务而不能因为自己的行为而损害第三方。除此之外，还要注意到是为了全人类的共同利益，为了海洋生态环境本身，而不能以保护海洋生态环境而不合理地扩张管辖权。虽然很难判断沿海国的哪些扩张管辖权的行为可以符合人类共同关注事项的法律要求，甚至这有可能成为沿海国扩张管辖权的借口，但是人类共同关注事项这一法律概念本身有着很强的法律属性，仍然有着一定的国际社会价值取向。在人类共同关注事项法律概念的要求下，沿海国不应直接或通过区域海洋组织来不合理地扩张管辖权，更加不能借公海保护区为契机主张任何主权或主权权利，即设立公海保护区是为了人类共同关切的公海生态环境保护，而不是为了有利于沿海国扩张不合理的管辖权。

2. 合理地赋予国际组织更多的环保权能

考虑到国际组织内部本身有着比较复杂的决策机制和执行机制，而且适格国际组织的权能在国际法下比较清晰，注意到国际组织在综合管理公海保护区中的作用，比如集中信息，促进信息交换和磋商，可以约束其成员国在公海境内的不合理活动，同时由于国际组织的管辖权扩张问题不太明显，且能更好地代表人类共同利益；因此可以合理地赋予国际组织更多的海洋环境保护权能，从而更好地应对人类共同关注事项所可能引发的后果。

3. 促进国际合作与协同

国际社会在设立管理公海保护区问题上进行国际合作具有现实必要性，也是人类共同关注事项法律概念所要求的国际义务。公海保护区设立管理牵涉甚广，涉及域内域外国家和诸多国际组织，因此缺少国际合作与协调，公海保护区国际法实践的实际效果必然大打折扣。在南方蓝鳍金枪鱼案（*Southern Bluefin Tuna*）中，国际海洋法法庭就强调了国家需要进行更深入的合作来保证养护和最合理利用。[①] 国家（沿海国、内陆国）、区域海洋组织、国际组织进行国际合作是促进公海保护区实际产生有益生态环境效果的必然要求。

4. 国际社会承担共同但有区别的责任

在保护公海生态环境和设立管理公海保护区问题上，恰如人类共同关注事项所阐述的，国际社会应承担共同但有区别的责任。与气候变化领域相似，发达国家和工业化国家产出了更多的温室气体、海洋垃圾、油污、塑料制品等，导致公海生态环境恶化的是那些消耗了大量工业制成品、有强大航运能力、具有工业远洋捕鱼能力的

---

① *Southern Bluefin Tuna*（*Provisional Measures*），para. 78 and operative para.（e）.

发达国家，因此这些国家需要承担更多的责任。如何有区别地承担在设立管理公海保护区问题上的国际法义务，可以通过专项资金支持和提供技术转移等有效手段予以妥善安排。

总结本章，海洋（尤其公海）生态环境的持续退化是人类共同关注的事项，公海保护区的设立管理可以是应对这一问题的有效手段，人类共同关注事项作为条约项下有拘束力的国际法概念为应对公海保护区国际法实践中引发的争议和担忧提供了有益的启示，公海保护区法律概念应该体现人类共同关注事项这一法律概念。

第 六 章

公海保护区法律概念所体现的区别责任

公海生态环境保护是人类共同关注事项，人类社会应该承担起共同的国际义务去有效防治海洋生态环境的进一步恶化。在此过程中，为了体现效率和公平，人类共同关注事项这一法律概念所体现的区别责任显得尤为重要。虽然国际法平等适用于所有的国家，但是基于不同标准还是会设定一些区别。[1] 在环境法和海洋法领域，对于发展中国家都给予了特殊的权益和责任分配，至于海洋生态环境保护问题，内陆国和海洋地理不利国基于海洋开发利用上的地理限制也应承担一定的区别责任。至于在公海保护区问题，区别责任的内容和含义则需要进一步探讨分析，这对丰富公海保护区法律概念亦为关键。

第一节 发展中国家的区别责任和权益

一 环境法上的发展中国家区别责任
（一）发展中国家与国际环境法的发展
关于发展中国家在全球环境保护中的作用的争论，可以追溯到

---

[1] Patricia Birnie, Alan Boyle, and Catherine Redgwell, *International Law and The Environment*, Oxford University Press, 2009, p.132.

1972年联合国人类环境斯德哥尔摩大会。[①] 发展中国家基于环境问题产生的原因和在自身发展能力前提下参与全球环境治理，自1972年以来已经对国际环境法的演进产生了巨大的作用。[②] 虽然1972年《斯德哥尔摩宣言》只算是政策导向性文件，但其中诸多条款都体现了发展中国家的诉求，[③] 比如申明了发展中国家环境问题与发展程度不足的关系，并在第8—12条中专门强调了发展中国家发展与环境保护的关系，比如强调提供可能需要的及时援助支持发展中国家的能力建设，[④] 以及通过技术转移和财政援助以照顾发展中国家的情况。[⑤]

1989年联合国大会决定为召开1992年联合国环境与发展大会而设立筹备委员会，[⑥] 正是由于来自发展中国家的反对，而使得联合国大会没有将会议筹备任务交给诸如联合国环境规划署或联合国粮农组织等联合国机构，在相关筹备会议上，发展中国家一直尽力合作从而保障他们的谈判优势。[⑦] 1992年《里约宣言》的第27条和《21世纪议程》[⑧] 第39章在要求制定关于可持续发展的国际法时，都特别强调发展中国家参与的重要性，并指出需要考虑发展中国家的不同能力，制定的国际标准要以协商一致和不歧视为基础，以及改进

---

① 联合国文件 U. N. Doc A/Conf. 48/14/Rev. 1。

② Ntambirweki, John, "The Developing Countries in the Evolution of an International Environmental Law", *Hastings International & Comparative Law Review* 14 (1990).

③ Patricia Birnie, Alan Boyle, and Catherine Redgwell, *International Law and The Environment*, Oxford University Press, 2009, p. 49.

④ 《斯德哥尔摩宣言》第9条。

⑤ 《斯德哥尔摩宣言》第12条。

⑥ 联合国大会决议 UNGA Res 44/228 (1989)。

⑦ Patricia Birnie, Alan Boyle, and Catherine Redgwell, *International Law and The Environment*, Oxford University Press, 2009, p. 50.

⑧ 《21世纪议程》是1992年6月3日至14日在巴西里约热内卢召开的联合国环境与发展大会通过的重要文件之一，是"世界范围内可持续发展行动计划"，它是当前至21世纪在全球范围内各国政府、联合国组织、发展机构、非政府组织和独立团体在人类活动对环境产生影响的各个方面的综合的行动蓝图。

国际协定的执行和管理。①

虽然国际环境法的规则和原则必须与国际法的其他部分相融合，但并不意味着国际环境法会对所有国家都一样，而不考虑国家间的不同能力和情况。在制定国际环境法时，主要是对不发达国家的不同优先事项给予了"特别考虑"，对于许多发展中国家来说，贫困和经济发展的需要被视为主要的环境问题元凶。自斯德哥尔摩会议以来，环境问题则一直受到国际社会的关注，并且已经采用了各种方式来重新调整南北方之间的竞争与合作等诸多事项，包括可持续发展概念的提出，② 通过全球环境基金和其他信托基金提供的经济援助和能力建设，世界银行和其他资本提供者的贷款政策的调整，以及为发展中国家参与国际环境法律制定谈判提供较低的环境法规和资源保护标准等。③ 关于全球环境问题，"共同但有区别的责任"概念④由于其认识到不同国家对造成现有环境问题的责任不同及其解决这些问题的能力不同，从而有助于调解南北分歧。

(二) 对应区别责任的类型和内容

在国际环境法中，共同但有区别责任原则可以在有关臭氧层保护、应对气候变化和保护生物多样性等法律中得到体现，但最基本的表述还是《里约宣言》中给出的说明：⑤

> 各国应本着全球伙伴精神，为保存、保护和恢复地球生态系统的健康和完整进行合作。鉴于导致全球环境退化的各种不

---

① Patricia Birnie, Alan Boyle, and Catherine Redgwell, *International Law and The Environment*, Oxford University Press, 2009, p. 67.

② Griggs, David, et al., "Policy: Sustainable Development Goals for People and Planet", *Nature* 495.7441 (2013).

③ 《里约宣言》第7条和第11条。

④ Stone, Christopher D., "Common but Differentiated Responsibilities in International Law", *American Journal of International Law* 98.2 (2004).

⑤ 《里约宣言》第7条。

同因素，各国负有共同的但是又有差别的责任。发达国家承认，鉴于它们的社会给全球环境带来的压力，以及它们所掌握的技术和财力资源，它们在追求可持续发展的国际努力中负有责任。

《里约宣言》中的原则性规定还需要由发达国家和发展中国家就现有的国际条约之解释执行和谈判中的国际文书做出特定安排，① 以通过具体的方式来达成区别责任之法律要求。

1. 经济援助

任何新国际义务的执行都需要资金的支持。② 发展中国家甚至缺少资金来支撑本国的经济发展，生态环境保护更无从谈起，那么两种不同侧重点出现：是更加关注发展中国家的发展问题，还是更加强调环境问题。无论如何，发展中国家都不可能因为生态环境压力而放弃自身发展的权利，因为这些国家需要发展来满足国民的基本生活需求，诸如食物、庇护所、有尊严的生活等。③ 发达国家在其进一步发展过程中需要更加强调环境保护在防治负面危害中的作用。于是在各种形式的公约和条约中，不同的经济援助方式被适用，一些是设立基金以支持经济援助和执行条约，另外一些是在国家间进行经济援助，而不是建立整体的经济援助模式。

设立国际基金的方式来处理国际生态环境问题最早可以追溯到1971 年《设立国际油污损害赔偿基金公约》，目的是能够使得污染受害者可以获得充分赔偿的同时减轻船舶所有人的压力。④ 1972 年

---

① Patricia Birnie, Alan Boyle, and Catherine Redgwell, *International Law and The Environment*, Oxford University Press, 2009, p. 133.

② Ntambirweki, John, "The Developing Countries in the Evolution of an International Environmental Law", *Hastings International & Comparative Law Review* 14 (1990).

③ French, Duncan, "Developing States and International Environmental Law: The Importance of Differentiated Responsibilities", *International & Comparative Law Quarterly* 49.1 (2000).

④ 油污基金并没有给予发展中国家照顾，而是要求石油货主摊款作为基金的主要来源，现行有效的基金公约是《1992 年设立国际油污损害赔偿基金公约》和相应议定书。

《世界自然与文化遗产保护公约》设立了世界遗产保护基金，也是基于对世界自然与文化遗产的保护而允许缔约国申请。这些公约设立的基金都没有照顾到发展中国家的特殊需求，在1987年《蒙特利尔议定书》中，建立起了一个新的基金，该基金旨在为发展中国家缔约方提供资金转移和技术合作，使其能够遵守《蒙特利尔议定书》的管制措施，该基金的财务机制由执行委员会授权运作并由各方提供资金，从而充当"交换所"（clearing house）机制将其他来源的双边和多边援助引导到发展中国家去。除了这些机制外，1989年《关于控制危险废物越境转移及其处置的巴塞尔公约》（《巴塞尔公约》）则建议各缔约国应考虑建立一循环基金，以便对一些紧急情况给予临时支援，尽量减少由于危险废物和其他废物的越境转移或其处置过程中发生意外事故所造成的损害。[1] 除了一些建立于条约机制的基金援助外，发达国家还通过其他方式援助发展中国家，包括国际环境发展委员会（CIDIE）和联合国环境规划署（UNEP），国际环境发展委员会下辖16个金融机制每年都会讨论对发展中国家环境项目的援助问题，联合国环境署也会充当"交换所"机制来协助多边的环境援助。[2]

《生物多样性公约》则更加清晰地规定发达国家缔约国应提供新的额外的资金，以使发展中国家缔约国能支付它们因执行那些履行本公约义务的措施而承负的议定的全部增加费用，并使它们能享有本公约条款产生的惠益，以及应有一机制在赠予或减让条件的基础上向发展中国家缔约国提供资金。[3] 据《21世纪议程》估计，履行《生物多样性公约》在1993—2000年每年大约需要35亿美元的资

---

[1] 《巴塞尔公约》第14条第2款。

[2] Ntambirweki, John, "The Developing Countries in the Evolution of an International Environmental Law", *Hastings International & Comparative Law Review* 14 (1990).

[3] 《生物多样性公约》第20条和第21条。

金，而其他估计则认为每年需要 170 亿美元。① 于是《生物多样性公约》首次在一个全球性公约中要求发达国家缔约国提供新的额外的资金以协助发展中国家缔约国。虽然很多时候援助资金的效果待定，发展中国家是否遵守生物多样性保护的各种措施与制度，将取决于国际资金的好处是否超过了有关物种利用的好处，但是这些资金至少提供了管理或保护生物多样性的激励，这样的激励可以补偿发展中国家因保护相应物种而导致的现行经济损失，比如减少对雨林的开发。②

2. 科技转移

在臭氧层保护、气候变化和生物多样性等领域的公约及其议定书都采用了包括信托基金、技术转让条款和其他能力建设措施以鼓励发展中国家的参与。③ 可是发达国家在提供科技转移事项上本身存在诸多不确定性，国内政府权力的有限性和党派争端等都限制了发达国家履行技术转移义务，因此有关技术转移的条款解释与执行就产生了争议。

由于在国际环境法领域，履约的成本相应较高，促使缔约国履行国际义务本身就需要一套复杂的机制，比如《京都议定书》中所要求的温室气体减排会给发展中国家带来一定的成本与耗费，为了促进履约机制的执行，国际社会组建了《京都议定书》履约委员会，和其他履约委员会的职能一样，可以就协议的执行、协助或技术转让和能力建设等提出建议。在《蒙特利尔议定书》中，财务机制和技术转让的问题被再次强调，以求得在财务机制的保障下将现有最

---

① Patricia Birnie, Alan Boyle, and Catherine Redgwell, *International Law and The Environment*, Oxford University Press, 2009, p. 632.

② Humphreys, David, "Forest Negotiations at the United Nations: Explaining Cooperation and Discord", *Forest Policy and Economics* 3.3–4 (2001).

③ Patricia Birnie, Alan Boyle, and Catherine Redgwell, *International Law and The Environment*, Oxford University Press, 2009, p. 94.

佳的、无害环境的替代品和有关技术迅速转让给发展中缔约国。① 尽管这一规定绝对无法扭转发达国家化学公司对转让技术的否定态度,并且不能强迫它们转让技术,但是发展中国家遵守议定书的控制排放措施的义务将取决于"有效执行这些关于金融合作和技术转让的条款",如果这些规定不起作用,发展中国家可以把相关问题提交给缔约方会议,由会议决定采取适当的行动。

《生物多样性公约》中涉及多种不同意义上的技术转让。第一,各方承诺遵照本条规定向其他缔约国提供和/或便利其取得并向其转让有关生物多样性保护和持久使用的技术或利用遗传资源而不对环境造成重大损害的技术。② 第二,各方必须酌情采取立法、行政或政策措施,以向"特别是其中的发展中国家,提供利用这些遗传资源的技术和转让此种技术"③。第三,各方必须采取措施,以赞助和促进那些提供遗传资源的缔约国,特别是其中的发展中国家,在公平的基础上优先取得基于其提供资源的生物技术所产生成果和惠益。④《生物多样性公约》强调了发达国家向发展中国家转移技术需要基于公平和最有利条件提供或给予便利,包括共同商定时,按减让和优惠条件提供或给予便利。⑤ 发达国家在履行以上义务时,必须要求私营部门为技术的取得、共同开发和转让提供便利,这些规定在提供遗传资源的国家中可能比较容易实施,但是对于美国等一些国家的政府来说,对私人经济实体的任何强制无疑都是难以实施的,甚至相反地,还可能导致对有关公约的拒绝批准加入。⑥

无论如何,相对于之前的公约,如《联合国海洋法公约》而言,

---

① 《蒙特利尔议定书》第10条。
② 《生物多样性公约》第16条第1款。
③ 《生物多样性公约》第16条第3款。
④ 《生物多样性公约》第19条第2款。
⑤ 《生物多样性公约》第16条第2款。
⑥ Patricia Birnie, Alan Boyle, and Catherine Redgwell, *International Law and The Environment*, Oxford University Press, 2009, p.634.

《生物多样性公约》在技术转移问题上显然已经完备了很多。在《联合国海洋法公约》中的转让技术条款通常是有争议的，原因如下：第一，政府不愿意迫使公司和私人部门转让可能无法通过正常商业合作而获得的技术；第二，有些国家反对任何有关转让条款，尤其当相应转让活动不是基于公平合理的市场价格时；第三，技术转让可能会导致知识产权的丧失。①

3. 能力建设

能力建设是指帮助发展中国家加强保护生态环境能力的建设，以更好地应对生态环境危机。《里约宣言》重复了《斯德哥尔摩宣言》中有关对发展中国家能力建设和经济援助重要性之表述的条款。②《21世纪议程》则赋予了联合国与世界银行和区域发展银行推进国际合作和能力建设的权能，以支持和协助发展中国家的行动。与此同时，非政府组织在环境政策和立法的某些领域特别有影响力，尤其是国际自然保护联盟，③ 国际组织和非政府组织提供了法律和技术专长以及外交机制，这对于许多发展中国家来说是"能力建设"和人员培训的重要来源。于是形成了一套帮助发展中国家加强能力建设的机制，即在有效地将政治指导和包容透明的决策程序相结合的条约机制下通过联合国专门机构、全球环境基金或发达国家向发展中国家提供技术、财政和能力建设等支持。发展中国家的能力建设往往关系到具体条约的履行，因此诸如《蒙特利尔议定书》和《生物多样性公约》等条约都十分重视培训等能力建设事项，④ 具体要求向发展中国家分发资料及其他有关材料，举办讲习班、训练班及其他有关活动，以利于发展中国家缔约国。⑤

---

① Yarn, Douglas, "The Transfer of Technology and UNCLOS Ⅲ", *Georgia Journal of International and Comparative Law* 14 (1984).
② 《里约宣言》第12条。
③ 国际自然保护联盟的成员可以是政府和非政府机构。
④ 《生物多样性公约》第12条。
⑤ 《蒙特利尔议定书》第10条第3款第（iii）项。

4. 提供较低的环境法规和资源保护标准

除了以上通过资金援助和技术转移等方式加强发展中国家的能力建设，从而提高发展中国家的履约能力外，国际环境法往往还为发展中国家提供了较低的环境法规和资源保护标准之要求。比如《蒙特利尔议定书》就为发展中国家就减排危害臭氧层的有害物质，尤其是氯氟烃类物质的强制执行措施设定了十年期的迟延履行，从而使得发展中国家可以满足其国内的消费需要。① 在应对气候变化的公约体系中，从《联合国气候变化框架公约》到《京都议定书》，都在温室气体减排问题上为发展中国家设定了不同于发达国家的指标和要求。

国际环境法还在获益等问题上给予发展中国家以优待，其中《生物多样性公约》比大多数此类协议都更有代表性，它试图通过"以公平和平等的方式"分享生物技术利益，为资源丰富的发展中国家提供更多的经济奖励以及激励。② 类似的是《联合国海洋法公约》之所以能获得发展中国家普遍加入，部分原因是来自深海采矿利益的分享和专属经济区资源的专享，这都使得公约的非参与者无法获得相关条约可能提供的任何潜在特殊权益。

二 海洋法上的发展中国家区别责任

发展中国家在国际海洋法国际法实践制度化过程中起到了至关重要的作用，第三次联合国海洋法外交会议的召开也是基于广大中小国家特别是发展中国家的要求和支持。③ 第三次联合国海洋法外交会议经过五年的准备与九年的商讨最终才制定了《联合国海洋法公

---

① Ntambirweki, John, "The Developing Countries in the Evolution of an International Environmental Law", *Hastings International & Comparative Law Review* 14 (1990).

② Patricia Birnie, Alan Boyle, and Catherine Redgwell, *International Law and The Environment*, Oxford University Press, 2009, p. 94.

③ 蓝海昌：《我国批准〈联合国海洋法公约〉利弊剖析》，《法学评论》1988年第6期。

约》，不仅对国际海洋法制度进行了重述，也发展了诸多新的海洋法制度，在此过程中发展中国家集团起到了重要的作用并取得了集团性优势，使得《联合国海洋法公约》对发展中国家也给予了诸多特殊权益考量和保护。

(一) 发展中国家与国际海洋法的发展

在第三次联合国海洋法外交会议上，以"77国集团"①为代表的广大发展中国家获得了超过2/3的表决权优势，从而可以与美苏等超级大国就诸多海洋法问题进行激烈争论。②发展中国家先后提出了12海里领海宽度、200海里专属经济区、开发海底资源的国际制度和机构、保护海洋环境、海洋科研自由等提案，从而力求维护各国正当的海洋权益。③

1. 人类共同继承的财产

1967年，马耳他驻联合国大使艾瑞德博士（Dr. Arvid Pardo）提交了一份涉及国际海底资源的议程草案，首次提出了国际海底资源应该被认为是人类共同继承的财产，从而应对西方国家具有相对优势的海底矿产勘探开发能力以及发展中国家对国际海底认知的微眇，保证发展中国家不应在国际海底资源勘探开发的获益中被排除。④"77国集团"一开始希望设立强有力的国际海底管理局，管理局可以自行参与有关海底采矿活动，不仅包含勘探开发，还包括市场销售和生产等活动，从而可以保障发展中国家的权益。最终经过

---

① "77国集团"包含大约110个"不发达国家""第三世界国家""发展中国家"等，大多位于非洲、亚洲与拉丁美洲。Beesley, Alan, "The Negotiating Strategy of UNCLOS Ⅲ: Developing and Developed Countries as Partners: A Pattern for Future Multilateral International Conferences?", *Law and Contemporary Problems* 46. 2 (1983).

② Friedman, Alan G., and Cynthia A. Williams. "Group of 77 at the United Nations: An Emergent Force in the Law of the Sea", *San Diego Law Review* 16 (1978).

③ 梁源：《论发展中国家身份定位对我国海洋权益维护的影响》，硕士学位论文，武汉大学，2017年。

④ Friedman, Alan G., and Cynthia A. Williams, "Group of 77 at the United Nations: An Emergent Force in the Law of the Sea", *San Diego Law Review* 16 (1978).

艰难的谈判，"77国集团"内部达成妥协，同意国际海底管理局和私人公司都可以通过具体程序而参与国际海底矿产的勘探开发活动。

2. 海洋科研自由

一些发展中沿海国家担心美国等西方大国通过所谓"海洋科研自由"来进行"监视"间谍行为从而导致国家安全利益的损害。贫穷国家则担心富裕国家通过海洋科研调查而"窃取"贫穷国家大陆架上的海洋资源信息，从而获得开采谈判等优势。[①] 于是大部分"77国集团"中的国家要求海洋科研自由应该获得沿海国的同意，从而实质上反对海洋科研自由。最终发展中国家与发达国家实现了妥协，对于领海内的海洋科研活动，沿海国有规定、准许和进行其领海内的海洋科学研究的专属权利，相应活动应经沿海国明示同意并在沿海国规定的条件下才可进行;[②] 对于专属经济区与大陆架范围内的资源的勘探开发，以及涉及大陆架的钻探、炸药的使用或将有害物质引入海洋环境，或者涉及人工岛屿、设施和结构的建造、操作或使用等海洋科研活动，沿海国可斟酌决定，拒不同意另一国家或主管国际组织在该沿海国专属经济区内或大陆架上进行海洋科学研究计划。[③] 除以上情况以外，在正常情形下，沿海国应对其他国家或各主管国际组织按照本公约专为和平目的和为了增进关于海洋环境的科学知识以谋求全人类利益，而在其专属经济区内或大陆架上进行的海洋科学研究计划给予同意。[④]

3. 海峡和沿海水域过境通行权

过境通行海峡的权利在第三次联合国海洋法外交会议的前期就已经得到了解决，虽然12海里领海主张的提出会使得世界范围内很

---

① Allott, Philip, "Power Sharing in the Law of the Sea", *American Journal of International Law* 77, No. 1 (1983).

② 《联合国海洋法公约》第245条。

③ 《联合国海洋法公约》第246条第5款。

④ 《联合国海洋法公约》第246条第3款。

多海峡变为"领海封闭"状态,① 但是大部分国家都认可海峡水域的过境通行权。由于拉丁美洲国家曾多次主张将领海范围扩大到 200 海里,这导致了沿海水域航行权问题变得不确定,随着 200 海里专属经济区概念被广泛接受,许多"77 国集团"中的国家开始支持沿海专属经济区内的船舶航行权应该类似于公海自由。

4. 内陆国和地理不利国权益

在第三次联合国海洋法会议上,当时的 29 个内陆国和 26 个其他中小国家共同组成了内陆国和地理不利国集团(Group of Land-locked and Geographically Disadvantaged States, LLGDS)。② 这些国家有着相近的地理状况,希望在海洋法会议谈判中获得优势,并在沿海国扩张管辖权的趋势下维护自己作为地理不利国的权益。③ 内陆国和地理不利国集团中的部分国家同样是"77 国集团"国家,但二者并不完全重叠,比如其中的芬兰、比利时、联邦德国、荷兰、瑞典等欧洲国家并不是"77 国集团"或发展中国家。毫无疑问的是,发展中国家在内陆国和地理不利国权益的维护上也起到了至关重要的作用。④

5. 海洋环境保护

第三次联合国海洋法外交会议期间,大部分发展中国家在海洋

---

① 郑志华:《南海地图的法理解读与包容性海洋秩序的建构》,博士学位论文,上海交通大学,2013 年。

② 29 个内陆国是:不丹、阿富汗、老挝、蒙古国、尼泊尔、奥地利、白俄罗斯、捷克斯洛伐克、匈牙利、列支敦士登、卢森堡、圣马力诺、瑞士、巴拉圭、玻利维亚、博茨瓦纳、布隆迪、中非王国、乍得、马拉维、马里、尼日尔、卢旺达、乌干达、布基纳法索、津巴布韦、莱索托、斯威士兰、赞比亚。26 个中小国家是:新加坡、阿联酋、叙利亚、伊拉克、卡塔尔、约旦、科威特、巴林、阿尔及利亚、喀麦隆、埃塞俄比亚、苏丹、扎伊尔、冈比亚、芬兰、比利时、保加利亚、民主德国、联邦德国、希腊、荷兰、波兰、罗马尼亚、瑞典、土耳其、牙买加。

③ Stephen C. Vasciannie, *Land-Locked and Geographically Disadvantaged States in the International Law of the Sea*, Oxford: Clarendon Press, 1990, p. 17.

④ 邢望望:《海洋地理不利国问题之中国视角再审视》,《太平洋学报》2016 年第 1 期。

环境保护领域都主张沿海国应有权依据本国的环境政策，从而采取措施保护和保全其管辖范围以内海域的海洋生态环境。发展中国家强烈主张的在领海、专属经济区内进行海洋环境保护的立法权，最终得到了"限制性的实现"，即在领海范围内不得违反关于防止、减少和控制来自船只的污染的该国按照《联合国海洋法公约》制定的法律和规章或可适用的国际规则和标准；① 在专属经济区内其环境保护的标准需要符合一般接受的国际规则与标准。② 经过激烈争论，终于打破了船旗国独自管辖的传统制度，最终确定了船旗国、沿海国和港口国相结合的管辖原则。③

（二）有关特殊权益和区别责任的内容

由于发展中国家在第三次联合国海洋法外交会议上的种种努力与团结一致，在《联合国海洋法公约》文本中多处体现了对发展中国家的特殊权益考量，在公约序言中就明确指出了"将照顾到全人类的利益和需要，特别是发展中国家的特殊利益和需要，不论其为沿海国或内陆国"④。

1. 照顾发展中国家在国家管辖范围内海域的资源权益

沿海国在养护和利用本国专属经济区内的生物资源时需要考虑和照顾到发展中国家的特殊要求和利益。沿海国在养护其专属经济区内的生物资源时，应通过正当的养护和管理措施，确保专属经济区内生物资源的维持不受过度开发的危害，而这种措施的目的应考虑到沿海渔民社区的经济需要和发展中国家的特殊要求在内的各种有关环境和经济因素的限制。⑤ 沿海国应决定其专属经济区内生物资

---

① 《联合国海洋法公约》第 220 条第 2 款。
② 梁源：《论发展中国家身份定位对我国海洋权益维护的影响》，硕士学位论文，武汉大学，2017 年。
③ 冯学智：《发展中国家对现代海洋法发展的贡献》，《甘肃理论学刊》2003 年第 5 期。
④ 《联合国海洋法公约》序言第 5 段。
⑤ 《联合国海洋法公约》第 61 条第 2、3 款。

源的可捕量，在没有能力捕捞全部可捕量的情形下，应准许其他国家捕捞可捕量的剩余部分，特别顾及内陆国和地理不利国，尤其是发展中国家的部分，[1] 即当一个沿海国的捕捞能力接近能够捕捞其专属经济区内生物资源的可捕量的全部时，该沿海国与其他有关国家应在双边、分区域或区域的基础上，合作制订公平安排，在适当情形下并按照有关各方都满意的条款，容许同一分区域或区域的发展中内陆国[2]和地理不利发展中国家[3]参与开发该分区域或区域的沿海国专属经济区内的生物资源。[4]

《联合国海洋法公约》并没有赋予其他国家对沿海国大陆架上非生物资源开发和采掘的权利，虽然在1974年由多国提交的一份条款草案中，就有国家主张其有权平等地并不被歧视地参与对沿海国大陆架上生物资源和非生物的开发和采掘，[5] 但是这遭到了沿海国的一致反对，也并没有获得《联合国海洋法公约》的支持。[6] 与此同时，《联合国海洋法公约》也规定了沿海国对从测算领海宽度的基线量起200海里以外的大陆架上的非生物资源的开发，应该缴纳费用和实物，[7] 不过当某一发展中国家如果是其大陆架上所生产的某种矿物资源的纯输入者，对该种矿物资源免缴这种费用或实物。[8] 对于需要缴纳的费用或实物，"应根据公平分享的标准将其分配给各缔约国，同

---

[1] 《联合国海洋法公约》第62条第2款。

[2] 《联合国海洋法公约》第69条第3款。

[3] 《联合国海洋法公约》第70条第4款。

[4] Churchill, Robin Rolf, and Alan Vaughan Lowe, *The Law of the Sea*. Manchester University Press, 1999, p. 290.

[5] 联合国海洋法外交会议记录文件号：A/CONF.62/C.2/SR.32, http://legal.un.org/diplomaticconferences/lawofthesea-1982/docs/vol_ II/a_ conf-62_ c-2_ sr-32.pdf。

[6] Mirvahabi, Farin, "The Rights of the Landlocked and Geographically Disadvantaged States in Exploitation of Marine Fisheries", *Netherlands International Law Review* 26, No. 2 (1979).

[7] 《联合国海洋法公约》第76条第5款和第82条第1款。

[8] 《联合国海洋法公约》第82条第3款。

时考虑到发展中国家的利益和需要,特别是其中最不发达的国家和内陆国的利益和需要"①。

2. 照顾发展中国家在国家管辖范围外海域的资源权益

《联合国海洋法公约》在规定采取公海生物资源的养护措施时,强调了"发展中国家的特殊要求"②,这一表述在1995年《联合国鱼类种群协定》中被进一步表述为"各国应充分承认发展中国家在养护和管理跨界鱼类种群和高度洄游鱼类种群和发展这些种群的渔业方面的特殊需要"③,而这些特殊需要主要为以下三类:(1)依赖开发海洋生物资源,包括以此满足其人口或部分人口的营养需要的发展中国家的脆弱性;(2)有必要避免给特别是小岛屿发展中国家的自给、小规模和个体渔民及妇女渔工以及土著人民造成不利影响;(3)有必要确保这些措施不会造成直接或间接地将养护行动的重担不成比例地转嫁到发展中国家身上。④《联合国鱼类种群协定》第七部分专门强调了发展中国家的需要,还就与发展中国家的合作以及为执行该协定而向发展中国家提供特别援助做出了规范,从而加强发展中国家的能力建设和公海渔业资源权利。虽然《联合国鱼类种群协定》就向发展中国家提供援助的形式作出了很多规定,比如直接或通过国际组织向发展中国家提供援助,⑤包括财政援助、人力资源开发援助、技术援助、技术转让及咨询和顾问服务等,⑥还包括支持发展中国家为履约而付出的资金和成本,⑦但是该协定特别强调了发展中国家中的最不发达国家和小岛屿发展中国家,这似乎在发展中国家内部进行了新的分类和侧重强调。

---

① 《联合国海洋法公约》第82条第4款。
② 《联合国海洋法公约》第119条第1款。
③ 《联合国鱼类种群协定》第24条第1款。
④ 《联合国鱼类种群协定》第24条第2款。
⑤ 《联合国鱼类种群协定》第24条第1款。
⑥ 《联合国鱼类种群协定》第25条第2款。
⑦ 《联合国鱼类种群协定》第26条第1款。

《联合国海洋法公约》中有关"区域"的规定尤其是人类共同继承财产和海底矿产平行开发等制度的法律确立可以说是发展中国家在第三次联合国海洋法外交会议上的最大胜利。① 整个"区域"的法律体制都是基于在人类共同利益前提下的对发展中国家予以特殊照顾,② 包括通过国际海底管理局或其他国际组织为发展中国家和技术较不发达国家的利益制订各种方案,以期加强这些国家的研究能力;训练这些国家的技术人员和管理人员;③ 便利发展中国家根据公平合理的条款和条件取得有关的技术等。④《联合国海洋法公约》发展中国家对"区域"内活动的参加并适当顾及发展中国家特殊利益和需要,在 1994 年《关于执行 1982 年 12 月 10 日〈联合国海洋法公约〉第十一部分的协定》中就国际海底管理局的理事会成员组成上为保障发展中国家权益作出了明确规定:在四个来自缔约国中因在其管辖区域内的生产而为可从"区域"取得的各类矿物的主要净出口国中,至少应有两个是出口这些矿物对其经济有重大关系的发展中国家;六个成员来自发展中国家缔约国,代表特别利益,包括人口众多的国家、内陆国或地理不利国、岛屿国、可从"区域"取得的各类矿物的主要进口国、这些矿物的潜在生产国以及最不发达国家的利益。⑤

3. 在海洋环境保护保全上对发展中国家的照顾

海洋生态环境是一个整体,各海洋区域的生态环境问题都是彼此密切相关的,《联合国海洋法公约》将海洋生态环境保护保全作为一个整体来加以考虑,而没有区分不同海洋区域的海洋环境保护问题。《联合国海洋法公约》第十二部分专门强调了对发展中国家的科

---

① Friedman, Alan G., and Cynthia A. Williams, "Group of 77 at the United Nations: An Emergent Force in the Law of the Sea", *San Diego Law Review* 16 (1978).
② 《联合国海洋法公约》第 140 条第 1 款。
③ 《联合国海洋法公约》第 143 条第 3 款。
④ 《联合国海洋法公约》第 144 条第 2 款 (d) 项。
⑤ 《关于执行第十一部分的协定》第三节第 15 条。

学和技术援助①与对发展中国家的优惠待遇，②为了防止、减少和控制海洋环境污染或尽量减少其影响的目的，发展中国家在有关款项和技术援助的分配和对各国际组织专门服务的利用上也有权获得各国际组织的优惠待遇，也就是说在有关国际组织的费用和财务问题上、技术援助体系上、使用国际组织之服务上，发展中国家都具有优惠待遇，不过这样的优惠待遇也应具体依托于不同国际组织的不同规定。虽然关于技术援助的条款规定还过于简略，从而缺少可操作性，但是《联合国海洋法公约》作为海洋法上的框架性规定，对其他相关海洋环境保护的具体条约亦有指导和规范作用。在防止、减少和控制海洋环境污染的国际规则和国内立法问题上，《联合国海洋法公约》在有关防治陆源污染物的规定中指出需要发展中国家的经济能力及共同经济发展的需要。③

4. 在海洋科学研究和技术转让上对发展中国家的照顾

《联合国海洋法公约》规定为了通过适当途径以公布和传播海洋科学研究所得的知识，各国应个别地并与其他国家和各主管国际组织合作，积极促进科学资料和情报的流通以及海洋科学研究所得知识的转让，特别是向发展中国家的流通和转让，并通过各种方式对发展中国家技术和科学人员提供适当教育和训练方案，加强发展中国家自主进行海洋科学研究的能力。④

与海洋科学研究紧密相关的问题是海洋技术的发展与转让，长久以来发展中国家认为其自身与发达国家之间的差距之一就是在科学技术方面，因此没有科学技术的可持续转移，发展中国家很难真正实现可持续发展。⑤《联合国海洋法公约》就多处涉及海洋技术转

---

① 《联合国海洋法公约》第202条。
② 《联合国海洋法公约》第203条。
③ 《联合国海洋法公约》第207条第4款。
④ 《联合国海洋法公约》第244条。
⑤ Churchill, Robin Rolf, and Alan Vaughan Lowe, *The Law of the Sea*. Manchester University Press, 1999, p.417.

移，包括国际海底采矿技术和沿海国生物资源利用等处，[①] 而最完整涉及海洋技术发展与转移的还是第十四部分，该部分规定各国应直接或通过主管国际组织，对在海洋科学和技术能力方面可能需要并要求技术援助的国家，特别是发展中国家，促进其在海洋资源的勘探、开发、养护和管理，海洋环境的保护和保全，海洋科学研究以及其他活动等方面的发展，以加速发展中国家的社会和经济发展。[②] 在促进发展和转让海洋技术的国际合作问题上，《联合国海洋法公约》规定应在可行和适当的情形下，通过现有的双边、区域或多边的方案进行，[③] 加强与国际海底管理局的合作，[④] 通过设立国家和区域性海洋科学和技术中心，[⑤] 以便利发展中国家的海洋科学研究和促进向发展中国家进行海洋技术转让。

第二节　海洋地理不利国的区别责任

在第三次联合国海洋法外交会议上，许多国家基于有着相近的地理状况和相似的利益诉求而组成了内陆国和地理不利国集团，以期在海洋法会议谈判中获得优势。内陆国和地理不利国集团中有很多国家，也包含了一些发达国家，因此该集团的诉求和"77国集团"存在不一致，有的和发展中国家相似，有的也存在明确的不同，从而影响到《联合国海洋法公约》对内陆国和地理不利国特殊权益和诉求的照顾，因此在考察公海生态环境保护中的区别责任时需要单独考虑内陆国和海洋地理不利国的问题。由于本书是基于中国视角，最终也归纳于中国的立场，而中国不是内陆国家，因此在此只考察地理不利国问

---

① 《联合国海洋法公约》第 62 条第 4 款。
② 《联合国海洋法公约》第 266 条。
③ 《联合国海洋法公约》第 272 条。
④ 《联合国海洋法公约》第 274 条。
⑤ 《联合国海洋法公约》第 275 条和第 276 条。

题，而不对内陆国家之区别责任进行过多的涉及。①

一 海洋地理不利国概念的起源发展与确立

（一）"地理不利国"概念的源起

"地理不利国"的概念通常被认为是起源于衡平原则（Equitable Principles），②在著名的北海大陆架案中，国际法院就认为"如果两国海岸是相对的，那么相互交错的大陆架之间区域上的有关资源分配应适用衡平原则"③。北海大陆架案获得关注的同时，人们开始讨论具有特殊地理因素的国家是否应当被特殊考虑，内陆国（Land-locked States）和陆架封闭国（Shelf-locked States）的海洋权益也逐渐被关注。

克罗地亚学者弗拉基米尔·艾拔勒（Vladimir Ibler）教授是较早关注内陆国和陆架封闭国海洋权益的学者，"地理不利国"这一概念即是源于其在20世纪70年代初写的两篇论文。在其1971年的一篇论文中，艾拔勒教授开始关注到陆架封闭国（包括其祖国克罗地亚）在国际海底区域的共同权益，④在其1973年的另一篇论文中，艾拔勒教授进一步尝试去探讨内陆国和陆架封闭国的共同海洋权益。⑤适逢当时专属经济区概念刚刚被提出来，陆架封闭国概念则逐渐演变成为现在的"地理不利国"概念。

（二）"地理不利国"概念的确定过程

在第三次联合国海洋法外交会议上，围绕如何确定"地理不利

---

① 邢望望：《海洋地理不利国问题之中国视角再审视》，《太平洋学报》2016年第1期。

② Caflisch, Lucius, "What is a Geographically Disadvantaged State?", *Ocean Development & International Law*, 6(1987).

③ *North Sea Continental Shelf*, *ICJ Rep. 1969*, p.50.

④ Ibler, Vladimir, "The Interests of Shelf-Locked States and the Proposed Development of the Law of the Sea", *Indian Journal of International Law* 11 (1971).

⑤ Ibler, Vladimir, "The Land-Locked and Shelf-Locked States and the Development of the Law of the Sea", *Annals of International Studies* 4 (1973).

国"这一概念产生了许多争议,内陆国和地理不利国集团内部也出现了分歧。这些分歧和争论主要是围绕以下方面进行。

首先,是要制定模糊概念还是精确概念。一个模糊的概念有利于内陆国和地理不利国集团壮大自己的力量,因为出于政治上的考量,任何国家只要自认为是地理不利国并支持内陆国和地理不利国集团的基本主张都可以被接纳进入该集团。[1] 尽管如此,内陆国和地理不利国集团还是必须制定出一个客观具体的概念和标准来确定到底哪些国家可以被归为地理不利国的范畴。由于制定精确概念必然会限制一些国家加入该集团,加之制定精确概念本身也面临着困难,于是在"地理不利国"概念的精确程度上便产生了分歧。

其次,是要制定宽泛概念还是严格概念。如果制定一个严格的概念,将只会有少数的国家可以被认为是地理不利国。虽然小集团的主张容易具体化并更好地得到认可,但数量不足的中小国家集团则可能丧失对海洋法会议的决议权。[2] 如果制定一个宽泛的概念,更多的国家就会被认为是地理不利国,那么所谓的不利就可能变得不具有说服力,从而施加给其他非地理不利国的谈判压力就会减弱,甚至不能达到维护集团利益的效果。

与此同时又产生了另一个争论:是否需要将内陆国和"地理不利国"分别进行定义。[3] 许多非地理不利国就支持将二者分别定义,因为这有利于它们分别获得对内陆国和地理不利国的谈判优势。但是如果分别对内陆国和"地理不利国"进行定义,则会使该集团丧失对海洋法会议的决议权,因为国家数目的不足可能会导致该集团在表决投票时被边缘化。

---

[1] 偶尔也有政治因素会导致例外,比如说以色列的专属经济区相当小,但是却从来没有被接纳入内陆国和地理不利国集团。

[2] 根据海洋法会议议程,某一事项的通过,必须2/3多数的代表同意才可以,因此内陆国和地理不利国集团必须保持50个国家以上才能保证对会议事项的决议权。

[3] Caflisch, Lucius, "What is a Geographically Disadvantaged State?", *Ocean Development & International Law*, 6 (1987).

经过多番争论，海地和牙买加代表于 1974 年 8 月 1 日提出了第一个关于"地理不利国"概念的提案：地理不利国是指具有以下情况之一或者多项的发展中国家：

（1）不与海相通；或

（2）由于地理、生物或经济的原因：

（a）其专属经济区不具有持续的经济价值；或

（b）建立专属经济区反而对其经济有不利影响；或

（c）仅拥有较短的海岸线且无法有效地实施管辖。[①]

然而这个提案和随后不同国家提出的多个提案都被第三次联合国海洋法会议否决了。在 1976 年 4 月 5 日会议上，内陆国和地理不利国集团向会议提交了一份比较成功的提案，列举了地理不利国面临的主要不利因素：

（1）一国虽然拥有可观的大陆架，却需要耗费巨大人力、物力去执行管辖义务；

（2）一国因开发 200 海里以外的外大陆架而需耗费巨大人力、物力去履行相关义务；

（3）一国的大陆架面积有限或者大陆架上的矿产和能源资源远不及邻国；

（4）一国大陆架自然条件恶劣（如冰冻、沙漠或其他特殊区域）而导致渔业资源不足；

（5）一国濒临闭海或半封闭海而无法主张足够的海洋管辖水域；

（6）岛国或陆地国由于被海洋分割而与其他国家交流不便、贸易不畅；

（7）群岛国家需要通过特殊措施来维持各岛屿间的政治经济联系；

（8）一个海岸线有限的沿海国需要依赖于邻国专属经济区内的

[①] 联合国海洋法外交会议记录文件号：A/CONF.62/C.2/L.36, http://legal.un.org/diplomaticconferences/lawofthesea-1982/Vol3.html。

生物资源来满足其人民或部分人民的营养需要；

（9）第（8）款中所提国家的邻国，需要付出额外资源向第（8）款中所提沿海国家提供优惠政策和必要设施以支持他国进入其专属经济区捕捞生物资源；

（10）作为内陆国邻国的沿海国，需要付出额外资源为内陆国提供优惠政策和必要设施以支持内陆国过境转运通江达海；

（11）一国是海洋强国的邻国，海洋强国的经济、科学、技术的发展置该地理不利国于不利的地位；

（12）一国濒临国际水道，在提供特殊耗费去维持水道的安全和适航的同时，还要维护本国的经济、生态、政治安全。①

经过长达多年的争论，虽然没有哪个版本的提案获得通过，但各方最终还是经过妥协和协商在《联合国海洋法公约》的正式文本第五部分"专属经济区"中给出了"地理不利国"的概念。

（三）1982年《联合国海洋法公约》中最终的概念

在《联合国海洋法公约》第70条第2款中，"地理不利国"被分成了两个层级的概念：第一层级的概念是指没有专属经济区的内陆国或沿海国；第二层级的概念则复杂得多，是指地理上的原因所导致的"一沿海国依赖于其他国家专属经济区内的生物资源，以供应足够的鱼类来满足其人民或部分人民的营养需要"。在第二层级下，一国若想被认定为地理不利国需要满足一系列条件：

a. 该国必须是一个与邻国有着共通专属经济区的沿海国；

b. 该国依赖的必须是生物资源，且只限于鱼类；

c. 对这些鱼类的依赖，必须是营养上的，而不是经济上的；

d. 这种依赖只能存在于专属经济区或其之内的区域；

---

① 联合国海洋法外交会议记录文件号：A/CONF.62/BUR/SR.17, http://legal.un.org/diplomaticconferences/lawofthesea-1982/docs/vol_ V/a_ conf-62_ bur_ sr-17.pdf。

e. 这种依赖必须是仅仅由于地理上的原因。①

同时《联合国海洋法公约》第 70 条中还提出了另一种情形：沿海国位于闭海或者半闭海的沿岸也被认为是地理不利国，因为濒临闭海或者半闭海的国家往往拥有相对狭小的专属经济区。总结来说，根据《联合国海洋法公约》的条文，地理不利国是指具有以下一项或多项情况的国家：

a. 没有专属经济区的内陆国或沿岸国；

b. 地理条件原因使一沿海国依赖于其他国家专属经济区内的生物资源，以供应足够的鱼类来满足其人民或部分人民的营养需要；

c. 沿海国是闭海或者半闭海的沿岸国。②

大多数的沿海国都认为"地理不利国"的概念应严格限定于《联合国海洋法公约》第 70 条所列出的狭义框架内，并不适用于整个公约，因为第 70 条的定义仅被限定于"为本部分（专属经济区）的目的"③。而由于"地理不利国"一词在《联合国海洋法公约》其他各处多有出现——比如在《联合国海洋法公约》第十三部分的"海洋科学研究"和第十四部分的"海洋技术转让"等处，但均无相关定义和解释，这就造成了许多争议和分歧。一些想要扩大"地理不利国"概念的国家认为，第 70 条中的定义只适用于专属经济区部分，如果该概念要适用于《联合国海洋法公约》全文，则应该在公约最开始部分单独定义。④ 总体来说，《联合国海洋法公约》第 70 条为专属经济区部分提供了比较清晰的"地理不利国"概念，至于

---

① Bailey, J., "The Unanticipated Effects of Boundaries: The Exclusive Economic Zone and Geographically Disadvantaged States under UNCLOS Ⅲ", *Boundary and Security Bulletin* 5 (1997).

② 《联合国海洋法公约》第 122 条，"闭海或半闭海"是指两个或两个以上国家所环绕并由一个狭窄的出口连接到另一个海或洋，或全部或主要由两个或两个以上沿海国的领海和专属经济区构成的海湾、海盆或海域。

③ 《联合国海洋法公约》第 70 条第 2 款。

④ Caflisch, Lucius, "What is a Geographically Disadvantaged State?", *Ocean Development & International Law* 6 (1987).

《联合国海洋法公约》其他部分所提到的"地理不利国"及其定义则仍然存在争议。

二 海洋地理不利国的标准

地理不利是一个相对的标准,除了内陆国是绝对地不与海相通之外,其他沿海国都相对地具有一些地理不利因素。在1974年由地理不利国特别委员会向联合国海洋法会议提交的报告中就提到,在该委员会看来所有的国家都或多或少地遭受着地理不利。[1] 在确定地理不利国定义的过程中,各国就对地理不利国的标准进行了广泛的争论,并就不同因素的标准分别进行了探讨。

(一) 地理因素

地理不利国之所以被称为地理不利,正是由于该国在地理因素上与他国相比具有不利特性。在1974年的时候,荷兰代表就拟定了一个地理公式,而这个公式也在特别委员会的报告中得到了体现。[2] 这个公式是假设在海洋中间有一个独立的小岛,这个小岛往外扩展200海里时,所获得的专属经济区是该岛所能主张的理论面积。那么如果一个国家的实际专属经济区面积小于理论面积的47%的话,则这个国家就可以被归类为地理不利国。可问题是即使这个比例降到25%,也依然有着大量国家可以被认为是地理不利国。[3]

委员会的报告还提到,即使一个岛国可以主张广泛的专属经济区,但其仅拥有非常有限的陆地,依据公平和衡平原则,也应该对此现象予以调整。另外也有国家主张,即使是可以主张广泛专属经

---

[1] "Report of United Nations Special Committee on Geographical Disadvantage—Comprehensive Proposal for Accommodation of Geographically Disadvantaged Countries", *Ocean Development & International Law*, Vol. 3, 1975.

[2] Ibid.

[3] See Mirvahabi, Farin, "The Rights of the Landlocked and Geographically Disadvantaged States in Exploitation of Marine Fisheries", *Netherlands International Law Review* 26, No. 2 (1979).

济区的岛国，也可能面临着自然环境恶劣、资源匮乏、经济落后等其他不利因素。① 但是各种不同因素的引入不仅存在争议，也使地理不利国的判断标准变得更加复杂化。②

(二) 自然资源环境因素

在第三次联合国海洋法会议中，曾有一部分代表提出不仅要对土地、海域进行衡平分享，对自然要素（山地、河流、湖泊、沙漠等）和环境状况（雪、雨、雾、日照等）也要进行衡平分享。③ 但是在会议过程中发现，这样的衡平分配面临了太多技术困难，因此提议被大多数国家所否决，但是自然环境因素作为地理不利国的判断标准确实被会议所意识到。

一般认为，赤道地区有着地理优势，而寒冷地区则相对地理不利。无论在航行还是自然资源开发上，极地地区都比赤道地区要困难得多。有些国家即使有着漫长的海岸线，但其对应的专属经济区内大多是冰冻区，不利于航行。比如说俄罗斯虽然在环北极地区有着漫长的海岸线，但是却缺少温暖的不冻海港，致使俄罗斯长久以来一直都在致力于寻找像摩尔曼斯克这样的港口。④

然而有些国家虽然处于气候温暖地区，也有着面积可观的专属经济区，但是生物资源和非生物资源非常有限。比如说海地和牙买加1974年向海洋法会议提交了一份议案，认为专属经济区内的自然

---

① "Report of United Nations Special Committee on Geographical Disadvantage—Comprehensive Proposal for Accommodation of Geographically Disadvantaged Countries", *Ocean Development & International Law*, Vol. 3, 1975.

② S. C. Vasciannie, *Land-Locked and Geographically Disadvantaged States in the International Law of the Sea*, Oxford University Press, 1990, p. 10.

③ "Report of United Nations Special Committee on Geographical Disadvantage—Comprehensive Proposal for Accommodation of Geographically Disadvantaged Countries", *Ocean Development & International Law*, Vol. 3, 1975.

④ Menefee, Samuel Pyeatt, "The Oar of Odysseus: Landlocked and Geographically Disadvantaged States in Historical Perspective", *California Western International Law Journal* 23 (1992).

资源应该向其相关区域内的国家开放,因为海地和牙买加专属经济区内的自然资源匮乏,应该也被认为是自然条件不利的国家。有的国家认为位置孤立且偏离主要航线也是地理不利的要素,汤加代表就据此认为自己也属于地理不利国。①

(三) 经济人口因素

经济因素在地理不利国判定上也是不可忽视的,尤其对一些不发达国家而言,即便获得比较可观的专属经济区,也没有能力进行有效的管辖和开发。公约的宗旨之一就是照顾发展中国家的特殊利益和需要,据此有许多国家认为,对内陆国和地理不利国的权益照顾不应包括发达国家,毕竟发达国家所面临的地理不利并没有拖累它们成为发达国家。② 但是如上文所提到的,在海地和牙买加最开始的提案中,地理不利国只适用于发展中国家,这招致大量反对,最终没能通过。虽然不能说地理不利国的定义只适用发展中国家,但发展中国家在适用地理不利国上确实有着一定的优先性。

人口因素一般被认为与经济相关,在会议过程中讨论得较少。不过在特别委员会的报告中,给出了一种具有假设性质的涉人口要素的权益划分,即人口多的国家会更倾向于获取更大的生存空间,而人口少的国家则倾向于获得更多的权益——因为缺少足够的人力去开发资源。报告并没有把人口因素在地理不利国认定问题上表述清楚,因为人口问题不仅仅涉及生存空间,还涉及经济发展程度。虽然恰如报告所言,人口多的国家往往有着可观的经济总量,但是这并不代表其经济发展水平较高。③ 由于人口众多,必

---

① Alexander, Lewis M., and Robert D. Hodgson, "Role of the Geographically-Disadvantaged States in the Law of the Sea", *San Diego Law Review* 13 (1975).

② Caflisch, Lucius, "What is a Geographically Disadvantaged State?", *Ocean Development & International Law* 6 (1987).

③ "Report of United Nations Special Committee on Geographical Disadvantage—Comprehensive Proposal for Accommodation of Geographically Disadvantaged Countries", *Ocean Development & International Law*, Vol. 3, 1975.

然会导致自然资源分配的紧缺，人均经济量或人均海岸线的长度则会捉襟见肘。

综合各种因素，在地理不利国的认定标准上，Lewis M. Alexander 教授在 1976 年的时候提出了一个比较综合的标准，笔者认为至今还有一定参考意义。Alexander 教授认为具有以下十二种情形之一或者多项的可以被认定为地理不利国：[1]

(1) 海岸线长度有限；

(2) 大陆架面积有限；

(3) 大陆架或者专属经济区或者渔区封闭有限；

(4) 专属经济区或者渔区内资源有限；

(5) 远离航线的孤立地理位置；

(6) 经济区域（economic zone）不足；

(7) 被视为最不发达国家；

(8) 地理区域封闭；

(9) 陆架封闭；

(10) 对邻国经济区或渔区的生物资源具有严重的营养依赖性；

(11) 位于封闭海或半封闭海；

(12) 进口的矿产将主要源自国际海底区域。[2]

总结来说，对地理不利国的认定需要综合各方面复杂因素，但至今没有一个统一的综合标准来认定哪些国家属于地理不利国，哪些国家不属于。一般而言，主要由当事国根据自己的地理、资源、环境、经济等因素，适当地向国际社会宣告，并得到国际社会的认可。

---

[1] Menefee, Samuel Pyeatt, "The Oar of Odysseus: Landlocked and Geographically Disadvantaged States in Historical Perspective", *California Western International Law Journal* 23 (1992), p. 10.

[2] Alexander, Lewis M., and Robert D. Hodgson, "Role of the Geographically-Disadvantaged States in the Law of the Sea", *San Diego Law Review* 13 (1975).

三 地理不利国的有关特殊权益与区别责任

除了确认内陆国的相关权益之外,《联合国海洋法公约》还为地理不利国创设了一些新的权益,主要是地理不利国在国际海底区域和公海的权益、在专属经济区内的生物资源权益,以及在海洋科研与海洋技术发展转让中的特殊权益。① 这些特殊权益和区别责任,在《联合国海洋法公约》的文本中,有些是与发展中国家一起进行表述的,尤其是针对发展中国家中的内陆国和地理不利国。

(一) 在专属经济区内的生物资源权益

《联合国海洋法公约》首次创设了"专属经济区"这一概念,并规定沿海国在专属经济区内有"以勘探和开发、养护和管理海床上覆水域和海床及其底土的自然资源(不论为生物或非生物资源)为目的的主权权利"。虽然《联合国海洋法公约》规定专属经济区内的非生物资源是专属于沿海国的,但《联合国海洋法公约》第五部分为地理不利国向他国专属经济区内的生物资源声索权利提供了可能。正如前文提到的,《联合国海洋法公约》第70条规定了地理不利国应有权在公平的基础上参与开发同一"分区域或区域的其他国家专属经济区"内生物资源的"适当剩余部分"。同时《联合国海洋法公约》也提到,地理不利国在捕捞其他沿海国专属经济区内的生物资源时,可以达成双边或多边的协议。但是《联合国海洋法公约》有关"适当剩余部分"的规定引发了议论。若一国专属经济区内的生物资源达到了无剩余的临界值,就会出现疑问。② 当出现无剩余情况时,是否就不再赋予内陆国和地理不利国捕捞权利,还是应该继续鼓励沿海国与内陆国或地理不利国合作以允许其继续合理

---

① The Commonwealth Secretariat, "Land-Locked and Geographically Disadvantaged States under UNCLOS", *Commonwealth Law Bulletin*, Vol. 30, 2004.

② Punal, Antonio Martinez, "Rights of Land-Locked and Geographically Disadvantaged State in Exclusive Economic Zones", *Journal of Maritime Law & Commerce*, 23 (1992).

捕捞。如果采取第二种模式继续合作共同捕捞,则必然会出现没有任何一方可以获得足够生物资源的情况。

(二) 在公海与"区域"的特殊权益

《联合国海洋法公约》的第十一部分和《1994 年协定》[①] 为在国际海底开采矿产建立起一套专门的法律制度,并宣明国际海底和相关矿产资源是人类的共同继承财产。第十一部分的条款特别照顾到了内陆国和地理不利国的利益,比如第 140 条指出"区域"内活动应依本部分的明确规定为全人类的利益而进行,"不论各国的地理位置如何,也不论是沿海国或内陆国"。第 148 条同样指出,应促进发展中国家有效参加"区域"内活动,并"尤其应顾及其中的内陆国和地理不利国在克服因不利位置",包括距离"区域"遥远和出入"区域"困难而产生的障碍方面的特殊需要。在第 161 条里还规定在国际海底管理局理事会里,内陆国或地理不利国应被六个来自发展中缔约国所特别代表。

在公海部分,《联合国海洋法公约》主要是赋予了内陆国和地理不利国与其他国家同等的权利,大多以"所有国家"这样的表述来涵括地理不利国。《联合国海洋法公约》在国际海底和公海对地理不利国的保护都只是概括性的表述,缺少具体可操作性的内容。比如许多人就怀疑内陆国和地理不利国的利益在国际海底管理局内能否被充分地代表,因为如果能被充分代表的话,那么《1994 年协定》就不大可能被通过并生效。[②]

(三) 在海洋科研与海洋技术发展转让中的特殊权益

《联合国海洋法公约》在规范海洋科学研究部分特别规定了邻近的内陆国和地理不利国的权利:(1) 海洋科学研究的国家和主管国

---

① 本处指的是 1994 年通过的 Agreement Relating to the Implementation of Part XI of the United Nations Convention on the Law of the Sea of 10 December 1982。

② The Commonwealth Secretariat, "Land‑Locked and Geographically Disadvantaged States under UNCLOS", *Commonwealth Law Bulletin*, Vol. 30, 2004, p. 789.

际组织应将提议的研究计划通知邻近的内陆国和地理不利国；（2）内陆国和地理不利国有权请求第 248 条①和第 249 条第 1 款（f）项②所列的有关情报；（3）邻近的内陆国的地理不利国有权任命不为沿海国反对的合格专家在实际可行时参加海洋科学研究计划；（4）内陆国和地理不利国的请求，应向它们提供第 249 条第 1 款（d）项③规定的有关情报和协助。

在《联合国海洋法公约》中强调的各国应对在海洋科学和技术能力方面可能需要并要求技术援助的国家进行支援时，不仅特别强调了发展中国家，尤其指明了包括内陆国和地理不利国，力求促进这些国家在海洋资源的勘探、开发、养护和管理，海洋环境的保护

---

① 《联合国海洋法公约》第 248 条 向沿海国提供资料的义务

各国和各主管国际组织有意在一个沿海国的专属经济区内或大陆架上进行海洋科学研究，应在海洋科学研究计划预定开始日期至少六个月前，向该国提供关于下列各项的详细说明：

(a) 计划的性质和目标；

(b) 使用的方法和工具，包括船只的船名、吨位、类型和级别，以及科学装备的说明；

(c) 进行计划的精确地理区域；

(d) 研究船最初到达和最后离开的预定日期，或装备的部署和拆除的预定日期，视情况而定；

(e) 主持机构的名称，其主持人和计划负责人的姓名；和

(f) 认为沿海国应能参加或有代表参与计划的程度。

② 《联合国海洋法公约》第 249 条 遵守某些条件的义务

1. 各国和各主管国际组织在沿海国的专属经济区内或大陆架上进行海洋科学研究时，应遵守下列条件：

……

(f) 将研究方案的任何重大改变立即通知沿海国；……

③ 《联合国海洋法公约》第 249 条 遵守某些条件的义务

1. 各国和各主管国际组织在沿海国的专属经济区内或大陆架上进行海洋科学研究时，应遵守下列条件：

……

(d) 如经要求，向沿海国提供对此种资料、样品及研究成果的评价，或协助沿海国加以评价或解释；

……

和保全，海洋科学研究以及其他活动等方面海洋科学和技术能力的发展。① 为了实现海洋科技转移之基本目标，需要制订技术合作方案，此时，《联合国海洋法公约》再次强调了发展中内陆国和地理不利国对海洋技术的需求，② 以及指出要考虑到发展中国家特别是内陆国和地理不利国的利益和需要。③ 在国际海底管理局内部，《联合国海洋法公约》要求国际海底管理局《联合国海洋法公约》第 274 条的官方翻译中文体。在一切合法利益，其中除其他外，包括技术持有者、供应者和接受者的权利和义务的限制下，在"区域"内活动方面应确保在公平地区分配原则的基础上，接受不论为沿海国、内陆国或地理不利国的发展中国家的国民，以便训练其为管理局工作所需的管理、研究和技术人员。④

第三节　公海保护区法律概念中的区别责任

公海保护区问题在国际法上并没有形成制度化，只是存在为数不多的国际法实践，其法律内涵也并不是非常清晰，考虑到国际法对发展中国家和海洋地理不利国的诸多特殊权益照顾和区别责任，在公海保护区国际法实践制度化的进程中，也应强调和重视公海保护区法律概念中可能蕴含的具体区别责任的形式和内容，这样可以明确和丰富公海保护区的法律概念，从而更有效率地保护公海生态环境。

一　公海保护区之区别责任的具体形式
（一）发展中国家承担的公海生态环境责任

国际环境法和国际海洋法已经分别为发展中国家保护地球生态

---

① 《联合国海洋法公约》第 266 条第 2 款。
② 《联合国海洋法公约》第 269 条。
③ 《联合国海洋法公约》第 272 条。
④ 《联合国海洋法公约》第 274 条。

环境设定了相对区别的责任，虽然具体之区别责任并没有清晰地反映在公海生态环境保护问题上，更不用说公海保护区问题，但是对发展中国家进行特殊照顾已经成了一项国际社会共识，不仅如此，来自发达国家的援助也成为发展中国家加强履约能力建设的前提之一，因此作为保护海洋生态环境手段之一的公海保护区问题亦不应成为例外。

一方面，自《斯德哥尔摩宣言》起，到《里约宣言》的第27条和《21世纪议程》第39章，之后的国际环境法领域的国际法规范几乎都特别强调了通过资金援助和技术转移来加强发展中国家的能力建设，这些领域涵盖了臭氧层保护、应对气候变化、保护海洋生态环境、保护生物多样性等，因此对发展中国家的特殊照顾和区别责任已经成为普遍的国际法共识，只是在具体问题上的规定有着具体的约定和区分而已。

另一方面，发达国家对发展中国家的援助由于各种原因有时难以有效实现，但是发展中国家也找到了相应的对策，在臭氧层保护、气候变化和生物多样性等领域的公约及其议定书大多都规定发展中国家履行相应条约义务可以基于其所接受到的来自发达国家的经济和技术援助，这使得发展中国家解读认为发展中国家执行相应公约义务的前提是获得来自发达国家的有效经济与技术援助。《21世纪议程》在海洋环境保护领域也表达了相似的观点：

> 发展中国家实施下述活动的义务应与其个别的技术和财政能力相称，应配合其为发展需要分配资源的优先次序，最终要取决于所需要的和可得到的技术转让和财政资源。①

发展中国家有条件的履行义务使得其可以以这种方式对发达国家施加压力，从这个角度来看，去讨论发达国家是否有法定义务提

---

① 《21世纪议程》第17.2章。

供援助已经不重要了,如果发达国家要求发展中国家积极参与达成每个协议的目标,就必须满足发展中国家希望发达国家提供必要资源的期望。①

在联合国有关国家管辖范围以外区域海洋生物多样性的养护和可持续利用问题的不限成员名额非正式特设工作组,以及根据《联合国海洋法公约》的规定就国家管辖范围以外区域海洋生物多样性的养护和可持续利用问题拟订一份具有法律约束力的国际文书之筹备委员会的会议中,对发展中国家在技术转移和资金援助上进行特殊照顾也已经成了共识,即认可对发展中国家进行援助,从而使其能更好地参与相应事务。②

(二) 地理不利国承担的公海生态环境责任

《联合国海洋法公约》赋予地理不利国的权益仍然是有限的,而且实际效果也并不佳。有学者指出,虽然《联合国海洋法公约》的表述已经实属比较激进,但《联合国海洋法公约》对地理不利国的保护和照顾仍然很弱。至今有关允许地理不利国在沿海国专属经济区内捕鱼的双边协议还很少,更不用说允许地理不利国在沿海国大陆架上开采资源了。③ 因此可以说,《联合国海洋法公约》规定的海洋权益与地理不利国所期待的海洋权益有着很大差距,而落到实处的地理不利国海洋优惠权益与《联合国海洋法公约》赋予的权益又有着很大的差距。即便如此,不可否认的是《联合国海洋法公约》基于地理不利国在开发利用海洋过程中的不利条件还是体现出了对这些国家海洋权益的适度倾斜保护,这也是国际社会追求可持续发展和促进国际公平法治的一个体现。

---

① Patricia Birnie, Alan Boyle, and Catherine Redgwell, *International Law and the Environment*, Oxford University Press, 2009, p. 135.

② IISD, *Summary of the Fourth Session of the Preparatory Committee on Marine Biodiversity beyond Areas of National Jurisdiction*, USA, 10-21 July 2017, p. 6.

③ Mcgowang, Glenn, "Geographic Disadvantage as a Basis for Marine Resource Sharing between States", *Monash University Law Review*, 13 (1987).

内陆国和海洋地理不利国本身由于自身地理条件的不优良性，在开发海洋和利用海洋的潜力与能力上都受到较大的限制，那么这些国家的人类活动对海洋生态环境的污染以间接形式为主，至少需要借助沿海国的合作来进行海洋活动。海洋地理不利国由于周边海域的限制，处于闭海半闭海环绕，从而易形成开发利用海洋的不易局面，当然不能说地理不利国对海洋生态环境的污染破坏一定会比较轻，但是地理不利国大多也是发展中国家，其利用海洋、开发海洋、治理海洋的技术能力较弱，急需通过发达国家的技术转移和经济援助来加强海洋生态环境治理。《联合国海洋法公约》在规范海洋科学研究部分也是基于此，特别照顾了邻近的内陆国和地理不利国的权利。

在根据《联合国海洋法公约》的规定就国家管辖范围以外区域海洋生物多样性的养护和可持续利用问题拟订一份具有法律约束力的国际文书之筹备委员会的第二次会议讨论有关能力建设和技术转移问题时，哥斯达黎加代表就提出要特别考虑最不发达国家和发展中国家，包括发展中内陆国、小岛屿国家、非洲沿海国和地理不利国等。[1] 在第四次会议的文件中，筹备委员会最终认可对发展中国家，尤其是地理不利国、最不发达国家、发展中内陆国、小岛屿国家和非洲沿海国进行援助，从而使其能更好地参与相应事务。[2]

（三）对共同但有区别责任原则的限制

发展中国家和地理不利国在公海海洋生态环境保护领域的优惠利益和区别责任很多时候也不是无条件的，甚至不是绝对的。在与环境保护有关的贸易问题和国际海底采矿的环境责任问题等方面，

---

[1] IISD, *Summary of the Second Session of the Preparatory Committee on Marine Biodiversity beyond Areas of National Jurisdiction*, USA, 26 August-9 September 2016, p. 13.

[2] IISD, *Summary of the Fourth Session of the Preparatory Committee on Marine Biodiversity beyond Areas of National Jurisdiction*, USA, 10-21 July 2017, p. 6.

发展中国家的区别责任已经有被侵蚀的趋势。由于公海生态环境保护涉及公海生物资源，那么也可能会涉及贸易问题：在1998年"海虾—海龟案"中美国就基于其国内法的规定要求方面禁止从没有与美国类似或相同TED装置①的捕虾船的国家水域捕捞的海虾进入美国市场；② 以及在欧共体和智利之间的"剑鱼案"中，致力于保护太平洋剑鱼资源的智利就禁止在公海捕捞剑鱼的西班牙船只在智利港口转运或停泊。③ 应对这类国际环境—贸易争端案件，发展中国家需对环境保护问题给予高度重视，因为发展中国家因实力对比及掌握信息资源方面相对处于劣势，容易造成在未采取环保措施时受指责，而采取了环保措施仍被刁难的不利处境。④ 在2011年国际海洋法法庭"关于担保自然人和实体从事国际海底区域有关活动的责任和义务的咨询意见"案（2011年国际海底咨询意见案）中，⑤ 联合国海洋法法庭认为海洋环境保护是开发"区域"内共有资源的强制性要求，对于环境保护的重视甚至高于发达国家和发展中国家"共同但有区别的责任"原则，同时认为在为"区域"内活动进行担保时，发展中国家和发达国家负有同样的环境保护责任和义务，法庭的依据为，《联合国海洋法公约》具体规定的对于发展中国家予以特

---

① 1973年美国国会通过《濒危物种法案》，将在美国海域内出没的海龟列为法案保护的对象之一，并将一切占有、加工以及加害为捕虾网所误捕或误杀的海龟的行为均视为非法。同时，美国研制开发了一种名为TED的海龟隔离器，将这种带有栅格的装置缝合于拖网的颈部，体形较小的海虾将滑过栅格进入拖网，而不慎闯入的海龟则受TED的阻挡和指引而能轻易地从网口逃生。

② United States-*Import Prohibition of Certain Shrimp and Shrimp Products* -Appellate Body Report and Panel Report pursuant to Article 21.5 of the DSU-Action by the Dispute Settlement Body, WT/DS58/23ⅠI 26 November 2001.

③ Chile-*Measures Affecting the Transit and Importation of Swordfish* -Joint Communication from the European Union and Chile-Addendum, G/L/367/Add. 1#WT/DS193/4Ⅰ 3 June 2010.

④ 谭宇生：《欧共体—智利"剑鱼案"的再考量：发展中国家的视角》，《欧洲研究》2007年第3期。

⑤ *Responsibilities and Obligations of States with Respect to Activities in the Area*, Advisory Opinion, 1 February 2011, ITLOS Reports 2011, p. 10.

别考虑的领域仅限于海洋科学研究、技术转让、人员培训、平等分享"区域"活动收益，不包括发展中国家在担保"区域"活动时所应承担的责任和义务。①

在公海生态环境保护问题上，国际法并没有像在气候变化和臭氧层保护等领域那样，明确地为发展中国家和地理不利国设置提供较低的环境法规和资源保护标准，而是强调了通过资金援助和技术转移来加强发展中国家和地理不利国相应能力建设的重要性，并在资源获益方面也做出了倾斜保护。由此可以看出，发展中国家、地理不利国在公海生态环境保护方面与发达国家承担着共同的责任，但是需要依赖发达国家的技术转移和资金支持以加强能力建设；发展中国家和地理不利国在国家管辖范围以外区域因其活动而引发的环境问题，仍然需要和发达国家承担同样平等的环境损害责任。

二 公海保护区之区别责任的具体内容

在国家管辖范围以外海域设立管理公海保护区来保护海洋生态环境所蕴含的共同但有区别的责任原则之具体内容，主要体现在发展中国家，尤其是内陆国和地理不利国有权获得来自国际社会和发达国家的资金支持和技术转移，以及在海洋科学研究、人员培训等方面加强能力建设更好地履行国际法义务，从而有助于保护公海生态环境。

（一）资金支持

任何新国际义务的执行都需要资金的支持，② 国家管辖范围以外海洋生态环境保护与公海保护区的设立管理也同样需要资金支持，有学者通过建模研究显示如果全球海洋的 20%—30% 形成海洋保护

---

① 付玉、邹磊磊：《国际海洋环境保护制度发展态势分析》，《太平洋学报》2012年第7期。

② Ntambirweki, John, "The Developing Countries in the Evolution of an International Environmental Law", *Hastings International & Comparative Law Review* 14 (1990).

区网络的话，大约每年需要耗费 50 亿—190 亿美元的资金，同时大约会创造 100 万个新工作岗位。[①] 首先，对于发展中国家，尤其是内陆国和海洋地理不利国而言，每年拿出大量资金来支持海洋保护区的设立管理会带来一定的政治经济压力，而对于发达国家而言大规模的海洋保护区体系反而可以减少其原本在海洋生态环境保护其他领域的支出；其次，发展中国家尤其是内陆国和海洋地理不利国在享受因海洋保护区实践带来的海洋生态环境恢复之利益能力亦比不上发达国家，比如渔业可捕捞水平的恢复会给远洋渔业捕捞国带来新的获益。

在根据《联合国海洋法公约》的规定就国家管辖范围以外区域海洋生物多样性的养护和可持续利用问题拟订一份具有法律约束力的国际文书之筹备委员会会议上，从国家管辖范围以外区域获取的经济利益之分配，到援助基金的设立管理等具体问题就曾多次被提出。在第四次筹备委员会会议上，小岛屿国家联盟（AOSIS）就指出要设立帮助其能力建设的基金，加勒比共同体国家（CARICOM）和太平洋小岛屿发展中国家（PSIDS）则进一步指出这一基金应该使得小岛屿发展中国家和最不发达国家更加开放，太平洋小岛屿发展中国家（PSIDS）还指出需要建立起有法律约束力的国际文书下的信托基金，而肯尼亚和加纳则强调自愿性质的信托基金已经被证明是不可持续的。[②]

在设立国家管辖范围以外生物多样性保护和可持续发展信托基金的有关内容问题上，发展中国家和发达国家进行了激烈争论和博弈。发展中国家多强调设立有强制力和可持续的信托基金：墨西哥建议进一步讨论包括捐助者、特许权使用费百分比、强制性和自愿

[①] Balmford, Andrew, Pippa Gravestock, Neal Hockley, Colin J. McClean, and Callum M. Roberts, "The Worldwide Costs of Marine Protected Areas", *Proceedings of the National Academy of Sciences of the United States of America* 101, No. 26 (2004).

[②] IISD, *Summary of the Fourth Session of the Preparatory Committee on Marine Biodiversity beyond Areas of National Jurisdiction*, USA, 10-21 July 2017, p. 15.

性捐助以及技术转让支付；菲律宾强调资金来源可能包括许可费、特许权使用费、全球基金、现有供资机制和自愿捐款资金，以及供资模式的问责机制和透明度；萨摩亚呼吁全面参与筹资机制，同时考虑到小岛屿发展中国家的脆弱性。发达国家则不愿意承担过多的资金义务，美国、欧盟、加拿大和新西兰强调，有关具有法律约束力的国际文书职能的决定应在讨论资金之前进行。欧盟和瑞士赞成使用现有的资金来源。加拿大、日本、澳大利亚和新西兰建议"关注可持续资金问题"。澳大利亚表示，将海洋生物遗传资源开发获益之货币资金利益作为技术转移和能力建设的融资来源。[1]

在全体会议上审议主席的修订草案时，"77国集团"和中国提出的可预测和可持续的资金方案，遭到了美国、日本和澳大利亚的反对。加拿大指出，不成熟的"可预测资金"可能指向强制性的资金需求。多哥强调指出，任何会"弱化案文"的措辞都是不能接受的。小岛国联盟与多哥和加纳强调，在主席草案发生变化的情况下，应提及联合国大会69/292号决议和"2011年一揽子措施"。除此之外，尼泊尔强调需要承认内陆发展中国家的特殊要求，并要求为最不发达国家设置特殊和强制性的技术转移与能力建设条款。新加坡与摩洛哥强调需要可持续的资金，并指出愿意接受私营部门的捐助应作为基金的一个原则。世界自然基金会（WWF）呼吁在基金的使用前应进行评估。[2] 显然在国家管辖范围以外海洋生物多样性养护和可持续发展之资金支持问题上，发达国家和发展中国家存在根本上的分歧，从而至今也没有形成一个达成共识的可预测和可持续的资金方案，加之不同国家的不同诉求，致使有关资金安排问题可能会是拟定国家管辖范围以外区域海洋生物多样性的养护和可持续利用问题之具有法律约束力的国际文书谈判过程中的焦点，至于最终会

---

[1] IISD, *Summary of the Fourth Session of the Preparatory Committee on Marine Biodiversity beyond Areas of National Jurisdiction*, USA, 10-21 July 2017, p. 15.

[2] Ibid.

发展出何种方案，还有待观察。

(二) 技术转移

技术转移是《联合国海洋法公约》中关于海洋科学研究能力建设部分的重点和中心，但是空缺和模糊性却削弱了这一部分法律制度的时效性。[1]《联合国海洋法公约》中有关技术转移的规定一直不算是成功的，因为技术转移涉及的国际合作还牵涉专利知识产权、制造业方式、产业政策和私人企业的自主权益等。事实上，恰如有学者指出的，《联合国海洋法公约》只是通过设立一些技术转移的行动的标准来反映已有的一些国际法实践，而没有进一步清晰设定国际法责任义务，这就很难对海洋技术转移问题产生直接的可识别之法律作用。[2] 在联合国有关国家管辖范围以外区域海洋生物多样性的养护和可持续利用问题的不限成员名额非正式特设工作组第八次会议上，阿根廷就指出《联合国海洋法公约》第十四部分中的技术转移最没有得到广泛之执行。[3]

《联合国海洋法公约》中有关技术转移的目的不仅包括促进发展中国家经济社会的发展，还包括保护与保全海洋生态环境，[4] 而这些内容都与海洋科学能力建设相关联。《联合国海洋法公约》中有关技术转移的规定却存在诸多空缺，虽然第十四部分专门规定了技术转移的内容，但是却没有对"技术"与"技术转移"进行定义，更没有为技术转移设立管理机构和资金机制，也没有对技术转移进行监督和评估，在"在海洋科学和技术能力方面可能需要并要求技术援

---

[1] Harden‐Davies, Harriet R., "Research for Regions: Strengthening Marine Technology Transfer for Pacific Island Countries and Biodiversity beyond National Jurisdiction", *The International Journal of Marine and Coastal Law* 32, No. 4 (2017).

[2] Churchill, Robin Rolf, and Alan Vaughan Lowe, *The Law of the Sea*, Manchester University Press, 1999, p. 419.

[3] IISD, Elisa Morgera, *Briefing Note on the WG on Marine Biodiversity*, USA, June 16‐19, 2014, p. 5.

[4] 《联合国海洋法公约》第266条第2款。

助的国家"① 之需要和要求上进行合理、公平和衡平的②技术转移之表述存在模糊性。③

根据政府间海洋委员会《关于海洋技术转移之标准和指南》的建议，④ 海洋技术包括：信息和数据（海洋科学，操作和服务）；专业，知识，技能，方法（技术、科学、法律）；设备（原位采样和观察、实验室分析和实验）；计算机软件，模型和建模技术；手册，指南，标准，规范，参考资料等。这些还可能包括科学研究硬件，如海上观测和采样设备，岸上实验室设备，以及数据管理和分析软件（例如生物多样性和气候变化模拟，海洋学和海床测绘）。信息共享还可以包括生物样本收集、储存和管理的手册与指南。政府间海洋委员会的《关于海洋技术转移之标准和指南》在根据《联合国海洋法公约》的规定就国家管辖范围以外区域海洋生物多样性的养护和可持续利用问题拟订一份具有法律约束力的国际文书之筹备委员会会议上已经被多次提到，包括"77国集团"和中国都认为对该指南的进一步解读和执行将是有利的。⑤

如何在全球层面和区域层面加强海洋技术转移，以及国际组织包括国际海底管理局、联合国粮农组织、政府间海洋委员会等可能产生的作用等问题都会在即将拟订的具有法律约束力的国际文书上有所反映。在联合国有关国家管辖范围以外区域海洋生物多样性的

---

① 《联合国海洋法公约》第266、275条。

② 《联合国海洋法公约》第266条第1款。

③ Harden – Davies, Harriet R., "Research for Regions: Strengthening Marine Technology Transfer for Pacific Island Countries and Biodiversity beyond National Jurisdiction", *The International Journal of Marine and Coastal Law* 32, No. 4 (2017).

④ IOC-UNESCO, *IOC Criteria and Guidelines on the Transfer of Marine Technology*, IOC Information Document 1203, Paris, 2005, para A. 2 at p. 9.

⑤ Harden – Davies, Harriet R., "Research for Regions: Strengthening Marine Technology Transfer for Pacific Island Countries and Biodiversity beyond National Jurisdiction", *The International Journal of Marine and Coastal Law* 32, No. 4 (2017).

养护和可持续利用问题的不限成员名额非正式特设工作组第八次会议上，加拿大指出，技术转让是加强保护国家管辖范围以外生物多样性资源能力建设的几个步骤之一。① 具体到公海保护区问题，海洋保护区设立管理实践所要求的科学技术也是至关重要的，通过公海保护区这一全球或区域平台向发展中国家，尤其是内陆国和海洋地理不利国转移相应的保护海洋生态环境之科学技术，将无疑有利于加强相应国家的技术进步和能力建设，从而促进全球海洋生态环境保护的有效性。

（三）能力建设

在联合国有关国家管辖范围以外区域海洋生物多样性的养护和可持续利用问题的不限成员名额非正式特设工作组第八次会议上，关于能力建设问题各国都表达了不同的主张。在能力建设的涉及问题上，泰国认为，技术转让对能力建设至关重要；阿尔及利亚指出，能力建设需要通过惠益分享、技术转让和发展援助来实现；南非强调参与科学研究。由此可以看出与能力建设密切相关的包含了技术转让、惠益分享、经济援助科学研究等问题，国际组织和发达国家在各个方面为发展中国家进行援助，才能有效地帮助发展中国家加强能力建设。对此，新西兰主张在捐助国和受援国之间建立伙伴关系模式，并倡导公共—私人伙伴关系，强调必须分享保护和可持续使用国家管辖范围以外生物多样性资源的知识和专业。韩国支持能力建设和技术转让，并主张通过发达国家和发展中国家之间的合作与协调以加强能力建设方案。② 除了发达国家和发展中国家之间的合作与协调，国际组织在发展中国家能力建设方面也起到了很大的作用，联合国教科文组织与政府间海洋委员会的研究工作和信息分享、国际自然保护联盟推动设立海洋保护区、联合国环境规划署的区域

---

① IISD, Elisa Morgera, *Briefing Note on the WG on Marine Biodiversity*, USA, June 16-19, 2014, p. 5.

② Ibid.

海洋行动方案等,都为保护海洋生态环境的能力建设作出了积极贡献。①

在根据《联合国海洋法公约》的规定就国家管辖范围以外区域海洋生物多样性的养护和可持续利用问题拟订一份具有法律约束力的国际文书之筹备委员会会议阶段,第一次会议上太平洋发展中小岛屿国家建议为海洋保护区系统进行有效的管理、监测、控制、融资和能力建设。② 同样在这次会议上,国际社会的普遍共识是要加强能力建设,美国甚至支持在拟订一份具有法律约束力的国际文书中修订有"强力的和有野心的"(robust and ambitious)能力建设条款。③ 国际社会对如何加强能力建设,可谓群策群力:(1)挪威强调在发展中国家发展渔业、石油和天然气以及大陆架研究方面的能力,并建议进一步探索满足一份具有法律约束力的国际文书下能力建设需求的手段;(2)澳大利亚与新西兰强调南南合作和多方合作,以及在《联合国海洋法公约》起草时没有提及小岛屿发展中国家等国家集团的特殊需要,需要更好地传播现有的努力诸如海洋边界培训研讨会、渔业管理奖学金计划和太平洋巡逻艇计划;(3)日本呼吁加强政府组织间的协调和信息共享,并指出通过海洋生物地理信息系统进行有效的知识共享;等等。④

能力建设的实现,最终可能会有两种形式:一是机构性援助,二是"交换所"(clearing house)机制。对于机构性援助,是指在预拟定的具有法律约束力的国际文书中设立新的机构或者赋予既有机构来负责信息分享、技术转移、人员培训、检测监督等事项。对于"交换所"机制,是指仿照《生物多样性公约》的机制,而构建起

---

① IISD, *Summary of The 14th Meeting of The United Nations Open-Ended Informal Consultative Process on Oceans and The Law of the Sea*, USA, 17-20 June 2013, p. 6.

② IISD, *Summary of the First Session of the Preparatory Committee on Marine Biodiversity beyond Areas of National Jurisdiction*, USA, 28 March-8 April 2016, p. 9.

③ Ibid.

④ Ibid.

能力建设之有效机制。总之，无论如何，在能力建设问题上，国际社会已经积累了足够多的共识，问题是在于如何操作和推定，这值得欣喜。

总结本章，作为人类共同关注事项之公海生态环境保护，适用于共同但有区别的责任原则，发展中国家特别是内陆国和海洋地理不利国在国际环境法和国际海洋法上都有着特殊权益并承担着相应的区别责任。对此国际社会已经积累了足够的国际法共识，在根据《联合国海洋法公约》的规定就国家管辖范围以外区域海洋生物多样性的养护和可持续利用问题拟订一份具有法律约束力的国际文书之筹备委员会会议上，国际社会就经济援助、技术转移、能力建设等问题进行了比较充分的讨论。在推动公海保护区国际法实践制度化的过程中，共同但有区别责任应该在公海保护区法律概念中得到体现。

第七章

公海保护区法律概念界定之中国立场

从第三次联合国海洋法外交会议以来,中国一直积极参与国际海洋法律制度的构建,不仅如此,中国还积极参与国际海洋法律实践,包括南极海洋生物资源养护委员会设立海洋保护区的实践。自从联合国就有关国家管辖范围以外区域海洋生物多样性的养护和可持续利用问题展开讨论以来,中国积极参与并建言献策。具体到公海保护区问题,中国需要基于中国具体国情和在国家管辖范围以外区域的利益分析来提出中国的方案,从而力求在国际法实践制度化趋势下的公海保护区法律概念中既可以体现中国的关切,又可以促进公海生态环境的保护。

第一节 中国参与的公海保护区国际法实践

一 联合国有关国家管辖范围以外区域海洋生物多样性的养护和可持续利用问题的不限成员名额非正式特设工作组(BBNJ Working Group)

2004年联合国大会59/24号决议重点关注了海洋环境、海洋资源、海洋多样性和对脆弱海洋生态系统的保护等有关问题,决定设立不限成员名额非正式特设工作组,研究与国家管辖范围以外区域的海洋生物多样性的养护和可持续利用有关的问题。① 2013年联合国大会68/70号决议希望在联合国大会第69届会议结束之前抓紧处理国家管辖范围以外区域海洋生物多样性的养护和可持续利用问题,② 包括根据《联合国海洋法公约》的规定拟订一份国际文书的问题作出决定,并为此决定不限成员名额非正式特设工作组再举行三次会议。③ 于是自2006年举行第一次会议以来,到2015年最后一次会议,联合国有关国家管辖范围以外区域海洋生物多样性的养护和可持续利用问题的不限成员名额非正式特设工作组会议共举办了十次,中国代表积极参与并发表了一些积极的建议,本处仅将中国代表有关公海保护区观点汇总于表7-1:

表 7-1　BBNJ Working Group 上的中国有关公海保护区观点汇总

年份	BBNJ Working Group 会议上的中国有关观点
2006	中国未提交海洋保护区观点④
2008	关于加强发展中国家能力建设的需要,特别是建设缓解和适应气候变化的能力,"77国集团"和中国在南非和巴西的支持下,要求纳入共同但有区别的责任原则到共同主席的联合声明草案⑤
2008+	未找到足够的资料和信息
2010	基于材料限制未找到中方提交至海洋保护区观点。 63. 若干代表团强调了进一步拟定和应用这些标准的必要性。在这方面,另外一些代表团要求对确定海洋保护区的方法达成一项共同理解,其中考虑到粮农组织和《生物多样性公约》拟定的标准;在科学基础上拟定一项具有生态或生物重要性的海洋领域国际清单,供相关组织审议,以便指定和管理海洋保护区⑥

---

① 联合国大会59/24号决议第73段。

② 联合国大会68/70号决议第197段。

③ 联合国大会68/70号决议第199段。

④ IISD, *Summary of the Working Group on Marine Biodiversity beyond Areas of National Jurisdiction*, USA, 13-17 February, 2006.

⑤ IISD, *Summary of the Fourth Meeting of the Working Group on Marine Biodiversity beyond Areas of National Jurisdiction*, USA, 31 May-3 June 2011, p.3. [原文为: Argentina, on behalf of the Group of 77 and China (G-77/China), proposed referring to: the legal regime on MGRs, MPAs and EIA processes together, rather than as separate items.]

⑥ 联合国大会文件 A/65/68,第11页。

续表

年份	BBNJ Working Group 会议上的中国有关观点
2011	阿根廷代表 "77 国集团" 和中国（G-77/中国）建议提到：将关于海洋遗传资源、海洋保护区和环境影响评价程序等法律制度一起讨论，而不是单独分别讨论[①]
2012	中国支持 "77 国集团"/中国的立场，并指出：要平衡保护国家管辖范围以外区域生物多样性和 1982 年《联合国海洋法公约》中的缔约国权利，海洋保护区的设立不得违反 1982 年《联合国海洋法公约》关于航行自由和研究自由的现行规定；在开展海底活动之前需要进行环境影响评估，同时考虑到发展中国家的不同能力水平[②]
2013	基于材料限制未找到中方提交至海洋保护区观点[③]
2014	中国未提及海洋保护区观点[④]
2014+	中国未提及海洋保护区观点[⑤]
2015	中国未提及海洋保护区观点，但强调了 "2011 一揽子事项" 将关于海洋遗传资源、海洋保护区和环境影响评价程序等法律制度一起讨论[⑥]

① IISD, *Summary of the Second Meeting of the Working Group on Marine Biodiversity beyond Areas of National Jurisdiction*, USA, 28 April - 2 May 2008, p. 5. （原文为：Concerning the need for increased capacity building for developing states and, in particular, building capacity to mitigate and adapt to climate change, the G-77/China, supported by South Africa and Brazil, requested that the principle of common but differentiated responsibilities be incorporated into the Co-Chairs' Draft Joint Statement.）

② IISD, *Summary of the Fifth Meeting of the Working Group on Marine Biodiversity beyond Areas of National Jurisdiction*, USA, 7-11 May 2012, p. 3. （原文为：China supported the position of the G-77/China and noted that: it is imperative to adopt a balanced approach to the protection of BBNJ and the rights of states under UNCLOS; the establishment of MPAs must not contravene existing UNCLOS rules on freedom of navigation and research; and EIAs need to be conducted before undertaking activities on the seabed, taking into account the different levels of capacity of developing countries.）

③ 联合国大会文件 A/68/399。

④ IISD, *Summary of the Seventh Meeting of the Working Group on Marine Biodiversity beyond Areas of National Jurisdiction*, USA, 1-4 April 2014.

⑤ IISD, *Summary of the Eighth Meeting of the Working Group on Marine Biodiversity beyond Areas of National Jurisdiction*, USA, 16-19 June 2014.

⑥ IISD, *Summary of the Ninth Meeting of the Working Group on Marine Biodiversity beyond Areas of National Jurisdiction*, USA, 20-23 January 2015, p. 3.

即便基于有限的资料和信息，仍然可以看出在一开始中国对公海保护区问题并没有表达很充实的观点，但是有三点可以被归纳起来。第一，中国和"77国集团"共同推动了"2011一揽子事项"，即将关于海洋遗传资源、海洋保护区和环境影响评价、能力建设和海洋技术转移等问题一起放入国家管辖范围以外区域海洋生物多样性的养护和可持续利用中进行讨论和考虑。第二，中国和"77国集团"开始关注和强调了发展中国家权益以及共同但有区别的责任原则，中国单方面指出在开展海底活动之前需要进行环境影响评估，同时考虑到发展中国家的不同能力水平。第三，中国明确表示支持"77国集团"/中国的联合立场，即要平衡保护国家管辖范围以外区域生物多样性和《联合国海洋法公约》中的缔约国权利，海洋保护区的设立不得违反既有国际法和国际组织的机制和强制性规范。尤其是第一点，促使了联合国大会决定在就国家管辖范围以外区域海洋生物多样性的养护和可持续利用问题拟订一份具有法律约束力的国际文书时要将"2011一揽子事项"联合共同进行考虑。

二 根据《联合国海洋法公约》的规定就国家管辖范围以外区域海洋生物多样性的养护和可持续利用问题拟订一份具有法律约束力的国际文书之筹备委员会（BBNJ PrepCom）

2015年联合国大会A/RES/69/292号决议，决定根据《联合国海洋法公约》的规定就国家管辖范围以外区域海洋生物多样性的养护和可持续利用问题拟订一份具有法律约束力的国际文书。[①] 该决议还决定在举行政府间会议之前，设立一个筹备委员会，为谈判处理2011年商定的一揽子事项所含的专题进行准备，即国家管辖范围以外区域海洋生物多样性的养护和可持续利用，特别是作为一个整体的全部海洋遗传资源的养护和可持续利用，包括惠

---

① 联合国大会A/RES/69/292号决议第1（a）段。

益分享问题，以及包括海洋保护区在内的划区管理工具、环境影响评估和能力建设及海洋技术转让等措施。① 在四次筹备委员会会议上，中国代表单独或与"77国集团"或与其他国家联合发表了诸多有关划区管理工具（包括公海保护区）问题的观点，在此将这些观点汇总如下：

BBNJ PrepCom 第一次会议（2016 年 3 月 28 日至 4 月 8 日）

- "77国集团"和中国呼吁建立全球机制来协调划区管理工具，以科学方法、预防措施、透明度和问责制等机制为基础，并且不能破坏现有的海洋保护区。
- 中国强调，海洋保护区应平衡保护和可持续利用之间的关系，不要妨碍沿海国家在大陆架上的活动；并反对采取"一刀切"的办法处理划区管理工具。②
- "77国集团"和中国强调划区管理工具下的所有工具，而不仅仅是海洋保护区，都需要进一步探索，并强调了预防和科学方法，透明度和问责制。③

BBNJ PrepCom 第二次会议（2016 年 8 月 26 日至 9 月 9 日）

- 中国提出列举划区管理工具的要素，其中包括与保护和可持续利用海洋生物多样性、地理范围和管理方法有关的目标。
- 中国强调设立海洋保护区的必要性原则，成本效益，最好的

---

① 联合国大会 A/RES/69/292 号决议第 2 段。

② IISD, *Summary of the First Session of the Preparatory Committee on Marine Biodiversity beyond Areas of National Jurisdiction*, USA, 28 March–8 April 2016, p. 9. （原文为：The G-77/China called for a global institutional mechanism to coordinate ABMTs, on the basis of a science-based approach, precaution, transparency and accountability, without undermining existing MPAs. China stressed that MPAs should balance conservation and sustainable use, without compromising coastal states' activities on the continental shelf; and opposed a one-size-fits-all approach to ABMTs.）

③ Ibid., p. 10. （原文为：Stressing that all the tools under ABMTs, not just MPAs, need to be explored, the G-77/China underscored the precautionary and science-based approaches, transparency and accountability.）

科学证据和国际合作与协调。①
- 中国建议增加无论划区管理工具"是否"包含海洋保护区，都应为恢复海洋生态系统和健康作出贡献。②
- "77国集团"和中国建议在划区管理工具的提案中包含以下信息：客体、区域划分以及具体的保护和管理措施。
- 中国强调划区管理工具的必要性、科学和法律基础、目标和保护客体、地理范围和具体的保护措施。③
- 中国呼吁有针对性的能力建设和科技转移来提高国家管辖范围以外生物多样性的保护和可持续利用。④

BBNJ PrepCom 第三次会议（2017年3月27日至4月7日）
- "77国集团"和中国强调需要：考虑定义，包括使现有划区管理工具定义适用于国家管辖范围以外区域；并根据现有的国际标准，包括独特性、生态敏感性和生物生产力，来制定划区管理工具的标准，指出不同的需求可能需要不同的严格措施。
- 中国建议在划区管理工具定义中纳入保护客体、地理范围和功能要素。
- "77国集团"和中国强调透明度、问责制和综合管理。

---

① IISD, *Summary of the Second Session of the Preparatory Committee on Marine Biodiversity beyond Areas of National Jurisdiction*, USA, 26 August-9 September 2016, p. 6. （原文为：China proposed enumerating ABMT elements, including an objective related to protecting and sustainably using marine biodiversity, geographical scope and management approaches. China emphasized the principles of necessity in MPA designation, cost effectiveness, best scientific evidence, and international cooperation and coordination.）

② Ibid., p. 7. （原文为：China suggested adding "whether" ABMTs, including MPAs, should contribute to rehabilitation and restoration of ocean ecosystems and health.）

③ Ibid., p. 8. （原文为：The G-77/China suggested as information to be included in ABMT proposals: objective, delimitation of the area, and specified conservation and management measures. China emphasized: ABMTs' necessity; scientific and legal basis; targets and objectives for protection; geographical scope; and specific protection measures.）

④ Ibid., p. 13. （原文为：China called for targeted CB&TT to improve capacities for BBNJ conservation and sustainable use.）

- 中国强调了在考量保护措施与目标相匹配时要考虑社会经济因素。
- "77 国集团"和中国建议对划区管理工具进行审查和监测，而不能破坏现有的区域和部门组织。①
- 日本、阿根廷和中国赞成由国家来提交划区管理工具提案，日本则倾向于与其他国家分享这些提案，中国指出须与利益相关者进行磋商。②
- 中国指出，海洋保护区应该是有时限的，更新或延长海洋保护区时间表的建议需要审查过程。③
- "77 国集团"和中国强调需要为发展中国家提供财政援助和能力建设。④
- 中国申明，新的国际文书应与《联合国海洋法公约》保持一

---

① IISD, *Summary of the Third Session of the Preparatory Committee on Marine Biodiversity beyond Areas of National Jurisdiction*, USA, 27 March-7 April 2017, p. 5. （原文为：The G-77/China emphasized the need to: consider definitions, including adapting existing ones to the ABNJ context; and to develop ABMTs criteria on the basis of existing international criteria, including uniqueness, ecological sensitivity and biological productivity, noting that varying needs may require measures of different stringency. China suggested including in an ABMT definition an objective, geographical scope and a function element. The G-77/China highlighted transparency, accountability, and integrated management. China highlighted proportionality in matching conservation measures with objectives and taking socio-economic factors into consideration. The G-77/China recommended review and monitoring of ABMTs, without undermining existing regional and sectoral organizations.）

② Ibid., p. 6. （原文为：Japan, Argentina and China favored states submitting proposals, with Japan preferring that states share these proposals with other states, and China noting that submissions should be in consultation with stakeholders.）

③ Ibid., p. 7. （原文为：China noted that MPAs should be time-bound, with the review process proposing renewing or extending MPA timelines.）

④ Ibid., p. 9. （原文为：The G-77/China stressed the need for financial assistance and capacity building for developing countries.）

致，不得与现有法律文书和区域及部门机构的机制相抵触。①

BBNJ PrepCom 第四次会议（2017 年 7 月 10 日至 21 日）

● 中国在非洲集团和伊朗的支持下，建议认定"人类已经成为与国家管辖范围以外区域生物多样性保护和可持续利用有着共同未来的不可分割的共同体"，"整个国际社会对国家管辖范围以外区域生物多样性保护和可持续利用有着共同的利益"。

● "77 国集团"和中国强调长期保护和可持续利用为总体目标。②

● 中国阐述了综合管理办法，指出《联合国海洋法公约》序言应作为划区管理工具的法律基础。③

● "77 国集团"和中国支持：缔约国和其他组织提起的划区管理工具提案应该根据预防方针/原则和最佳可用信息，并由新国际文书下的科学技术机构对提案进行评估。④

● 中国和日本一样，建议包括海洋保护区在内的划区管理工具在达到具体目标后应终止。⑤

---

① IISD, *Summary of the Third Session of the Preparatory Committee on Marine Biodiversity beyond Areas of National Jurisdiction*, USA, 27 March-7 April 2017, p. 12. （原文为：China affirmed that the ILBI should be consistent with UNCLOS and not contradict, contravene or undermine existing legal instruments and regional and sectoral bodies' mandates.）

② IISD, *Summary of the Fourth Session of the Preparatory Committee on Marine Biodiversity beyond Areas of National Jurisdiction*, USA, 10-21 July 2017, p. 6. （原文为：China, supported by the African Group and Iran, suggested recognizing that "humankind has become an indivisible community with a shared future linked to BBNJ conservation and sustainable use" and "the international community as a whole has a common interest in BBNJ."）

③ Ibid., p. 8. （原文为：China elaborated on the integrated management approach, pointing to UNCLOS preamble as its legal basis.）

④ Ibid., p. 11. （原文为：The G-77/China supported: proposals from state parties and other organizations, based on the precautionary approach/principle and best available information; and assessment of proposals by an ILBI scientific and technical body.）

⑤ Ibid., p. 12. （原文为：China, with Japan, recommended that ABMTs, including MPAs, should be terminated when their specific targets are achieved.）

- "77国集团"和中国要求新的国际文书"应该"而不是"将会"承认发展中国家的特殊要求。①

随着国家管辖范围以外区域生物多样性和可持续发展问题立法实践的深入,有关划区管理工具和公海保护区的议题也越来越具体化。在筹备委员会上,中国与"77国集团"共同提出的涉及公海保护区主张主要集中在划区管理工具的机制、内容、定义、总体目标、发展中国家权益等问题上。针对由中方独立提交和发表的观点,则有颇多新意,具体如下:

第一,强调保护与可持续利用之间的关系。"77国集团"和中国强调将长期保护和可持续利用作为新的国际文书的总体目标。在此基础上,中国则更加清晰地强调海洋保护区应平衡保护和可持续利用之间的关系,强调设立海洋保护区的必要性原则、成本效益、最好的科学证据和国际合作与协调。在充分必要性前提下设立管理的海洋保护区应该在保护海洋生态环境和合理利用海洋资源之间寻求平衡,才能达到可持续发展的长期目标。

第二,划区管理工具和公海保护区的关系。"77国集团"和中国强调划区管理工具下的工具应包括海洋保护区,但中国在此问题上则更加开明,甚至建议增加无论划区管理工具"是否"包含海洋保护区,都应为恢复海洋生态系统和健康作出贡献。不仅如此,中国还提出列举划区管理工具的要素,其中包括与保护和可持续利用海洋生物多样性、地理范围和管理方法有关的目标。

第三,开始强调人类共同体和共同利益。中国在非洲集团和伊朗的支持下所建议提出的"人类已经成为与国家管辖范围以外区域生物多样性保护和可持续利用有着共同未来的不可分割的共同体",

---

① IISD, *Summary of the Fourth Session of the Preparatory Committee on Marine Biodiversity beyond Areas of National Jurisdiction*, USA, 10-21 July 2017, p.14. (原文为:The G-77/China requested that the ILBI "should," rather than "would," recognize developing countries' special requirements.)

"整个国际社会对国家管辖范围以外区域生物多样性保护和可持续利用有着共同的利益"等提法，明显体现了中国近些年"人类命运共同体"这一外交理念，与人类共同关注事项这一法律概念的含义有着深层次的契合。在强调人类共同体的前提下，显然离不开通过有针对性的能力建设和科技转移来提高国家管辖范围以外生物多样性的保护和可持续利用。

第四，关于划区管理工具设立管理程序。在第三次会议上，中国赞成由国家来提交划区管理工具提案并指出须与利益相关者进行磋商，但在第四次会议上，"77国集团"和中国则支持缔约国和其他组织都可以提起划区管理工具的提案。在划区管理工具的时效和延长问题上，中国建议包括海洋保护区在内的划区管理工具在达到具体目标后应终止，更新或延长海洋保护区时间表的建议需要审查过程。

从统计材料来看，显然中方的观点是务实的，在与现有国际法体系的关系的论述中尤为明显，中方认为《联合国海洋法公约》序言应作为划区管理工具的法律基础，并申明新的国际文书应与《联合国海洋法公约》保持一致，不得与现有法律文书和区域及部门机构的机制相抵触。保障划区管理工具与现有国际法框架和国际组织的机制相协调，充分体现了法律框架的结构稳定性并且是渐进式决策的引用。

三 根据《联合国海洋法公约》的规定就国家管辖范围以外区域海洋生物多样性的养护和可持续利用问题拟订一份具有法律约束力的国际文书之政府间会议（BBNJ IGC）

2017年联合国大会A/RES/72/249号决议，决定在联合国主持下召开四次政府间会议对国际文书的案文内容进行讨论和审议。[①] 截至2019年12月，已有三次政府间会议成功召开，第四次会

---

① 四次会议分别在2018年、2019年和2020年上半年召开。

议将于2020年3月23日至4月3日在纽约联合国总部召开。[1] 对于三次政府间会议,中国政府都十分重视并积极参与,相关观点汇总如下:

BBNJ IGC第一次会议(2018年9月4日至17日)

- "77国集团"和中国提出对现有划区管理工具的"认可程序"应由各方来确定实现保护目标的具体措施,阿根廷和毛里求斯强调,全球保护区海洋网络需要由其他主管国际组织来认可采用新的划区管理工具。[2]

- 中国建议:在划区管理工具和海洋保护区的监管管理方法中,需要在保护和可持续利用之间取得平衡,还需优先考虑已经提供的保护和可持续利用的现有方法。[3]

- "77国集团"和中国赞成:建立全球机制来指定、决定、实施、监测和审查划区管理工具;并由缔约国向全球机构提交有关指定划区管理工具提案,以根据海域的空间边界以及适当的保护和管理措施做出决定。[4]

- "77国集团"和中国强调了确定海洋保护区时需要考虑到的

---

[1] 联合国网站: intergovernmental conference on marine biodiversity of areas beyond national jurisdiction, https://www.un.org/bbnj/。

[2] IISD, *Summary of the First Session of the Intergovernmental Conference (IGC) on the Conservation and Sustainable Use of Marine Biodiversity of Areas beyond National Jurisdiction*, USA, 4-17 September 2018, p.6. (原文为: The G-77/China proposed a "recognition process" for existing ABMTs, with parties identifying specific measures to meet conservation objectives, with Argentina and Mauritius stressing that a global MPA network requires recognizing ABMTs adopted by other competent organizations.)

[3] Ibid., p.6. (原文为: China recommended: striking a balance between conservation and sustainable use; including among ABMTs' regulatory management methods, not only MPAs; and prioritizing existing approaches that already provide for conservation and sustainable use.)

[4] Ibid., p.7. (原文为: The G-77/China favored: a global framework for designating, deciding on, implementing, and monitoring and reviewing ABMTs; and submitting state proposals for ABMT designation to a global institution, for decisions based on the spatial boundaries of the areas, and appropriate conservation and management measures.)

基础，诸如独特性、可变性、脆弱性、敏感性以及生物生产力和多样性。①

• 中国赞成根据最佳科学证据确定海洋保护区。②

• 对于保护，中国提出了保护目标、法律依据、科学数据、管理计划和措施以及保护期限的建议。③

• 中国反对详尽列出利益相关者名单，建议依据所提议划区管理工具所涉目标、指标、海域和实体为确定参与范围的基础；如果所提议划区管理工具与相关机构职责重叠，则建议在科学技术委员会与其他相关机构之间进行协商。④

• 中国强调《联合国海洋法公约》中的规则，即对邻近沿海国家应有适当考虑，并在乌拉圭的支持下建议考虑到沿海国的观点。⑤

• "77国集团"和中国建议在最先进的科学基础上，由科学/技术机构监督，进行沟通、报告和遵约制度，由缔约方大会决定采

---

① IISD, *Summary of the First Session of the Intergovernmental Conference（IGC）on the Conservation and Sustainable Use of Marine Biodiversity of Areas beyond National Jurisdiction*, USA, 4-17 September 2018, p. 7.（原文为：The G-77/China highlighted grounds for identifying areas such as uniqueness, variability, fragility, sensitivity, and biological productivity and diversity.）

② IISD, Ibid., p. 7.（原文为：China favored MPA identification based on best scientific evidence.）

③ IISD, Ibid., p. 7.（原文为：China proposed including protection objectives, a legal basis, scientific data, management plans and measures, and a time limit for protection.）

④ IISD, Ibid., p. 8.（原文为：China opposed an exhaustive list of stakeholders, recommending that the scope of participation is based on objectives, targets, regions, and entities involved in the proposed ABMTs; and recommended consultation between the scientific/technical committee and other relevant bodies if ABMT proposals overlap with their mandates.）

⑤ IISD, Ibid., p. 9.（原文为：China emphasized UNCLOS due regard rule for addressing adjacent coastal states and supported by Uruguay, recommended taking into account their views.）

取后续行动。①
- 中国强调有必要为科学技术委员会制定明确的监测与审查规定。②

BBNJ IGC 第二次会议（2019 年 3 月 25 日至 4 月 5 日）
- 新加坡、中国和孟加拉国强调，新的国际规则不应妨碍缔约国根据已有国际规范履行职责。③
- 关于促进一致性和互补性，"77 国集团"和中国，以及非洲集团倾向于选择采用一致性和互补性措施的划区管理工具，并断言将海洋保护区作为唯一的选择会出现问题，呼吁加强关于划区管理工具的合作与协调，并寻求澄清兼容性的含义。④
- 中国强调，新国际文书既不应建立等级结构，也不应充当评估机构。⑤

---

① IISD, Ibid., p.9. （原文为：The G-77/China proposed communication, reporting, and a compliance system based on best available science and overseen by a scientific/technical body, with the COP deciding on follow up.）

② IISD, *Summary of the First Session of the Intergovernmental Conference (IGC) on the Conservation and Sustainable Use of Marine Biodiversity of Areas beyond National Jurisdiction*, USA, 4–17 September 2018, p.9. （原文为：China stressed the need for clear Monitoring and review (M&R) provisions for the ILBI scientific and technical committee.）

③ IISD, Summary of the Scond Session of the Intergovernmental Conference (IGC) on the Conservation and Sustainable Use of Marine Biodiversity of Areas beyond National Jurisdiction, USA, 25 March – 5 April 2019, p.5. （原文为：Singapore, China, and Bangladesh emphasized that regulations should not impede the duties of states parties under existing instruments.）

④ IISD, Ibid., p.5. （原文为：On the promotion of coherence and complementarity, the G-77/China and the African Group preferred an option on coherence and complementarity of ABMT measures and asserted that MPA-only options would be problematic, called for enhancing cooperation and coordination on ABMTs, and sought clarification on the meaning of compatibility.）

⑤ IISD, Ibid., p.5. （原文为：China stressed that the new instrument should neither establish a hierarchical structure nor function as an evaluation body.）

- 中国强调，新文书不应抢占合作与协调机制。①
- 中国补充说，当管辖权不明确时，不应采用划区管理工具。②
- 中国指出，关注兼容性不是必不可少的，这表明在建立划区管理工具时，应咨询所有相关国家，而不仅仅是沿海国家。③
- 在确定海域范围方面，"77 国集团"和中国、加勒比共同体、斯里兰卡、非洲集团、新加坡和拉丁美洲国家支持以下观点：

（1）与公海联盟一起详尽地列出用于识别新国际协定中海域的标准；

（2）根据新国际协定提交的提案以确定海域范围；和

（3）由新国际协定的决策机构来决定保护区范围的识别。④

- 印度提议定期修订海域识别清单。中国呼吁保持灵活性，并指出标准有待进一步发展。⑤
- 欧盟、中国、俄罗斯和密克罗尼西亚支持根据新国际协定制

---

① IISD, Ibid., p. 5.（原文为：China emphasized that the new instrument should not preempt the mechanism for cooperation and coordination.）

② IISD, Ibid., p. 5.（原文为：China added that when jurisdiction is unclear, ABMTs should not be applied.）

③ IISD, Summary of the Scond Session of the Intergovernmental Conference (IGC) on the Conservation and Sustainable Use of Marine Biodiversity of Areas beyond National Jurisdiction, USA, 25 March-5 April 2019, p. 6.（原文为：China noted that focusing on compatibility is not essential, suggesting that, when establishing ABMTs, all relevant countries, not only coastal states, should be consulted.）

④ IISD, Ibid., p. 6.（原文为：On the identification of areas, the G-77/China, CARICOM, Sri Lanka, the African Group, Singapore, and the Like-Minded Latin American Countries supported: • a non-exhaustive list of standards and criteria for the identification of areas in the ILBI, with the High Seas Alliance; • identifying areas in proposals submitted in accordance with the ILBI; and • deciding on area identification at the ILBI's decision-making body.）

⑤ IISD, Ibid., p. 6.（原文为：India proposed regularly revising the list. China called for flexibility, noting that standards and criteria would be subject to further development.）

定一系列标准，以及与喀麦隆和挪威合并一些当前标准。①

· 在决策方面，中国支持由新国际协定的决策机构来决定保护区范围，并指出这不应影响现有国际机构和组织的工作和任务。②

· 中国说，建立海洋保护区的提案只能由科技机构的缔约国通过决策机构提出。③

· 中国提出建立海洋保护区的提案应包括对建议海域的基本描述以及具体的保护措施、目标和目的。④

· 中国倾向于由决策机构进行审查。⑤

· 非洲集团、中国、美国、土耳其、瑞士、韩国和日本赞成基于共识的决策。⑥

· 日本、中国、韩国和美国认为没有必要征得邻近沿海国家的同意，而加拿大指出，承认邻近沿海国家权利可能有助于基于共识的决策。⑦

---

① IISD, Ibid., p.6. （原文为：The EU, China, the Russian Federation, and FSM supported developing a list of standards and criteria under the ILBI and, with Cameroon and Norway, merging some of the current criteria.）

② IISD, Ibid., p.6. （原文为：On decision-making, China supported the ILBI's decision-making body deciding on the identification of areas, noting that this should be without prejudice to the work and mandates of existing international bodies and organizations.）

③ IISD, Summary of the Scond Session of the Intergovernmental Conference (IGC) on the Conservation and Sustainable Use of Marine Biodiversity of Areas beyond National Jurisdiction, USA, 25 March-5 April 2019, p.6. （原文为：China said proposals should only be submitted by states parties to the scientific/ technical body via the decision-making body.）

④ IISD, Ibid., p.6. （原文为：China proposed including a basic description of proposed areas and specific protection measures, goals, and objectives.）

⑤ IISD, Ibid., p.7. （原文为：China preferred review by the decision-making body.）

⑥ IISD, Ibid., p.7. （原文为：The African Group, China, The US, Turkey, Switzerland, The Republic of Korea, and Japan favored consensus-based decision-making.）

⑦ IISD, Ibid., p.7. （原文为：Japan, China, The Republic of Korea, and The US did not consider it necessary to require the consent of adjacent coastal states, while Canada noted that measures recognizing rights of adjacent coastal states might assist in consensus-based decision-making.）

- 加勒比共体、土耳其、新加坡和中国指出，科学技术机构应在监测和审查中发挥作用。①
- 中国建议海洋保护区申请国应在监测中发挥领导作用。②

BBNJ IGC 第三次会议（2019 年 8 月 19 日至 30 日）

- 与《联合国海洋法公约》以及其他文书和机构的关系：在标题上，由欧盟、拉美核心国家（CLAM）、印度尼西亚、新西兰和其他几个国家支持的"77 国集团"和中国建议删除对"其他现有"文书的提述，以避免对未来的工具产生偏见。③
- "77 国集团"与中国、日本、澳大利亚、加拿大和其他国家一起表示支持建立而不是指定划区管理工具。④
- "77 国集团"和中国、非洲集团、欧盟、小岛屿发展中国家、古巴、菲律宾、瑞士、挪威、公海联盟和国际自然保护联盟表示倾向于预防原则。日本与韩国、中国、加拿大、土耳其、澳大利亚和美国一道支持预防措施。⑤

---

① IISD, Summary of the Scond Session of the Intergovernmental Conference (IGC) on the Conservation and Sustainable Use of Marine Biodiversity of Areas beyond National Jurisdiction, USA, 25 March–5 April 2019, p. 7. （原文为：CARICOM, Turkey, Singapore, and China noted that the scientific/technical body should perform this role on monitoring and review.）

② IISD, Ibid., p. 7. （原文为：China recommended that project-proponent states take leadership in monitoring.）

③ IISD, *Summary of the Third Session of the Intergovernmental Conference (IGC) on the Conservation and Sustainable Use of Marine Biodiversity of Areas beyond National Jurisdiction*, USA, 19–30 August 2019, p. 4. （原文为：Relationship with UNCLOS, and other instruments and bodies: On the title, the G-77/China, supported by The EU, CLAM, Indonesia, New Zealand, and several others, proposed deleting the reference to "other existing" instruments to avoid prejudicing future instruments.）

④ IISD, Ibid., p. 8. （原文为：The G-77/China, with Japan, Austrilia, Canada, and others, expressed support for the establishment, rather than designation, of ABMTs.）

⑤ IISD, Ibid., p. 8. （原文为：The G-77/China, The African Group, The EU, P-SIDS, Cuba, The Philippines, Switzerland, Norway, The High Seas Alliance, and IUCN expressed preference for the precautionary principle. Japan, with The Republic of Korea, China, Canada, Turkey, Australia, and The US, supported the precautionary approach.）

- 中国强调了最好的科学证据，并指出，除国际土著人民委员会之外的个人和实体，例如国家，可能是传统知识的持有人。①
- "77 国集团"和中国支持与孟加拉国和加勒比核心国家一起使用包括慢速恢复和复原力在内涉及识别标准的指示性清单，但删除了对稀有性、生物生产力、异常自然、经济和社会因素、气候变化的不利影响以及海洋酸化以及累积和跨界影响。②
- 中国与古巴一起建议将标准分为四类，以反映经济、社会、生物和生态以及运营标准。③
- 关于标准的制定："77 国集团"和中国与非洲集团一起表示，科学技术机构可以进一步制定标准，由缔约方会议审议和通过，获得太平洋发展中岛国支持。④
- 关于在其他文书、框架和组织下建立划区管理工具时应考虑此类标准的语言，欧盟、太平洋发展中岛国、摩纳哥和中国告诫不

---

① IISD, *Summary of the Third Session of the Intergovernmental Conference (IGC) on the Conservation and Sustainable Use of Marine Biodiversity of Areas beyond National Jurisdiction*, USA, 19-30 August 2019, p. 8. （原文为：China emphasized best scientific evidence, and noted that persons and entities, other than IPLCs, such as states, may be holders of TK.)

② IISD, Ibid., p. 8. （原文为：The G-77/China supported an indicative list of identification criteria including slow recovery "and resilience," with Bangladesh and CLAM, but deleting reference to rarity, biological productivity, exceptional naturalness, economic and social factors, the adverse impacts of climate change and ocean acidification, and cumulative and transboundary impacts.)

③ IISD, *Summary of the Third Session of the Intergovernmental Conference (IGC) on the Conservation and Sustainable Use of Marine Biodiversity of Areas beyond National Jurisdiction*, USA, 19-30 August 2019, p. 8. （原文为：China, with Cuba, suggested the criteria be separated into four categories, reflecting economic, social, biological and ecological, and operational criteria.)

④ IISD, Ibid., p. 9. （原文为：Development of criteria: The G-77/China, with The African Group, indicated that criteria could be further developed by the scientific and technical body for consideration and adoption by the COP, supported by P-SIDS.)

要对其他机构强加标准,加拿大提请注意它非新国际协定缔约方的地位。①

● 在冰岛的支持下,中国提议其他机构"可以"考虑该标准,但其应用不应是强制性的。②

● "77国集团"和中国、加勒比核心国家、加共体和许多其他国家建议,缔约国向秘书处提交关于"设立"而不是"指定"划区管理工具的提案。③

● 基本原则:欧盟、加共体、太平洋小岛屿发展中国家、厄立特里亚、古巴、斯里兰卡、菲律宾、以色列和喀麦隆赞成提及预防原则和生态系统方式;而挪威、中国、冰岛、美国、日本、马尔代夫、土耳其、韩国和俄罗斯更喜欢采取预防措施。④

● 中国重申传统知识可以由土著人和当地社区之外的其他实体

---

① IISD, *Summary of the Third Session of the Intergovernmental Conference (IGC) on the Conservation and Sustainable Use of Marine Biodiversity of Areas beyond National Jurisdiction*, USA, 19-30 August 2019, p. 9. (原文为: On language that such criteria should be taken into account in the establishment of ABMTs under other instruments, frameworks, and bodies, the EU, P-SIDS, Monaco, and China cautioned against imposing criteria on other bodies, with Canada drawing attention to the status of non-parties to the ILBI.)

② IISD, Ibid., p. 9. (原文为: China, supported by Iceland, proposed that other bodies "may" consider the criteria, but their application should not be mandatory.)

③ IISD, Ibid., p. 9. (原文为: The G-77/China, CLAM, CARICOM, and many others suggested that states parties submit proposals for "the establishment" rather than "the designation of" ABMTs to the secretariat.)

④ IISD, *Summary of the Third Session of the Intergovernmental Conference (IGC) on the Conservation and Sustainable Use of Marine Biodiversity of Areas beyond National Jurisdiction*, USA, 19-30 August 2019, p. 9. (原文为: Basic principles: The EU, CARICOM, P-SIDS, Eritrea, Cuba, Sri Lanka, The Philippines, Israel, and Cameroon favored reference to the precautionary principle and the ecosystem approach, while Norway, China, Iceland, The US, Japan, Maldives, Turkey, The Republic of Korea, and The Russian Federation preferred the precautionary approach.)

持有，遭到太平洋小岛屿发展中国家的反对。①
- 中国与新西兰一起提议要求对涉及海域进行描述，包括与小岛屿发展中国家和古巴一起描述其文化、社会和经济价值。②
- 欧盟建议增加对该海域的特征和生物多样性价值的描述，以及有关物种和/或生境的敏感性，和在相关情况下拟议地区的恢复潜力。中国要求删除该规定。③
- 中国还赞成一项管理计划，该计划应以成本效益原则为指导，除其他外还包括：可衡量的、相关的基准数据，有关的有时限的管理目标，获俄罗斯支持；以及对压力的描述，以及海洋生物多样性和栖息地的现状和趋势。④
- 毛里求斯、斯里兰卡等国敦促保留与邻近沿海国家进行磋商的提法，遭中国反对。⑤
- "77国集团"和中国、加勒比核心国家、澳大利亚和其他国

---

① IISD, *Summary of the Third Session of the Intergovernmental Conference (IGC) on the Conservation and Sustainable Use of Marine Biodiversity of Areas beyond National Jurisdiction*, USA, 19-30 August 2019, p. 9. （原文为：China, opposed by P-SIDS, reiterated that TK can be held by other entities, in addition to IPLCs.）

② IISD, Ibid., p. 10. （原文为：China, with New Zealand, proposed requiring a description of the area, including, with P-SIDS and Cuba, its cultural, social, and economic values.）

③ IISD, Ibid., p. 10. （原文为：The EU suggested adding a description of the characteristics and biodiversity values of the area, and the sensitivity of the species and/or habitats concerned as well as, where relevant, the potential for restoration of the proposed area. China requested deleting the provision.）

④ IISD, Ibid., p. 10. （原文为：China also favored a management plan, proposing this be guided by the principle of cost-effectiveness and include, inter alia: baseline data; measurable, relevant and, with the Russian Federation, time-bound management objectives; and descriptions of pressures, and the status and trends of marine biological diversity and habitats.）

⑤ IISD, *Summary of the Third Session of the Intergovernmental Conference (IGC) on the Conservation and Sustainable Use of Marine Biodiversity of Areas beyond National Jurisdiction*, USA, 19-30 August 2019, p. 10. （原文为：Mauritius, Sri Lanka, and others, opposed by China, urged retaining the reference to consultations with adjacent coastal states.）

家赞成，提案内容应由科学技术机构进一步拟定，供缔约方会议审议和通过。①

由上统计可以看出，在政府间会议阶段，各方关于公海保护区的争论仍然集中在海洋保护区的范围、提案、监督、管理、目标等基础问题上。

四　参与南极海洋生物资源养护委员会之设立管理公海保护区的国际法实践

相对于中国参与的有关立法活动，中国参与的区域海洋组织公海保护区设立管理的国际法实践主要是在南极海域。中国参与南极海洋生物资源养护委员会的实践相对于中国加入《南极条约》晚了很多，② 直到 2006 年 9 月 19 日，中国才加入 1980 年《南极海洋生物资源养护公约》，并于 2007 年 10 月 2 日成为南极海洋生物资源养护委员会的成员。多方面的利益促使中国开始关注南极海洋生物资源，主要包括中国在南极科研能力的进步以及在偏远恶劣海域捕鱼技术的进步。2004—2006 年，南极海洋生物资源养护委员会将四艘中国籍渔船列入了该委员会的非缔约方 IUU 渔船③名单上，致使中国在国内和国际上面临很大的压力，④ 直到 2009 年才从名单上将两

---

① IISD, *Summary of the Third Session of the Intergovernmental Conference (IGC) on the Conservation and Sustainable Use of Marine Biodiversity of Areas beyond National Jurisdiction*, USA, 19-30 August 2019, p.10. （原文为：The G-77/China, CLAM, Australia, and others favored that further requirements on proposal contents shall be elaborated by a scientific and technical body for consideration and adoption by the COP.）

② 中国于 1983 年 6 月 8 日加入《南极条约》，并于 1985 年 10 月 7 日成为《南极条约》的成员。

③ IUU 捕捞，系非法的 (Illegal)、不报告的 (Unreported) 和不受管制的 (Unregulated) 的捕捞活动，简称 IUU 捕捞，是国际上严重违规的捕捞活动。

④ 这四艘悬挂中国旗渔船，前往南大洋去捕捞利润丰厚的南极犬牙鱼，它们仅关注到公海捕鱼的自由，却没有遵守南极海洋生物资源养护委员会的保护措施。因此都被列入非缔约方 IUU 渔船名单上。

艘船舶移除。① 随后中国从 2009 年开始加入对磷虾的捕捞，并逐年增加，到 2014 年就达到了 54000 吨的开采量。②

自 2009 年 11 月，南极海洋生物资源养护委员会第 28 届缔约方大会通过了设立南奥尼克群岛公海保护区提案之后，南极海洋生物资源养护委员会开始在南极海域逐步设立管理公海保护区的国际法实践，在此过程中，中国的作用显而易见。从 2012 年起，由于俄罗斯和中国的反对，南极罗斯海海洋保护区的提案一直未能获得通过，③ 直到 2015 年度缔约方大会的最后一天，中国的同意才使得美国和新西兰的联合提案获得通过，使得中国的支持成为"达成共识所需的重大一步"④。

通过分析中国在历年南极海洋生物资源养护委员会缔约方大会上有关海洋保护区问题的发言，可以看出中国对南极海洋保护区设立管理国际法实践的基本态度，相关总结如下：⑤

南极海洋生物资源养护委员会 2009 年缔约方大会

● 7.12 中国表达观点如下：

海洋保护区应逐案逐例而被设立，应基于所采取的所有保护措施，并考虑到每个特定物种和地区的严格必要性和特殊性。每个海洋保护区本身都是特定的案例，不应被视为先例。

作为保护措施的海洋保护区的设立应符合 1980 年《南极海洋生物资源养护公约》第 2 条的目标和要求，必须维持保护和合理

---

① CCAMLR, *Report of Twenty-Eighth Meeting of the Commission*, CCAMLR-XXVIII, Australia, 2009, p.30, 151.

② Tang, Jianye, "China's Engagement in the Establishment of Marine Protected Areas in the Southern Ocean: From Reactive to Active", *Marine Policy* 75 (2017).

③ CCAMLR, Report of Thirty-First Meeting of the Commission, CCAMLR-XXXI, Australia, 2012.

④ 南极海洋生物资源养护委员会：CCAMLR to Create World's Largest Marine Protected Area, https://www.ccamlr.org/en/news/2016/ccamlr-create-worlds-largest-marine-protected-area。

⑤ 为了便于读者自己理解和分析，笔者并未语言上删减合并中方代表的具体观点，而是选择忠于原意的表述，因此会显得有些冗长，但也体现了中国在参与相关实践中的充分性。

利用的平衡。1980 年《南极海洋生物资源养护公约》适用区域内的海洋保护区总网络面积应限制在合理比例范围内，以免损害合理利用。①

● 7.13 中国表达观点认为，海洋保护区对《联合国海洋法公约》现行法律制度的影响应成为委员会今后工作的一个研究课题，并认为应请委员会邀请法律专家作出相应研究。②

南极海洋生物资源养护委员会 2010 年缔约方大会

● 主要关注于 IUU 渔船问题，未提交海洋保护区观点。

南极海洋生物资源养护委员会 2011 年缔约方大会

● 7.21 中国和俄罗斯赞赏新西兰在收集成员的意见方面所做的工作，特别是在阐明保护目标和提供的保护水平方面。两国代表还指出，建立探讨不同保护水平对不同保护价值所带来作用之机制，将为委员会的审议提供不同的选择。③

---

① CCAMLR, *Report of Twenty-Eighth Meeting of the Commission*, CCAMLR-XXVIII, Australia, 2009, p.22. [原文为：7.12 China expressed the view that:

(i) MPAs should be established case-by-case, on the basis of all conservation measures adopted and taking into account the strict necessity and particularities of each specific species and area. Every MPA is case-specific in itself, and would not be considered as precedent.

(ii) The establishment of an MPA as a conservation measure should meet the objectives and requirements of CAMLR Convention, Article Ⅱ. The balance of conservation and rational use must be maintained. The total network area of MPAs in the Convention Area should be limited to a rational proportion of the Convention Area so as not to compromise rational use.]

② CCAMLR, Ibid., p.23. [原文为：7.13 China expressed its view that the impact of an MPA on the existing legal regimes of UN Convention on the Law of the Sea (UNCLOS) should be a subject of study in the Commission's future work, and the view that the Commission should be asked to invite legal experts to make such a study.]

③ CCAMLR, *Report of Thirtieth Meeting of the Commission*, CCAMLR-XXX, Australia, 2011, p.13. （原文为：7.21 China and Russia appreciated the work done by New Zealand in accommodating comments from Members, especially in providing clarity on the conservation objectives and the level of protection provided. They also noted the advantage in having mechanisms to explore the effects of different levels of protection for different values being protected to provide different options for consideration by the Commission.）

● 7.30 中国对澳大利亚和法国的发言表示欢迎,并鼓励支持者采用更明确的统计方法来处理合理使用(在当前情况下指渔业)的影响,正如其他提案中所做的那样。①

南极海洋生物资源养护委员会 2012 年缔约方大会

● 未涉及海洋保护区观点。

南极海洋生物资源养护委员会 2013 年缔约方大会

● 7.56 俄罗斯发表如下声明:我们同意中日两国代表团的有关观点,即通过整体方法设立海洋保护区的重要性。②(中方未直接涉及海洋保护区观点)

南极海洋生物资源养护委员会 2013+③年缔约方大会

● 3.34 中国发表如下声明:自从 1980 年《南极海洋生物资源养护公约》生效以来的近 30 年里,该公约的适用区域得到了有效的保护,整个区域可以被视为国际自然保护联盟保护区分类之第四类保护区。养护委员会已经建立和实施了各种各样的保护措施,这些措施被证明是有效和成功地实现了 1980 年《南极海洋生物资源养护公约》的目标,该组织被认为是保护海洋环境和生态系统最成功的组织。同时,由于"保护"一词在 1980 年《南极海洋生物资源养护公约》第 2 条中有一个特别的含义,其中包括"合理使用",所有缔约国都有根据该公约的目标和原则在该公约适用地理区间内进行捕鱼

---

① CCAMLR, *Report of Thirtieth Meeting of the Commission*, CCAMLR-XXX, Australia, 2011, p. 16. [原文为:7.30 China welcomed the statements by Australia and France and encouraged the proponents to adopt a more explicit, and preferably, a statistical approach to deal with the impact on rational use (in the present context, the fishery) as done in other proposals.]

② CCAMLR, *Report of Thirty-Second Meeting of the Commission*, CCAMLR-XXXII, Australia, 2013, p. 39. (原文为:7.56 Russia made the following statement: We share the opinion of the delegations of China and Japan concerning the importance of elaboration of a holistic approach for the establishment of MPAs.)

③ 2013 年 7 月,南极海洋生物资源养护委员会专门针对罗斯海公海保护区设立管理的问题在德国召开会议讨论相关问题。

的合法权利。因此,在该公约适用地区引入海洋保护区等新保护措施时,需要特别小心,以确保不会偏离本组织现有的保护措施(这些措施在过去几十年中被证明是有效和成功的),并确保本公约缔约国的合法权利不受影响。

在此基础上,建立海洋保护区应建立在科学合理和法律合法的基础上,保护区的规模应与海洋保护区的保护目标客体相称,还应充分考虑到各缔约国的关切。为了促进对两个在科学和法律方面仍然存在不确定性的海洋保护区提案达成共识,一定时期的设计期应该包括在内。①

南极海洋生物资源养护委员会 2014 年缔约方大会

● 5.83 中国和俄罗斯感谢欧盟提交报告,并指出,尽管从科学的角度来看该报告在结构上是适当的,但从法律的角度来看却是有问题的。该报告包含了建立海洋保护区的具体和区域目标,但是分区 48.2 却没有被列入 CM 91-03 所建立的海洋保护区中。两国指出,

---

① CCAMLR, *Report of the Second Special Meeting of the Commission*, CCAMLR-SM-Ⅱ, Bremerhaven, Germany, 15 and 16 July 2013, p. 11. (原文为:3.34 China made the following statement: "Since the entry into force of the CAMLR Convention almost 30 years ago, the Convention Area has been under effective protection, which could be regarded as equivalent to the IUCN category Ⅳ protected areas. This organisation has established and implemented various conservation measures which proved to be effective and successful in achieving the objective of the Convention, and is recognised as the most successful organisation in conserving marine environment and ecosystem. In the meantime, since the term 'conservation' has a special meaning in Article Ⅱ of the Convention which includes 'rational use', all States parties have legitimate right to conduct fishery in the Convention Area in accordance with the objective and principles of the Convention. It follows that when introducing new conservation measures such as MPAs into the Convention Area, special caution is needed to ensure that we shall not deviate from the existing conservation practice of this organisation which proved to be effective and successful throughout the past decades, and to ensure that the legitimate rights of states parties under the Convention will not be affected. Based on the above, the establishment of MPAs should be based on sound scientific and legal basis, with a size which is proportionate to the objectives of the MPAs, and must take full account of the concerns of all states parties. With a view to facilitating consensus on the two MPA proposals which still exist uncertainties both on scientific and legal aspects, a period of designation shall be included.")

由于研究和监测计划尚未到位，恰如报告中所指出的相关科学研究不是根据任何研究和监测计划进行的，因此从这些科学研究得出的数据只能被看作委员会审查的参考而不是科学依据。因此，两国认为，委员会不能根据这份报告进行审查。中国和俄罗斯进一步指出，欧盟的报告表明，某些人类活动可能会影响海洋保护区的价值。然而，由于这个假设没有理论支撑，中国和俄罗斯认为，在没有科学依据的情况下，任何人类活动都会对南极造成威胁是一个危险的假设先例。①

● 5.84 中国回顾说，南奥尼克群岛公海保护区是南极海洋生物资源养护委员会指定的第一个海洋保护区，鉴于此，重要的是吸取教训来指导未来海洋保护区的提案。②

● 7.52 中国赞同俄罗斯对海洋保护区对捕捞区潜在影响的看法，另外中国回顾说：整个公约适用区域已经被科学委员会认定为

---

① CCAMLR, *Report of Thirty－Third Meeting of the Commission*, CCAMLR－XXXIII, Australia, 2014, p.31. （原文为：5.83 China and Russia thanked the EU for presenting the report and noted that, although the report was structurally appropriate from a scientific perspective, it is problematic from a legal point of view. The report contains specific and regional objectives for the MPA and Subarea 48.2 that are not included in CM 91－03 establishing the MPA. These Members noted that, as the research and monitoring plan is not in place, then the scientific research that has been conducted, as indicated in the report, was not conducted according to any research and monitoring plan and therefore the data derived from such scientific research could only be viewed as reference, rather than a scientific basis, for the review by the Commission. Therefore the Commission, in the point of view of these Members, was not in a position to undertake a review based on this report. China and Russia also noted that the EU report indicates that certain human activities may impact on the values of the MPA. However, as no reasons were given for this assumption, China and Russia considered it is a dangerous precedent to conclude that any human activity poses a threat in the Antarctic in the absence of a scientific basis for such an assertion.)

② CCAMLR, *Report of Thirty－Third Meeting of the Commission*, CCAMLR－XXXIII, Australia, 2014, p.32. （原文为：5.84 China recalled that the SOISS MPA is the first MPA designated by CCAMLR and, given the concerns raised above, it was important that lessons are learned to guide future MPA proposals.)

国际自然保护联盟之第四类海洋保护区，这得益于南极海洋生物养护委员会的大量保护措施支持。公约第 2 条所载的目标和三项原则以及公约的其他条款构成了南极海洋生物养护委员会工作的法律基础，包括设立海洋保护区。根据公约第 9 条，委员会的职能应是落实公约第 2 条规定的目标和原则。除了被 CM 91-04 援引的 2（f）和 2（g）条款，1（e）还提出，委员会应确定养护需要和分析养护措施的有效性，也应该是一个在建立海洋保护区的过程中应予以考虑的重要因素。

中国认为缔约方之间存在根本性和技术性的差异。在理解启动风险预防方法应用于建立海洋保护区问题时也存在差异。中国认为，存在严重或不可逆转的损害威胁，缺乏充分的科学确定性，是多项国际和国内法律文书所规定的引发实施预防措施的两个重要先决条件。此外，采取的预防措施应与威胁的程度成比例。支持者还没有提供充分的证据，证明确实存在严重或不可逆转的损害威胁，充分考虑到公约第 2 条和现有的养护措施，还没有触发需要采用预防性办法，委员会亦无须采取进一步的预防措施。中国表示，必须根据公约第 2 条和第 9 条认真评估实施新的保护措施对现有措施的潜在影响。从这个角度来看，中国还要求提供有关在目前的提案下如何适当保护捕鱼国和其他国家科学研究的合法权利的信息。[①]

- 7.69 中国发表如下声明：

[①] CCAMLR, *Report of Thirty-Third Meeting of the Commission*, CCAMLR-XXXIII, Australia, 2014, p.45.（原文为：7.52 China shared Russia's views regarding the potential impact of the MPAs on fishing areas. In addition, China recalled:

"The entire Convention Area had been already recognised by the Scientific Committee as IUCN 'Category IV' marine protected area, and this is supported by an extensive suite of conservation measures adopted by CCAMLR. The objective and three principles set out in Article II, together with other articles of the Convention, constitute the legal foundation of the work of CCAMLR, including the establishment of MPAs. According to Article IX of the Convention, the function of the Commission shall be to give effect to the objective and principles set out （转下页）

"中国也感到遗憾的是,由于缺乏支撑依据,我们不能把两个海洋保护区提案提交给起草小组:

首先,公约仍然是委员会工作的主要法律基础,公约第2条规定,公约的目标是养护(包括合理使用)南极海洋生物资源。它还提供了适用于公约适用区域内任何采伐和相关活动的三项保护原则。委员会的职能是落实第2条所载的这些目标和原则。因此,委员会通过的任何养护措施,包括CM 91-04,都必须完全符合这些目标和原则,并且必须以相同的方式解释和实施。但是,摆在我们面前的两项提案的目标可能会偏离或超过上述公约的目标和原则。

其次,公约第2条的"保护"一词具有特殊的含义,合理使用是公约所指的保护的一个组成部分。通过这样做,公约在保护和合理利用南极海洋生物资源之间达到了适当的平衡。缔约方有权在公约范围内进行采伐活动,同时,它们有义务确保其活动按照公约的

(接上页) in Article II of the Convention. Besides 2 (f) and 2 (g) of this Article invoked by CM 91-04, 1 (e), which puts forward that the Commission shall identify conservation needs and analyse the effectiveness of conservation measures, should also be a significant element to be taken into account in the process of establishment of MPAs.

China considered that there remained fundamental and technical differences between Members. Differences also existed in the understanding of the threshold to trigger the application of precautionary approach in dealing with the issue of the establishment of MPAs. China is of the view that the existence of a threat of serious or irreversible damage and the lack of full scientific certainties shall be two important preconditions to trigger the application of the precautionary approach according to many international and national legal instruments. Further, the precaution measures to be taken shall be proportionate to the extent of the threat. The proponents have not provided sufficient evidence that a threat of serious or irreversible damage does exist, taking fully into account Article II of the Convention and the existing conservation measures, with the result that the threshold to apply the precautionary approach, and the mechanisms for the Commission to take further preventative measures, have not been met. China stated that the implementation of new conservation measures must be carefully evaluated according to Articles II and IX of the Convention in order to assess the potential impact on existing measures. From this perspective, China also sought information on how the legitimate rights of fishing states and others undertaking scientific research would be appropriately protected under the current proposals.")

目标和保护原则进行。公约第 2 条所载缔约方的这些权利和义务是相当清楚和确切的。没有更多，不能少。目前的海洋保护区建议在设法限制采伐活动的同时，没有提供充分的证据说明这些采伐活动是否或在多大程度上可能影响公约的目标和原则。因此，我们认为这种做法等于引入公约规定以外的新义务，并可能打破公约起草者所预期的微妙平衡。

再次，科学是委员会工作的基石。委员会可以在制定海洋保护区养护措施时采用预防性办法，但必须满足《里约宣言》所载并得到众多国际法律机构和法理学支持的预防性办法的先决条件。也就是说，我们必须根据科学证据，确定存在对南极海洋生物资源造成严重或不可逆转损害的威胁。不幸的是，目前的海洋保护区提案没有达到这个门槛，因此预防措施不能作为任何防御措施的理由。

最后，近三十年来，委员会采取了广泛的保护措施，成功地保护了南极海洋生物资源。因此，整个'公约'适用区域已被确认为国际自然保护联盟之第四类海洋保护区。我们相信委员会在未来的工作上，应该继续尽量遵循成功的做法。作为委员会的负责任缔约方，中国支持并愿意积极参与保护南极海洋生物资源的各项工作。我们认同在必要和适当的情况下委员会可以使用海洋保护区作为保护措施，但条件是这些措施必须严格遵守和促进公约的目标和原则，基于可靠的科学证据在保护和合理使用之间保持适当的平衡。我们期待在这方面与其他代表团进一步开展对话与合作。"[1]

---

[1] CCAMLR, *Report of Thirty-Third Meeting of the Commission*, CCAMLR-XXXIII, Australia, 2014, p. 57. (原文为: 7.69 China made the following statement: "China also regrets that we cannot have good basis to move the two MPA proposals to drafting group for the following reasons:

Firstly, the Convention remains the primary legal basis of the work of the Commission. Article II of the Convention provides that the objective of the Convention is conservation of Antarctic marine living resources, where conservation includes rational use. It also provides three conservation principles applying to any harvesting and associated activities within the convention area. The function of the Commission is to give effect to those objective and principles as contained in （转下页）

南极海洋生物资源养护委员会 2015 年缔约方大会

● 8.50 中国感谢海洋保护区提案的支持者们之不断努力考量缔约方的意见和建议。沟通和讨论有助于进一步理解和考虑海洋保护

(接上页) Article Ⅱ. It follows that any conservation measure adopted by the Commission, including CM 91-04, must be fully consistent with those objective and principles, and must be interpreted and implemented in the same manner. However, the objectives of the two proposals before us may deviate from or exceed the above-mentioned objective and principles of the Convention.

Secondly, Article Ⅱ of the Convention gives a special meaning to the term 'conservation', where rational use is part and parcel of conservation for the purpose of the Convention. By doing so, the Convention strikes an adequate balance between preservation and rational use of Antarctic marine living resources. The Contracting Parties enjoy the right to conducting harvesting activities within the Convention area. At the same time, they have the obligation to ensure that their activities shall be conducted in accordance with the objective and conservation principles of the Convention. Those rights and obligations of the Contracting Parties, as contained in Article Ⅱ of the Convention, are quite clear and precise. No more, no less. The current MPA proposals, while trying to set restrictions on harvesting activities, do not provide sufficient evidence as to whether or to what extent those harvesting activities may affect the objective and principles of the Convention. Therefore we believe that such approach amounts to introducing new obligations other than those provided for in the Convention, and may break the delicate balance achieved by the drafters of the Convention.

Thirdly, science is the cornerstone of the work of the Commission. The Commission may apply the precautionary approach in formulating the MPA conservation measures, but the prerequisite for the application of the precautionary approach, as contained in the Rio Declaration and supported by numerous international legal authorities and jurisprudence, must be satisfied. That is to say, we must establish, based on scientific evidence, the existence of a threat of serious or irreversible damage to Antarctic marine living resources. Unfortunately, this threshold has not been satisfied by the current MPA proposals and therefore the precautionary approach cannot be applied as a justification for any preventive measure.

Fourthly, over the last 30 years, the Commission has adopted a wide range of conservation measures and has successfully conserved Antarctic marine living resources. Thus, the Convention Area as a whole has been recognised as IUCN Category Ⅳ MPA. We believe that the Commission shall continue to follow the successful practice as much as possible in its future work. As a responsible member of the Commission, China supports and is willing to participate actively in every effort aiming at conserving Antarctic marine living resources. We do not exclude the possibility for the Commission to use MPA as a conservation measure in case where necessary and appropriate, provided that such measures must strictly abide by and contribute to the objective and principles of the Convention, maintain the adequate balance between preservation and rational use, and be based on sound scientific evidence.

We are looking forward to further dialogue and cooperation with other delegations in this regard."）

区提案。中国重申将支持依照国际法和科学依据建立海洋保护区，以加强对南极海洋生物资源的保护。同时指出，缔约方已从法律和科学的角度提出了一些普遍和实质性的问题，其中包括但不限于：

（1）确定每个海洋保护区的目标；

（2）实现保护包括合理使用的适当方式；

（3）促进科学研究活动；

（4）管理、研究和监测计划的细节；

（5）指定每个海洋保护区的期限以及到期后的后续安排；

（6）每个海洋保护区对南极海洋生态系统的代表性。

● 8.51 中国研究了关于建立有关罗斯海保护区的修订建议，并高兴地看到积极的修改。不过，中国表示，其主要关切并没有得到支持者的回应。鉴于此和其他缔约方对两项提案的意见，中方认为在这次会议上把两项提案提交保护措施起草小组是不适当的。中方表示，需要进一步讨论和修改提案，并表示将继续本着合作精神加入对两个海洋保护区提案的讨论，并希望与其他成员共同努力，实现公约的目标。[1]

---

[1] CCAMLR, *Report of Thirty-Fourth Meeting of the Commission*, CCAMLR-XXXIV, Australia, 2015, p.45. （原文为：8.50 China thanked the proponents of both MPA proposals for their continuous efforts in taking into account Members' comments and suggestions. Communications and discussions were helpful to better understand and consider both MPA proposals further. China reiterated its support for establishing MPAs in accordance with international law and on the basis of scientific evidence, with the aim of enhancing the conservation of Antarctic marine living resources. It noted that there were some general and substantial issues raised by Members from both the legal and scientific perspectives, which included, but were not limited to:

(i) the identification of objectives of each MPA

(ii) appropriate ways to achieve conservation including rational use

(iii) facilitation of scientific research activities

(iv) details on the management, research and monitoring plans

(v) period of designation of each MPA and follow-up arrangements upon expiration

(vi) representativeness of each MPA to the Antarctic marine ecosystem. （转下页）

●8.77 中国回顾了公约第 2 条所述的委员会保护原则,其目的是防止或最小化二三十年内不可能逆转的海洋生态系统变化风险。中国表示,海洋保护区的有效时间必须与保护目标相一致,时间不得超过 20 年。此外,当海洋保护区的有效期限届满时,继续存续只能以协商一致的方式进行,如果没有达成共识,海洋保护区将停止。①

●8.97 中国确定了三个仍然存在的实质性问题:

(1) 拟议的海洋保护区的目标必须符合第 2 条所列的公约的目标,并应以南极海洋生物资源为重点;

(2) 提案不得损害国际法,包括《联合国海洋法公约》和《南极条约》所规定的科学研究自由。除了研究捕捞以外的一般科学研究不适用于 1980 年《南极海洋生物资源养护公约》保护措施的范围;

(3) 提案不应限制南极海洋生物资源的合理利用,必须允许合

(接上页) 8.51 China had studied the revised proposals on the establishment of an RSRMPA and an EARSMPA, and was pleased to see positive revisions. However, China stated that its major concerns have not been addressed by the proponents. In view of this and other Members' views on the two MPA proposals, China considered that it was not appropriate to move the two proposals to the conservation measures drafting group during this meeting. China advised that more discussions and further revisions on the proposals were needed, and stated that it would continue to join discussions of the two MPA proposals with the spirit of cooperation, and wished to work with other Members to achieve the objectives of the Convention.)

① CCAMLR, *Report of Thirty-Fourth Meeting of the Commission*, CCAMLR-XXXIV, Australia, 2015, p.49. (原文为: 8.77 China recalled the Commission's principles of conservation described in Article II which aimed to prevent changes or minimise the risk of changes in the marine ecosystem which are not potentially reversible over two or three decades. China stated that the period of designation of an MPA must be commensurate with conservation objectives and be of a duration of no longer than 20 years. Further, when the period of designation of a MPA expired, the designation may only be extended by consensus and the MPA would cease in the absence of such consensus.)

理的捕捞量。对捕捞活动的限制必须有充分的法律和科学依据。①

●8.108 中国发表如下声明：

"中国要感谢美国和新西兰提出罗斯海域地区海洋保护区提案的修订版。我们赞赏它们不断努力接纳其他成员的意见和建议。中国在此前的会议上已经明确了在海洋保护区问题上的基本立场。总的来说，中国支持按照国际法和科学依据建立海洋保护区，以加强对南极海洋生物资源的保护。我们想借此机会重申我们的立场如下：

（1）公约适用区域内海洋保护区的目标应符合公约规定的客观和相关原则。

（2）建立海洋保护区不得影响南极科学研究的自由。

（3）建立海洋保护区应反映合理利用海洋生物资源，兼顾海洋生物资源的合理利用和保护。

（4）研究和监测计划及优先要素应有效运作，以确保有效评估海洋保护区的绩效。

（5）海洋保护区的期限应该合理，海洋保护区期限的延长应该由协商一致决定。

我们注意到，美国和新西兰提出的修改建议原则上反映了中国的主要关切。因此，中方愿意支持修改后的提案。我们认为这可以作为进一步考虑的基础。中国愿意与所有会员一起在未来几天内考

---

① CCAMLR, *Report of Thirty-Fourth Meeting of the Commission*, CCAMLR-XXXIV, Australia, 2015, p. 54. ［原文为：8.97 China identified three remaining and substantive concerns： （i）The objectives of proposed MPAs must be in line with the objective of the Convention, as set out in Article II, and should focus on Antarctic marine living resources. (ii) The proposals must not prejudice the freedom of scientific research as set out by international law, including the UN Convention on the Law of the Sea and the Antarctic Treaty. A general scientific research other than research fishing is beyond the scope of conservation measures of CCAMLR. (iii) The proposals must not restrict the rational use of Antarctic marine living resources, and must allow reasonable levels of fishing. Any restriction on fishing activities must have sufficient legal and scientific basis.］

虑罗斯海海洋保护区的建议。"①

南极海洋生物资源养护委员会 2016 年缔约方大会

• 5.83 中方赞同俄罗斯在这个问题上的看法。中国希望委员会继续协调南奥尼克群岛公海保护区和 CM 91-04 的工作。中国也认为南极海洋生物资源养护委员会需要从对该海洋保护区的回顾中吸取教训，并鼓励会员进行更多的研究，为分析海洋保护区的有效性提供更好的科学依据。②

---

① CCAMLR, *Report of Thirty-Fourth Meeting of the Commission*, CCAMLR-XXXIV, Australia, 2015, p. 58. （原文为：8.108 China made the following statement: "China would like to thank the United States and New Zealand for presenting a revised version of the Ross Sea Region MPA Proposal. We appreciate their continuous endeavours in accommodating comments and suggestions from other Members. China has made clear its basic positions on the issue of MPA in previous meetings. In general, China is supportive to establish an MPA in accordance with the international law and on the basis of scientific evidence, with the aim at enhancing the conservation of Antarctic marine living resources. We would like to take this opportunity to reiterate our positions as follows:

• The objectives of an MPA in the Convention Area shall be consistent with the objective and relevant principles set out in the Convention.

• The establishment of an MPA shall be without any prejudice of freedom of scientific research in the Antarctica.

• The establishment of an MPA shall reflect the rational use of the marine living resources, and strike a balance between the rational use and the protection of marine living resources.

• The research and monitoring plan and its priority elements shall be operational so as to ensure effective assessment of the performance of an MPA.

• The period of an MPA should be reasonable and the extension of the period of an MPA should be decided by consensus.

We notice that the revised version of the proposal made by the USA and New Zealand reflects in principle the main concerns of China. Accordingly, China would like to be supportive to the revised proposal. We think it can form a basis for further consideration. China would like to work together with all Members to consider the Ross Sea MPA proposal in coming days."）

② CCAMLR, *Report of Thirty-Fifth Meeting of the Commission*, CCAMLR-XXXV, Australia, 2016, p. 23. （原文为：5.83 China shared the views expressed by Russia on this issue. China hoped the Commission could continue its work on harmonising the SOISS MPA with CM 91-04. China also believed that CCAMLR needed to learn lessons from the review of this MPA and to encourage Members to conduct more research in order to provide better scientific basis for analysing the effectiveness of the MPA.）

● 8.56 中国发表如下声明：

"中国要感谢罗斯海海洋保护区提案的倡导者们在过去几年中所做的大量工作，并致力于解决委员会所有成员关心的问题。该提案的通过标志着一个新的起点，即在未来三十五年甚至更长时间内实施海洋保护区，在此期间我们将有更多的工作要做。由于科学是委员会工作的基础，因此有效实施海洋保护区取决于一个完善的研究和监测计划。中国希望委员会尽快考虑和通过这个计划。由于海洋保护区是一个相对较新的保护工具，在实施阶段会出现新的问题。中国将继续致力于与所有会员紧密合作，推动本次海洋保护区的有效实施和实现公约的目标。"[1]

● 8.79 中国要求进一步考虑研究和管理计划，每个海洋保护区的有效时期和保护目标，限制或禁止的活动的明确说明。[2]

南极海洋生物资源养护委员会 2017 年缔约方大会

● 5.76 中国回顾，CM 91-04 第 5 段"建立南极海洋生物资源养护委员会海洋保护区的总体框架"明确规定，委员会将根据科学委员会的建议，采用海洋保护区的研究和监测计划。

---

[1] CCAMLR, *Report of Thirty-Fifth Meeting of the Commission*, CCAMLR-XXXV, Australia, 2016, p. 46. （原文为：8.56 China made the following statement: "China would like to thank the proponents of the Ross Sea MPA proposal for the huge amount of work they have done in the past years and their endeavour in accommodating the concerns of all the Members of the Commission, which lead us to this point. The adoption of the proposal marks the starting point of a new process, namely the implementation of the MPA in the next 35 years or even longer, during which we will have more work to do. Since science is the basis of the work of the Commission, the effective implementation of the MPA depends on a sound research and monitoring plan. China hopes that the Commission could consider and adopt this plan as soon as possible. As the MPA is a relatively new conservation tool, there will be new problems arising during the implementation phase. China will continue to commit itself to working closely with all Members to pursue the effective implementation of this MPA and the achievement of the objective of the Convention."）

[2] CCAMLR, Ibid., p. 53. （原文为：8.79 China requested that further consideration be given to the research and management plan, the period of designation and a clear description of the objectives and restricted or prohibited activities in each proposed MPA.）

- 5.77 中国指出，委员会在 2017 年的会议上未能通过罗斯海海洋保护区的研究和监测计划，原因是没有纳入科学委员会建议，其中包括"初步更新"和已经提交给委员会审议而委员会没有就海洋保护区的研究和监测计划的实质性内容进行有意义讨论的"附加更新"。

- 5.78 中国表示愿意与其他成员一道为罗斯海海洋保护区制定研究和监测计划文本，并支持委员会在适当的时候通过海洋保护区的研究和监测计划，并指出科学委员会认为海洋保护区的研究和监测计划应该成为一份有意义的文件。

- 5.79 中国进一步建议将罗斯海海洋保护区的研究和监测计划作为 CM 91-05 的附件 D，连同 CM 91-05 的附录 C，为海洋保护区的研究和监测工作提供指导。①

- 8.36 中国感谢澳大利亚、欧盟和法国，并指出提案的改进确实反映了提案方就提案进行对话的公开和透明的做法。中国指出仍

---

① CCAMLR, *Report of Thirty-Sixth Meeting of the Commission*, CCAMLR-XXXVI, Australia, 2017, p.35. （原文为：5.76 China recalled that paragraph 5 of CM 91-04 entitled "General Framework for the Establishment of CCAMLR Marine Protected Areas" clearly provided that the Commission will adopt an RMP for an MPA on the basis of the advice of the Scientific Committee.

5.77 China noted that the Commission was not able to adopt the RMP for the Rose Sea region MPA at its meeting in 2017 due to the fact that no formal text of the RMP incorporating advice from the Scientific Committee, which included "initial updates" and "additional updates" to the RMP, had been presented to the Commission for consideration and the Commission had not made meaningful discussions on the substantial contents of the RMP.

5.78 China stated that it was willing to work with other Members in preparing the text of the RMP for the RSRMPA and was supportive of the RMP being adopted by the Commission in due course, noting that the Scientific Committee was of the view that the RMP should be a living document.

5.79 China further suggested the RMP for the Ross Sea region MPA be adopted as Annex D of CM 91-05, providing guidance for research and monitoring work in the MPA together with Annex C of CM 91-05.）

然关心该提案将如何解决南极海洋生物资源的现状和趋势，现有的保护措施是否有效实现海洋保护区提案的目标，以及如何实施拟议的海洋生物保护区与这些目标的协调措施。中国还指出，该提案需要更加明确清晰威胁分析以及制定衡量海洋保护区目标执行情况的基准、目标和标准。①

南极海洋生物资源养护委员会 2018 年缔约方大会

• 南极海洋生物资源养护委员会 2018 年缔约方大会主要讨论了对新设海洋保护区提案的审议，包括东南极洲海洋保护区（East Antarctica）、韦德尔海海洋保护区（Weddell Sea MPA）、南极半岛区域海洋保护区（Antarctic Peninsula Region MPA）。②

• 在对东南极洲海洋保护区提案进行审议时，中国代表提出了海洋保护区选取的几个要件，分别为：必要性（Necessity）、确定性（Certainty）、可测量性（Measurability）、可问责性（Accountability）、刚硬性（Rigidity）。③

南极海洋生物资源养护委员会 2019 年缔约方大会

• 关于海洋保护区议题，南极海洋生物资源养护委员会 2019 年缔约方大会审议了已有海洋保护区的保护进展与新设海洋保护

---

① CCAMLR, *Report of Thirty-Sixth Meeting of the Commission*, CCAMLR-XXXVI, Australia, 2017, p. 48.（原文为：8.36 China thanked Australia, The EU and France and noted that the improvements in the proposal had indeed reflected the open and transparent approach taken by the proponents to engage in dialogue on the proposal. China noted that it remained concerned as to how the proposal would address the status and trends of Antarctic marine living resources, the effectiveness of existing conservation measures to achieve the objectives of the MPA proposal and how the implementation of the proposed MPA would be coordinated with these measures. China also noted that the proposal needed to include greater clarity on threat analysis as well as the development of baselines, objectives and criteria with which to measure the delivery of the objectives of the MPA.）

② CCAMLR, *Report of Thirty-Seventh Meeting of the Commission*, CCAMLR-XXXVII, Australia, 2018, pp. 25-28.

③ Ibid., p. 25.

区的提案,① 还讨论了南极特别保护区域（ASPA）、② 科学研究和监督计划（RMPs）的制订③等。

在南极海洋生物资源养护委员会国际法实践中，公海保护区问题是其中很重大的问题，中方对此也积极参与体现了合作的精神，在有关实践的制度化经验积累上起到了建设性作用。中方作为委员会的负责任缔约方，在委员会会议上多次表达了积极参与国际合作的意愿，且一直支持并愿意积极参与保护南极海洋生物资源的各项工作。即便与其他各方在对罗斯海海洋保护区提案有着较大分歧时，中方仍表示将继续本着合作精神对海洋保护区提案进行讨论，并希望与其他成员共同努力实现公约的目标。④ 与此同时，中国政治改革思维中的"先试点，后推广"也在中国参与南极海洋生物资源养护委员会国际法实践中有所体现。2009年中国第一次参与南极海洋生物资源养护委员会缔约方会议时就强调了海洋保护区应逐案逐例而设立，每个海洋保护区本身都是特定的案例，不应被视为先例。⑤ 在2014年会议上，中国回顾认为南奥尼克群岛公海保护区是南极海洋生物资源养护委员会指定的第一个海洋保护区，鉴于此，重要的是吸取教训来指导未来海洋保护区的提案。⑥ 由于海洋保护区是一个相对较新的保护工具，在实施阶段会出现新的问题，在此认识下中国似乎更愿意深入推进公海保护区具体个案的保护措施，比如建议委员会根据科学委员会的建议采用海洋保护区的研究和监测计划，⑦ 而

---

① CCAMLR, *Report of Thirty-Eighth Meeting of the Commission*, CCAMLR-38, Australia, preliminary version, 2019, pp. 28-34.

② Ibid., p. 23.

③ Ibid., p. 26.

④ CCAMLR, *Report of Thirty-Fourth Meeting of the Commission*, CCAMLR-XXXIV, Australia, 2015, p. 45.

⑤ Ibid., p. 22.

⑥ Ibid., p. 32.

⑦ CCAMLR, *Report of Thirty-Sixth Meeting of the Commission*, CCAMLR-XXXVI, Australia, 2017, p. 35.

不是设立更多新的公海保护区，显然中国认为南极海洋保护区现有的实践还有很多问题没有得到解决，因此有关经验还不足以被迅速地推广开来，在未来，中国对南极海洋保护区设立管理应该会更加倾向于逐案逐例的评估。

除此之外，贯穿于中国参与南极海洋生物资源养护委员会国际法实践的两点基本立场是：保护与合理利用的平衡；设立海洋保护区与其他保护措施之间的关系。[1] 在南极海洋生物资源养护委员会缔约国会议上，中方对保护与合理利用问题有着翔实的阐述。自一开始（2009年）中方就认为，海洋保护区的设立应符合1980年《南极海洋生物资源养护公约》第2条的目标和要求，必须维持保护和合理利用的平衡，适用区域内的海洋保护区总网络面积应限制在合理比例范围内，以免损害合理利用，[2] 这一观点在2014年和2015年缔约方会议上中方都给出了更加充分的论述。对于设立海洋保护区与其他保护措施之间的关系，中方一方面认为1980年《南极海洋生物资源养护公约》所适用的地理区域内海洋生物资源已经获得了一定程度的保护，是否需要额外措施如设立海洋保护区，则需要基于必要性和科学基础进行验证；另一方面已设立的海洋保护区在管理措施上要继续深化研究探索，形成有利的经验，同时还须处理好与《联合国海洋法公约》和《南极条约》的关系，从而不影响南极科学研究的自由。

从中国参与南极海洋生物资源养护委员会有关公海保护区的国际法实践可以看出，中国作为1980年《南极海洋生物资源养护公约》缔约方，一直以审慎而负责任的立场推进有关公海保护区的实践，并在此进程中坚持中方的立场和权益立足点。事实上，在

---

[1] Tang, Jianye, "China's Engagement in the Establishment of Marine Protected Areas in the Southern Ocean: From Reactive to Active", *Marine Policy* 75 (2017).

[2] CCAMLR, *Report of Twenty-Eighth Meeting of the Commission*, CCAMLR-XXVIII, Australia, 2009, p. 22.

公海保护区国际法实践制度化进程中，在参与有关国际法实践和拟定公海保护区法律概念时，中方同样不能忽视本国的利益和权益，甚至需要在该法律概念中力求体现和反映中国方面的诉求和建议。

第二节　中国的国际海洋法相关权益点分析

一　作为发展中国家和地理不利国的中国

（一）中国是发展中国家

发展中国家是与发达国家相对的概念，事实上，国际社会的所有国家都处于发展中状态下，1968年联合国贸法会之后在联合国文件中都将"欠发达国家""贫穷国家""落后国家"等称谓统一称为"发展中国家"。[①] 联合国却并未对发展中国家给予明确定义，而是在1971年联合国大会上提到了最不发达国家之定义，并设定了三个标准：[②]

1. 收入标准。基于2011—2013年三年平均人均国民总收入估计值，估值根据世界银行Atlas模式计算（包括1035美元及以下，2015年三年期审查中达到1242美元以上即不再是最不发达国家）。

2. 人力资产指数（HAI）。基于以下指标：（1）营养：营养不足人口的百分比；（2）健康：五岁或以下儿童的死亡率；（3）教育：中等学校的总入学率；（4）成人识字率。

3. 经济脆弱性指数（EVI）：基于以下指标：（1）人口规模；（2）偏远系数；（3）商品出口集中度；（4）农业、林业和渔业的份额；（5）低海拔地区的人口比例；（6）货物和服务出口不稳定度；

[①] 黄志雄：《从国际法实践看发展中国家的定义及其识别标准——由中国"入世"谈判引发的思考》，《法学评论》2000年第2期。

[②] 联合国大会A/RES/2768（XXVI）号决议。

(7) 自然灾害的受害者；(8) 农业生产不稳定度。①

经济合作与发展组织（OECD）则认为虽然发展中国家并没有专门定义，但是还是会列举出有权接受官方开发援助的国家名单，在对2014—2016年有效的名单中，其将发展中国家分为最不发达国家、其他低收入国家、中低收入国家和地区、中高收入国家和地区，而中国处于中高收入国家行列。②另外在气候变化领域和经贸法律领域，都会有相应的发展中国家优惠问题，气候变化应对减排发展中国家承担了共同但有区别的责任，而相应名单亦有文件明确。

参考经济社会因素，虽然中国自改革开放以来，社会经济发生了剧烈的变化，取得了很大的成绩，但是中国至今仍是发展中国家，仍面临着很多发展问题，如人均国民生产总值水平较低，资源利用率低，东西部发展严重不均衡、国民生活水平仍有待提高等，这都体现了中国经济发展相对落后的现实，无疑证明了中国仍然是发展中国家身份。

（二）中国是海洋地理不利国

地理不利国作为一个国际法上的概念，应该有广义和狭义之分。狭义的地理不利国是指公约在第五部分规定的适用于专属经济区部分的定义，而广义的地理不利国则应该是指贯穿于海洋法律之间的系统性概念。对于中国而言，无论是广义还是狭义的地理不利国概念，中国都是符合标准的。

地理上，中国大陆架无法完全延伸，海域被多个国家环绕。环顾中国周边海域，无论东海还是南海，都被多个国家环绕，形成了半封闭海形态，③这完全符合《联合国海洋法公约》第70条所规定

---

① 联合国：Criteria for Identification and Graduation of LDCs, http://unohrlls.org/about-ldcs/criteria-for-ldcs/。

② OECD文件：DAC List of ODA Recipients Effective for Reporting on 2014, 2015 and 2016 Flows。

③ 国家海洋局战略研究所：《中国海洋发展报告》，海洋出版社2015年版，第23页。

的"地理不利国"条件。另外，中国向外延伸的大陆架与他国大陆架都会交叉重叠，导致无法延伸到 200 海里区域，这就导致大陆架封闭状态。再者由于中国与朝鲜、韩国、日本以及南海诸国之间，陆地之间相隔不超过 400 海里，也致使中国的专属经济区无法延伸至 200 海里的理论区域，中国实际可以主张管辖的海域与陆地面积之比低于世界平均水平。以上的地理要素，无一不显示中国是一个适格的地理不利国。

社会经济上，中国人口众多，人均海洋资源有限。中国虽然拥有较为漫长的海岸线以及星罗棋布的岛屿，但这是中国广袤陆地面积的海岸体现，并且在中华大地上养育了 13 亿多的人口，平均而言，中国人均海岸线是非常有限的。有学者就指出，与国际公认的"海洋地理不利国"德国相比，中国国民所能享受的海洋岸线长度，不足德国人均分享长度的 1/25。① 在海洋渔业上，中国沿海渔民对鱼类营养是非常依赖的，有些渔民就靠鱼类为主要食物来源。中国沿海渤海、黄海的渔业资源不容乐观，东海、南海有相对丰富的渔业资源，但是这相对于中国庞大的人口基数来说是远远不足的。中国经济发展相对落后，海洋开发能力不足。长久以来中国海洋经济的发展还停留在粗放型生产阶段，海洋渔业捕捞方式还比较落后，海洋石油与天然气开采技术与发达国家相比还有差距。不仅如此，海洋经济还未完全发展起来的时候，海洋污染和生态破坏也日益严峻，中国海洋经济发展面临着开发与治理并存的压力。②

无论在国际环境法还是国际海洋法中，国际社会都为发展中国家设置了诸多优惠条件，而在国际海洋法中也为内陆国和海洋地理不利国设置了诸多特殊权益，而之于海洋生态环境保护这一人类共

---

① 上观：《泱泱大国确属"海洋地理相对不利国"》，http://www.jfdaily.com/kejiao/bwyc/201504/t20150427_1457170.html。

② 邢望望：《海洋地理不利国问题之中国视角再审视》，《太平洋学报》2016 年第 1 期。

同关注事项，国家管辖范围以外生物多样性和可持续发展问题，甚至具体到划区管理工具与公海保护区，发展中国家尤其是内陆国和海洋地理不利国应享有共同但有区别的责任。中国作为发展中海洋地理不利国应该与"77 国集团"和"内陆国与海洋地理不利国集团"一起维护权益，在划区管理工具与公海保护区的法律概念中强调经济援助、技术转移和能力建设等重要内容。

二 中国周边的海洋区域治理状况分析

联合国环境规划署于 1974 年决定引入区域海洋方案，至今包含 18 个全球区域海洋，其中在中国周边的有两个，分别为东亚区域海域（The Seas of East Asia）和西北太平洋行动计划（Northwest Pacific Action Plan）。虽然已有 14 个区域有具有约束力的法律文件，[①] 但是东亚区域海域和西北太平洋行动计划这两个由联合国环境规划署管理的区域海洋方案至今没有具有拘束力之法律文件。[②] 即便缺少有拘束力之法律文件，从 2018 年的"桑吉"轮救援实践中可以看出中国和这两个区域机构保持了合作。2018 年 1 月 6 日 20 时许，巴拿马籍油船"桑吉"轮与中国香港籍散货船"长峰水晶"轮在长江口以东约 160 海里处发生碰撞，交通运输部开展搜救。在搜救过程中，在"西北太平洋行动计划"框架下向日本、韩国、俄罗斯通报了现场救援情况。[③]

（一）东亚区域海域

东亚区域海域与其政治、经济和社会制度多样性一样，有着复杂的海洋地理环境，包括拥挤的海峡、星罗棋布的岛屿、宽阔的海

[①] 至今没有区域法律协定的 4 个联合国环境规划署区域海洋方案之海域为：东亚海域、西北太平洋海域、南亚海域、北极海域。

[②] 由联合国环境规划署管理的 7 个区域海洋：大加勒比海、地中海、东亚海域、东非海域、西北太平洋、非洲中西部海域、波斯湾。

[③] 中华人民共和国交通运输部：《"桑吉"轮碰撞燃爆事故专题新闻发布会》，http://www.mot.gov.cn/2018wangshangzhibo/sangjilun/。

湾、浅的河口以及最稠密的人口，渔业活动频繁。对该区域海域构成威胁的因素也是千差万别，包括土地开发、伐木和采矿、珊瑚礁受损、红树林退化、过度捕捞、沿海过度开发和未经处理的废物之侵蚀淤积。①

《保护和发展东亚地区海洋和沿海地区行动计划》于1981年获得批准，主要内容涉及评估人类活动对海洋环境的影响，控制沿海污染，保护红树林、海藻和珊瑚礁以及废物管理。最初只有5个东盟国家（印度尼西亚、马来西亚、菲律宾、新加坡和泰国）参加，②1994年澳大利亚、柬埔寨、中国、韩国和越南5个国家加入该行动计划。到目前为止，行动计划已经有9个参与国（澳大利亚不再是参与国）。该行动计划协调机构设于曼谷，秘书处是联合国东亚海洋环境事务的牵头机构，负责协调各国政府、非政府组织、联合国和捐助机构以及个人关心本地区海洋环境的活动。③

在区域海洋方案中，东亚开辟了一条独特的道路，没有区域性公约，而是以成员国的善意为基础，通过行动计划来促进遵守现有的环境条约。东亚区域海洋是典型的半闭海边缘海，基于地理、历史、政治等因素，海域界线难以确定，地缘政治复杂，这些都不利于区域海洋环保计划的推进。具体到公海保护区问题，则显得尤为敏感，东亚区域海域内国家众多，海域宽度不足400海里（除了中国南海），因此在现实中和未来预期中都不太可能出现公海性质的水域。即便各国在该区域海域内推动海洋保护区合作，也不大可能会是公海保护区，除非周边各国采取和地中海沿岸国家类似的立场和态度。

---

① 联合国环境规划署：Regional Seas，http：//drustage.unep.org/regionalseas/east-asian-seas。

② 薛桂芳：《"一带一路"视阈下中国—东盟南海海洋环境保护合作机制的构建》，《政法论丛》2019年第6期。

③ 东亚地区海洋和沿海地区行动计划秘书处：About COBSEA，http：//www.cobsea.org/aboutcobsea/background.html。

(二) 西北太平洋行动计划

作为联合国环境规划署区域海计划的一部分,《西北太平洋海洋和海岸地区环境保护管理和开发行动计划》(NOWPAP)于1994年通过。西北太平洋地区的海岸和岛屿生态系统以有特殊的海洋生物及重要商业价值的渔业资源为特点。该地区也是世界上人口最稠密的地方之一,由此导致的需求给环境带来巨大的压力。西北太平洋行动计划的总体目标是通过对西北太平洋海洋和沿岸地区环境资源进行合理开发、利用和管理,使该区域人民长期受益,同时实现保护人类健康、生态完整与地区的可持续发展。[①]

从1994年到2004年,联合国环境规划署区域海洋协调办公室担任西北太平洋行动计划的临时秘书处。西北太平洋行动计划区域协调组由成员国设立,由日本和韩国共同主办,于2004年11月落成,2005年1月开始运营。此外还在2000—2002年建立了四个区域活动中心,以支持实施西北太平洋行动计划地区的重点项目活动:(1) CEARAC,日本富山(cearac.nowpap.org)——特别监测和沿海环境评估;(2) DINRAC,中国北京(dinrac.nowpap.org)——数据和信息网络;(3) 韩国 MERRAC(merrac.nowpap.org)——海洋环境应急准备和响应;(4) POMRAC,俄罗斯联邦符拉迪沃斯托克(pomrac.nowpap.org)——污染监测;这些中心负责在区域一级开展活动,为所有成员国服务。[②]

虽然西北太平洋行动计划同样没有形成区域公约,但是相关合作文书却有进展,如2003年通过的《西北太平洋区域溢油应急计划》、2004/2005年签署的《西北太平洋地区海洋环境防备和应对漏油事件区域合作谅解备忘录》和2007年通过的《西北太平洋海洋垃圾区域行动计划》等。不过未来是否会在西北太平洋海域设立管理

[①] 西北太平洋行动计划区域协调组:Introduction,http://www.nowpap.org/。
[②] 联合国环境规划署:Regional Seas, http://drustage.unep.org/regionalseas/northwest-pacific。

公海保护区还很难判断，中国能在其中发挥的作用亦难以预计，还有待观察。

三 中国在国家管辖范围以外区域的权益分析

随着中国社会经济的发展，加速海洋强国战略的推进，中国的海洋权益已经拓展到了海洋水体的方方面面，远洋渔业、国际海底采矿、公海资源开发、公海航行、极地科考等，处处都有中国的身影。① 相应的捕鱼、海底采矿、航运、极地科考等人类活动都有着专门的国际组织予以管理，中国在这些国际组织中的地位和诉求也各不相同，具体到公海保护区问题，如何合理使用这些国际组织的划区管理工具以保护公海生态环境，中国还需要进一步探索。

（一）中国的远洋渔业捕捞

根据中国渔业协会的报告，中国远洋渔船总数已经达到2571艘，总产量约200万吨，作业海域扩展到40多个国家和地区的专属经济区以及太平洋、印度洋、大西洋公海和南极海域；与此同时，南极磷虾渔业取得重要进展。② 2015年全国远洋渔业产量219.20万吨，同比增长8.12%，占水产品总产量的3.27%。③ 2016年全国远洋渔业产量198.75万吨，同比下降9.33%，占水产品总产量的2.88%。④ 根据联合国粮农组织的数据，中国是最大的海洋捕捞国，年海洋捕捞量占全球总捕捞量的近20%，如表7-2所示。⑤

---

① 杨华：《海洋法权论》，《中国社会科学》2017年第9期。
② 中国渔业协会：《我国渔业发展概述》，http://www.china-cfa.org/news_1452.asp。
③ 参见《2015年全国渔业经济统计公报》。
④ 参见《2016年全国渔业经济统计公报》。
⑤ FAO, Fisheries and Aquaculture Department, *FAO Global Capture Production Database Updated to 2015-Summary Information*, Rome, Italy, 2017.

表 7-2　　联合国粮农组织统计全球和中国海洋捕捞量

年份	中国海洋捕捞量（吨）	全球海洋捕捞量（万吨）	占比
2014	14811390	7980	18.56%
2015	15314000	8120	18.86%

而根据农业部发布的数据，2015年全国海洋捕捞量为1533.98万吨，[①] 2016年则为1527.02万吨。[②] 近年来，中国近海资源环境约束趋紧，传统渔业水域不断减少，渔业发展空间受限，因此总体上在逐步压减国内捕捞能力，实行捕捞产量负增长，逐步实现捕捞强度与渔业资源可捕量相适应，积极开发南极海洋生物资源，"十三五"渔业规划还将到2020年年底把中国远洋渔业产量稳定在230万吨。[③] 在此过程中，中国远洋渔业捕捞也存在一些问题，比如有关中国的远洋捕捞数据，联合国粮农组织专门给出了说明，中国官方公布了大约220万吨的"远洋渔业"捕获（distant water fishery），但仅提供了在中国销售的渔获物之物种和捕鱼区的详细信息（约占45%的远洋捕捞量，即100万吨），由于缺乏信息，剩下的120万吨则计算入联合国粮农组织数据库下"61—西北太平洋地区"的"海洋鱼类"中，从而影响到该地区的数据趋势。这揭示了大量据推测之中国未报告远洋捕捞已经被计算入联合国粮农组织的数据库中了，尽管其中一部分并没有被计入正确的捕鱼区域。[④]

中国并没有加入1995年《联合国鱼类种群协定》，虽然中国积极参与国际规则制定，加入南太平洋、北太平洋等区域性公海渔业资源养护和管理公约，但是中国远洋渔业管理存在漏洞，渔业纠纷频发，远洋渔业履约机制和能力较弱，海洋保护区机制的不断推进

[①] 参见《2015年全国渔业经济统计公报》。
[②] 参见《2016年全国渔业经济统计公报》。
[③] 参见《全国渔业发展第十三个五年规划》。
[④] FAO, Fisheries and Aquaculture Department, *FAO Global Capture Production Database Updated to* 2015-*Summary Information*, Rome, Italy, 2017.

给中国带来了新的挑战。中国要强调巩固国际渔业权利,坚持履行国际义务,以"零容忍"原则坚决打击"非法、不报告与不管制"(IUU)捕捞活动,促进远洋渔业规范有序发展。①

(二) 中国的国际海底采矿勘探开发

中国是"区域"资源勘探活动的先行者,② 1990 年,国务院批准以中国大洋矿产资源研究开发协会(简称中国大洋协会)的名义申请"区域"矿区,截至 2019 年,中国已在太平洋和印度洋共申请到五块具有优先专属勘探开发权的矿区。③

表 7-3　　中国申请到的五块具有优先专属勘探开发权的矿区

获批准年份	矿区位置	矿区类型	中国单位
2001 年	东太平洋	多金属结核勘探矿区	中国大洋协会
2011 年	西南印度洋	多金属硫化物勘探矿区	中国大洋协会
2013 年	西太平洋	富钴结壳勘探矿区	中国大洋协会
2015 年	东太平洋克拉里昂—克利帕顿断裂区	多金属结核勘探矿区	中国五矿集团公司④
2019 年	西太平洋	多金属结核勘探矿区	北京先驱高技术开发公司⑤

---

① 中国渔业协会:《我国渔业发展概述》, http://www.china-cfa.org/news_1452.asp。

② 先驱投资者(pioneer investor)是指《联合国海洋法公约》正式生效前已经对大洋底多金属结核等资源的勘查活动,进行了至少 3000 万美元投资的国家或其控制下的法人和自然人。至 1994 年 11 月 16 日《联合国海洋法公约》生效时,只有印度海洋开发部、日本深海资源开发有限公司、法国海洋勘探研究所与法国结核块研究协会、俄罗斯海洋地质作业南方生产协会、中国大洋协会、韩国贸易工业和能源部,以及波兰国际海洋金属联合组织(代表东欧集团),正式提出申请国际海底多金属结核资源矿区登记,并都先后获得国际海底管理局审核通过。

③ 国家海洋局战略研究所:《中国海洋发展报告》,海洋出版社 2017 年版,第 119 页。

④ 中华人民共和国常驻国际海底管理局代表处:《中国获东太平洋海底 7 万多平方公里专属勘探矿区》, http://china-isa.jm.china-embassy.org/chn/xwdt/t1282971.htm。

⑤ 中华人民共和国常驻国际海底管理局代表处:《我在国际海底区域第五块勘探矿区获国际海底管理局核准》, http://china-isa.jm.china-embassy.org/chn/xwdt/t1684820.htm。

国际海底管理局正在就国际海底矿产资源从勘探向开发阶段过渡制定相关的开发规章,因此中国对国际海底矿产资源的商业开发也越来越临近了。同时,2005—2020年中国已经连续担任并将继续担任国际海底管理局理事会A类理事成员国,这无疑是有利于维护中国在国际海底的矿产勘探开发权益的。①

(三) 中国与公海生物遗产资源

因海洋生物遗产资源新颖的特性和独特的化学结构,国际社会近年来对探索和开发深海生物多样性有了新的兴趣,尽管其商业潜力并不确定,但至今已有31个国家发布了有关海洋遗传资源的专利,且大多是发达国家。在此领域的突破来源大多仍集中在国家管辖范围以内的生物有机体资源,而且研究突破成为药物的可能性极低(1∶4000的机会),直到2016年,28000种海洋化合物的研究发现中,只有七个获得批准的药物,但没有一个被认为是商业上成功的案例。尽管如此,海洋来源发现新的遗产资源突破的机会仍然高于陆地来源。②

在联合国有关国家管辖范围以外区域海洋生物多样性的养护和可持续利用问题的不限成员名额非正式特设工作组会议上,和根据《联合国海洋法公约》的规定就国家管辖范围以外区域海洋生物多样性的养护和可持续利用问题拟订一份具有法律约束力的国际文书之筹备委员会会议上,关于海洋遗产资源的性质定义争论不决,主要是发展中国家包括中国多次极力主张该资源属于人类共同继承的财产,所获得的利益应该惠益分享,而其他发达国家

---

① Zhang, Guobin, and Pai Zheng, "A New Step Forward: Review of China's 2016 Legislation on International Seabed Area Exploration and Exploitation", *Marine Policy* 73 (2016).

② Rona'n Long, Mariamalia Rodriguez Chaves, "Anatomy of a New International Instrument for Marine Biodiversity Beyond National Jurisdiction: First Impressions of the Preparatory Process", *Environmental Liability Law, Policy and Practice* 23.6 (2015).

则有不同的认识。①

（四）中国在公海航行自由权利

中国远洋海运集团有限公司（中远海运）是 2015 年由中国远洋运输（集团）总公司与中国海运（集团）总公司重组而成，总部设在上海，是中央直接管理的特大型国有企业。当前，集团正致力于巩固和发展全球第一大综合航运企业。截至 2016 年 12 月 31 日，中国远洋海运集团经营船队综合运力 8168 万载重吨/1082 艘，排名世界第一。其中，集装箱船队规模 169 万②/321 艘，居世界第四；干散货自有船队运力 3821 万载重吨/450 艘，油气船队运力 1873 万载重吨/137 艘，杂货特种船队 460 万载重吨/174 艘，均居世界第一。③中远海运的航运业务遍布全球，以中远海运集装箱运输有限公司的班轮业务为例，其涵盖跨太平洋服务、欧洲和跨大西洋服务、欧亚服务、亚太服务、拉丁美洲/非洲服务、南亚和东南亚服务等多条需要穿越国家管辖范围以外海域的航线。④

主管全球航运活动的国际组织是国际海事组织，该组织理事会是执行机构，在缔约方大会的领导下负责管理工作，在两届大会之间履行大会的所有职能，其中 A 类理事为 10 个航运大国，理事会是国际海事组织的执行机构，B 类理事为 10 个海上贸易量最大国家，中国于 1973 年恢复在国际海事组织中的成员国地位，在 1989 年第 16 届大会上，中国当选为 A 类理事国并连任至今。⑤

---

① IISD, *Summary of the First Session of the Preparatory Committee on Marine Biodiversity beyond Areas of National Jurisdiction*, USA, 28 March-8 April 2016, p. 6.

② TEU 是 Twenty-foot Equivalent Unit 的简称，一个 TEU 指一个国际标准集装箱。

③ 中国远洋海运集团有限公司：《集团概况》，http://www.cosco.com/col/col6858/index.html。

④ 中远海运集装箱运输有限公司：Service，http://lines.coscoshipping.com/ourservice/toService.do。

⑤ 国际海事组织：Structure of IMO, http://www.imo.org/en/About/Pages/Structure.aspx。

(五) 中国的极地科考

1984—2013 年，中国已成功地组织了 30 次南极科学考察活动。中国科学家在长城站和中山站，常年开展气象学、电离层、高空大气物理学、地磁和地震等学科的常规观测。在夏季除从事常规观测外，还进行包括地质学、地貌学、地球物理学、冰川学、生物学、环境学、人体医学和海洋学等现场科学考察等。2004 年 7 月 28 日，中国北极黄河站建成并投入使用。① 一般认为，极地科技活动（尤其是科学考察）是国家战略意图和利益追求的体现，② 中国近年来加大加强对极地科考的投入亦是中国重视极地科考权益的体现。③

在中国参与南极海洋生物资源养护委员会之海洋保护区国际法实践中，中国一方面强调了新的海洋保护区提案不得损害国际法，包括《联合国海洋法公约》和《南极条约》所规定的科学研究自由；④ 另一方面则积极地为罗斯海海洋保护区制定研究和监测计划文本，并支持委员会在适当的时候通过海洋保护区的研究和监测计划，并指出科学委员会认为海洋保护区的研究和监测计划应该成为一份有意义的文件。⑤ 由此可以看出中国对海洋保护区有关的海洋科学研究考察问题的利益关切。

总结本节，根据对中国的利益关切点和身份之分析，在公海保护区国际法实践制度化进程中，很清晰地看出中国应强调发展中国家（特别是内陆国和海洋地理不利国）的特殊权益；对比中国在参

---

① 国家海洋局极地考察办公室：《现场考察》，http：//www.chinare.gov.cn/caa/gb_article.php?modid=05002。

② 丁煌编：《极地国家政策研究报告（2013-2014）》，科学出版社 2014 年版，第 135 页。

③ 白佳玉：《中国参与北极事务的国际法战略》，《政法论坛》2017 年第 6 期。

④ CCAMLR, *Report of Thirty-Fourth Meeting of the Commission*, CCAMLR-XXXIV, Australia, 2015, p.54.

⑤ CCAMLR, *Report of Thirty-Sixth Meeting of the Commission*, CCAMLR-XXXVI, Australia, 2017, p.35.

与区域海洋组织和国际组织的实践，中国在诸多国际组织中比较有话语权，而在区域海洋组织中的权限则相对不清晰，因此中国似乎更应该主张国际组织划区管理工具在保护海洋生态环境中的作用，而适度对区域海洋组织的权限予以限制。

第三节　符合中国权益的公海保护区法律概念之提出

一　中国需要考量的几个问题

在既有国际法框架存在的问题，已有公海保护区国际法实践，人类共同关注事项与共同但有区别责任等法律知识信息的基础上，结合中国参与公海保护区国际法实践制度化进程和中国既有权益点分析，中国在继续参与相关国际法实践并促进公海保护区法律问题形成制度过程中，还需要具体考量以下具体问题，从而力求对自己和国际社会都有利，平衡可持续利用与保护海洋生态环境。

（一）地理区间

国家管辖范围以外区域至今仍然只具有法律上的明确性，由于全球海域划界并没有完成且有大量争议存在，因此缺少地理上的明确性。外大陆架的延伸、海洋渔业资源养护、国际海底区域、船舶水面航行等各种因素的存在，使得界定公海保护区的明确地理空间变得更加困难。可以说地理区间界定之困难，会直接影响到国际合作的进行，无论是划区管理工具还是海洋保护区的统筹结合，都需要建立在明确的地理区间基础上。虽然为了便于海洋开发利用才将海洋人为地进行空间划分，但是海洋作为全球最大单一生态系统，海洋生态环境保护确是一个整体要求。对此问题，中国须和国际社会共同努力，如果不能在公海保护区概念层面予以明确，至少需要进行点明，从而为之后逐案逐例考量公海保护区设立管理作好铺垫。

(二) 保护客体与目标

如与国际自然联盟的保护区定义对接，公海保护区的直接保护客体应该是海洋生态环境和文化价值，目标应该是长期效应的可持续发展。现在公海生态环境面临危险和困境，复杂且微妙，缺乏科学认知，海洋保护区被认为是行之有效的风险预防方式。在此情况下，限制公海自然资源开发，比如降低公海捕捞量似乎无可避免。正如1980年《南极海洋生物资源养护管理公约》中所提到的，养护包括合理利用，人类的繁衍生息离不开物质资源的供给，因此亦不能为了追求对自然环境的保护，而忽视人类自身的发展。从此角度看，可持续发展才应是划区管理工具和公海保护区的长期保护目标。保护客体和保护目标显然是在对划区管理工具和公海保护区进行法律界定时无法忽视的要素。

(三) 设立管理的依据与程序

国际法经过漫长的历史发展，尤其在第二次世界大战之后，逐步形成体系，法律条文繁多，公约协议林林总总、不胜枚举。在如此国际法框架中，如果构建公海保护区法律概念，如何处理与既存公约尤其是《联合国海洋法公约》的关系，应该足够重视。同时，虽然公海保护区的法律概念未必可以涵盖设立管理、监督、评估公海保护区实践的机制，但是相应合理的程序对维护中国的权益和国际社会的共同关切至关重要。公海保护区设立管理提案的标准、要求、必要性等要素都要充分考虑，否则再出现如南极罗斯海海洋保护区提案的反复，对国际社会而言无疑是不利的。在划区管理工具的时效和延长问题上，公海保护区的监督、检查、评测等问题也是保证公海保护区可以起到真正保护海洋生态环境作用的必要程序。这些复杂的问题很可能难以在相应法律概念中得到清晰表达，但是在法律概念中亦要有所体现。

(四) 公海保护区与划区管理工具的关系

是否将区域海洋组织设立管理之公海保护区纳入划区管理工具

定义中，在相关国际会议中一直充满争议。中国政府强调了无论二者关系如何，都应该将二者结合起来，从而全面综合地保护海洋生态环境。① 考虑到中国在相关国际组织中的话语权地位和中国一贯的负责任态度，考虑到国家管辖范围以外区域的公共性质和国际社会的共同关注，在国际组织层面强调划区管理工具似乎更有利于保护海洋生态环境。区域海洋组织从性质而言具有区域性，在公海进行的海洋保护区设立管理实际上反映的是相关沿海国的主张和实践。在不能否认区域海洋组织在设立管理公海保护区之努力前提下，考虑到公海生态环境保护作为人类共同关注事项的性质，中国政府应该倾向于以国际组织划区管理工具为主，区域海洋组织公海保护区为辅的立场。与此同时，对于设立一个新的国际组织管理国家管辖范围以外生物多样性保护问题，笔者则觉得并无必要，一是在既有国际组织中中国已经有了比较优势的话语权，二是新的国际组织无疑又加剧了公海法律与治理的零散空缺问题，当然新设一个国际协调机构倒是可以接受的。

（五）人类共同关注事项与共同但有区别的责任

为了应对国际社会共同面对的困难和机遇，中国提出的"人类命运共同体"这一外交理念具有国际法上的高度，与国际环境法中的"共同"理论不谋而合，而人类共同关注事项这一法律概念与"人类命运共同体"之间高度契合，可以说人类共同关注事项是"人类命运共同体"在国际环境法内的具体体现。在人类共同关注事项的基础上，强调共同但有区别的责任原则，发展中国家和海洋地理不利国在国际海洋法和国际环境法上的诸多特殊权益和区别责任在国家管辖范围以外区域生物多样性养护问题上应该得到更加翔实和充分的保护。虽然在公海保护区法律概念中难以具体规定共同但有区别的责任内容，但是至少应该强调划区管

---

① IISD, *Summary of the Second Session of the Preparatory Committee on Marine Biodiversity beyond Areas of National Jurisdiction*, USA, 26 August-9 September 2016, p. 7.

理工具和公海保护区所要保护之海洋生态环境和文化价值是人类共同关注的事项。

二 中国方案之公海保护区概念的尝试提出

经过多年的争辩商讨，直至 2019 年 11 月 27 日，根据《联合国海洋法公约》的规定就国家管辖范围以外区域海洋生物多样性的养护和可持续利用问题拟订一份具有法律约束力的国际文书之政府间会议公布了最新的国际文书建议文本，在定义条款中分别给定了划区管理工具和海洋保护区的定义，分别为：

> "划区管理工具"是指，包括海洋保护区，通过一个或多个部门或活动，来用于对地理界定区域进行管理，以实现特定的保护和可持续利用目标［并提供比其周边地区更高的保护］。①
>
> "海洋保护区"是指指定和管理一个地理上确定的海域以实现特定的［长期生物多样性］保护和可持续利用目标［并提供比周围地区更高的保护］。②

不仅如此，还在第三章划区管理工具和海洋保护区这部分强调

---

① Revised draft text of an agreement under The United Nations Convention on the Law of the sea on the conservation and sustainable use of marine biological diversity of areas beyond national jurisdiction-Note by the President, 27 November 2019, Art. 1. 3. （原文为："Area-based management tool" means a tool, including a marine protected area, for a geographically defined area through which one or several sectors or activities are managed with the aim of achieving particular conservation and sustainable use objectives ［and affording higher protection than that provided in the surrounding areas］.）

② Ibid., Art. 1. 10. （原文为："Marine protected area" means a geographically defined marine area that is designated and managed to achieve specific ［long-term biodiversity］ conservation and sustainable use objectives ［and that affords higher protection than the surrounding areas］.）

了"划区管理工具，包括海洋保护区……"① 这份建议文本最终将被如何采纳，还须进一步观察国际立法实践的进程。中国在参与公海保护区国际法实践制度化这一进程中，不应局限于定义条款内容的术语界定，而应综合考虑公海保护区所涉及的法律概念属性以及相应的法律问题。

考虑到就某一具体国际协定进行政府间谈判时，情况变化随机，中国在制定相应方案时应既坚持原则又保持灵活性，因此笔者在尝试提出公海保护区法律概念时给出了三种参考方案：（1）在可以的情况下给定广义宽泛的划区管理工具之定义，将公海保护区的定义包含于其中，并综合地强调诸多中国关切的法律内涵；（2）在国际自然保护联盟的保护区定义基础上，较小地改动部分表达，将最核心的中国关切体现在其中，并寻求在新的国际文书其他条款中继续寻求中国诉求的体现；（3）新的国际协定并不一定非要对特定专有名词予以精确清晰定义，而是会将相应法律概念阐述于不同的条款中，在此情况下，中国亦要寻求在国际协定的条款中强调中国的诉求和表达。

（一）方案一：广义宽泛的划区管理工具定义

将公海保护区包含于划区管理工具中，并对划区管理工具进行广义宽泛的概念界定，应该作为中国的最优方案，事实上在第二次筹备委员会会议上，中国也认为划区管理工具的定义应该是宽泛的。② 在此方案中，在定义本身中强调国家管辖范围以外区域之

---

① Revised draft text of an agreement under the United Nations Convention on the Law of the Sea on the conservation and sustainable use of marine biological diversity of areas beyond national jurisdiction-Note by the President, 27 November 2019, Part Ⅲ.

② IISD, *Summary of the Second Session of the Preparatory Committee on Marine Biodiversity beyond Areas of National Jurisdiction*, USA, 26 August-9 September 2016, p. 6. （原文为：Norway, supported by Chile, suggested further discussing definitions, following consideration of specific conservation needs, with China arguing that a definition of ABMTs should be very broad.）

划区管理工具包含公海保护区，国家管辖范围以外海洋生态环境和文化价值等是人类的共同关注，并将设立管理依据、保护客体、保护目标等要素涵括于其中，包括在科学和法律的基础上、国际合作、确定的地理空间、目标是人类长期可持续发展。还可以在定义之后附加强调划区管理工具应与现有国际法和国际组织机制相协调，并且不应被国家视为宣扬主权或管辖权的机遇。具体参考定义方案如下：

> 国家管辖范围以外区域之划区管理工具（包括公海保护区）基于人类对国家管辖范围以外海洋生态环境和文化价值等的共同关注，在科学和法律的基础上进行国际合作，通过在确定的地理空间内实施设立管理之具体措施，从而实现人类长期可持续发展。该机制应与现有国际法框架和国际组织的机制相协调，并不应被国家视为宣扬主权或管辖权的机遇。
>
> Area-based Management Tools (ABMTs) in the Areas Beyond National Jurisdiction (ABNJ), including the High Seas Marine Protected Areas (HSMPAs), are geographically-defined measures, established and managed through international cooperation on the basis of science and law, with conserving the common-concerned marine ecological environment and cultural values beyond national jurisdiction, to achieve the long-term sustainable development of humankind. This should be consistent with the existing legal framework and international organizations' mandates, and should not be construed as an opportunity to assert national sovereignty or jurisdiction.

除了定义已经包含的要素，还应在定义条款之外，比如有关能力建设和技术转移部分，进一步强调发展中国家尤其是内陆国和地理不利国的共同但有区别之责任，并将这一原则具体化到各个条款中，使得能力建设和技术转移能够真正起到切实有效的作用。

（二）方案二：狭义的公海保护区定义+其他法律概念

考虑到国际自然保护联盟在海洋保护区实践中的影响，以及国际自然保护联盟之保护区法律定义的广泛影响力，而且该概念确实有被引入国际管辖范围以外公海保护区的潜力与合理性，在进行新的国际协定谈判中未必会较大地变动原有概念。不过中国此时仍需要在国际自然保护联盟之保护区定义基础上，增加必要的核心关切要素：（1）强调适用于国家管辖范围以外区域，这是必然要求；（2）强调与其他划区管理工具的关系以及合作状态，公海保护区至少不能取代划区管理工具；（3）强调对公海生态环境保护的人类共同关注，而不是区域性或者是某些特定国家的片面关注。具体参考定义方案如下：

> 公海保护区是在国家管辖范围以外区域中的特定地理区间内设立的海洋保护区，通过国际合作在科学和法律的基础上认定、专设、管理，并联合其他划区管理工具，从而实现与生态服务和文化价值相关的人类共同关注之自然环境的长期保护。
>
> High Seas Marine Protected Areas (HSMPAs) are geographically-based space in the Areas Beyond National Jurisdiction (ABNJ), recognised, dedicated and managed on scientific and legal basis through international cooperation, coordinating with other Area-based Management Tools (ABMTs), to achieve the long-term conservation of the common-concerned marine environment with associated ecosystem services and cultural values.

除了定义方案中已有的要素，显然中国还须进一步在其他条款中寻求表达的诉求还应有：（1）在新的国际协定的序言部分强调总体目标是促进人类的长期可持续发展，允许对自然资源的合理利用；① （2）强调对既有国际法与国际组织具有强制力之规章，尤其是《联合国海洋法公约》的遵守和协调；（3）进一步强调发展中国家尤其是内陆国和地理不利国的共同但有区别之责任；（4）公海保护区设立管理实践不应被国家视为宣扬主权或管辖权的机遇；（5）清晰明确的公海保护区设立管理监督程序和资金分摊是公海保护区能够起到真正效用的必要条件。

（三）方案三：没有具体定义但法律概念零散于条文中

当然，不可否认的是新的国际协定也可能由于种种原因最终未能就定义条款达成共识，或者有意略去定义条款。在筹备委员会的第二次会议上，斐济就指出不是任何划区管理工具都是有普遍定义和广泛适用性的。② 此时，中国只能寻求在协定的不同条款中强调中国对划区管理工具和公海保护区问题的立场和诉求。总结起来主要如下：

1. 国际自然保护联盟之保护区法律定义的广泛影响力，可以提供参考，同时不排除适用1992年《生物多样性公约》中有关海洋保护区的表述，以弥补法律不确定性所带来的争议；

2. 强调对既有国际法与国际组织具有强制力之规章在设立管理公海保护区时的有效性和拘束力，尤其是对《联合国海洋法公约》的遵守，进一步强调划区管理工具的优先性，以及国际合作的必要性；

3. 公海生态环境保护和可持续发展是人类共同关注事项，这与国际海底矿产和生物资源作为人类共同继承的财产原则并不冲突，

---

① 这一观点在第二次筹备委员会会议上得到了日本、新西兰、哥斯达黎加、摩纳哥、加拿大等的支持。IISD, *Summary of the Second Session of the Preparatory Committee on Marine Biodiversity beyond Areas of National Jurisdiction*, USA, 26 August-9 September 2016, p. 6.

② IISD, *Summary of the Second Session of the Preparatory Committee on Marine Biodiversity beyond Areas of National Jurisdiction*, USA, 26 August-9 September 2016, p. 6.

反而体现了共同但有区别的责任,强调对发展中国家尤其是内陆国和海洋地理不利国的援助与能力建设;

4. 人类对海洋资源的开发利用是不可避免的,但是需要强调对海洋生态环境的保护,从而实现人类的可持续发展,与之相对,加强对公海生态环境的保护并不能限制人类的发展权;

5. 公海保护区设立管理实践是为了应对人类共同关注事项之海洋生态环境退化,而不应被国家视为宣扬主权或管辖权的机遇;

6. 即使没有明确的公海保护区和划区管理工具的定义,清晰明确的公海保护区设立管理监督程序和资金分摊机制也是必须规定的,因为这是公海保护区能够起到真正效用的必要条件。

结　　论

　　无论公海保护区与划区管理工具的法律定义在根据《联合国海洋法公约》的规定就国家管辖范围以外区域海洋生物多样性的养护和可持续利用问题拟订之新的具有法律约束力国际文书中会以何种形式被表述出来，公海保护区与划区管理工具的法律概念应该且很可能会包含以下要素：

　　第一，与现有国际法体系的协调。公海保护区国际法实践制度化进程建立在全球国家管辖范围以外区域法律和治理的基础上，因此在拟定划区管理工具和公海保护区法律概念时，需要处理好与现有国际法体系的协调。对此，国际社会经过多年的探讨已经达成共识，即在《联合国海洋法公约》的框架下，借鉴1992年《生物多样性公约》的有益经验，从而构建起公海保护区法律概念体系。这是国家管辖范围以外区域海洋保护区法律概念的法律和制度基础。在此基础上，公海保护区法律实践所引发的国际法权利义务的变化均应以现有国际法体系为基础，而不能未经同意而为第三方设置国际义务。

　　第二，地理区间。海洋保护区应具有确定的地理区间界限，这是公海保护区法律概念中必备的空间实体基础。由于全球范围内海洋划界仍有许多未定争议，对此在拟定公海保护区法律概念时需要考虑以下几个方面。首先，公海保护区必须是全部或部分位于国家管辖范围以外区域，对于基于生态系统方法而部分位于国家管辖范围内、部分位于国家管辖之外的公海保护区，应该通过国际合作予以协调，而不能由沿海国扩张管辖。其次，应督促相应沿海国尽快确定其海域界限主张，明确专属经济区和外大陆架范围，减少因为潜在专属经济区和外大陆架界限问题而导致海洋保护区地理区间性质不明。最后，对于具体公海保护区地理区间的界定，需要基于合理、必要、科学的基础，而防止因为过大过小或者过浅过深而导致海洋生态环境保护效果不佳。

第三，保护客体。公海保护区的保护客体应该是海洋生态环境，对此，需要在法律上将环境问题和生态问题进行综合考量。虽然《联合国海洋法公约》对海洋环境保护制度和海洋生物资源养护问题进行了分别规定，但是不可否认二者是紧密相连和息息相关的。如果将公海保护区的保护客体仅限于海洋生物多样性和可持续利用，显然不利于促进划区管理工具和海洋保护区的联合与协调，更加不利于对海洋生态环境的综合保护与保全。考虑到传统国际环境法和国际海洋法都分别为海洋环境保护和海洋生物资源养护设置了不同的法律制度体系，在拟定公海保护区法律定义时，应该考虑采用广义的定义并对此予以特别考量，在法律概念之保护客体上强调对海洋生态环境的综合保护。

第四，保护目标。公海保护区的保护目标应是实现对保护客体的长期保护，通过对海洋资源的合理使用，而实现人类可持续发展。所谓长期，并不是无限期的，而是应该有确定的期限，如20年或者30年，在保护期限届满后，需要对海洋保护区的保护时效进行综合考察，如果需要延期则必须重新提出海洋保护区设立提案。公海保护区的保护目标并不应排斥对海洋的合理开发和利用以及对海洋生物和非生物资源的合理使用，而是应该追求人类社会的可持续发展，切不可因噎废食。海洋保护区需要在合理使用海洋资源和保护海洋生态环境之间寻求平衡，杜绝过度环保主张和对海洋资源的攫取，才能最终实现可持续发展的目标。

第五，保护方式。海洋保护区实施设立管理、监督、评估等具体保护措施是保证公海保护区能真正起到保护海洋生态环境的必要条件，现有实践证明只有管理良好的海洋保护区才能真正起到保护的效果。具体到设立管理、监督、评估等保护措施，则需要进一步清晰明确程序和依据，需要明确主体权责，比如公海保护区提案的主体包括国家和国际组织，管理的手段和方式应该包括的内容，监督和评估整改的主体与依据标准，设立科学委员会和管理委员会以及相应的具体职能和责任问题。对于这些具体的保护方式，需要在拟定的公海保护区法律概念中予以必要的体现。

第六，国际合作的必要性。公海保护区的保护措施之执行离不开国际合作，因为人类在公海和"区域"的活动已经分别由不同的国际组织所管理，而对于许多新兴的人类海洋活动又缺乏有效治理，同时沿海国和内陆国在其国家管辖范围以内的活动同样会影响到公海生态环境。国家管辖范围以外区域作为人类的公共区域和共同利益所在，涉及的国际法主体非常复杂，法律和治理存在严重的零散和空缺情况。在拟定公海保护区的法律概念时，应特别强调国际合作的必要性，使得国际合作成为一项应尽的国际义务，要求国家之间、国际组织之间、国家与国际组织之间、区域海洋组织之间、区域海洋组织和国家及国际组织之间等都在全人类的视角下进行协调与合作。

第七，与划区管理工具的关系。严格意义上说，划区管理工具与公海保护区存在一定概念维度上的差异性，但是考虑到综合保护海洋生态环境的必要性，将划区管理工具和公海保护区进行联合定义显然有利于避免一些国际合作之法律障碍。划区管理工具，作为一个广义概念，可以包含公海保护区，此时可以通过对划区管理工具进行定义而涵括公海保护区，从而避免割裂公海保护区与划区管理工具的紧密关系。对于在海洋生态环境保护的具体方式上，则需进一步对划区管理工具和公海保护区的关系进行探讨。国际社会对划区管理工具和公海保护区的结合显然还存在争议，担心二者结合可能引发进一步的法律上的矛盾与冲突，但这已经是公海保护区法律定义拟定时不可回避的问题了。

第八，不被国家视为宣扬主权或管辖权的机遇。公海对所有国家开放，各国在公海区域享有有条件的高度自由，任何国家不得有效地声称将公海的任何部分置于其主权之下。在国家管辖范围以外区域构建任何法律制度都不能被视为宣扬主权和管辖权的机遇。多年来，"蓝色圈地运动"如火如荼，沿海国扩张管辖权，海洋强国的霸权主义等可能成为公海保护区设立管理国际法实践的障碍，对此，在拟定公海保护区法律概念时，应强调公海保护区的性质，不限制各国公海自由的权利，不被国家视为宣扬主权或管辖权的机遇。

中国作为公海保护区国际法设立管理实践和立法实践的积极参与者、国家管辖范围以外海洋权益的利益攸关者、国际组织划区管理工具之环保实践的积极推动者、发展中的海洋地理不利国，还应努力推动将以下要素丰富到公海保护区与划区管理工具的法律概念中：

第一，人类共同关注事项。国际社会中共同危机和困难需要人类社会的共同努力以应对，在全球化的今天，人类已经是休戚相关的命运共同体。海洋生态环境保护与公海保护区的设立管理需要人类社会的共同努力，而不能指望部分国家和国际组织，但是至今公海保护区和划区管理工具的国际法实践仍是碎片化的，缺乏全人类的视角。与中国之"人类命运共同体"主张相契合，中国在参与拟定公海保护区法律概念时应该积极推进将海洋生态环境保护认定为人类共同关注的事项：一是借鉴生物多样性和气候变化领域的实践，在具有拘束力的新的国际文书之序言部分强调海洋生态环境保护是人类共同关注事项；二是将海洋保护区法律概念中的保护客体目标认定为人类共同关注事项或人类共同保护客体。

第二，共同但有区别的责任。作为发展中国家和海洋地理不利国，中国对海洋资源的需求与发展进程息息相关，中国保护海洋生态环境的技术能力还很有限，中国还须应对诸多海洋地理不利所带来的劣势。国际环境法和国际海洋法为发展中国家和海洋地理不利国设定了一系列优惠权益和区别责任，在拟定公海保护区法律概念时，中国应该与广大发展中国家一起强调共同但有区别的责任原则，要求国际社会对发展中国家尤其是内陆国与海洋地理不利国给予资金援助、技术转移和能力建设上的支持，从而使发展中国家，包括内陆国与海洋地理不利国，更好地参与公海保护区的设立管理之国际法实践。

第三，强调可持续发展与合理利用。海洋生态环境退化问题日益严峻，国际社会越来越重视对海洋生态环境的保护，因此难免会有因噎废食的畏惧，导致有些国家希望对公海生态环境保护予以最严格的限制。对海洋资源的合理利用并不会对海洋生态环境造成损害，因此中国在公海保护区法律定义拟定过程中多次强调海洋生物资源养护并不应限制合理使用。事实上，在对海洋生态环境保护未达成共识前，国际社会似乎更愿意"冻结"开发利用海洋生物资源的人类活动，从而根本上革除潜在的人类活动之不利影响，避免海洋生态环境的进一步恶化。中国需要正视这一现实，在强调合理使用和利用的基础上，还可以进一步强调可持续发展。在人类可持续发展这一总体目标下，合理使用的长远可期是必然的，但是短期之内对海洋生物资源的限制开发这一趋势亦是国际社会无奈之选。

第四，划区管理工具为主的宽泛概念。考虑到中国在相应国际组织中的话语权和优势地位，以及中国周边区域海洋环保组织发展现状，以划区管理工具为基础，推动宽泛的公海保护区概念是符合中国权益的方案。同时，这也是推进海洋生态环境综合保护，划区管理工具和公海保护区联合与协调的最优方案。因此，在就拟定划区管理工具和公海保护区法律概念进行磋商谈判时，中国应该积极推动宽泛的划区管理工具，以包括公海保护区。进而在其他条款中，就划区管理工具和公海保护区的保护方式之设立管理、监督、评估等保护措施的程序和机制问题提出与宽泛广义划区管理工具概念相适应的中国方案。

第五，公海保护区实践与既有国际法权益。经过多年的海洋强国战略发展，在无数海洋技术人员与从业人员的辛勤奋斗下，中国的海洋利用和开发能力取得了长足进步，这使得中国在国际海底、远洋、南北极等都有了自己的特殊权益。为了维护这些权益，中国不仅应主张和赞成公海保护区国际法实践不被国家视为宣扬主权或管辖权的机遇，还应强调在国际法的基础上，公海保护区设立管理实践不能影响到现有的国际海洋法权利与义务体系，比如不能影响到《联合国海洋法公约》中有关公海自由和海洋科学研究等处的制度规定。因此，在拟定划区管理工具和公海保护区法律概念的进程中，中国应时时警醒，并因应地提出方案，维护中国已经取得的合法国际法权益。

第六，丰富公海保护区的设立管理监督等程序。只有管理良好的公海保护区才能对保护海洋生态环境起到真正的有益作用，因此问题的核心并不一定是是否需要公海保护区，而是需要怎样的公海保护区，此时，应该务实地逐案逐例地推进公海保护区设立管理、监督审查机制，丰富具体管理措施。恰如中国在参与南极海洋生物资源养护委员会之海洋保护区实践中所强调的，应该加强对公海保护区的科学研究和监测，就海洋保护区的具体管理措施进行探索与丰富，从而为设立管理、监测、审查公海保护区制定出必要的标准和程序。这一问题又是公海保护区法律概念要件之保护方式的必然内容，需要通过国际合作来予以深化。

总而言之，公海生态环境退化是人类共同关注事项，概念清晰、管理良好的公海保护区有助于保护海洋生态环境。在现有国际法框架内，作为发展中国家与海洋地理不利国的中国，应积极参与公海保护区国际法实践制度化进程，在公海保护区法律概念这一问题上提出既符合中国权益又有益于保护海洋生态环境的提案。

缩略语列表

【1】	Abidjan Convention	Convention for the Cooperation in the Protection and Development of the Marine and Coastal Environment of the West and Central African Region	《关于合作保护和开发西非与中非区域海洋与沿海环境的公约》（阿比让公约）
【2】	ABMTs	Area-based management tools	划区管理工具
【3】	ABNJ	Areas beyond national jurisdiction	国家管辖范围以外区域
【4】	ABS	Access and benefit-sharing	获取与利益分享
【5】	AC	Arctic Council	北极理事会
【6】	AEPS	Arctic Environmental Protection Strategy	北冰洋环境保护战略
【7】	Antigua Convention	Convention for Cooperation in the Protection and Sustainable Development of the Marine and Coastal Environment of the North-East Pacific	《合作保护和可持续发展东北太平洋海洋和沿海环境公约》
【8】	AOSIS	Alliance of Small Island States	小岛屿国家联盟
【9】	Apia Convention	Convention on the Conservation of Nature in the South Pacific	《保护南太平洋区域自然资源和环境公约》
【10】	Area	Sea-bed and ocean floor and subsoil thereof, beyond the limits of national jurisdiction	"区域"
【11】	BEP	Best Environmental Practice	最佳环境实践
【12】	Barcelona Convention	Convention for the Protection of the Marine Environment and the Coastal Region of the Mediterranean	《保护地中海海洋环境和沿海区域公约》
【13】	BAT	Best Available Techniques	最佳可用技术

续表

【14】	BBNJ	Conservation and sustainable use of marine biological diversity of areas beyond national jurisdiction	国家管辖范围以外区域海洋生物多样性的养护与可持续利用
【15】	BBNJ PrepCom	A Preparatory Committee for development of ILBI under the UNCLOS on BBNJ conservation and sustainable use	根据《联合国海洋法公约》的规定就国家管辖范围以外区域海洋生物多样性的养护和可持续利用问题拟订一份具有法律约束力的国际文书之筹备委员会
【16】	BBNJ Working Group	An Ad Hoc Open-ended Informal Working Group to study issues relating to the conservation and sustainable use of BBNJ	不限成员名额非正式特设工作组以研究国家管辖范围以外区域海洋生物多样性的养护和可持续利用问题
【17】	BSC	The Commission on the Protection of the Black Sea Against Pollution	保护黑海免受污染委员会
【18】	CAR/RCU	Regional Coordinating Unit	区域协调机构
【19】	CARICOM	Caribbean Community	加勒比共同体
【20】	Cartagena Convention	Convention for the Protection and Development of the Marine Environment of the Wider Caribbean Region	《保护和发展大加勒比区域海洋环境公约》
【21】	CB&TT	Capacity building and technology transfer	能力建设和技术转移
【22】	CBD	Convention on Biological Diversity	《生物多样性公约》
【23】	CCAMLR	Commission for the Conservation of Antarctic Marine Living Resources	南极海洋生物资源养护委员会
【24】	CCH	Common concern of humankind	人类共同关注事项
【25】	CDR	Common but differentiated responsibilities	共同但有区别的责任
【26】	CEP	Caribbean Environment Programme	加勒比海环境规划
【27】	CHM	Common heritage of mankind	人类共同继承财产
【28】	CHM	Clearinghouse mechanism	交换所机制
【29】	CITES	Convention on International Trade in Endangered Species of Wild Fauna and Flora	《濒危野生动植物种国际贸易公约》
【30】	CMM	Conservation and Management Measures	养护管理措施
【31】	CMS	Convention on Migratory Species	《养护迁徙野生动物物种公约》
【32】	COBSEA	Coordinating Body on the Sea of East Asia	东亚海域协调机构
【33】	COP	Conference of the Parties	缔约方会议

续表

【34】	CPPS	Permanent Commission for the South Pacific	南太平洋永久委员会
【35】	EBSAs	Ecologically or biologically significant marine areas	生态或生物重要的海域
【36】	EIA	Environmental impact assessment	环境影响评价
【37】	EU	European Union	欧盟
【38】	FAO	Food and Agriculture Organization of The UN	联合国粮农组织
【39】	FSM	Federated States of Micronesia	密克罗尼西亚联邦
【40】	G-77/China	Group of 77 and China	"77国集团"和中国
【41】	GDSs	Geographically Disadvantaged States	地理不利国
【42】	GFCM	General Fisheries Commission for the Mediterranean	地中海渔业委员会
【43】	HELCOM	Commision on the Protection of the Marine Environment of the Baltic Sea Area	保护波罗的海环境委员会
【44】	HSMPAs	High Seas Marine Protected Areas	公海保护区
【45】	ICAO	International Civil Aviation Organization	国际民用航空组织
【46】	ICCAT	International Commission for the Conservation of Atlantic Tunas	养护大西洋金枪鱼国际组织
【47】	ICES	International Council for the Exploration of the Sea	国际海洋考察理事会
【48】	ICP	Informal Consultative Process on Oceans and the Law of the Sea	非正式海洋法和海洋事务协商进程
【49】	ICZM	Integrated Coastal Zone Management	整体海岸带管理
【50】	IGC	Intergovernmental Conference	政府间会议
【51】	IGOs	Intergovernmental organizations	政府间组织
【52】	ILBI	An International Legally Binding Instrument	一份具有法律约束力的国际文书
【53】	IMO	International Maritime Organization	国际海事组织
【54】	IOC	Intergovernmental Oceanographic Commission	政府间海洋委员会
【55】	IOTC	Indian Ocean Tuna Commission	印度洋金枪鱼委员会
【56】	IPBES	Intergovernmental Science-Policy Platform on Biodiversity and Ecosystem Services	关于生物多样性和生态服务的政府间科学政策平台
【57】	IPLCs	Indigenous peoples and local communities	土著人和当地社区

续表

【58】	IPR	Intellectual property rights	知识产权
【59】	ISA	International Seabed Authority	国际海底管理局
【60】	ITLOS	International Tribunal for the Law of the Sea	联合国海洋法法庭
【61】	ITPGR	International Treaty on Plant Genetic Resources	《植物遗传资源国际条约》
【62】	IUCN	International Union for Conservation of Nature	国际自然保护联盟
【63】	IUU	Illegal, Unregulated and Unreported Fishing	非法、无管制、不报告捕鱼
【64】	IWC	International Whaling Commission	国际捕鲸委员会
【65】	LC/LP	Convention on the Prevention of Marine Pollution by Dumping of Wastes and Other Matter	《伦敦倾废公约》
【66】	LDCs	Least developed countries	最不发达国家
【67】	LLDCs	landlocked developing countries	内陆国
【68】	MARPOL	International Convention for the Prevention of Pollution from Ships	《国际防止船舶造成污染公约》
【69】	MGRs	Marine genetic resources	海洋遗传资源
【70】	MPAs	Marine Protected Areas	海洋保护区
【71】	MSP	Marine spatial planning	海洋空间规划
【72】	MSR	Marine scientific research	海洋科学研究
【73】	NAFO	Northwest Atlantic Fisheries Organization	西北大西洋渔业组织
【74】	Nairobi Convention	Convention for the Protection, Management and Development of the Marine and Coastal Environment of the Eastern African Region	《关于保护、管理和开发东非区域海洋与沿海环境的公约》（《内罗毕公约》）
【75】	NEAFC	North East Atlantic Fisheries Commission	东北大西洋渔业委员会
【76】	NEPAD	New Partnership for Africa Development	非洲发展新伙伴
【77】	NGOs	Non-governmental organizations	非政府组织
【78】	NOWPAP	Northwest Pacific Action Plan	西北太平洋行动方案
【79】	NPFC	North Pacific Ocean Commission	北太平洋渔业委员会
【80】	NRDC	Natural Resources Defense Council	自然资源防护委员会

续表

【81】	OSPAR	Commission for the Protection of the Marine Environment of the Northeast Atlantic	保护东北大西洋海洋环境委员会
【82】	OSPAR Convention	Convention for the Protection of the Marine Environment of the North-East Atlantic	《保护东北大西洋海洋环境公约》
【83】	PERSGA	Regional Organization for the Conservation of the Environment of the Red Sea and Gulf of Aden	红海和亚丁湾环境保护区域组织
【84】	Pew	Pew Charitable Trusts	皮尤慈善信托基金会
【85】	PSIDS	Pacific Small Island Developing States	太平洋小岛屿发展中国家
【86】	PSSAs	Particularly Sensitive Sea Areas	特别敏感海域
【87】	R&D	Research and Development	科研与发展
【88】	RACs	Regional Activity Centres	区域活动中心
【89】	RFBs	Regional Fishery Bodies	区域渔业机构
【90】	RFMOs	Regional fisheries management organizations	区域渔管组织
【91】	Rio+20	United Nations Conference on Sustainable Development（UNCSD）	联合国可持续发展大会
【92】	ROPME	Regional Organisation for Protection of the Marine Enviroment	保护海洋环境区域组织
【93】	RSA/Ps	Regional Sea Association	区域海洋组织
【94】	RSP	Regional Sea Programme	区域海洋方案
【95】	SACEP	South Asia Cooperative Environment Programme	南亚合作环境规划
【96】	SASAP	South Asian Seas Action Plan	南亚海域行动计划
【97】	SBSTTA	CBD Subsidiary Body on Scientific, Technical and Technological Advice	《生物多样性公约》附属科学、技术和工艺咨询机构
【98】	SDG	Sustainable Development Goal	可持续发展目标
【99】	SEAFO	International Commission for the Southeast Atlantic Fisheries	东南大西洋渔业委员会
【100】	SEAs	Strategic environmental assessments	环境战略评估
【101】	SIDS	Small island developing states	小岛屿发展中国家
【102】	SOLAS	Convention on the Safety of Life at Sea	《海上人命安全公约》
【103】	SPRFMO	South Pacific Regional Fisheries Management Organization	南太平洋区域渔业管理组织
【104】	TEIAs	Transboundary environmental impact assessments	跨境环境影响评估

续表

【105】	UNCLOS	United Nations Convention on the Law of the Sea	《联合国海洋法公约》
【106】	UNCSD	United Nations Conference on Sustainable Development	联合国可持续发展大会
【107】	UNDOALOS	UN Division of Ocean Affairs and the Law of the Sea	联合国海洋事务和海洋法司
【108】	UNEP	UN Environment Programme	联合国环境规划署
【109】	UNESCO	United Nations Educational, Scientific and Cultural Organization	联合国教科文组织
【110】	UNFSA	UN Fish Stocks Agreement	《联合国鱼类种群协定》
【111】	VMEs	Vulnerable marine ecosystems	脆弱的海洋生态系统
【112】	WACAF	West and Central Africa Region	中西非洲区域
【113】	WCPFC	Western and Central Fisheries Commission	中西太平洋渔业委员会
【114】	WHC	World Heritage Centre	世界遗产中心
【115】	WIPO	World Intellectual Property Organization	世界知识产权组织
【116】	WTO	World Trade Organization	世界贸易组织
【117】	WWF	World Wildlife Fund	世界野生动植物基金

规范文件翻译对应列表

1944 年《国际民用航空公约》(Chicago Convention on International Civil Aviation)

1945 年《国际法院规约》(Statute of the International Court of Justice)

1946 年《国际管制捕鲸公约》(International Convention for the Regulation of Whaling)

1948 年《世界人权宣言》(Universal Declaration of Human Rights)

1958 年《国际海事组织公约》(Convention on the international maritime organization)

1958 年《日内瓦公海公约》(Convention on the High Seas)

1959 年《南极条约》(Antarctic Treaty)

1966 年《养护大西洋金枪鱼公约》(International Convention for the Conservation of Atlantic Tuna)

1969 年《维也纳条约法公约》(Vienna Convention on the Law of Treaties)

1969 年《国际干预公海油污事故公约》(International Convention Relating to Intervention on the High Seas in Cases of Oil Pollution Casualties)

1971 年《设立国际油污损害赔偿基金公约》（International Convention on the Establishment of an International Fund for Compensation for Oil Pollution Damage）

1972 年《防止倾倒废物和其他物质污染海洋的公约》（Convention on the Prevention of Marine Pollution by Dumping of Wastes and Other Matter and the 1996 London Protocol）

1972 年《联合国人类环境会议宣言》（Declaration of the United Nations Conference on the Human Environment）

1972 年《人类环境行动计划》（Action Plan for the Human Environment）

1972 年《保护世界文化和自然遗产公约》（Convention Concerning the Protection of the World Cultural and Natural Heritage）

1972 年《南极海豹保护公约》（Convention for the Conservation of Antarctic Seals）

1972 年《人类环境行动计划》（Action Plan for Human Environment）

1972 年《关于人类环境的斯德哥尔摩宣言》（The Stockholm Declaration on Human Environment）

1973 年《防止船舶污染国际公约》（International Convention for the Prevention of Pollution from Ships as modified by the Protocol of 1978 relating thereto and by the Protocol of 1997）

1973 年《保护北极熊协定》（Agreement on the Conservation of Polar Bears）

1973 年《濒危野生动植物种国际贸易公约》（Convention on International Trade in Endangered Species of Wild Fauna and Flora）

1974 年《国际海上人命安全公约》（International Convention for the Safety of Life at Sea）

1979 年《保护野生动物迁徙物种公约》（Convention on Migratory Species）

1979 年《指导各国在月球和其他天体上活动的协定》（Agreement Governing the Activities of States on the Moon and Other Celestial Bodies）

1980 年《南极海洋生物资源养护公约》（The Convention on the Conservation of Antarctic Marine Living Resources）

1980 年《东北大西洋渔业未来多边合作公约》（Convention on Future Multilateral Cooperation in the Northeast Atlantic Fisheries）

1981 年《保护东南太平洋海洋环境和沿海地区公约》（Convenio para la Protección del Medio Marino y la Zona Costera del Pacífico Sudeste）

1982 年《联合国海洋法公约》（United Nations Convention on the Law of the Sea）

1982 年《世界大自然宪章》（World Charter for Nature）

1985 年《保护臭氧层维也纳公约》（Vienna Convention for Protection of the Ozone Layer）

1986 年《保护南太平洋区域自然资源和环境公约》（Convention for the Protection of the Natural Resources and Environment of the South Pacific Region）

1986 年《关于国家和国际组织间或国际组织相互条约法的维也纳公约》（Convention on the Law of Treaties between States and International Organizations or between International Organizations）

1987 年《蒙特利尔破坏臭氧层物质管制议定书》（Montreal Protocol on Substances that Deplete the Ozone Layer）

1989 年《国际救助公约》（International Convention on Salvage）

1989 年《关于控制危险废物越境转移及其处置的巴塞尔公约》（Basel Convention on the Control of Transboundary Movements of Hazardous Wastes and Their Disposal）

1990 年《保护和开发大加勒比区域海洋环境公约关于特别保护区和野生物的议定书》（Specially Protected Areas and Wildlife Protocol of the Convention for the Protection and Development of the Marine Environment of the Wilder Caribbean Region）

1991年《关于环境保护的南极条约议定书》（Protocol on Environment Protection to the Antarctic Treaty）

1991年《有关特殊区域指明和特别敏感区域鉴定的指南》（Guidelines for the Designation of Special Areas and the Identification of Particularly Sensitive Sea Areas）

1992年《生物多样性公约》（Convention on Biological Diversity）

1992年《关于环境与发展的里约热内卢宣言》（Rio Declaration on Environment and Development）

1992年《21世纪议程》（Agenda 21）

1992年《保护东北大西洋海洋环境公约》（Convention for the Protection of the Marine Environment of the North-East Atlantic）

1992年《关于所有类型森林的管理、养护和可持续开发的无法律约束力的全球协商一致意见的原则声明》（Non-legally Binding Authoritative Statement of Principles for a Global Consensus on the Management, Conservation and Sustainable Development of All Types of Forests）

1992年《联合国气候变化框架公约》（The United Nations Framework Convention on Climate Change）

1993年《建立地中海海洋哺乳动物保护区的联合声明》（Joint Declaration Concerning the Institution of a Mediterranean Sanctuary for Marine Mammals）

1994年《关于执行1982年12月10日〈联合国海洋法公约〉第十一部分的协定》（Agreement Relating to the Implementation of Part XI of the United Nations Convention on the Law of the Sea of 10 December 1982）

1995年《1982年12月10日〈联合国海洋法公约〉有关养护和管理跨界鱼类种群和高度洄游鱼类种群的规定执行协定》（Agreement for the Implementation of the Provisions of the United Nations Convention of the Law of the Sea of 10 December 1982, Relating to the Conservation and

Management of Straddling Fish Stocks and Highly Migratory Fish Stocks）

1995 年《关于海洋和沿海生物多样性的雅加达任务》（Jakarta Mandate on Marine and Coastal Biological Diversity）

1995 年《关于地中海特别保护区和生物多样性的巴塞罗那公约附加议定书》（Protocol Concerning Specially Protected Areas and Biological Diversity in the Mediterranean）

1995 年《保护海洋环境免受陆地活动污染全球行动纲领》（The Global Program of Action for the Protection of the Marine Environment from Land-based Activities）

1995 年《粮农组织负责任渔业行为守则》（Code of Conduct for Responsible Fisheries）

1995 年《国际珊瑚礁倡议》（Call to Action of the International Coral Reef Initiative）

1998 年《国际刑事法院罗马规约》（Rome Statute of the International Criminal Court）

1999 年《创设地中海海洋哺乳动物保护区的协议》（Agreement on the Creation of a Mediterranean Sanctuary for Marine Mammals）

1999 年《识别特别敏感海域并采取相关保护措施的程序》和《对第 A.720（17）号决议所载准则的修改》["Procedures for the Identification of Particularly Sensitive Sea Areas and the Adoption of Associated Protective Measures" and "Amendments to the Guidelines Contained in Resolution A.720（17）"]

2000 年《"区域"内多金属结核探矿和勘探规章》（The Regulations on Prospecting and Exploration for Polymetallic Nodules in the Area and Related Matters）

2001 年《保护水下文化遗产公约》（Convention on the Protection of Underwater Cultural Heritage）

2001 年《雷克雅未克海洋生态系统负责任渔业行为宣言》（Reykjavik Declaration on Responsible Fisheries in the Marine Ecosystem）

2001 年《关于在 MARPOL 73/78 项下指定特殊区域的指南》(Guidelines for the Designation of Special Areas under MARPOL 73/78)

2002 年《关于可持续发展的约翰内斯堡宣言》(Johannesburg Declaration on Sustainable Development)

2002 年《可持续发展世界首脑会议执行计划》(Plan of Implementation of the World Summit on Sustainable Development)

2002 年《关于海岸和海洋环境合作保护与可持续发展的东北太平洋公约》(The Convention for Cooperation in the Protection and Sustainable Development of the Marine and Coastal Environment of the Northeast Pacific)

2003 年《保护非物质文化遗产公约》(Convention for the Safeguarding of the Intangible Cultural Heritage)

2003 年《〈保护东北大西洋海洋环境公约〉关于海洋保护区网络的建议》(OSPAR Recommendation 2003/3 on a Network of Marine Protected Areas)

2003 年《关于识别和选取〈保护东北大西洋海洋环境公约〉下海洋保护区的指南》(Guidelines for the Identification and Selection of Marine Protected Areas in the OSPAR Maritime Area)

2003 年《关于管理〈保护东北大西洋海洋环境公约〉下海洋保护区的指南》(Guidelines for the Management of Marine Protected Areas in the OSPAR Maritime Area)

2003 年《有关泰坦尼克号沉船遗址的协议》(Agreement Concerning the Shipwrecked Vessel RMS Titanic)

2005 年《关于特别敏感海域的确定和指定的修订准则》[Revised Guidelines for the Identification and Designation of Particularly Sensitive Sea Areas (PSSAs)]

2009 年《保护南奥克尼群岛南部大陆架的 91-03 养护措施》(Conservation Measures 91-03: Protection of the South Orkney Islands southern shelf)

2009 年《关于港口国预防、制止和消除非法、不报告、不管制捕鱼的措施协定》（Port State and Flag State Measures Agreements to prevent, deter and eliminate illegal, unreported and unregulated fishing）

2010 年《东北大西洋区域组织关于设立约瑟芬海隆公海海洋保护区的 2010/5 决定》（OSPAR Decision 2010/5 on the Establishment of the Josephine Seamount High Seas Marine Protected Area）

2010 年《"区域"内多金属硫化物探矿和勘探规章》（Regulations on Prospecting and Exploration for Polymetallic Sulphides in the Area）

2010 年《保护东北大西洋海洋环境公约组织关于设立米尔恩海山复合海洋保护区的决定》（OSPAR Decision 2010/1 on the Establishment of the Milne Seamount Complex Marine Protected Area）

2011 年《有关南大洋生物资源养护委员会设立保护区的总体框架》（General framework for the establishment of CCAMLR Marine Protected Areas）

2012 年《"区域"内富钴铁锰结壳探矿和勘探规章》（Regulations on Prospecting and Exploration for Cobalt-rich Ferromanganese Crusts in the Area）

2014 年《粮食安全和消除贫困背景下保障可持续小规模渔业自愿准则》（Voluntary Guidelines for Securing Sustainable Small-Scale Fisheries in the Context of Food Security and Poverty Eradication）

2016 年《南大洋生物资源养护委员会罗斯海保护区养护措施》（The CCAMLR Conservation Measure for the Ross Sea region Marine Protected Area）

2016 年《巴黎气候变化协定》（Paris Climate Agreement）

参考文献

一 国际组织的决议和报告

（一）国际组织的决议

国际海底管理局大会决议：ISBA/6/A/18，ISBA/19/A/9，ISBA/16/A/12/Rev.1，ISBA/18/A/11，ISBA/13/LTC/WP.1，ISBA/13/C/WP.1，ISBA/18/C/22，ISBA/17/LTC/7。

国际海事组织文件：A.982（24），Res.MEPC.163（56），Res.A.1024（26）。

联合国大会决议：A/RES/43/53，A/RES/49/28，A/RES/54/33，A/RES/57/141，A/RES/60/30，A/RES/62/177，A/RES/62/215，A/RES/63/111，A/RES/63/112，A/RES/64/71，A/RES/64/72，A/RES/65/37，A/RES/65/37B，A/RES/65/38，A/RES/66/68，A/RES/66/231，A/RES/67/5，A/RES/67/78，A/RES/67/79，A/RES/68/70，A/RES/69/292。

联合国大会秘书长的报告：A/55/2，A/RES/56/13，A/57/253，A/58/65，A/59/24，A/59/62/Add.1，A/61/63，A/62/66/Add.2，A/63/63/Add.1，A/RES/63/111，A/65/69/Add.2，A/66/70，A/67/79/Add.1，A/68/70。

联合国有关国家管辖范围外海域生物多样性与可持续发展非正式工作组文件：A/68/399，A/69/82，A/69/177，A/69/780。

(二) 国际自然保护联盟出版报告

IUCN, Rodney V. Salm & John R. Clark, *Marine and Coastal Protected Areas: A Guide for Planners and Managers*, Switzerland, 1984.

IUCN, *17th Session of the General Assembly of IUCN and 17 IUCN Technical Meeting*, San José, Costa Rica, 1-10 February 1988.

IUCN, *Marine and Coastal Area Conservation*, GA 1994 REC 046, Buenos Aires, 1994.

IUCN, Graeme Kelleher & Adrian Phillips, *Guidelines for Marine Protected Areas*, Switzerland & UK, 1999.

IUCN, WCPA WWF, Gjerde, K.M., *Ten-year Strategy to Promote the Development of a Global Representative System of High Seas Marine Protected Area Networks*, Durban, South Africa, 8-17 September 2003.

IUCN, WCPA WWF, Gjerde, K.M., and Charlotte Breide, *Towards a Strategy for High Seas Marine Protected Areas*, Malaga, Spain, 15-17 January 2003.

IUCN, *An Introduction to the African Convention on the Conservation of Nature and Natural Resources*, Switzerland & UK & Germany, 2004.

IUCN, Dotinga, H.& Molenaar, E.J., *The Mid-Atlantic Ridge: A Case Study on the Conservation and Sustainable Use of Marine Biodiversity in Areas beyond National Jurisdiction*, IUCN, Switzerland, 2008.

IUCN, Kristina M. Gjerde et al., *Regulatory and Governance Gaps in the International Regime for the Conservation and Sustainable Use of Marine Biodiversity in Areas beyond National Jurisdiction*, IUCN Global Marine Program, Gland, Switzerland, 2008.

IUCN, Nigel Dudley ed., *Guidelines for Applying Protected Area Management Categories*, Switzerland, 2008.

IUCN, Dan Laffoley, Gabriel Grimsditch, *The Management of Natural Coastal Carbon Sinks*, Switzerland, 2009.

IUCN, Laffoley, D. and Langley, J., *Bahrain Action Plan for Marine World Heritage. Identifying Priorities and Enhancing the Role of the World Heritage Convention in the IUCN-WCPA Marine Global Plan of Action for MPAs in Our Oceans and Seas*, Switzerland, 2010.

IUCN, *Guidelines for Applying the IUCN Protected Area Management Categories to Marine Protected Areas*, Switzerland, 2012.

IUCN, Abdulla, A., Obura, D., Bertzky, B. and Shi, Y., *Marine Natural Heritage and the World Heritage List: Interpretation of World Heritage Criteria in Marine Systems, Analysis of Biogeographic Representation of Sites, and a Roadmap for Addressing Gaps*, Gland, Switzerland 2013.

IUCN, *Plastic Debris in the World's Oceans*, Switzerland, 2014.

IUCN, Simard, F., Laffoley, D. & J.M.Baxter, *Marine Protected Areas and Climate Change: Adaptation and Mitigation Synergies, Opportunities and Challenges*, IUCN, Gland, Switzerland, 2016.

IUCN, Day, J., Dudley, N., Hockings, M., Holmes, G., Laffoley, D., Stolton, S., Wells, S. and Wenzel, L. eds., *Guidelines for Applying the IUCN Protected Area Management Categories to Marine Protected Areas*, Second edition, Switzerland, 2019.

IUCN, Laffoley, D., Baxter, J.M., *Ocean Deoxygenation: Everyone's Problem*, Switzerland, 2019.

（三）南极海洋生物资源养护委员会报告

CCAMLR, *Report of the Twenty Seventh Meeting of the Commission*, CCAMLR-XVII, Australia, 2008.

CCAMLR, *Report of Twenty-Eighth Meeting of the Commission*, CCAMLR-XXVIII, Australia, 2009.

CCAMLR, *General Framework for the Establishment of CCAMLR Marine Protected Areas*, Conservation Measure 91-04, Australia, 2011.

CCAMLR, *Report of Thirtieth Meeting of the Commission*, CCAMLR-XXX,

Australia, 2011.

CCAMLR, *Report of Thirty-First Meeting of the Commission*, CCAMLR-XXXI, Australia, 2012.

CCAMLR, *Report of the Second Special Meeting of the Commission*, CCAMLR-SM-II, Bremerhaven, Germany, 15 and 16 July 2013.

CCAMLR, *Report of Thirty-Second Meeting of the Commission*, CCAMLR-XXXII, Australia, 2013.

CCAMLR, *Report of Thirty-Third Meeting of the Commission*, CCAMLR-XXXIII, Australia, 2014.

CCAMLR, *Report of the Thirty-fourth Meeting of the Commission*, CCAMLR-XXXIV, Australia, 2015.

CCAMLR, *Report of Thirty-Fifth Meeting of the Commission*, CCAMLR-XXXV, Australia, 2016.

CCAMLR, *Ross Sea Region Marine Protected Area*, Conservation Measure 91-05, Australia, 2016.

CCAMLR, *Report of Thirty-Sixth Meeting of the Commission*, CCAMLR-XXXVI, Australia, 2017.

CCAMLR, *Report of Thirty-Seventh Meeting of the Commission*, CCAMLR-XXXVII, Australia, 2018.

CCAMLR, *Report of Thirty-Eighth Meeting of the Commission*, CCAMLR-38, Australia, preliminary version, 2019.

（四）东北大西洋海洋环境保护委员会报告

OSPAR Commission, *2012 Status Report on the OSPAR Network of Marine Protected Areas*, UK, 2013.

OSPAR Commission, *Annual Report 2012/13*, UK, 2013.

OSPAR Commission, *Annual Report 2013/14*, UK, 2014.

OSPAR Commission, Dr.Janos Hennicke, *2016 Status Report on the OSPAR Network of Marine Protected Areas*, London, United Kingdom, 2017.

OSPAR, Benjamin Ponge, *ICCAT Management Measures*, and

Interactions with OSPAR High Seas Marine Protected Areas, Document intended for OSPAR-Madeira Ⅱ Workshop, 9 January 2012.

OSPAR, Benjamin Ponge, *IMO Environmental Management*, *and Potential Interactions with OSPAR High Seas Marine Protected Areas*, Document intended for OSPAR-Madeira Ⅱ workshop, 9 January 2012.

OSPAR, Benjamin Ponge, *NEAFC Management Measures*, *and Interactions with OSPAR High Seas Marine Protected Areas*, Document intended for OSPAR-Madeira Ⅱ workshop, 9 January 2012.

OSPAR, *OSPAR's Regulatory Regime for Establishing Marine Protected Areas (MPAs) in Areas Beyond National Jurisdiction (ABNJ) of the OSPAR Maritime Area*, Summary Record-OSPAR 09/22/1-E, Annex 6, Brussels, Belgium, 22-26 June 2009.

（五）国家管辖范围以外生物多样性养护和可持续发展之联合国系列会议报告

IISD, *Summary of the Working Group on Marine Biodiversity beyond Areas of National Jurisdiction*, USA, 13-17 February, 2006.

IISD, *Summary of the Second Meeting of the Working Group on Marine biodiversity beyond Areas of National Jurisdiction*, USA, 28 April-2 May 2008.

IISD, *Summary of the Fourth Meeting of the Working Group on Marine biodiversity beyond Areas of National Jurisdiction*, USA, 31 May-3 June 2011.

IISD, *Summary of the Fifth Meeting of the Working Group on Marine biodiversity beyond Areas of National Jurisdiction*, USA, 7-11 May 2012.

IISD, Elisa Morgera, *Briefing Note on the WG on Marine Biodiversity*, USA, June 16-19, 2014.

IISD, *Summary of the Eighth Meeting of the Working Group on Marine Biodiversity beyond Areas of National Jurisdiction*, USA, 16-19 June 2014.

IISD, *Summary of the Seventh Meeting of the Working Group on Marine Biodiversity beyond Areas of National Jurisdiction*, USA, 1 - 4 April 2014.

IISD, *Summary of the Ninth Meeting of the Working Group on Marine Biodiversity beyond Areas of National Jurisdiction*, USA, 20 - 23 January 2015.

IISD, *Summary of the First Session of the Preparatory Committee on Marine Biodiversity beyond Areas of National Jurisdiction*, USA, 28 March-8 April 2016.

IISD, *Summary of the Second Session of the Preparatory Committee on Marine Biodiversity beyond Areas of National Jurisdiction*, USA, 26 August-9 September 2016.

IISD, *Summary of the Fourth Session of the Preparatory Committee on Marine Biodiversity beyond Areas of National Jurisdiction*, USA, 10-21 July 2017.

IISD, *Summary of the Third Session of the Preparatory Committee on Marine Biodiversity beyond Areas of National Jurisdiction*, USA, 27 March-7 April 2017.

IISD, *Summary of the First Session of the Intergovernmental Conference (IGC) on the Conservation and Sustainable Use of Marine Biodiversity of Areas beyond National Jurisdiction*, USA, 4-17 September 2018.

IISD, *Summary of the Scond Session of the Intergovernmental Conference (IGC) on the Conservation and Sustainable Use of Marine Biodiversity of Areas beyond National Jurisdiction*, USA, 25 March-5 April 2019.

IISD, *Summary of the Third Session of the Intergovernmental Conference (IGC) on the Conservation and Sustainable Use of Marine Biodiversity of Areas beyond National Jurisdiction*, USA, 19-30 August 2019.

（六）其他各类国际组织报告

Arctic Council, PAME, *Framework for a Pan-Arctic Network of Marine*

Protected Areas, Canada, April 2015.

Australian Government & Natural Heritage Trust, *Report on the Great Barrier Reef Marine Park Zoning Plan 2003*, Australia, 2005.

Australian Government, *Determination Prohibiting use of Vessels—Part of the Great Australian Bight Commonwealth Marine Reserve—Marine Mammal Protection Zone of the Former Great Australian Bight Marine Park (Commonwealth Waters)*, Australia, 2013.

Australian Government, *Great Barrier Reef Marine Park Zoning Plan 2003*, Australia, 2003.

EEA Report, *Marine Protected Areas in Europe's Seas: An Overview and Perspectives for the Futures*, Denmark, 2015.

FAO & Japan Government, *Expert Workshop on Marine Protected Areas and Fisheries Management: Review of Issues and Considerations*, FAO Fisheries Report, No.825, Rome, Italy, 12-14 June 2006.

FAO, Fisheries and Aquaculture Department, *FAO Global Capture Production database updated to 2015 – Summary information*, Rome, Italy, 2017.

Global Ocean Commission, *From Decline to Recovery: A Rescue Package for the Global Ocean*, Oxford, UK, 2014.

IMO, *Implications of the United Nations Convention on the Law of the Sea for the International Maritime Organization*, Prepared by the IMO Secretariat, LEG/MISC.8, London, 30 January 2014.

IOC-UNESCO and UNEP, *Large Marine Ecosystems: State and Trends, Summary for Policymakers*, TWAP, Nairobi, Kenya, 2016.

IOC-UNESCO, IOC *Criteria and Guidelines on the Transfer of Marine Technology*, IOC Information Document 1203, Paris, 2005.

IPCC, *Climate Change 2014: Synthesis Report, Contribution of Working Groups Ⅰ, Ⅱ and Ⅲ to the Fifth Assessment Report of the Intergovernmental Panel on Climate Change* [Core Writing Team, R.K.Pachauri and

L. A. Meyer (eds.)], IPCC, Geneva, Switzerland, 2014.

ISA, *Environmental Management Needs for Exploration and Exploitation of Deep Sea Minerals: Report of a Workshop Held by The International Seabed Authority in Collaboration with the Government of Fiji and the SOPAC Division of the Secretariat of the Pacific Community (SPC)*, Nadi, Fiji, 2011.

NOAA Technical Report, *History of Scientific Study and Management of the Alaskan Fur Seal*, Callorhinus ursinus, 1786-1964, USA, 1984.

Oceanographic Research Institute, Rudy van der Elst, Bernadine Everett, *Offshore Fisheries of the Southwest Indian Ocean: Their Status and the Impact on Vulnerable Species*, Special Publication No. 10, South Africa, May, 2015.

SPREP, *Pacific Islands Framework for Action on Climate Change 2006-2015*, Apia, Samoa, 2005.

STINAPA, *Bonaire National Marine Park Management Plan 2006*, Dutch Caribbean, 2006.

The Commonwealth of Australia, *Great Barrier Reef (Declaration of Amalgamated Marine Park Area) Proclamation 2004*, Australia, 2004.

UNEP, CBD, IUCN, *Azores Scientific Criteria and Guidance for Identifying Ecologically or Biologically Significant Marine Areas and Designing Representative Networks of Marine Protected Areas in Open Ocean Waters and Deep Sea Habitats*, Canada, 2009.

UNEP, MAP, RAC/SPA, *Regional Working Programme for the Coastal and Marine Protected Areas in the Mediterranean Sea Including the High Sea*, Tunis, 2009.

UNEP-WCMC, *National and Regional Networks of Marine Protected Areas: A Review of Progress*, UK, 2008.

UNEP/MAP, *Mediterranean Strategy for Sustainable Development 2016-2025*, Valbonne, Plan Bleu, Regional Activity Centre, 2016.

UNEP/MAP/Plan Bleu., *Analysis of Mediterranean Marine Environment Protection: The Case of the Pelagos Sanctury*, France, 2012.

UNESCO & IUCN, *Report of Initial Management Effectiveness Evaluation-Aldabra Atoll*, Australia, September 2002.

UNESCO, *Report of the World Heritage Committee*, WHC-01/CONF.208/24, Finland, December 2001.

UNESCO, Spalding, M., *Marine World Heritage: Toward a Representative, Balanced and Credible World Heritage List*, World Heritage Centre, Paris, France, 2012.

UNESCO, *The Future of the World Heritage Convention for Marine Conservation, Celebrating 10 years of the World Heritage Marine Programme*, World Heritage Centre, Paris, France, 2016.

UNSECO & IUCN, *World Heritage Report 44: World Heritage in the High Seas: An Idea Whose Time Has Come*, France, 2016.

World Conservation Congress, *IUCN Resolutions, Recommendations and other Decisions*, Honolulu, Hawaii, United States of America, 6-10 September 2016.

World Resources Institute, E. Cooper, L. Burke. and N. Bood, *Coastal Capital: Belize-Economic Valuation of Belize's Reefs and Mangroves*, Washington, D.C., USA, 2009.

WWF, Christiansen, S., *Background Document for the High Seas MPAs Regional Approaches and Experiences*, Germany, 2010.

二 学术著作

白桂梅：《国际法》（第二版），北京大学出版社2010年版。

北京大学法律系国际法教研室编：《海洋法资料汇编》，人民出版社1974年版。

丁煌编：《极地国家政策研究报告（2013—2014）》，科学出版社2014年版。

范晓婷编：《公海保护区的法律与实践》，海洋出版社2015年版。

高之国、张海文、贾宇主编：《国际海洋法论文集》（一），海洋出版社2004年版。

国家海洋局战略研究所：《中国海洋发展报告》，海洋出版社2015年版。

李红云：《国际海底与国际法》，现代出版社1997年版。

梁慧星：《法学学位论文写作方法》，法律出版社2012年版。

梁西：《国际法》，武汉大学出版社2003年版。

[美] 路易斯·B.宋恩等：《海洋法精要》，傅崐成等译，上海交通大学出版社2014年版。

[英] 帕特莎·波尼、埃伦·波义尔：《国际法与环境》（第二版），那力、王彦志、王小钢译，高等教育出版社2007年版。

王铁崖：《国际法》，法律出版社1995年版。

王铁崖、田如萱编：《国际法资料选编》，法律出版社1982年版。

[英] 伊恩·布朗利：《国际公法原理》，曾令良、余敏友等译，法律出版社2003年版。

《元照英美法词典》，北京大学出版社2013年缩印版。

张海文主编：《〈联合国海洋法公约〉释义集》，海洋出版社2006年版。

朱建庚：《海洋环境保护的国际法》，中国政法大学出版社2013年版。

邹克渊：《南极矿物资源与国际法》，北京大学出版社1996年版。

Aust, Anthony, *Handbook of International Law*, Cambridge University Press, 2010.

Buergenthal, Thomas, and Sean Murphy, *Buergenthal and Murphy's Public International Law in a Nutshell*, 5th.edition, West Academic, 2013.

Churchill, Robin Rolf, and Alan Vaughan Lowe, *The Law of the Sea*, Manchester University Press, 1999.

Crawford, James, *Brownlie's Principles of Public International Law.*

Oxford University Press, 2012.

Frank, Veronica, *The European Community and Marine Environmental Protection in the International Law of the Sea: Implementing Global Obligations at the Regional Level*, Brill, 2007, p.334.

George K.Walker ed., *Definitions for the Law of the Sea: Terms not Defined by the 1982 Convention*, Martinus Nijhoff Publishers, 2012.

Gillespie, Alexander, *Conservation, Biodiversity and International Law*, Edward Elgar Publishing, 2013.

Gillespie, Alexander, *Protected Areas and International Environmental Law*, Martinus Nijhoff Publishers, 2007.

Jakobsen, Ingvild Ulrikke, *Marine Protected Areas in International Law: An Arctic Perspective*, Brill, 2016.

James Harrison, *Making the Law of the Sea: A Study in the Development of International Law*, Cambridge University Press, 2011.

John O'Brien, *International Law*, Cavendish, 2001.

Lowe, Alan Vaughan, *International Law*, Oxford University Press, 2011.

Mansell, John N.K., *Flag State Responsibility: Historical Development and Contemporary Issues*, Springer Science & Business Media, 2009.

Molenaar, Erik J., Alex G.Oude Elferink, and Donald R.Rothwell eds., *The Law of the Sea and the Polar Regions: Interactions between Global and Regional Regimes*, Martinus Nijhoff Publishers, 2013.

Molenaar, Erik J., and Alex G. Oude Elferink eds., *The International Legal Regime of Areas beyond National Jurisdiction: Current and Future Developments*, Brill, 2010.

Nordhaus, William D., *Managing the Global Commons: The Economics of Climate Change*, Cambridge, MA: MIT press, 1994.

Nordquist M.H., Nandan S.N., and Rosenne S., *United Nations Convention on the Law of the Sea 1982: A Commentary*, Vol. Ⅲ, Martinus

Nijhoff Publishers, 1995.

Nordquist ed., *United Nations Convention on the Law of the Sea 1982: A Commentary*, Dordrecht, 1991.

Patricia Birnie, Alan Boyle, and Catherine Redgwell, *International Law and The Environment*, Oxford University Press, 2009.

Pierre-Marie Dupuy, Jorge E. Viñuales, *International Environmental Law*, Cambridge University Press, 2015.

Pinto, Daniela Diz Pereira, *Fisheries Management in Areas beyond National Jurisdiction: The Impact of Ecosystem Based Law-making*, Martinus Nijhoff Publishers, 2012.

Rebecca M.M.Wallace, *International Law*, Sweet & Maxwell, 2002.

Stratē, Anastasia, Maria Gavouneli, and Nikolaos St. Skourtos, eds., *Unresolved Issues and New Challenges to the Law of the Sea: Time Before and Time After*, Vol.54, Martinus Nijhoff Publishers, 2006.

S.C.Vasciannie, *Land-Locked and Geographically Disadvantaged States in the International Law of the Sea*, Oxford University Press, 1990.

Warner, Robin, *Protecting the Oceans beyond National Jurisdiction: Strengthening the International Law Framework*, Brill, 2009.

Zaza Porveli, *Rights of Geographically Disadvantaged States under the UNCLOS 1982*, Lap Lambert Academic Publishing, 2012.

三 学术论文

白佳玉、李玲玉：《北极海域视角下公海保护区发展态势与中国因应》，《太平洋学报》2017年第4期。

蔡从燕：《国家的"离开""回归"与国际法的未来》，《国际法研究》2018年第4期。

陈明慧：《公海保护区及其对现代公海制度之冲击》，博士学位论文，中国海洋大学，2015年。

段文：《公海保护区能否拘束第三方？》，《中国海商法研究》2018年第 1 期。

冯学智:《发展中国家对现代海洋法发展的贡献》,《甘肃理论学刊》2003 年第 5 期。

付玉、邹磊磊:《国际海洋环境保护制度发展态势分析》,《太平洋学报》2012 年第 7 期。

公衍芬、范晓婷、桂静、王琦、姜丽:《欧盟公海保护的立场和实践及对我国的启示》,《环境与可持续发展》2003 年第 5 期。

龚向前:《发展权视角下自然资源永久主权原则新探》,《中国地质大学学报》(社会科学版) 2014 年第 2 期。

巩固:《自然资源国家所有权公权说再论》,《法学研究》2015 年第 2 期。

桂静:《不同维度下公海保护区现状及其趋势研究——以南极海洋保护区为视角》,《太平洋学报》2015 年第 5 期。

桂静:《公海保护区的国际法基本原则辨析》,《江南社会学院学报》2014 年第 4 期。

桂静、范晓婷、公衍芬、姜丽:《国际现有公海保护区及其管理机制概览》,《环境与可持续发展》2003 年第 5 期。

桂静、范晓婷、王琦:《国家管辖以外海洋保护区的现状及对策分析》,《中国海洋法学评论》2011 年第 1 期。

韩雪晴、王义桅:《全球公域:思想渊源、概念谱系与学术反思》,《中国社会科学》2014 年第 6 期。

郝荣:《论国际环境法的新概念——人类共同关注事项》,硕士学位论文,中国政法大学,2011 年。

何晶晶:《从〈京都议定书〉到〈巴黎协定〉:开启新的气候变化治理时代》,《国际法研究》2016 年第 3 期。

何志鹏:《在国家管辖外海域推进海洋保护区的制度反思与发展前瞻》,《社会科学》2016 年第 5 期。

何志鹏、高潮:《国际法视角下的公海海洋保护》,《甘肃社会科学》2016 年第 3 期。

黄惠康：《国际海洋法前沿值得关注的十大问题》，《边界与海洋研究》2019 年第 1 期。

黄瑶：《从使用武力法看保护的责任理论》，《法学研究》2012 年第 3 期。

黄异、周怡良：《人类共同遗产原则的性质及其在区域制度中的落实新论：一个自然法的观点》，《中国地质大学学报》（社会科学版）2015 年第 3 期。

黄志雄：《从国际法实践看发展中国家的定义及其识别标准——由中国"入世"谈判引发的思考》，《法学评论》2000 年第 2 期。

贾宇：《关于海洋强国战略的思考》，《太平洋学报》2018 年第 1 期。

贾宇、张丹：《试论"区域"法律制度的新发展》，《太平洋学报》2011 年第 3 期。

江河：《人类命运共同体与南海安全合作——以国际法价值观的变革为视角》，《法商研究》2018 年第 3 期。

姜丽、桂静、罗婷婷等：《公海保护区问题初探》，《海洋开发与管理》2013 年第 9 期。

金永明：《国际海底区域的法律地位与资源开发制度研究》，博士学位论文，华东政法学院，2005 年。

金永明：《人类共同继承财产概念特质研究》，《中国海洋法学评论》（中英文版）2005 年第 2 期。

匡增军、欧开飞：《俄罗斯与挪威的海上共同开发案评析》，《边界与海洋研究》2016 年第 1 期。

蓝海昌：《我国批准〈联合国海洋法公约〉利弊剖析》，《法学评论》1988 年第 6 期。

梁源：《论发展中国家身份定位对我国海洋权益维护的影响》，硕士学位论文，武汉大学，2017 年。

林新珍：《国家管辖范围以外区域海洋生物多样性的保护与管理》，《太平洋学报》2011 年第 10 期。

刘丹、夏霁：《从国际法院 2010 年"南极捕鲸案"看规制捕鲸的国际法》,《武大国际法评论》2012年第1期。

刘惠荣、韩洋:《特别保护区:公海生物多样性保护的新视域》,《华东政法大学学报》2009年第5期。

卢芳华:《北极公海渔业管理制度与中国权益维护——以斯瓦尔巴的特殊性为例》,《南京政治学院学报》2016年第5期。

吕江:《重构与启示:国际法纽黑文学派的新进展》,《华东理工大学学报》(社会科学版)2010年第3期。

吕翔、黄硕琳:《大西洋蓝鳍金枪鱼资源开发与养护问题分析》,《上海海洋大学学报》2016年第6期。

罗国强:《"人道主义干涉"的国际法理论及其新发展》,《法学》2006年第11期。

罗欢欣:《国家在国际造法进程中的角色与功能——以国际海洋法的形成与运作为例》,《法学研究》2018年第4期。

马得懿:《公海元叙事与公海保护区的构建》,《武汉大学学报》(哲学社会科学版)2018年第3期。

欧斌、余丽萍、毛晓磊:《论人类共同继承财产原则》,《外交评论》2003年第4期。

潘家华:《负面冲击正向效应——美国总统特朗普宣布退出〈巴黎协定〉的影响分析》,《中国科学院院刊》2017年第9期。

秦天宝:《论〈巴黎协定〉中"自下而上"机制及启示》,《国际法研究》2016年第3期。

宋英:《〈巴黎协定〉与全球环境治理》,《北京大学学报》(哲学社会科学版)2016年第6期。

谭宇生:《欧共体—智利"剑鱼案"的再考量:发展中国家的视角》,《欧洲研究》2007年第3期。

唐建业:《南极海洋保护区建设及法律政治争论》,《极地研究》2016年第3期。

王虎华:《"人道主义干涉"的国际法学批判》,《法制与社会发展》2002年第3期。

王琦、桂静、公衍芬等:《法国公海保护的管理和实践及其对我国的借鉴意义》,《环境科学导刊》2013年第2期。

王琦、万芳芳、黄南艳等:《英国公海保护的政策措施研究及设立公海保护区的利弊分析》,《环境科学导刊》2013年第6期。

王勇:《论"公海保护区"对公海自由的合理限制——基于实证的视角》,《法学》2019年第1期。

吴慧:《"北极争夺战"的国际法分析》,《国际关系学院学报》2007年第5期。

邢望望:《海洋地理不利国问题之中国视角再审视》,《太平洋学报》2016年第1期。

邢望望、毛晓:《国际刑事法院依危害人类罪对海上暴力犯罪的管辖》,《上海交通大学学报》(哲学社会科学版)2017年第5期。

熊敏思、吴祖立、陆亚男等:《我国参与公海保护区建设的战略选择——基于SWOT-PEST的分析》,《渔业信息与战略》2016年第3期。

徐崇利:《"保护的责任":制度化进程之夭折》,《法律科学》(西北政法大学学报)2018年第6期。

许望:《公海保护区与现行海洋法体系的关系问题研究——基于〈联合国海洋法公约〉的分析》,《浙江海洋学院学报》(人文科学版)2015年第6期。

薛桂芳:《"一带一路"视阈下中国—东盟南海海洋环境保护合作机制的构建》,《政法论丛》2019年第6期。

杨华:《海洋法权论》,《中国社会科学》2017年第9期。

杨雷、韩紫轩、陈丹红等:《关于建立CCAMLR海洋保护区的总体框架有关问题分析》,《极地研究》2014年第4期。

杨显滨:《专属经济区航行自由论》,《法商研究》2017年第3期。

杨泽伟:《论国际法上的自然资源永久主权及其发展趋势》,《法商研究》2003年第4期。

杨泽伟:《人道主义干涉在国际法中的地位》,《法学研究》2000年第 4 期。

姚莹：《"共同但有区别责任"原则下海运减排路径探析》，《当代法学》2012 年第 1 期。

姚莹：《"海洋命运共同体"的国际法意涵：理念创新与制度构建》，《当代法学》2019 年第 5 期。

银森录、郑苗壮、徐靖、刘岩、刘文静：《〈生物多样性公约〉海洋生物多样性议题的谈判焦点、影响及我国对策》，《生物多样性》2016 年第 7 期。

张海文、王芳：《海洋强国战略是国家大战略的有机组成部分》，《国际安全研究》2013 年第 6 期。

张辉：《南海环境保护引入特别区域制度研究》，《海南大学学报》（人文社会科学版）2014 年第 3 期。

张磊：《论公海捕鱼自由原则的逐步限制》，硕士学位论文，华东政法大学，2007 年。

张磊：《论公海自由与公海保护区的关系》，《政治与法律》2017 年第 10 期。

张磊：《论国家管辖范围以外区域海洋生物多样性治理的柔化——以融入软法因素的必然性为视角》，《复旦学报》（社会科学版）2018 年第 2 期。

张丽娜：《海洋科学研究中的适当顾及义务》，《社会科学辑刊》2017 年第 5 期。

张湘兰、叶泉：《论沿海国对其专属经济区内船舶污染的立法管辖权》，《当代法学》2013 年第 3 期。

张晏瑲：《国际渔业法律制度的演进与发展》，《国际法研究》2015 年第 5 期。

张晏瑲：《论海洋酸化对国际法的挑战》，《当代法学》2016 年第 4 期。

章成：《北极地区 200 海里外大陆架划界形势及其法律问题》，《上海交通大学学报》（哲学社会科学版）2018 年第 6 期。

赵行姝：《〈巴黎协定〉与特朗普政府的履约前景》，《气候变化研究进展》2017年第5期。

郑凡：《半闭海视角下的南海海洋问题》，《太平洋学报》2015年第6期。

郑苗壮、刘岩、裘婉飞：《国家管辖范围以外区域海洋生物多样性焦点问题研究》，《中国海洋大学学报》（社会科学版）2017年第1期。

郑志华：《南海地图的法理解读与包容性海洋秩序的建构》，博士学位论文，上海交通大学，2013年。

朱文奇：《何谓"国际人道法"》，《武大国际法评论》2003年第1期。

邹克渊、王森：《人类命运共同体理念与国际海洋法的发展》，《广西大学学报》（哲学社会科学版）2019年第4期。

Abesamis, Rene A., and G.R.Russ, "Density-Dependent Spillover From a Marine Reserve: Long-Term Evidence", *Ecological Applications* 15.5 (2005).

Alexander, Lewis M., and Robert D.Hodgson, "Role of the Geographically-Disadvantaged States in the Law of the Sea", *San Diego Law Review* 13 (1975).

Allott, Philip, "Power Sharing in the Law of the Sea", *American Journal of International Law* 77, No.1 (1983).

Ansari, A.H., and Parveen Jamal, "The Convention on Biological Diversity: A Critical Appraisal with Special Reference to Malaysia", *Indian Journal of International Law* 40.2 (2000).

Ardron, Jeff A., et al, "The Sustainable Use and Conservation of Biodiversity in ABNJ: What Can be Achieved Using Existing International Agreements?", *Marine Policy* 49 (2014).

Ardron, Jeff, et al., "Marine Spatial Planning in the High Seas", *Marine Policy* 32.5 (2008).

Aswani, Shankar, et al., "The Way Forward with Ecosystem-Based Management in Tropical Contexts: Reconciling with Existing Management Systems", *Marine Policy* 36.1 (2012).

Bailey, J., "The Unanticipated Effects of Boundaries: The Exclusive Economic Zone and Geographically Disadvantaged States under UNCLOS Ⅲ", *Boundary and Security Bulletin* 5 (1997).

Bailey, Thomas A., "The North Pacific Sealing Convention of 1911", *Pacific Historical Review* 4.1 (1935).

Balmford, Andrew, Pippa Gravestock, Neal Hockley, Colin J. McClean, and Callum M. Roberts, "The Worldwide Costs of Marine Protected Areas", *Proceedings of the National Academy of Sciences of the United States of America* 101, No.26 (2004).

Beckman, Robert C., "PSSAs and Transit Passage—Australia's Pilotage System in the Torres Strait Challenges the IMO and UNCLOS", *Ocean Development & International Law* 38, No.4 (2007).

Beesley, Alan, "The Negotiating Strategy of UNCLOS Ⅲ: Developing and Developed Countries as Partners: A Pattern for Future Multilateral International Conferences", *Law and Contemporary Problems* 46.2 (1983).

Beitz, Charles R., "Human Rights as A Common Concern", *American Political Science Association*, Cambridge University Press, 95.2 (2001).

Brooks, Cassandra M., "Competing Values on the Antarctic High Seas: CCAMLR and the Challenge of Marine-Protected Areas", *The Polar Journal* 3.2 (2013).

Caflisch, Lucius, "What is a Geographically Disadvantaged State?", *Ocean Development & International Law*, 6 (1987).

Carleton Ray G., "Marine Protected Areas: Past Legacies and Future Consequences 'You Can't Know Where You're Going Unless You Know

Where You've Been'", *Aquatic Conservation: Marine and Freshwater Ecosystems* 25.1 (2015).

Cochrane, Kevern L., "Marine Protected Areas as Management Measures: Tools or Toys?", Law, *Science & Ocean Management*, Brill, 11 (2007).

Cole, Daniel H., "Advantages of a Polycentric Approach to Climate Change Policy", *Nature Climate Change* 5.2 (2015).

Cole, Hannah, "Contemporary Challenges: Globalisation, Global Interconnectedness and That 'There Are Not Plenty More Fish in the Sea': Fisheries, Governance and Globalisation: Is There a Relationship?", *Ocean & Coastal Management* 46, No.1 (2003).

Cottier, Thomas, et al., "The Principle of Common Concern and Climate Change", *Archiv des Völkerrechts* 52.3 (2014).

Craig, Matthew T., and Daniel J. Pondella, "A Survey of the Fishes of the Cabrillo National Monument, San Diego, California", *California Fish and Game* 92.4 (2006).

Craig, Robin Kundis, "Protecting International Marine Biodiversity: International Treaties and National Systems of Marine Protected Areas", *Journal of Land Use & Environmental Law* 20.2 (2005).

De La Fayette, Louise, "The Marine Environment Protection Committee: the conjunction of the Law of the Sea and international environmental law", *The International Journal of Marine and Coastal Law* 16, No.2 (2001).

Dinah Shelton D., "Common Concern of Humanity", *Iustum Aequum Salutare* 1 (2009).

Donn, Clifford B., "Flag of Convenience Registry and Industrial Relations", *Maritime Studies* 1989.47 (1989).

Edith Brown Weiss, "The Coming Water Crisis: A Common Concern of Mankind", *Transnational Environmental Law* 1: 1 (2012).

Ehler, Charles N., "Marine spatial planning: an idea whose time has come", *Offshore Energy and Marine Spatial Planning*, Routledge, 2018.

Englender, Dorota, et al., "Cooperation and Compliance Control in Areas beyond National Jurisdiction", *Marine Policy* 49 (2014).

Frank Biermann, "Common Concern of Humankind: The Emergence of a New Concept of International Environmental Law", *Archiv Des Völkerrechts* 34.4 (1996).

Frank, Veronica, "Consequences of the Prestige sinking for European and international law", *The International Journal of Marine and Coastal Law* 20, No.1 (2005).

Freestone, David, "Problems of High Seas Governance", *The Berkeley Electronic Press* 43 (2009).

French, Duncan, "Developing States and International Environmental Law: The Importance of Differentiated Responsibilities", *International & Comparative Law Quarterly* 49.1 (2000).

Friedman, Alan G., and Cynthia A. Williams, "Group of 77 at the United Nations: An Emergent Force in the Law of the Sea", *San Diego Law Review* 16 (1978).

Gjerde, Kristina M., and Anna Rulska-Domino, "Marine Protected Areas beyond National Jurisdiction: Some Practical Perspectives for Moving Ahead", *The International Journal of Marine and Coastal Law* 27, No.2 (2012).

Gjerde, Kristina M., "High Seas Marine Protected Areas and Deep-Sea Fishing", *FAO Fisheries Reports* 838 (2007).

Goessens, Arnaud, et al., "Is Matang Mangrove Forest in Malaysia Sustainably Rejuvenating after More Than a Century of Conservation and Harvesting Management?", *PloS one* 9.8 (2014).

Griffiths, Huw J., "Antarctic Marine Biodiversity—What Do We Know about the Distribution of Life in the Southern Ocean?", *PloS one* 5,

No.8 (2010).

Griggs, David, et al., "Policy: Sustainable Development Goals for People and Planet", *Nature* 495.7441 (2013).

Harden-Davies, Harriet R., "Research for Regions: Strengthening Marine Technology Transfer for Pacific Island Countries and Biodiversity beyond National Jurisdiction", *The International Journal of Marine and Coastal Law* 32, No.4 (2017).

Hawkey, Josie, Richard Kennedy, Llara MacGilloway, Polly Miller, and Kathleen Smiley, "Marine Protected Areas in the Southern Ocean", PCAS 15 (2012/2013), Syndicate Project ANTA 601 (2013).

Horn, Laura, "Globalisation, Sustainable Development and the Common Concern of Humankind", *The International Journal of Marine and Coastal Law* 7 (2007).

Horn, Laura, "The Implications of the Concept of Common Concern of a Human Kind on a Human Right to a Healthy Environment", *Macquarie Journal of International and Comparative Environmental Law* 1.2 (2004).

Humphreys, David, "Forest Negotiations at the United Nations: Explaining Cooperation and Discord", *Forest Policy and Economics* 3.3-4 (2001).

Ibler, Vladimir, "The Interests of Shelf-Locked States and the Proposed Development of the Law of the Sea", *Indian Journal of International Law* 11 (1971).

Ibler, Vladimir, "The Land-Locked and Shelf-Locked States and the Development of the Law of the Sea", *Annals of International Studies* 4 (1973).

Jimena Murillo, "Common Concern of Humankind and Its Implications in International Environmental law", *Macquarie Journal of International* and *Comparative Environmental Law* 5 (2008).

Johannes, R.E., "Traditional Marine Conservation Methods in Oceania and Their Demise", *Annual Review of Ecology and Systematics* 9 (1978).

Johnson, David, Maria Adelaide Ferreira, and Ellen Kenchington, "Climate Change Is Likely to Severely Limit the Effectiveness of Deep-Sea ABMTs in the North Atlantic", *Marine Policy* 87 (2018).

Joseph, James, "The Tuna-Dolphin Controversy in the Eastern Pacific Ocean: Biological, Economic, and Political Impacts", *Ocean Development & International Law* 25.1 (1994).

Keppler, Elise, "Managing Setbacks for the International Criminal Court in Africa", *Journal of African Law* 56.1 (2012).

Keyuan, Zou, "The Common Heritage of Mankind and the Antarctic Treaty System", *Netherlands International Law Review* 38.02 (1991).

Khattak, Taj M., "Ocean Conservancy—A Common Concern", *Defence Journal* 19.10 (2016).

Kingham, J. D., and D. M. McRae, "Competent International Organizations and the Law of the Sea", *Marine Policy* 3.2 (1979).

Lester, Sarah E., et al., "Biological Effects within No-Take Marine Reserves: A Global Synthesis", *Marine Ecology Progress* 384.1 (2009).

Levin, Noam, et al., "Evaluating the Potential for Transboundary Management of Marine Biodiversity in the Western Indian Ocean", *Australasian Journal of Environmental Management* 25.1 (2018).

Liu, Dan, Ling Zhu, "Assessing China's Legislation on Compensation for Marine Ecological Damage: A Case Study of the Bohai Oil Spill", *Marine Policy* 50 (2014).

Lodge, Michael W., "The Common Heritage of Mankind", *International Journal of Marine & Coastal Law* 27.4 (2012).

Lodge, Michael, "International Seabed Authority", *International*

Journal of Marine and Coastal Law 24.1 (2009).

Maes, Frank, "The International Legal Framework for Marine Spatial Planning", *Marine Policy* 32.5 (2008).

Martin, Kirsten, et al., "Experiences in the Use of Marine Protected Areas with Fisheries Management Objectives—A Review of Case Studies", *FAO Expert Workshop on Marine Protected Areas and Fisheries Management: Review of Issues and Considerations*, FAO Fisheries Report, No. 825, (2007).

Mathias, Stephen, "The Work of the International Law Commission on Identification of Customary International Law: A View from the Perspective of the Office of Legal Affairs", *Chinese Journal of International Law* 15.1 (2016).

Mcgowang, Glenn, "Geographic Disadvantage as a Basis for Marine Resource Sharing between States", *Monash University Law Review* 13 (1987).

Menefee, Samuel Pyeatt, "The Oar of Odysseus: Landlocked and Geographically Disadvantaged States in Historical Perspective", *California Western International Law Journal* 23 (1992).

Meskell, Lynn, "UNESCO's World Heritage Convention at 40: Challenging the Economic and Political Order of International Heritage Conservation", *Current Anthropology* 54, No.4 (2013).

Mirvahabi, Farin, "The Rights of the Landlocked and Geographically Disadvantaged States in Exploitation of Marine Fisheries", *Netherlands International Law Review* 26, No.2 (1979).

Molenaar, E.J.& Elferink, A.G.O., "Marine Protected Areas in Area beyond National Jurisdiction—The Pioneering Efforts under the OSPAR Convention", *Utrecht Law Review* 5 (2009).

Nicoll, Rob, and Jon C. Day, "Correct Application of the IUCN Protected Area Management Categories to the CCAMLR Convention Area", *Marine Policy* 77 (2017).

Notarbartolo-di-Sciara, Giuseppe, et al., "The Pelagos Sanctuary for Mediterranean Marine Mammals", *Aquatic Conservation: Marine and Freshwater Ecosystems* 18.4 (2008).

Ntambirweki, John, "The Developing Countries in the Evolution of an International Environmental Law", *Hastings International & Comparative Law Review* 14 (1990).

Nyman, Elizabeth, "Protecting the Poles: Marine Living Resource Conservation Approaches in the Arctic and Antarctic", *Ocean & Coastal Management* 151 (2018).

Ostrom, Elinor, et al., "Revisiting the Commons: Local Lessons, Global Challenges", *Science* 284.5412 (1999).

Ostrom, Elinor, "Beyond Markets and States: Polycentric Governance of Complex Economic Systems", *American Economic Review* 100.3 (2010).

Ostrom, Elinor, "Polycentric Systems for Coping with Collective Action and Global Environmental Change", *Global Environmental Change* 20.4 (2010).

Prior, Siân, Aldo Chircop, and Julian Roberts, "Area-Based Management on the High Seas: Possible Application of the IMO's Particularly Sensitive Sea Area Concept", *The International Journal of Marine and Coastal Law* 25.4 (2010).

Punal, Antonio Martinez, "Rights of Land-Locked and Geopgraphically Disadvantaged State in Exclusive Economic Zones", *Journal of Maritime Law & Commerce* 23 (1992).

Raaymakers, Steve, "Maritime Transport and High Seas Governance: Regulation, Risks and the IMO Regime", *In Proceedings of the International Workshop on Governance of High Seas Biodiversity Conservation*, 2003.

Rakotoson, Lalaina R., and Kathryn Tanner, "Community-Based Governance of Coastal Zone and Marine Resources in Madagascar", *Ocean & Coastal Management* 49.11 (2006).

Rayfuse, Rosemary, and Robin Warner, "Securing a Sustainable Future for the Oceans beyond National Jurisdiction: The Legal Basis for An Integrated Cross-Sectoral Regime for High Seas Governance for the 21st Century", *The International Journal of Marine and Coastal Law* 23.3 (2008).

Reeve, L. L. N., Domino, A. R., & Gjerde, K. M., "The Future of High Seas Marine Protected Areas", *Ocean Yearbook* 26.1 (2012).

Rona'n Long, Mariamalia Rodriguez Chaves, "Anatomy of a New International Instrument for Marine Biodiversity beyond National Jurisdiction: First Impressions of the Preparatory Process", *Environmental Liability Law, Policy and Practice* 23.6 (2015).

Russ, Garry R., and Angel C. Alcala, "Marine Reserves: Long-Term Protection Is Required for Full Recovery of Predatory Fish Populations", *Oecologia* 138, No.4 (2004).

Scott, Karen N., "Conservation on the High Seas: Developing the Concept of the High Seas Marine Protected Areas", *The International Journal of Marine and Coastal Law* 27.4 (2012).

Scovazzi, Tullio, "Marine Protected Areas on the High Seas: Some Legal and Policy Considerations", *The International Journal of Marine and Coastal Law* 19.1 (2004).

Shackelford, Scott J., "The Tragedy of the Common Heritage of Mankind", *Stanford Environmental Law Journal* 28 (2009).

Shi, Yubing, "Reducing Greenhouse Gas Emissions from International Shipping: Is it Time to Consider Market-Based Measures?", *Marine Policy* 64 (2016).

Song, Yann-Huei, "Declarations and Statements with Respect to the 1982 UNCLOS: Potential Legal Disputes between The United States and China after US Accession to the Convention", *Ocean Development & International Law* 36.3 (2005).

Stephen Stec, "Humanitarian Limits to Sovereignty: Common Concern and Common Heritage Approaches to Natural Resources and Environment", *International Community Law Review* 12.3 (2010).

Stone, Christopher D., "Common but Differentiated Responsibilities in International Law", *American Journal of International Law* 98.2 (2004).

Tanaka, Yoshifumi, "Reflections on High Seas Marine Protected Areas: A Comparative Analysis of the Mediterranean and the North – East Atlantic Models", *Nordic Journal of International Law* 81, No. 3 (2012).

Tang, Jianye, "China's Engagement in the Establishment of Marine Protected Areas in the Southern Ocean: From Reactive to Active", *Marine Policy* 75 (2017).

Treves, Tullio, "Regional Approaches to the Protection of the Marine Environment", *The Stockholm Declaration and the Law of the Marine Environment* (2003).

Warner, Robin Margaret Fraser, "*Protecting the Diversity of the Depths: Strengthening the International Law Framework*", Thesis Submitted for the Degree of Doctor of Philosophy, University of Sydney, 2006.

Wells, Sue, et al., "Building the future of MPAs—lessons from history", *Aquatic Conservation: Marine and Freshwater Ecosystems* 26. S2 (2016).

Wenzel, Lauren, et al., "Polar Opposites? Marine Conservation Tools and Experiences in the Changing Arctic and Antarctic", *Aquatic Conservation: Marine and Freshwater Ecosystems* 26 (2016).

Yarn, Douglas, "The Transfer of Technology and UNCLOS Ⅲ",

Georgia Journal of International and Comparative Law 14 (1984).

Zacharias, Mark A., Leah R. Gerber, and K. David Hyrenbach, "Review of the Southern Ocean Sanctuary: Marine Protected Areas in the Context of the International Whaling Commission Sanctuary Programme", *Journal of Cetacean Research and Management* 8, No. 1 (2006).

Zervaki, Antonia, "Marine World Heritage and the Quest for Sustainability", *Laws* 5.7 (2016).

Zhang, Guobin, and Pai Zheng, "A New Step Forward: Review of China's 2016 Legislation on International Seabed Area Exploration and Exploitation", *Marine Policy* 73 (2016).

五　国际裁判案例

Arbitral Award of 31 July 1989, Judgment, I.C.J.Reports 1991.

Arbitration under the Timor Sea Treaty (Timor-Leste v.Australia).

Bangladesh/Myanmar, *Judgment of 14 March 2012.*

Barbados v.Trinidad and Tobago, *award of 11 April 2006.*

Black Sea case, *judgment of 3 February 2009.*

Cameroon v.Nigeria, *judgment of 10 October 2002.*

Case Concerning the Gabcikovo - Nagymaros Project (Hungary v. Slovakia), *ICJ Rep.1997*, p.7.

Chile-Measures Affecting the Transit and Importation of Swordfish-Joint Communication from the European Union and Chile-Addendum, G/L/ 367/Add.1#WT/DS193/4 | 3 June 2010.

Gulf of Maine case, *judgment of 12 October 1984.*

Jan Mayen case, *judgment of 14 June 1993.*

Libya/Malta, *judgment of 3 June 1985.*

Liechtenstein v.Guatemala, *1955, I.C.J.*

North Sea continental shelf cases, *judgment of 20 February 1969.*

Peru v. Chile, *judgment of 27 January 2014.*

Qatar and Bahrain, *Judgment of 16 March 2001.*

Responsibilities and obligations of States with respect to activities in the Area, *Advisory Opinion, 1 February 2011, ITLOS Reports 2011.*

South China Sea Case, *award of 12 July 2016.*

Southern Bluefin Tuna Cases (New Zealand v. Japan; Australia v. Japan), (Provisional Measures), *UN Rep. 2000.8.*

S.S. Lotus (Fr. v. Turk), 1927 P.C.I.J. (ser. A) No. 10 (Sept. 7).

Trial Smelter Arbitration, *33 AJIL (1939); 35 AJIL (1941).*

United States-Import Prohibition of Certain Shrimp and Shrimp Products-Appellate Body Report and Panel Report pursuant to Article 21.5 of the DSU-Action by the Dispute Settlement Body, *WT/DS58/23 ǀ 26 November 2001.*

Whaling in the Antarctic (Australia v. Japan: New Zealand intervening), *Judgment, I.C.J. Reports 2014.*

The "Enrica Lexie" Incident (Italy v. India), Provisional Measures, Order of 24 August 2015.

六 网络资料

保护区南太平洋区域自然资源和环境秘书处: Apia Convention, http://www.sprep.org/legal/meetings-apia-convention。

IISD: Do We Need a New Treaty to Protect Biodiversity in the Deep Seas?, http://sdg.iisd.org/commentary/policy-briefs/do-we-need-a-new-treaty-to-protect-biodiversity-in-the-deep-seas/.

OSPAR: Part Ⅱ-The Thematic Strategies, https://www.ospar.org/site/assets/files/1466/biodiversity_strategy.pdf.

Papahanaumokuakea, Native Hawaiian Cultural Heritage, http://www.papahanaumokuakea.gov/heritage/welcome.html.

The PAW Charitabble Trusts: Mapping Governance Gaps on the High Seas, http：//www. pewtrusts. org/~/media/assets/2017/04/highseas _ mapping_ governance_ gaps_ on_ the_ high_ seas.pdf.

澳大利亚政府：Dhimurru Indigenous Protected Area，http：//www.environment.gov.au/indigenous/ipa/declared/dhimurru.html。

澳大利亚政府：Huon Commonwealth Marine Reserve，http：//www.environment.gov.au/topics/marine/marine-reserves/south-east/huon。

财新网：《偷运6600只鲨鱼"福远渔冷999"船主归属查明》，http：//china.caixin.com/2017-08-30/101138018.html。

东亚地区海洋和沿海地区行动计划秘书处：About COBSEA，http：//www.cobsea.org/aboutcobsea/background.html。

国际捕鲸委员会：Whale Sanctuaries，https：//iwc.int/sanctuaries。

国际法委员会：Identification of customary international law，http：//legal.un.org/ilc/guide/1_ 13.shtml。

国际海底管理局第17届会议文件（SB/17/7）：https：//www.isa.org.jm/sites/default/files/files/documents/sb-17-7.pdf。

国际海底管理局法律和技术委员会文件：《克拉里昂—克利珀顿区环境管理计划（ISBA/17/LTC/7）》，https：//www.isa.org.jm/sites/default/files/files/documents/isba-17ltc-7_ 1.pdf。

国际海底管理局文件：Developing a Regulatory Framework for Deep Sea Mineral Exploitation in the Area，https：//www.isa.org.jm/files/documents/EN/OffDocs/Rev_ RegFramework_ ActionPlan_ 14072015.pdf。

国际海事组织：Brief History of IMO，http：//www.imo.org/en/About/HistoryOfIMO/Pages/Default.aspx。

国际海事组织：Introduction，http：//www.imo.org/en/About/Conventions/Pages/Home.aspx。

国际海事组织：Structure of IMO，http：//www.imo.org/en/About/Pages/Structure.aspx。

国家地理中文网：《奥巴马"环境遗产"：全球最大海洋保护区！》，http：//www. nationalgeographic. com. cn/environment/the _ ocean/

6650.html。

国家地理中文网：《被发现三十年后，泰坦尼克号的最新保护计划》，http://www.nationalgeographic.com.cn/news/4091.html。

国家海洋局极地考察办公室：《现场考察》，http://www.chinare.gov.cn/caa/gb_article.php?modid=05002。

海达国委员会：History of the CHN, http://www.haidanation.ca/index.php/history/。

环球网：《联合国大会聚焦可持续发展》，http://world.huanqiu.com/hot/2017-06/10806016.html。

环球网：《外交部："航行自由计划"体现的是"美国例外"思维》，http://world.huanqiu.com/exclusive/2016-04/8823495.html。

加拿大政府：Gwaii Haanas National Park Reserve, National Marine Conservation Area Reserve, and Haida Heritage Site, http://www.pc.gc.ca/en/pn-np/bc/gwaiihaanas/info。

联合国：Criteria for Identification and Graduation of LDCs, http://unohrlls.org/about-ldcs/criteria-for-ldcs/。

联合国：Intergovernmental Conference on Marine Biodiversity of Areas beyond National Jurisdiction, https://www.un.org/bbnj/。

联合国：Table of claims to maritime jurisdiction (as at 15 July 2011), http://www.un.org/depts/los/LEGISLATIONANDTREATIES/PDFFILES/table_summary_of_claims.pdf。

联合国：《全球环境年鉴2016》，http://www.un.org/chinese/esa/environment/outlook2006/polar2.htm。

联合国海洋法外交会议记录文件号：A/CONF.62/BUR/SR.17, http://legal.un.org/diplomaticconferences/lawofthesea-1982/docs/vol_V/a_conf-62_bur_sr-17.pdf。

联合国海洋法外交会议记录文件号：A/CONF.62/C.2/L.36, http://legal.un.org/diplomaticconferences/lawofthesea-1982/Vol3.html。

联合国海洋法外交会议记录文件号：A/CONF.62/C.2/SR.32，http：//legal.un.org/diplomaticconferences/lawofthesea-1982/docs/vol_ Ⅳ/a_ conf-62_ c-2_ sr-32.pdf。

联合国环境规划署：Conservation of Biodiversity in the Areas beyond National Jurisdiction（BBNJ），http：//www.unep.org/regionalseas/what-we-do/conservation-biodiversity-areas-beyond-national-jurisdiction-bbnj。

联合国环境规划署：Regional Seas，http：//drustage.unep.org/regionalseas/east-asian-seas。

联合国教科文组织：About the Man and the Biosphere Programme（MAB），http://www.unesco.org/new/en/natural-sciences/environment/ecological-sciences/man-and-biosphere-programme/about-mab/。

联合国教科文组织：New global data on High Seas and Large Marine Ecosystems to support policy makers，http：//www.unesco.org/new/en/natural-sciences/ioc-oceans/single-view-oceans/news/new_ global_ data_ on_ high_ seas_ and_ large_ marine_ ecosystems_ to-1/。

联合国粮农组织：Regional Fishery Bodies（RFBs），http：//www.fao.org/fishery/rfb/en。

联合粮农组织：Vulnerable Marine Ecosystems Database：A global inventory of fisheries measures to protect vulnerable marine ecosystems in areas beyond national jurisdiction，http：//www.fao.org/in-action/vulnerable-marine-ecosystems/vme-database/en/vme.html。

路透社世界新闻：U.S., China ratify Paris climate agreement，http：//www.reuters.com/article/us-china-climatechange-idUSKCN11901W。

南极海洋生物资源养护委员会：Achievements and Challenges，https：//www.ccamlr.org/en/organisation/achievements-and-challenges#MPA。

派拉格斯海洋哺乳动物保护区：Presentation，http：//www.sanctuaire-pelagos.org/en/about-us/presentation。

上观:《泱泱大国确属"海洋地理相对不利国"》, http://www.jf-daily.com/kejiao/bwyc/201504/t20150427_1457170.html。

世界原子能协会: Fukushima Accident, http://www.world-nuclear.org/information-library/safety-and-security/safety-of-plants/fukushima-accident.aspx。

外交部:《〈联合国鱼类种群协定〉审查会议》, http://www.fmprc.gov.cn/web/ziliao_674904/tytj_674911/tyfg_674913/t269283.shtml。

西北太平洋行动计划区域协调组: Introduction, http://www.nowpap.org/。

央视网:《为保护濒危鲸鱼美国调整大洋航线》, http://news.cntv.cn/20111116/107432.shtml。

政府间海洋委员会: New global data on High Seas and Large Marine Ecosystems to support policy makers, http://www.unesco.org/new/en/natural-sciences/ioc-oceans/single-view-oceans/news/new_global_data_on_high_seas_and_large_marine_ecosystems_to-1/。

中国共产党新闻网:《全面正确理解人权概念、人权话语以及话语体系》, http://theory.people.com.cn/n1/2017/0728/c143843-29435562.html。

中国环保在线:《臭氧层35年首次变厚〈蒙特利尔议定书〉见成效》, http://www.hbzhan.com/news/detail/91764.html。

中国渔业协会:《我国渔业发展概述》, http://www.china-cfa.org/news_1452.asp。

中国远洋海运集团有限公司:《集团概况》, http://www.cosco.com/col/col6858/index.html。

中华人民共和国常驻国际海底管理局代表处:《中国获东太平洋海底7万多平方公里专属勘探矿区》, http://china-isa.jm.china-embassy.org/chn/xwdt/t1282971.htm。

中华人民共和国交通运输部:《"桑吉"轮碰撞燃爆事故专题新闻发布会》,http://www.mot.gov.cn/2018wangshangzhibo/sangjilun/。

中远海运集装箱运输有限公司:Service,http://lines.coscoshipping.com/ourservice/toService.do。

索　引

"77国集团" 5,250-252,258,278,280,285-297,299-302,325,351

"区域" 2,32,36,37,43,48-50,54,65,108-111,155,165-169,215,216,228,230,256,269,271,275,276,330,345,349,359,361

《73/78防污公约》 38,50,59,60,84,133,160,161

《保护东北大西洋海洋环境公约》 40,47,52,90,91,103,105,118-122,125,126,140,142,143,147-150,353,358

《保护世界文化和自然遗产公约》 51,85,149,155,157,176-179,203,211,227

《联合国海洋法公约》 1-3,5,16,22,25,27,28,31-38,44,47,49,53-55,57,58,64,70,72,73,84-86,91,92,105,107-110,121,123-126,138-141,144-148,155,157,159,164,165,169-172,177,182,192-198,200,203,215-217,226,228,230,232,233,235,247-251,253-258,262,263,268-271,273-275,277,279,280,282,283,285-287,290,291,293,295,299,305,314,321,323,330,331,333,335,337,341,343,344,348,350,354,357

《联合国气候变化框架公约》 47,50,58,59,203,209,249,358

《联合国鱼类种群协定》 32,36,38,39,41,149,170-173,255,329,354

《南极海洋生物资源养护公约》

索　引

5,6,40,42,47,52,53,94,
102,105,126-131,133,142,
147,153,154,188,303-306,
314,321,357

《生物多样性公约》 3,4,6,11,
15,39,42,47,49,50,53,55-
58,86,87,93,121,135,143,
155,203,204,208,220,245-
249,282,285,341,343,350,
353,358

保护东北大西洋海洋环境委员
会 84,85,163,174-176,188,
189,353

保护目标 8,29,56,73,77,78,
80,82,86,88,89,91,93,124,
151,165,168,169,174,180-
183,186,187,294,295,305,
307,314,317,335,339,344

捕鱼 33-41,44,51,54,64-66,
71,74,101,102,109,113,131,
143,148,149,156,157,169,
170,173,197,225,239,273,
303,306,309,328,329,
352,361

船舶 35,36,38,47,54,59-61,
78,84,92,106,114,116,121,
133,141,143,146,155,158-
161,163,168,175,188,192,
195,198,244,252,304,334,
352,356

船旗国 12,32,35,38,41,54,
64,98,146,198,253

地理不利国 30,222,241,252,
254,256,258-271,273,274,
276,277,281,283,322-325,
333,336,339,341,342,346-
348,351

缔约国 2,22,25,37,38,46,49,
50,54-57,59,61,64,66,72,
98,102,103,109,110,113,
114,120,121,128,136,144-
146,148,159,162-164,173,
177,180,182,185,196-199,
208,209,211,212,217,220,
232,245-248,254,256,269,
286,287,291,293,294,296,
298,301,306,307,321

发展中国家 25,30,200,210,
222,223,231,241-258,261,
266,268-279,281-283,285-
287,290,292,299,301,302,
322-325,331,333,336,339,
341,342,346-348,353

法律概念 4,5,7,8,11-15,17,
21-33,45,58,67-71,73,75,
77,79,81,83,85,87,89,91,
93-95,97-101,103,105,107,
109-111,113,115,117,119,

121，123，125，127，129，131，
133-135，137，139，141，143，
145，147，149-151，156，175，
181，183，186，187，190-193，
195，197，199，201-203，205-
207，209-211，213，215，217-
219，221，223-225，227，229，
231，233，235，237-241，243，
245，247，249，251，253，255，
257，259，261，263，265，267，
269，271，273，275，277，279，
281，283-285，287，289，291，
293，295，297，299，301，303，
305，307，309，311，313，315，
317，319，321-323，325，327，
329，331，333-341，343-348

公海保护区 2-348，350-352，
354，356，358，360，364，366，
368，370，372，374，376，378，
380，382，384，386，388，390，
392，394

公海自由 11-13，30，32，34，35，
41，54，99，146，147，163，190-
192，197，198，200，252，
346，348

共同利益 66，164，193，200，
201，203，205，214-216，218，
223，233，238，239，256，
292，345

管辖权 12，24，25，35，43，54，
90，93，98，101，110，122，138-
140，145-147，150，190，192-
196，198，201，206，208，226，
229，238，239，252，297，339，
341，342，346，348

国际捕鲸 38，41，48，50，65，84，
133，135，148，155-157，179-
181，185，188，190，352

国际法 2-67，70-72，74-76，78，
80，82，84，86-92，94-104，
106-108，110，112，114，116，
118，120-122，124-126，128，
130，132，134，136-138，140，
142-144，146，148，150-152，
154，156-158，160，162，164，
166，168-170，172，174-176，
178，180，182，184，186-188，
190，192-224，226-244，246，
248，250，252，254，256，258-
260，262，264，266，268，270-
272，274，276，278-280，282，
283，286-288，290，292-294，
296，298，300，302，304，306，
308，310-316，318，320，322-
324，326，328，330，332-336，
338-346，348，350，352，354-
356，358，360，364，366，368，
370，372，374，376，378，380，

382,384,386,388,390, 392,394

国际法实践 2-5,9,10,19,21-32,47,49,62,66,67,71,72,93,98-100,106,107,110,111,121,125,126,137,139,141,144,145,150,153,154,156,173,177,180,186-188,191-194,197-200,205,210,224,236,238-240,249,271,279,283,284,303,304,320-322,333,334,338,343,346-348

国际海底 8,22,25,31,32,36,38,44,50,92,108-110,157,165,169,181,183,184,203,215,216,250,251,259,267-269,275,330,331,334,341,348

国际海底管理局 8,20,32,36,37,41,48,50,54,64,67,85,92,107-110,148,149,155-157,164-169,182,184,196,198,216,234,250,251,256,258,269,271,280,330,331,352

国际海事组织 10,20,36,38,41,48,51,59,64,67,84,85,92,107,110,133,134,147-149,155-164,168,182,184,188,190,196,198,332,351,355

国际海洋法 2,7,13,14,21-23,25,31,49,99,193,197,201,202,205,233,235,238,239,249,250,271,275,283,284,322,324,336,344,347,348

国际合作 3,19,30,34,43,63,66,90,137,154,155,200,203,208,209,219-224,229,230,233-236,239,248,258,279,289,292,320,334,339-341,344,345,348

国际环境法 13,23,25,28,31,106,193,202-206,209,214,218,219,221,222,229,241-243,246,249,271,272,283,324,336,344,347

国际社会 3,4,6,10,13,16,25,27,29,30,33,34,37,39,42-44,46,50,62,63,70-72,86,87,90,95,96,98-100,109,118,139,146,147,157,158,174,179,187,189-196,198,201,202,204,205,210-216,219-224,226,227,229-233,235-239,243,246,267,272,273,276,282,283,291,293,

322,324,331,334-336,343,345-347

国际条约 4,16,19,45,46,48-51,53,54,61,63,66,197,204,206,215,226,231,233,244,352

国际文书 4,5,15,27,28,30,87,187,190,244,273,274,277,278,280,282,283,285,287,290-293,296,331,337,338,343,346,350,351

国际协定 4,7,13,16,17,21,25,44,47,48,70,93,114,146,147,154,202,226,228,234,235,242,297,298,301,338,340,341

国际自然保护联盟 2,8,13,15,29,39,48,56,65,66,68-71,73,75-77,79,81-83,85-91,93-97,99,127,135,165,166,176,177,179-185,189,191,201,212,227,248,281,299,306,308,311,338,340,341,352

国际组织 2,3,8,10,14,19,20,24,26,27,29,30,37,41,42,44,46-51,54,55,61-65,67,68,70,85,92,93,96,98,103,106,107,109,120,125,133,148,150,151,153-157,159-161,163,165,167-169,171,173-175,177,179,181-191,196,198,216,219,223,232,234-236,238,239,248,251,255-258,269,270,280,281,287,293,294,328,332,334,336,339,341,345-347,351,357

国家管辖范围以外 2,3,5,7,8,10,13-17,21,24,25,27,28,30-32,37,40-44,48-50,52-55,57,58,63,67,85,86,91-93,101,104-106,108,109,119,122,125,131,140,151,153,155-157,161,162,168,171-174,176-179,185-190,196-201,205,208,212,215,218,220,224,226-230,232-236,238,273,274,276-287,289,291-293,325,328,331,332,334,336-340,343,345,346,349,350

海底采矿 37,38,40,48,74,156,157,164-166,168,169,182,184,188,235,250,258,274,328,330

海洋保护区 2-15,17,18,20,24,29,43,47-50,52,53,55-

59,61,64-68,70-94,98-100,106-108,112-131,133-137,139-142,148,151,153,154,159,162,163,165,171,173,174,179,180,183-187,189,191,192,194-197,200,201,227,236,237,276,277,281,282,284-296,298,299,303-321,326,329,333-338,340,341,343-346,348,352,360,361

海洋科学研究 42,48,64,65,143,148,251,257,258,263,269-271,274,276,279,333,348,352

海洋生态系统 1,8,43,59,62,106,116,120,142,155,156,161,171,172,181,183,185,186,225,232,284,289,292,313,314,354,359

海洋生物多样性 3,5,7,10,11,16,27,28,43,56,63,87,113,121,143,145,149,150,156,171,172,226,273,274,277-285,287,288,292,293,302,331,337,343,344,350

海洋资源 8,17,22,37,53,71,150,161,201,226,227,251,258,270,284,292,324,342,344,346,347

航运 6,15,35,38,40,44,64,82,84,90,92,103,109,110,113,116,121,143,144,146-149,153,156-160,162-164,183,184,188,189,198,222,239,328,332

划区管理工具 3-8,10,12,14,16,17,20,21,24,27-29,45,86,150-157,159-163,165-167,169-175,177-179,181-191,196,198,226,235,237,288-297,299-301,325,328,334-349

环境保护 1,2,7,10,15,18,21,23,24,30,32,34,36,37,39,43,48-50,52-54,56,58,60,62,66,67,72,76,84,89,94,102,105-111,113,127-131,133,135-137,141,142,145-147,150,152-154,158,161,162,165,181,187,188,192,194,196,198,199,201,202,205,207,210,211,222-224,226,228-235,239,241,242,244,252,253,256-258,272,274-277,281,283,324,326,327,334,336,340,341,344-347,349,353,358

技术转让 17，42，48，54，65，246-248，255，257，258，263，272，276，278，281，288

拘束力 27-30，39，40，45-48，50，52，53，56，61，63，66，70，86，89，99，100，103，104，106，107，144，163，169，171，180，185，190，191，197，206，215，217，219，228，231，233，236，240，325，341，346

科学研究 34，35，37，41，44，54，65，81，115，130，131，134，142，150，152，180，197，208，232，280，281，308，309，313-315，320，321，333，348

可持续发展 1-3，7-9，13，25，62，63，71，80，89，94，104，137，151，156，173，174，184，187，201，218，226-228，230，234，237，242-244，257，273，277，278，292，325，327，335，339，341，342，344，347，349，353，354，360

可持续利用 3，5，10，14-17，25，27，28，31，43，44，49，55，57，58，67，82，87，103，139，183，184，226，227，273，274，277-285，287-289，291-294，331，334，337，343，344，350

联合国大会 2-4，6，25，26，36，45，57，58，62，106，107，151，170，171，203，209，226，227，234，242，278，284-288，293，322

联合国环境规划署 40，47，51，52，68，105，111，225，242，245，281，325-327，354

联合国教科文组织 1，42，48，51，65，67，68，77，85，150，152，155-157，176-179，190，196，204，211，227，281，354

联合国粮农组织 39，42，48，50，66-68，85，92，155-157，169-171，174，184，196，242，280，328，329，351

联合国秘书长 6，86，152，153，156，161，165，171，173，182，185，186，209，226

领土 24，96，126，187，201，202，208，213，218-221，229，231，232

南极海洋生物资源养护委员会 5，6，10，40，52，88，89，107，126，130-133，185，188，284，303-308，311，316，317，319-321，333，348，350

内陆国 3，119，222，230，239，241，252-256，258-264，266，

索　引

268-271,273,274,276,277,281,283,324,325,333,339,341,342,345,347,352

能力建设 226,242,243,246,248,249,255,272,274,276-279,281-283,285,287-290,293,325,339,342,347,350

栖息地 56,72,78,80,82-84,88,91,93,95,112,113,116,118,124,130,131,141,142,149,152,158,180,184,207,208,225,302

气候变化 1,25,28,30,58,59,79,102,131,133,136,203,204,206,208-210,213,214,216,220-225,229-231,234,239,243,246,249,272,276,280,285,300,323,346,361

区别责任 30,158,222,241,243-245,247,249,251,253,255,257-259,261,263,265,267-269,271-277,279,281,283,334,336,347

区域海洋组织 3,9,14,19,20,24,29,42,50,52,70,85,93,100,105-110,119,135,138,143-148,150,153,154,168,169,174,179,180,186-194,196-199,235,238,239,303,334-336,345,353

人类共同关注事项 24,25,30,193,202-215,217-224,227-236,238-241,283,293,324,334,336,341,342,346,348,350

人类共同继承财产 168,169,193,203,204,214-218,228-231,256,350

世界遗产 6,25,42,76-78,80,85,153,155,156,176-179,181,183-185,196,203,206,211-213,227,245,354

特别敏感海域 6,10,51,84,153,155,160-164,181,183,184,186,190,353,359,360

外大陆架 43,44,92,101,122-124,135,139-141,144,179,195,261,334,344

沿海国 3,12,40,43,44,65,92,93,111,114,121,138-141,144,145,190,192-197,200,201,229,231,238,239,251-254,258,261-264,268-271,273,274,288,295,297,298,302,336,344-346

渔业 1,6,14,20,32,34,38,39,42,44,48,62,64-66,70,82,83,86,90,92,101-104,109,

116,121,143,147-149,153,170-175,181,188,189,196,199,215,226,230,231,255,261,277,282,306,322,324,326-330,334,351-354,357,359,361

主权 12,22,24,25,33,41,61,90,91,99,126,144,146,187,192,196,198,201,202,206-208,213,215,218-221,223,229,230,233,234,239,268,279,339,341,342,346,348

专属经济区 1,32,54,84,91,92,111,116,123,124,138-140,145,169,192-195,197,224,231,238,249-254,259-268,270,273,323,324,328,344

自然资源 40,46,47,52,64,70,82,88,104,105,130,136,138,165,183,184,207,211,215,216,218,224,265-268,335,341,349,352,357

后　　记

成书致谢

本书是在博士学位论文的基础上修改而成。2017年5月至12月，笔者埋头伏案，写就本书的初稿，2017年年底通过了博士学位论文预答辩。2018年3月，笔者继续润色和修正了论文的一些疏漏，以参加博士论文评审，获得了全优的好评，随后顺利通过博士学位论文答辩。在博士学位论文写作期间，笔者得到了多位老师、同学、学友的帮助和指点，在此表示感激。

经上海交通大学环境资源法研究所的推荐，2018年10月，这篇博士学位论文获2018年度"中达环境法优秀学位论文奖"，在此感谢上海交通大学王曦老师、高琪老师等对笔者申请中达环境法奖学金的支持。

2019年，全国哲学社会科学工作办公室首次资助优秀博士学位论文出版，笔者非常幸运地获得了资助，在此感谢全国哲学社会科学工作办公室的领导和老师，为笔者等刚毕业的青年学者争取到了这样难得的机会。在此感谢上海交通大学和上海财经大学的诸位老师，为笔者申请国家社科基金后期资助所提供的协助。2019年年底，笔者在博士学位论文的基础上，经再次修订，将书稿提交给中国社会科学出版社，由于日常教学科研任务重、时间仓促，书中多有错漏，对给出版社编辑带来的不便，笔者表示歉意。

学业感悟

眼见本书即将出版，回想多年求学历程，百感交集。

在 2015 年考入上海交通大学攻读博士学位以前，笔者先后于安徽大学获文学学士、法学学士学位，上海海事大学获国际法学（海商法）硕士学位。在安徽大学期间，笔者求学两个专业，最多时每周 40 多节课，这为笔者以后的学业和学术研究打下了扎实的基础。在上海海事大学期间，笔者有幸参加了 2014 年度 Jessup 国际法院模拟法庭比赛，开始对国际海洋法知识感兴趣。

2015 年 3 月，笔者参加了上海交通大学博士生招生考试，报考方向为国际法学海洋法方向，当年的试题却要求对 WTO 法律制度进行评析。笔者只能凭回忆记起本科《国际经济法》课堂上的一张图片，内容为 WTO 法律体系图示，基于此图内容作答，笔者侥幸考入上海交通大学。在此，笔者须感谢傅崐成老师，他公正无私地将有限且珍贵的读博名额给了笔者，并以赤诚的爱国情怀深深地感染笔者。

2016 年 8 月，在金枫梁博士（时为上海交通大学博士后，现为上海大学教师）的鼓励和指点下，笔者成功申请了国家留学基金委公派出国奖学金，赴丹麦奥胡斯大学进行博士联合培养。在奥胡斯大学求学期间，笔者获得了 Birgitte Egelund Olsen 教授的无私指导和帮助，体会到与国内完全不同的博士培养模式，即在平等和宽松的环境下，博士生的学术潜力和好奇心得到最大化地激发。

2017 年 9 月，在上海交通大学凯原法学院领导的关心下，胡加祥老师善意地接手对笔者的博士学位论文指导。胡老师宽和仁厚，对学生真诚包容，在学生中有着极佳的口碑。胡老师鼓励笔者的学术探索，支持笔者的学术创新，给笔者书写博士学位论文和完成博士学业给予了至关重要的帮助。胡老师激励笔者进一步深化研究，并准许笔者赴香港理工大学航运与物流学系开展合作研究。

2018 年 1 月，笔者贸然跟香港理工大学朱玲老师联系，希望能有访问交流的机会，朱老师非常善意地给笔者安排了近半年的研究助理职位。在香港工作期间，笔者在朱老师的指导下，开始尝试英文学术写作。朱老师的工作效率和学术热情深深地感染了笔者，使得笔者在香港期间对学术研究有了新的理解，也拓宽了笔者的研究领域和方向。这段经历为笔者之后入选2019年度"香江学者计划"奠定了基础。

近十年的高等教育经历，笔者珍惜每一次可以学习提升的机会，始终希望可以通过努力使自身成为"更好的自己"。这一路走来，笔者想感谢每一位曾帮助、关心、支持、鼓励、启发过笔者的老师、同学、学友。笔者还要感谢一直在背后默默给予支持的父母和亲友，让笔者在没有负担的情况下，可以追寻自己的学业目标。读博不易，求学愈难，在此祝福笔者的同学们和师弟师妹们。

学术体悟

由于个人天赋和学术经历的不同，每个人的学术思想和观点自然迥异。

对于法学的价值追求，笔者倾向于法律实用主义。在学习英语语言文学时，笔者很早意识到支配社会运转的两个最显著要素分别是权力与财富，基于此，笔者最先感兴趣的领域便是国际经济法学，即朴素地认为这一学科可以结合笔者的外语能力与法学、经济学知识。将海上运输视为国际贸易的一个环节，笔者投身于海商法的学习，理解到实践性与时效性对法律学习的重要意义，也窥探到英美法体系与大陆法体系法典化追求的迥然不同。在丹麦求学期间，笔者得以观察北欧法系的简练、实用、衡平，让笔者对法律的形式主义和价值追求有了新的见解。

对于法学的研究方法，笔者倾向于通过实证研究和推理分析的方法，尝试解决国际法学的学术问题。笔者是观察型学习人格，充满学术好奇心，希望透过不同的专业领域去观察这个有趣的世界。相对于语言组织，笔者更擅长逻辑推理和形象思维。在奥胡斯大学期间，笔者身边多为理工科学者，大家在一起时会讨论各种实验方法和科学发现；在香港理工大学期间，笔者身边皆是经管学者，他们通过建模、统计、数据推理等研究方法制定优化管理策略。加之国际海洋法与国际环境法本身就有跨学科的属性，着迷于跨学科的研究方法自是无可厚非。

对于法学的研究对象，笔者始终以好奇心为导向，关注着各个领域的最新问题。国际法学的发展很快，从民族国家概念的提出，到第二次世界大战之后联合国体系的建立，国际法学的发展历经起伏。尤其在当今大变革的时代，国家主权的让渡与回归，国际组织的设立与发展，国际生态环境危机的加剧，国际公域被进一步压缩和限制，国际人权的发展和国际法主体的私人化，层出不穷的新技术对法律构成新挑战，这些都为国际法学的研究提供了广泛的对象。笔者有幸生活在这个伟大的时代，可以追随自己的好奇心，不断地探索不同的国际法学问题。

对于法学学术的精神追求，笔者想改编伯兰特·罗素的名言，两种简单却极其强烈的情感主宰着笔者的学术追求：对知识的追求、对人类和生灵痛苦的难以承受的怜悯之心。笔者自读博以来，游历了中国的主要省市（包括港澳台地区），一边感受着祖国的无边美好山河和多姿风土人情，一边深刻地体会到人们生活和物种生存的艰辛与不易。"人们因痛苦而发出的哭声"，动物们因生境破坏而发出的嘶鸣，在笔者心中久久回响。如果笔者的学术研究，可以启发到生活困苦的人们、帮助到生境艰难的物种，也算是对笔者辛勤写作的一点慰藉。

最后，请允许笔者以写于 2018 年 5 月的博士学位论文致谢作结：

虔

撷典

数载挦

博士遇缘

奈天资拙浅
禀性悱愤散漫
幸甚哉师恩承勉
招录不私威直以轩
负笈游学蒙待以忱善
宽和仁厚育学生以诚恬
沪港奔波得慷慨之援
恐负家人殷切期盼
感师友指点瑕陷
夙夜笔耕不倦
成拙文此篇
佳作难堪
学无边
心专
谦

作者
记于2019年12月本书出版前